Jack Corzani
Léon-François Hoffmann
Marie-Lyne Piccione

Littératures francophones

II. Les Amériques
Haïti, Antilles-Guyane, Québec

BELIN   8, RUE FÉROU 75006 PARIS

Des mêmes auteurs

Jack Corzani
De Sel et d'Azur, Paris, Hachette, 1969.
Encyclopédie antillaise, t. I: *Poètes des Antilles-Guyane françaises,* t. II: *Prosateurs des Antilles-Guyane françaises,* Fort-de-France, Désormeaux, 1971.
La Littérature des Antilles-Guyane françaises, Fort-de-France, Désormeaux, 1978, 6 vol.,
La Vie quotidienne aux Antilles françaises, Fort-de-France, Désormeaux, «Antilles d'hier et d'aujourd'hui», 1969.
Histoire des Antilles et de la Guyane (en collaboration), Toulouse, Privat, 1982.
Dictionnaire encyclopédique des Antilles et de la Guyane (dir.), Fort-de-France, Désormeaux, 1992-1997, 7 vol.
Saint-John Perse: les années de formation (dir.), actes du colloque de Bordeaux, 17, 18 et 19 mars 1994, Bordeaux/Paris, CELFA/L'Harmattan, 1996.

Léon-François Hoffmann
Romantique Espagne, Paris, PUF, 1961.
La Peste à Barcelone, Paris, PUF, 1964.
Répertoire géographique de «La Comédie humaine», t. I: *L'Étranger,* t. II: *La Province,* Paris, J. Corti, 1965 et 1968.
Le Nègre romantique: personnage littéraire et obsession collective, Paris, Payot, 1973.
Le Roman haïtien: idéologie et structure, Sherbrooke, P. Q., Naaman, 1982.
Essays on Haitian Literature, Washington, D. C., Three Continents Press, 1984.
Haïti: couleurs, croyances créoles, Montréal, Éditions du CIDIHCA, 1989. Rééd. Montréal, Éditions du CIDIHCA & Port-au-Prince, Éditions Deschamps, 1990.
Haïti: lettres et l'être, Toronto, Éditions du GREF, 1992.
Bibliographie des études littéraires haïtiennes, 1804-1984, Vanves, EDICEF-AUPELF, 1992.
Histoire de la littérature d'Haïti, Vanves, EDICEF-AUPELF, 1995.

Marie-Lyne Piccione
Canada et Canadiens (en collaboration), Bordeaux, PUB, 1984.
Le Canada (en collaboration), Nancy, PUN, 1991.
Gabrielle Roy, un pays, une voix (dir.), Bordeaux, PUB, 1991.
L'Espace canadien et ses représentations (dir. avec Christian Lerat et Sylvie Guillaume), Bordeaux, MSH, 1996.

Éditions BELIN, 1998.   ISSN 1158-3762   ISBN 2-7011-**2023**-3

Sommaire

PREMIÈRE PARTIE

Haïti

Léon-François Hoffmann

HAÏTI

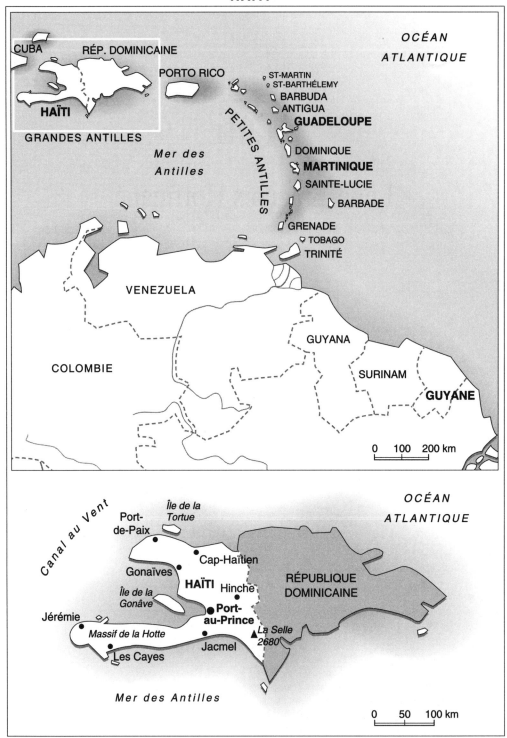

Introduction

Duraciné Vaval, historien de la littérature haïtienne, pouvait affirmer fièrement dès 1933 :

> Notre pays, à toutes les époques de sa jeune histoire, fut doté... [de] poètes, publicistes, historiens, enfin [d']une élite exprimant ses sentiments. La littérature haïtienne est proprement l'âme de notre société.
>
> *Histoire de la littérature haïtienne, ou « l'Âme noire »,*
> Port-au-Prince, Édouard Héraux, 1933, p. 475.

Que la littérature haïtienne soit la plus ancienne et ait longtemps été la plus féconde des littératures francophones ultramarines semble paradoxal à première vue : l'écrivain haïtien ne trouve auprès de ses compatriotes qu'un public potentiel très limité ; si tous les Haïtiens dominent parfaitement le créole, à peine un sixième de la population possède une connaissance ne serait-ce que rudimentaire du français, seule langue officielle jusqu'à ce que la Constitution de 1987 établisse la parité du créole et du français ; en outre, le taux d'analphabétisme fonctionnel en Haïti a toujours été très élevé : on l'estime aujourd'hui à 93 % ; enfin, les Haïtiens ne sont probablement pas plus de six millions.

La richesse de la littérature haïtienne s'explique d'abord par le fait qu'il importait à la République noire, une fois l'indépendance acquise de haute lutte, de se faire admettre dans le concert des nations, de prouver qu'elle était digne de s'asseoir au banquet de la civilisation. Et pour cela, quel meilleur argument que son appartenance à la francophonie, autrement dit, selon les lumières de l'époque, à l'expression linguistique la plus parfaite de la culture occidentale ? De plus, les Haïtiens ont toujours considéré que leur identité nationale ne reposait pas seulement sur le fait d'avoir fondé la première république indépendante d'Amérique latine, mais aussi sur celui de se distinguer de leurs voisins hispanophones ou anglophones par l'éducation française. Sans celle-ci, se demande Georges Sylvain :

que deviendrions-nous, perdus dans la masse des Noirs asservis d'Amérique? Un peu de poussière anglo-saxonne [...]. Plus nous saurons préserver notre culture française, plus nous aurons de chances de garder notre physionomie d'Haïtiens.

Cité par Auguste Magloire, Études sur le tempérament haïtien,
Port-au-Prince, Impr. du Matin, 1908, p. 187.

En Haïti, publier a traditionnellement été faire en quelque sorte acte de patriotisme, surtout lorsqu'en publiant à Paris on démontrait l'égalité des intellectuels haïtiens et de ceux de la métropole spirituelle. Quiconque publiait s'assurait l'estime de ses compatriotes; quiconque publiait en France avait droit à leur admiration.

Un deuxième facteur d'explication est moins respectable. Une fois les Français expulsés, la relève aux postes de commande fut prise par une nouvelle *élite*, composée d'anciens «libres de couleur», pour la plupart mulâtres, qui avaient quelquefois été éduqués en France ou qui avaient au moins reçu quelque instruction. Une minorité d'anciens esclaves noirs montés en grade pendant les luttes de l'indépendance se joignirent à eux. La préoccupation de cette classe dirigeante a toujours été d'accaparer la totalité du pouvoir et de s'en réserver toutes les prébendes. Elle a organisé la société de façon à rendre toute ascension sociale impossible à la *masse* des paysans et des travailleurs, sciemment et systématiquement maintenus dans l'analphabétisme, et aussi difficile que possible aux «classes moyennes» qui correspondent à la petite bourgeoisie européenne.

Jusqu'à la crise profonde que la société haïtienne traverse depuis une quarantaine d'années, la place de l'individu dans l'échelle sociale était en corrélation directe avec ses signes extérieurs de culture, particulièrement avec son aisance dans le maniement de la langue officielle, condition *sine qua non* de l'appartenance à l'aristocratie. Publier un article, un essai, un poème ou une nouvelle, c'était prouver sa compétence en la matière. Voilà qui explique le nombre très élevé non seulement de volumes, mais de quotidiens et de revues qui ont paru à Port-au-Prince et dans les villes de province. En somme, l'écriture, preuve de culture, facilite énormément l'accès au pouvoir: les bons auteurs haïtiens ont fréquemment été appelés à de hautes fonctions politiques ou diplomatiques, et Alex Saint-Victor exagère à peine lorsqu'il remarque amèrement: «La littérature, c'est par là qu'on passe pour en arriver au but que l'on cherche à cacher, et qui est de devenir un homme politique.»[1]

La littérature haïtienne partage certaines caractéristiques avec d'autres littératures ultramarines de langue française.

D'abord, vu l'exiguïté du public national, l'écrivain qui ambitionne plus qu'une renommée purement locale doit viser le public international, c'est-à-dire essentiellement français et québécois. Or, se faire publier par des éditeurs parisiens ou montréalais implique que l'on adapte peu ou prou son texte à leurs lecteurs. Toute une série de particularités spécifiquement haïtiennes, anthropologiques, sociologiques et linguistiques devront être élucidées soit en note soit dans le corps du texte.

1. «Revue des livres», in *Variétés* (Cap-Haïtien), 20 oct. 1904.

Il est significatif à cet égard que des critiques parisiens, ignorant tout du pays, aient interprété de manière fantaisiste des romans haïtiens dont ils ont d'ailleurs généralement fait des comptes rendus favorables. De toute façon, ces œuvres sont passibles de deux sortes de lectures, celle des Haïtiens et celle, nécessairement approximative, de l'étranger. Lectures potentiellement conflictuelles, dans la mesure où plus le texte semblera conçu en fonction du lecteur non haïtien, plus les compatriotes de l'auteur auront l'impression de ne pas être pris en considération.

La littérature haïtienne, tous les analystes l'ont remarqué, est essentiellement engagée. On pourrait dire, en exagérant à peine, qu'elle consiste en variations sur un seul thème : les éternels problèmes d'Haïti, problèmes politiques, problèmes sociaux de conflits de classes, de castes, de couleurs, problèmes personnels d'individus évoluant dans une petite société sans pitié pour les faibles et intolérante envers toute infraction à un conformisme aussi envahissant qu'hypocrite.

La littérature haïtienne s'est donc donné pour gageure de ne traiter qu'une réalité extrêmement spécifique, bien que le public international qu'elle se propose de toucher manque souvent des connaissances de base nécessaires pour appréhender cette réalité. Il est admirable qu'elle ait si souvent réussi à tenir cette gageure, en produisant des œuvres qui ont atteint à une renommée mondiale tout en étant reconnues pour leurs par les lecteurs haïtiens.

Quelques références

Frantz LOFFICIAL, *Créole/français : une fausse querelle ?*, Montréal, Collectif Paroles, 1979.

Léon-François HOFFMANN, *Haïti : couleurs, croyances, créole*, Port-au-Prince, Henri Deschamps et CIDIHCA, 1990.

Aperçu historique

I. Avant l'indépendance

1492 – *Christophe Colomb débarque dans l'île de Quisqueya ou Haïti, qu'il baptise Hispaniola, et qui deviendra bientôt Santo Domingo. Elle est habitée par des Indiens d'ethnies arawak et caraïbe, au nombre estimé à entre 500 000 et un million d'âmes. Vingt-cinq ans après, il n'en reste que quelques centaines : les autres ont péri, victimes de mauvais traitements et de maladies importées par les Européens. L'histoire d'Haïti s'ouvre donc sur un ethnocide.*

1500-1697 – *Des esclaves sont déportés d'Afrique pour remplacer la main-d'œuvre indigène. L'île ayant été délaissée par les Espagnols, qui se lancent à la conquête du continent, des pirates et des boucaniers français s'établissent dans la partie ouest où ils pratiquent la chasse et les cultures maraîchères. Le traité de Ryswick reconnaît en 1697 la souveraineté du roi de France sur le territoire qu'ils contrôlent et qui prendra le nom de Saint-Domingue.*

1697-1789 – *Un nombre toujours croissant de Français viennent chercher fortune à Saint-Domingue. De petites « places » y produisent des denrées coloniales : tabac, indigo, cacao, café, sucre, bois précieux. L'importation d'esclaves africains se fait progressivement plus importante.*

À partir du milieu du siècle, la colonie connaît un essor économique extraordinaire, au cours duquel les modestes « places » de jadis sont regroupées en grandes plantations appartenant souvent à des propriétaires absents ou à des sociétés d'exploitation. Des dizaines de milliers d'esclaves sont importés chaque année et soumis à un régime inhumain de travail forcé. 50 % du commerce extérieur de la France se fait avec Saint-Domingue, et le « voyage triangulaire » (France - Afrique - Saint-Domingue - France) enrichit les ports de l'Atlantique. En 1789, la population se compose d'environ 40 000 Blancs, 28 000 « hommes de couleur libres », surtout mulâtres, et 450 000 esclaves, en grande majorité noirs – plus de la moitié d'entre eux sont nés en Afrique, et non pas dans le Nouveau Monde.

À partir de 1789, les Blancs pauvres, partisans de la Révolution, s'opposent aux Blancs riches qui lui sont en général hostiles. Les « hommes de couleur libres », souvent eux-mêmes propriétaires de terres et d'esclaves, réclament la fin des mesures discriminatoires et l'égalité complète avec les Blancs. Les esclaves s'apprêtent à profiter des dissensions, souvent violentes, entre les maîtres.

II. La lutte pour l'indépendance

1791-1802 – *Les esclaves de la partie nord de Saint-Domingue se soulèvent et massacrent les Blancs, tandis que des révoltes d'« hommes de couleur libres » éclatent dans la partie ouest. La métropole ne pouvant envoyer de renforts, les colons font appel aux Espagnols et aux Anglais. Sonthonax, Commissaire de la République, proclame l'abolition de l'esclavage afin de s'assurer l'appui des troupes « indigènes » dans la lutte contre les étrangers. Leur commandant en chef, l'ancien esclave Toussaint Louverture, se rallie, expulse les Anglais et occupe la partie espagnole de l'île au nom de la République française. Il exerce en réalité le pouvoir absolu et l'île devient indépendante* de facto *sinon de* jure. *À l'invitation de Toussaint Louverture, nombre de colons qui avaient fui Saint-Domingue pour les États-Unis ou les autres Antilles viennent reprendre leurs terres.*

1802-1804 – *Bonaparte, Premier consul, envoie un corps expéditionnaire sous les ordres de son beau-frère, le général Leclerc, rétablir, avec l'autorité de la métropole, la traite des Noirs et l'esclavage (que la Constituante avait aboli dans toutes les colonies françaises en 1794). L'opération réussit. Mais lorsque, au mépris de la parole donnée, Toussaint Louverture est emprisonné au Fort de Joux (Jura) pour y mourir de froid et de privations, les généraux noirs et mulâtres se soulèvent sous le commandement de son lieutenant Jean-Jacques Dessalines. Après une campagne meurtrière au cours de laquelle le corps expéditionnaire perd 40 000 soldats, les rares survivants français abandonnent l'île. C'est la première défaite de Napoléon, passée sous silence, encore de nos jours, dans les manuels d'Histoire de France.*

III. L'indépendance

1. Avant l'occupation américaine

1804 – *Dessalines proclame l'indépendance de la partie française de l'île sous le nom d'Haïti, décrète le massacre des Français qui n'avaient pas réussi à fuir, et se proclame empereur. Il est assassiné l'année suivante par une coalition de généraux, dont Henri Christophe et Alexandre Pétion : on lui reproche d'abuser de ses pouvoirs, mais aussi d'avoir voulu distribuer aux ci-devant esclaves une partie des terres que la nouvelle aristocratie d'anciens hommes de couleur libres et de chefs militaires s'était appropriées.*

1806-1820 – *À la disparition de Dessalines, la discorde entre ses ennemis mène à la division du pays : le Royaume d'Haïti, dans le nord, gouverné par Henri Christophe sous le nom d'Henry Ier, se sépare de la République d'Haïti, gouvernée par le président Pétion. Après une guerre civile indécise, les deux États vont coexister jusqu'à la mort du roi Henry en 1819. Jean-Pierre Boyer, successeur de Pétion, préside alors à la réunification du pays.*

1820-1915 – *Boyer occupe la partie espagnole de l'île en 1822 et négocie en 1825 la reconnaissance de l'indépendance d'Haïti par la France, puis par la plupart des autres puissances. Il est renversé et exilé en 1843. Le pays va connaître une longue période d'instabilité, marquée par de fréquents coups d'État et par l'alternance au pouvoir de gouvernements à dominance mulâtre et à dominance noire*. Noirs ou mulâtres, dictatoriaux ou faibles, les gouvernements haïtiens désormais ont toujours exploité la majorité paysanne au profit tant de l'aristocratie en majorité mulâtre que des classes moyennes en majorité noires.*

En 1844, l'ancienne partie espagnole se sépare d'Haïti ; l'île ne sera plus jamais réunifiée, malgré l'invasion décidée par Faustin Soulouque qui, arrivé au pouvoir en 1847, se proclame empereur deux ans plus tard et gouverne sous le nom de Faustin Ier jusqu'à sa chute en 1859.

Profitant de l'anarchie régnante, les marines des États-Unis débarquent en 1915 sans rencontrer de résistance, et occupent la République.

2. L'occupation américaine

1915-1934 – *Haïti est un protectorat de fait des États-Unis. L'occupant y entraîne une armée moderne, impose l'autorité du gouvernement central, réprime sévèrement une révolte paysanne en 1920-1921, procède à un début d'aménagement du territoire, et assure un minimum de services publics. L'intelligentsia haïtienne, sous l'inspiration de Jean Price-Mars, se lance dans une révision critique des présupposés idéologiques qui avaient mené le pays au désastre. La résistance de plus en plus active des intellectuels hâtera la fin de l'occupation après une grève générale des étudiants.*

3. Après l'occupation américaine

1934-1957 – *Une série de gouvernements relativement modérés se succèdent, et le pays bénéficie d'un début de développement économique.*

1957-1986 – *Le processus est interrompu par l'arrivée au pouvoir de François Duvalier, idéologue* noiriste*, porte-parole d'une petite bourgeoisie traditionnellement victime de discrimination sociale et économique. Il se fait proclamer président à vie et, grâce à ses sbires surnommés* tontons macoutes*, instaure un régime de répression sauvage marqué par l'exil massif des intellectuels et le freinage du développement économique. Avant de mourir en 1971, il désigne Jean-Claude, son fils de vingt ans, comme successeur. Le régime de Jean-Claude Duvalier va limiter la terreur politique, afin de bénéficier de l'aide étrangère ; celle-ci lui sera effectivement accordée largement, mais la relance de l'économie ne profitera toujours qu'à la classe au pouvoir.*

1986 – *Jean-Claude Duvalier est renversé en 1986. Sa chute marque le début de luttes pour le pouvoir entre différentes factions* de l'armée et de la classe politique. Un leader populiste, le père Jean-Bertrand Aristide, élu président en 1991, est renversé par les militaires quelques mois plus tard.

Déjà à la limite du tolérable à l'époque de Jean-Claude Duvalier, les conditions de vie des 90 % des Haïtiens ne cessent de se dégrader. Haïti est aujourd'hui considérée, avec la Somalie et le Mozambique, comme l'un des trois pays les plus pauvres de la planète.

1994 – Menacé d'une invasion américaine, le gouvernement du général Raoul Cédras démissionne. Le président Aristide reprend le pouvoir.

1995 – René Préval est élu président de la République.

Quelques références

J.-C. DORSAINVIL, *Manuel d'histoire d'Haïti* [1924], Port-au-Prince, Impr. Deschamps, 1971.

David NICHOLLS, *From Dessalines to Duvalier* [1979], Londres, Macmillan Caribbean, 1996.

Chapitre 1

Les lettres
au temps de la colonie

Jusqu'aux dernières décennies du XVIIIᵉ siècle, la vie intellectuelle à Saint-Domingue était rudimentaire. Les pionniers défricheurs de bois et éleveurs de bétail, généralement illettrés – comme l'étaient d'ailleurs la plupart des Français de cette époque –, n'avaient ni le loisir ni l'habitude de s'adonner aux plaisirs de l'esprit. Les fonctionnaires envoyés de Paris se plaignaient de leur isolement intellectuel et de la rusticité de leurs administrés.

Pendant la deuxième moitié du siècle, le développement économique alimenté par le travail des esclaves permet l'accumulation de fortunes considérables. La population est en croissance rapide, et si la plupart des nouveaux arrivés de France sont encore des aventuriers, nombre d'artisans et de membres de professions libérales traversent eux aussi l'Atlantique. Jadis simples bourgades, les villes s'étendent et embellissent. Des loges maçonniques y sont fondées, ainsi que des cercles et des sociétés professionnelles. Prêtres et religieuses prêchent aux esclaves la résignation et l'obéissance, et combattent, sans grand succès, le libertinage et l'indifférence religieuse des Créoles. On peut désormais acheter des vêtements d'apparat, de la vaisselle de luxe, des bibelots, des livres et des objets d'art venus de Paris. C'est à Saint-Domingue qu'a lieu le 31 mars 1784, pour la première fois dans le Nouveau Monde, l'ascension d'un aéronef : une montgolfière construite au Cap-Français par un certain Beccard.

La vie culturelle demeure néanmoins pauvre. Les observateurs s'accordent à souligner l'indifférence des colons en matière d'éducation. Les plus riches envoient leurs enfants étudier en métropole ; dans le meilleur des cas, on inculque aux autres quelques notions de lecture, d'écriture et d'arithmétique. Les imprimeries ne produisent guère que des documents officiels, des annonces et placards, des almanachs et des gazettes. Par contre, des compagnies de théâtre et d'opéra venues de France ou formées dans la colonie font généralement salle comble. Des Créoles composaient des comédies inspirées de la vie locale, mais elles n'ont pas été imprimées et les manuscrits ont disparu. Quant à la presse, elle se bornait à donner des nouvelles locales, le mouvement des ports, le signalement d'esclaves « marrons » (c'est-à-dire en fuite), des petites annonces et, à l'occasion, un article d'intérêt général. Pas la moindre œuvre d'imagination dans ces *Affiches américaines, Gazette de Saint-Domingue* et autres *Avis du Cap*. Après l'indépendance, la presse haïtienne présentera en revanche un grand intérêt pour l'historien de la littérature, puisque nombre de poèmes, d'essais, de contes, de romans-feuilletons paraîtront régulièrement dans les publications quotidiennes et hebdomadaires.

Quelques références

Jean FOUCHARD, *Plaisirs de Saint-Domingue. Notes sur la vie sociale, littéraire et artistique*, Port-au-Prince, Impr. de l'État, 1955.

Médéric Louis Élie MOREAU DE SAINT-MÉRY, *Description topographique, physique, politique et historique de la partie française de l'isle Saint-Domingue* [1797], Paris, Société de l'histoire des colonies françaises et Larose, 1958.

Chapitre 2

1804-1830,
les débuts de la littérature haïtienne

Dès les premières œuvres, deux tendances se manifestent dans la littérature haïtienne : l'engagement et l'esthétisme.

I. Engagement

En prose comme en vers, les premières œuvres haïtiennes exaltent les prouesses de ceux qui avaient arraché de haute lutte l'indépendance du pays. Elles défendent également la légitimité de la cause haïtienne devant le tribunal de l'opinion publique internationale pour qui, jusqu'à la reconnaissance par Charles X de l'indépendance du pays en 1825, les Haïtiens n'étaient que des esclaves révoltés, appelés à retomber un jour sous la tutelle de leurs maîtres légitimes.

Les auteurs de cette littérature de combat, souvent des « libres » que leurs parents avaient envoyés étudier en France, cultivent l'éloquence rhétorique des assemblées et des gazettes de la métropole à l'époque de la Révolution. Boisrond-Tonnerre (1776-1806), par exemple, secrétaire de Jean-Jacques Dessalines et auteur de la proclamation qui annonçait le massacre des Blancs en 1804 :

> Citoyens,
> Ce n'est pas assez d'avoir expulsé de votre pays les barbares qui l'ont ensanglanté depuis deux siècles. [...] Il faut [...] assurer à jamais l'empire de la liberté dans le pays qui nous a vus naître. Il faut ravir au gouvernement inhumain qui tient depuis longtemps nos esprits dans la torpeur la plus humiliante, tout espoir de nous réasservir. [...]
> Le nom français lugubre[1] encore nos contrées ! Tout y retrace le souvenir des cruautés de ce peuple barbare ; nos lois, nos mœurs, nos villes, tout encore porte l'empreinte française. Que dis-je ? Il existe des Français dans notre île, et vous vous croyez libres et indépendans [...] !
> Qu'avons-nous de commun avec ce peuple bourreau ? Sa cruauté comparée à notre patiente modération, sa couleur à la nôtre, l'étendue des mers qui nous séparent, notre climat vengeur, nous disent assez qu'ils ne sont pas nos frères, qu'ils ne le deviendront jamais. [...]
> Jurons à l'univers entier, à la postérité, à nous-mêmes de renoncer à jamais à la France, et de mourir plutôt que de vivre sous sa domination !
>
> Cité par Beaubrun Ardouin, *Études sur l'histoire d'Haïti*, Paris, Impr. de Moquet, 1853-1860, t. VI, ch. 1, p. 8.

1. Le néologisme *lugubrer* dans le sens de « rendre lugubre » ne s'est pas imposé hors d'Haïti.

Exaltation patriotique et défense de la race noire vont souvent de pair : les ennemis d'Haïti ne jugeaient-ils pas les Africains et leurs descendants congénitalement inférieurs aux Blancs et incapables de se gouverner eux-mêmes ? Aussi un publiciste de grand talent, le baron de Vastey*, s'attache-t-il à réfuter point par point leurs arguments. À ceux qui s'appuient sur Montesquieu et sa théorie des climats, par exemple, Vastey répond :

> Pour me convaincre que les Blancs seraient d'une nature supérieure aux Noirs, il faudrait pouvoir me prouver que les Blancs pourraient résister à l'influence des climats, [...] mais il est prouvé, par des faits et des autorités irrécusables, qu'ils ne peuvent résister à peine trois mois dans les climats chauds sans dégénérer. [...]
>
> Les Français ont-ils déjà oublié les funestes effets de la chaleur brûlante du royaume d'Hayti, et du froid glacial de l'empire Russe [...] ? J'ai vu des milliers de Français [...] étendus sur la poussière, présenter le comble de la misère et de la faiblesse humaine ! Où donc est cette prétendue supériorité des Blancs sur les Noirs ? Où donc cette prétendue théorie de Montesquieu qui nous condamne inévitablement à l'esclavage ?
>
> *Réflexions sur [...] les Noirs et les Blancs,*
> Cap-Henry, P. Roux, 1816, pp. 28-29.

Les générations successives d'intellectuels haïtiens assumeront de même, par l'écrit et la parole, dans la presse ou devant les aréopages internationaux, la défense de la race noire, dans l'Afrique ancestrale comme dans la diaspora du Nouveau Monde. Ils dénonceront les abus dans les colonies, les lynchages, la discrimination, la ségrégation dans le sud des États-Unis, l'apartheid en Union sud-africaine, tout en proclamant leur fierté d'appartenir à un peuple qui s'est, toujours selon Vastey, « élevé de lui-même, du sein de l'ignorance et de l'esclavage » pour enrichir le patrimoine littéraire de l'humanité. « Nous écrivons et nous imprimons, notre nation a déjà eu des écrivains et des poëtes, qui ont défendu sa cause et célébré sa gloire » (*ibid.,* pp. 84-85).

II. Esthétisme

À côté de la littérature engagée, on cultive également en Haïti le genre de poésie sentimentale et didactique que diffusait en France l'*Almanach des Muses*. Les poètes se veulent les émules de leurs collègues de la métropole et suivent les modèles du Directoire et de l'Empire, dont ils adoptent la prosodie. Ils manient une langue hypercorrecte et s'interdisent toute notation régionale. Périphrases, inversions, références mythologiques, toute la gamme des conventions néoclassiques se retrouve dans les fables, les épîtres, les madrigaux que les journaux publient sans désemparer. Les sujets traités n'ont rien d'haïtien : par exemple, dans « Madrigal à Céleste » (*L'Abeille haytienne,* 1er sept. 1817), Jules-Solime Milscent (1778-1842), fils d'un colon et d'une négresse libre, soupire pour une belle qui semble sortie d'un tableau de Boucher plutôt que d'une gravure haïtienne :

L'aurore a prodigué sans peine
La perle qui fait l'ornement
Et de tes yeux et de ta bouche.
Lorsque ta pudeur s'effarouche,
Les roses de ton coloris
Décèlent les bienfaits de Flore […]

Pour l'heure il ne s'agit pas d'élaborer une littérature vraiment nationale ; il serait, selon le poète et nouvelliste Ignace Nau (1808[?]-1839[?]) prématuré d'y prétendre :

> Nous n'en avons pas encore, de littérature ; le temps n'est pas encore venu pour nous d'en avoir et les essais que nous donnerons quelquefois sous ce titre ne seront rien moins que de modestes anticipations. Mais, nous le croyons, nous aurons un jour une littérature, une littérature plus nationale […]
>
> *Le Républicain,* Port-au-Prince, 1er oct. 1836.

On en viendra bientôt à dénoncer l'imitation servile de la métropole et à prôner une littérature véritablement nationale, mais le désaccord persistera sur les caractéristiques capables de lui assurer l'originalité souhaitée. Devoir d'engagement socio-politique et souci de perfection formelle, recherche du particularisme local et aspiration à l'universalité seront perçus au cours des décennies plus souvent comme antagoniques que comme complémentaires.

Quelques références

Gustave D'ALAUX, « La littérature jaune », in *Revue des Deux-Mondes* (Paris), 1er sept. et 15 déc. 1852.

Gustave D'ALAUX, « Les mœurs et la littérature nègres », in *Revue des Deux-Mondes* (Paris), 15 mai 1852.

Alexandre BONEAU, « Les Noirs, les Jaunes et la littérature française en Haïti », in *Revue contemporaine* (Paris), 1er déc. 1856.

Antoine MÉTRAL, « De la littérature d'Haïti », in *Revue encyclopédique* (Paris), 1819, t. I, pp. 524-537, et t. III, pp. 132-149.

Auguste VIATTE, « La littérature militante en Haïti au lendemain de l'indépendance », in *Conjonction* (Port-au-Prince), déc. 1953.

Chapitre 3

1830-1890,
les années d'apprentissage

Tout se passe comme si la deuxième moitié du XIXe siècle consti-tuait une période d'apprentissage pour la littérature haïtienne.

I. Le théâtre

La production théâtrale de cette époque n'intéresse guère que les spécialistes. Elle se compose essentiellement de pièces historiques, en alexandrins, célébrant les hauts faits des héros de l'Indépendance, et de comédies s'inspirant, comme celles des théâtres parisiens, des mœurs bourgeoises et de l'adultère mondain. Des saynètes et des farces, plus percutantes et comportant des répliques en créole, ou dans le mélange de français et de créole qui caractérise la conversa-tion familière des Haïtiens, étaient également représentées. Les cri-tiques dramatiques déploraient le succès de ces spectacles, jugés grossiers et dangereux pour la pureté linguistique du pays comme pour son image de marque aux yeux des visiteurs étrangers. Il est regrettable que ces pièces n'aient pas été publiées car, à en juger par leurs comptes rendus, elles semblent avoir été plus originales et avoir représenté une réalité nationale moins édulcorée que les drames historiques et les comédies qui ont survécu.

Le théâtre haïtien en langue française n'a pas encore produit à ce jour d'œuvres vraiment marquantes – sauf *Général Baron-la-croix* de Franck Fouché[1]. Selon Fouché, les auteurs de pièces historiques n'ont pas su «éviter l'allure et le ton de la leçon d'histoire faite à l'école»; le critique note «la psychologie courte, [...] l'absence de logique [...], le style trop familier ou trop livresque» des drama-turges qui se sont inspirés de la vie quotidienne; à ceux qui ont voulu faire du théâtre social, il reproche de «transformer la scène en tribune»[2]. Pour Maximilien Laroche:

> jusqu'à 1950 le théâtre haïtien s'est toujours heurté à l'obstacle insur-montable de vouloir donner à une collectivité qui parle et entend le créole une image ressemblante d'elle-même en français.
>
> *La Littérature haïtienne,* Montréal, Leméac, 1981, p. 25.

1. Voir *infra*, p. 76 et texte n°26, p. 77.

2. *Guide pour l'étude de la littérature haïtienne,* Port-au-Prince, Panorama, 1964, pp. 146-147.

Il faudra effectivement attendre la deuxième moitié du XXᵉ siècle pour que naisse un remarquable théâtre haïtien, entièrement en créole, celui-là[3].

II. Le roman

Signalons aussi la minceur de la production romanesque : dans le presque demi-siècle qui va de 1859, date de la parution à Paris chez É. Dentu du premier roman écrit par un Haïtien, *Stella* d'Éméric Bergeaud (1818-1857), jusqu'à 1901, neuf romans seulement ont été publiés. Cinq d'entre eux ne sont d'ailleurs haïtiens que par la nationalité de leurs auteurs : l'action se déroule loin du pays, et aucun des personnages n'en est citoyen. Des trois romans de Demesvar Delorme, par exemple, l'un a pour cadre l'Italie et la Turquie de la Renaissance (*Francesca,* Paris, É. Dentu, 1873), l'autre les Alpes au temps de François Iᵉʳ (*Le Damné,* Paris, Challamel, 1877), et le titre du dernier, *L'Albanaise,* publié à Port-au-Prince en feuilleton dans *Le Moniteur* en 1884-1885, indique assez que l'on reste loin des Antilles. Trois des autres romans haïtiens publiés au XIXᵉ siècle, y compris *Stella,* relèvent de l'histoire plus ou moins romancée des luttes pour l'indépendance plutôt que du genre romanesque à proprement parler. Seul *Deux amours* (1895) d'Amédée Brun, évocation des amours d'une Créole blanche et d'un esclave noir devenu général de l'armée révolutionnaire, fait entendre une note quelque peu originale… qui souleva un tollé :

> Lorsque parut l'idyllique roman *Deux amours* […] dans lequel Brun chante la verdure de nos campagnes, la beauté physique du Noir au torse d'ébène, la chaude coloration du teint de la créole, un immense cri fut poussé. […] Avec l'élan d'une Érinye, cette foule, ennemie jurée de toute « esthétique nouvelle », immola son art au seuil même de sa jeune gloire.
>
> Émile Marcelin, « Amédée Brun », in *Médaillons littéraires,*
> Port-au-Prince, Impr. de l'Abeille, 1906, p. 20.

Cette pénurie s'explique : tout roman est peu ou prou analyse d'une société, et celle d'Haïti était pour l'heure en formation, donc difficilement analysable. La spécificité du premier état noir libre du monde, aboutissement de la seule révolte d'esclave à avoir jamais réussi dans l'histoire de l'humanité, était d'autant plus difficile à transposer dans la fiction que les lettrés n'avaient hérité de la métropole que des modèles, un système de références et des techniques littéraires adaptés aux sociétés européennes.

III. Historiens et essayistes

C'est peut-être justement l'originalité de cette société en formation, et la nécessité d'en comprendre les mécanismes, qui ont poussé des lettrés comme Thomas Madiou (1814-1884), Beaubrun Ardouin (1796-1865), Joseph Saint-Rémy (1815-1858)* et plusieurs autres à se consacrer aux études historiques. Selon Ardouin :

> Le temps est donc atteint où les Haïtiens eux-mêmes doivent s'efforcer de découvrir dans leurs traditions nationales, dans le peu de

Les premiers historiographes : l'*Histoire d'Haïti* de Thomas Madiou, qui va jusqu'à 1808, paraît en trois tomes en 1847-1848 (Port-au-Prince, Impr. Courtois, puis Impr. Verrollot). Les onze volumes d'*Études sur l'histoire d'Haïti* de Beaubrun Ardouin ont été publiés entre 1853 et 1860 (Paris, Dezobry et É. Magdeleine, puis Impr. de Moquet). L'ouvrage le plus connu de Joseph Saint-Rémy est son *Pétion et Haïti* (Paris, l'auteur et A. Durand, 1854). On trouve chez ces historiens la transcription de bon nombre de documents qui ont disparu depuis lors.

Michelet, nous le savons par son *Journal* et sa correspondance, avait lu les deux premiers et les connaissait personnellement. Conscient du handicap que représente pour l'historien la destruction de la plupart des documents et des archives, il les félicite de n'avoir pas hésité à recueillir le témoignage oral de témoins des événements.

3. Voir *infra*, p. 76.

documents qu'ils possèdent, la filiation des événements qui ont influé sur les destinées de leur patrie.

Études sur l'histoire d'Haïti, Paris, Dezobry et É. Magdeleine, 1853-1860, t. I, p. 16.

Les œuvres de ces trois historiens font autorité, et figurent encore aujourd'hui en bonne place sur les rayons des bibliothèques privées. Elles ont profondément influencé la formation idéologique de la classe dirigeante. Les premiers historiens haïtiens, tous descendants de « gens de couleur », manifestent de l'indulgence pour les leaders mulâtres – André Rigaud, qui s'opposa à Toussaint Louverture, Alexandre Pétion, qui s'opposa à Henri Christophe, et Jean-Pierre Boyer, qui favorisa les Mulâtres aux dépens des Noirs –, et de la sévérité envers leurs adversaires. De même, tout en dénonçant les crimes et les exactions des colons et du corps expéditionnaire, ils se gardent d'en accuser le peuple français, sur la culture et la générosité duquel ils ne tarissent pas d'éloges. Francophilie sincère, sans doute, mais aussi arme dans le combat que se livraient les deux factions de la classe dominante : les Mulâtres soutenaient que leur culture (française, bien entendu) les rendait plus capables que les Noirs des classes moyennes de mener le pays. Les Noirs accusaient les Mulâtres d'exercer contre eux une discrimination systématique dans les domaines de l'éducation, de l'emploi et de l'administration, afin de se réserver le pouvoir et ses prébendes.

Dès les lendemains de l'indépendance, nous l'avons vu, les essayistes haïtiens ont défendu leur patrie contre les sarcasmes racistes des étrangers, et revendiqué pour elle le rôle de porte-parole de la race noire. Les écrits d'Anténor Firmin*, de Louis-Joseph Janvier* et d'Hannibal Price* restent indispensables à la compréhension de l'idéologie haïtienne. Ces plaidoyers ne mettent d'ailleurs pas en question la supériorité de la civilisation occidentale. Comment l'auraient-ils pu, à une époque d'expansion coloniale où parler de civilisation africaine aurait paru une contradiction dans les termes ?

IV. La poésie

La poésie haïtienne de cette époque se caractérise avant tout par son abondance. Rares étaient les lettrés qui ne taquinaient pas la muse, donnant aux humoristes l'occasion d'exercer leur verve. Ainsi Laforêt Noire (pseudonyme d'Edmond Laforest) constate :

> Assurément, ce ne sont pas les *pièces de vers* qui manquent, il y en a de quoi inonder Haïti, car nous comptons chez nous autant de *pondeurs* de vers, que de généraux ou d'abatteurs d'oraisons funèbres. […] La rage de rimailler est à l'état endémique ici.
>
> « La Trêve de la Poésie », in *L'Opinion nationale* (Port-au-Prince), 19 janv. 1895.

Les choses n'auront d'ailleurs guère changé près d'un demi-siècle plus tard ; Edner Brutus écrit alors :

> [écrire des vers] c'est chez nous une manie muée en mode, une mode changée en rage, une rage passée à l'épidémie, à une épidémie qui dure.

Anténor Firmin (1851-1911)

Son ouvrage le plus important est *De l'égalité des races humaines* (Paris, Cotillon, 1885). Il fut ministre des Finances et des Affaires étrangères. Candidat malheureux à la présidence en 1902, c'est en exil à Saint-Thomas qu'il écrivit *Monsieur Roosevelt […] et la République d'Haïti* (New York-Paris, Pichon et Durand, 1905), pour expliquer à ses compatriotes la société et la politique hégémonique du « grand voisin du nord ».

Louis-Joseph Janvier (1855-1911)

Pendant trente ans, il représente son pays à Londres, puis à Paris. Il a laissé un livre précieux sur *Les Constitutions d'Haïti (1801-1885)* (Paris, Marpon et Flammarion, 1886) et, la même année, chez le même éditeur, *La République d'Haïti et ses visiteurs,* réfutation indignée du journaliste français Victor Cochinat, qui avait publié dans *La Presse* une série d'articles malveillants sur Haïti. Il a publié également *L'Égalité des races* (Paris, Rougier, 1884).

Hannibal Price (1841-1893)

Député, président de la Chambre, ministre à Washington, il rappelle dans *De la réhabilitation de la race noire par la République d'Haïti* (Port-au-Prince, Impr. Verrollot, 1900) que l'accession des descendants d'Africains en Haïti à la civilisation occidentale prouve que leurs congénères où qu'ils se trouvent pourraient y accéder de même si l'on cessait de les en empêcher.

Commettre des vers est une sorte de fonction organique ; les publier, se décerner un brevet de capacité.

« Petites réussites littéraires », in *Pangloss*, (Port-au-Prince), 27 oct. 1939.

Cette prolixité n'était pas seulement due à un amour immodéré pour l'art de faire des vers. C'est que la poésie passait à l'époque pour le genre noble. En outre, si faire imprimer un roman ou jouer une pièce de théâtre était une entreprise problématique, le sonnet ou le madrigal avaient l'avantage d'être faciles à placer : journaux et revues les accueillaient volontiers, tradition qui s'est maintenue jusqu'à nos jours.

Plus l'œuvre s'approchait des modèles métropolitains, plus elle rapportait de gloire à son auteur. Ces modèles furent longtemps les poètes romantiques et, plus précisément, Lamartine, Hugo* et Musset (voir *infra*, p. 32, texte n°1). On admirait du premier la sensibilité, la mélancolie, la dolente suavité, du second la verve colorée et le génie de la formule altisonnante, du dernier l'élégant désespoir. Et l'on hésitait à ajouter la moindre note spécifiquement haïtienne à l'imitation des maîtres. À tel point qu'après avoir rappelé que le poète est un Mulâtre « plus noir que blanc », Anténor Firmin, préfacier de Paul Lochard, le félicite de ce que « soit dans la structure de sa phrase, soit dans son tour d'esprit, il n'y a rien, mais rien, qui le distingue d'un poète français, issu du plus pur sang gaulois »[4]. Rien n'indique non plus que Coriolan Ardouin (1812-1835) n'est pas né sur les bords de la Loire ou de la Garonne lorsqu'il écrit « À un ami » :

La foule est insensible au vieux toit qui s'écroule,
À l'oiseau qui s'envole, aux murmures de l'eau,
Et pour elle le monde est toujours assez beau ;
Mais nous qui ne brûlons que de la pure flamme,
Mon ami, notre monde est le monde de l'âme.
Tout n'est que vanité, que misère et douleurs,
Le cœur de l'homme juste est un vase de pleurs.

« À un ami », in *Poésies*, Port-au-Prince, Impr. Bouchereau [1837].
Cité par A. Viatte, *Histoire littéraire [...]*, p. 362.

Prestige de Lamartine et Hugo : c'est peut-être d'une part pour avoir signé en 1848 le décret d'abolition de l'esclavage dans les colonies françaises au nom du Gouvernement provisoire, et de l'autre pour avoir écrit et fait représenter deux ans plus tard un drame à la gloire de Toussaint Louverture, que Lamartine jouit, de nos jours encore, d'un grand prestige en Haïti. *La République d'Haïti à l'apothéose de Victor Hugo* (Paris, Derenne, 1885) d'Emmanuel Édouard, président de la délégation d'Haïti aux funérailles du poète, est un touchant hommage haïtien tant à l'écrivain qu'au défenseur des droits de l'homme.

4. *Les Feuilles de chêne*, Paris, Ateliers haïtiens, 1901, pp. 9-10. Cité par Auguste Viatte, *Histoire littéraire de l'Amérique française*, Québec, P. Q., Presses Universitaires Laval et Paris, Presses Universitaires de France, 1954, p. 390.

Le romantisme et l'âme haïtienne

Le romantisme a apporté à la littérature haïtienne la note d'affranchissement qui l'a libérée d'un pseudo-classicisme dont la gaucherie et la contrainte emprisonnaient la pensée en je ne sais quel vêtement étriqué qui comprimait sa libre expression. Par sa philosophie émancipatrice du moi et sa doctrine favorable à l'épanouissement du lyrisme dont il imprégna les œuvres d'art, le romantisme développa chez nos écrivains l'aptitude maîtresse de leurs capacités d'expression qui est la sensibilité, source abondante d'émotions, réservoir insondable d'affectivités. N'est-ce pas là d'ailleurs que gît la marque distinctive de l'âme haïtienne, riche en puissance émotive, impressionnante en résonance affective ? À ce compte, par-delà les idéologies d'école et les contingences historiques, nos écrivains sont restés fidèles depuis plus de cent ans à cet idéal artistique qui sied à la logique de leurs tempéraments et aux aspirations fondamentales de leur intelligence.

Jean Price-Mars, *De Saint-Domingue à Haïti.
Essai sur la culture, les arts et la littérature* [1957],
Paris, Présence africaine, 1959, pp. 30-31.

Dans de nombreux poèmes, les inspirateurs sont d'ailleurs célébrés nommément. Dans le « Sonnet-préface » de Charles Séguy-Villevalaix (1835-1923), par exemple :

Hugo, sombre torrent, tantôt sur les rocs fume,
Et tantôt réfléchit les branchages penchés
Sur son riant miroir, que le couchant allume :
Ses flots parmi les fleurs, alors, sont épanchés.

Lamartine, doux lac où tremblent les étoiles,
Berce en ses plis d'azur bien d'amoureuses voiles
D'où montent des sanglots. Mais moi, je ne suis rien,
Rien qu'au bord d'une feuille une humble gouttelette.

« Sonnet-préface », in *Primevères*, Paris, Impr. Jouaust, 1866.
Cité par A. Viatte, *Histoire littéraire [...]*, p. 389.

L'Aile captive de Damoclès Vieux, publié à Paris chez A. Messein en 1913, semble un démarquage de Verlaine :

Créés pour l'élégance et la splendeur des cours,
C'est au siècle galant que nous aurions dû vivre
Au temps où l'on savait se plaire et se poursuivre,
Selon l'art d'être ému, finement, sans amour.

Nous nous rencontrerions, moi marquis, vous duchesse,
Dans les vieux parcs souvent, au Petit Trianon,
Où sous l'œil indulgent de votre page blond
Nous marivauderions sans trouble ni finesse.

On produira encore longtemps ce genre de poésie, en particulier dans *La Ronde,* revue publiée entre 1898 et 1902, qui restera pour les générations suivantes le symbole de ce qu'elles dénigreront sous le nom de « culture d'emprunt ».

La timidité lexicale et prosodique n'empêche d'ailleurs nullement l'engagement explicite, comme on le voit par exemple dans le long poème que Georges Sylvain (1866-1925) consacre à ses « Frères d'Afrique » opprimés sur la terre ancestrale. Il regrette que ses contemporains aient perdu le courage et l'abnégation des héros de l'Indépendance, car autrement :

[...]
Déposant ce fardeau de haines imbéciles,
Qu'attisent l'ignorance et la cupidité ;
Faisant trêve éternelle à ces guerres civiles
Dont nos mères diraient ce qu'elles ont coûté,

Nous nous en irions au pays des ancêtres,
Puis à ceux de là-bas nous parlerions ainsi :
« Vos cris désespérés, en dépit de vos maîtres,
Ont retenti vers nous : ô frères, nous voici ! »

Confidences et mélancolies,
Paris, Ateliers haïtiens, 1901, pp. 122-123.

L'engagement en faveur des frères africains n'exclut paradoxalement pas l'admiration pour leurs oppresseurs. Les ingérences du gouvernement prussien dans les affaires du pays, sous prétexte de protéger les intérêts de ses nombreux ressortissants qui s'y livraient au commerce en gros, expliquent que les Haïtiens aient souhaité la victoire de la France en 1870. Il est néanmoins surprenant de voir Oswald Durand s'adresser aux mânes de Napoléon Ier dans son « Ode à la France » :

> O toi, dont le front dort tranquille aux Invalides,
> Toi, l'immortel héros
> D'Austerlitz, de Wagram, d'Eylau, des Pyramides, [...]

pour lui dire sa douleur devant la défaite française, et sa conviction que

> Tu renaîtras encor,
> France ! et je chanterai tes beaux jours de vengeance,
> Sur une lyre d'or !
>
> <div align="right"><i>Rires et pleurs</i>, Paris, Impr. Ed. Crété, 1896, p. 101.</div>

Les Haïtiens considèrent avec raison Oswald Durand (1840-1906)[5], comme leur premier grand poète national. Sacrifiant à la mode du temps, il a certes cultivé tout comme ses collègues l'élégante mélancolie et le désespoir romantique, mais il a également cherché l'inspiration dans la réalité nationale, traité des thèmes jusque-là dédaignés, et composé parfois en créole. Tout Haïtien connaît les deux sonnets du « Fils du Noir », lamentation d'un Mulâtre rejeté par une Blanche à cause de sa couleur :

> À vingt ans j'aimais Lise. Elle était blanche et frêle.
> Moi, l'enfant du soleil, hélas, trop brun pour elle,
> Je n'eus pas un regard de ses yeux étonnés.
> [...]
> Mais son front pur pâlit à mes aveux tremblants :
> Le Fils du Noir fit peur à la fille des Blancs.
>
> <div align="right"><i>Ibid.</i>, pp. 37-38.</div>

Le thème du préjugé de la couleur, dont « Le Fils du Noir » est un des premiers exemples, deviendra fondamental dans l'idéologie littéraire haïtienne. Mais le poème de Durand qui a trouvé la plus large audience est la célèbre « Choucoune », lamentation en créole d'un Haïtien que son inconstante maîtresse a abandonné pour suivre un Blanc de passage.

> Gnou p'tit blanc vini rivé,
> P'tit barb' roug', bell' figur' rose,
> Montr' sous côté, belle chivé…
> Malheur-moin, li qui la cause !…
> Li trouvé Choucoun' joli…
> Li parlé francé, Choucoun' aimé-li…*
>
> <div align="right">Cité par Duraciné Vaval, <i>Histoire de la littérature haïtienne [...]</i>, p. 472.</div>

Après les romantiques, ce sont les Parnassiens qui servent de modèles aux poètes haïtiens. Ainsi, dans <i>La Ronde</i> du 15 septembre 1900, Fernand Hibbert[6] consacre à « Théodora » un sonnet qui imite à l'évidence Leconte de Lisle ou Heredia :

> Byzance est tout en flamme. Et Bleus et Verts râlant
> Emplissent égorgés la Rue et l'Hippodrome.
> Sur son char fait d'ivoire et de bois polychrome
> Théodora paraît et ses Spathairs hurlants.

Transcription du créole : Durand transcrit « étymologiquement » c'est-à-dire selon la transcription française. Après de longues controverses, on s'accorde désormais à transcrire le créole « phonologiquement » : à quelques rares exceptions près, chaque son est représenté par une lettre et chaque lettre représente un seul et même son. Le texte serait aujourd'hui transcrit :

Yon ti blan vini rive,
Ti bab rouj, bèl figi wòz,
Mont sou kote, bèl chive…
Malhè-mwen li ki la kòz !…
Li trouve Choukoun joli…
Li pale franse, Choukoun
[renmen li…

*Un petit Blanc est arrivé,
Avec une barbiche rousse,
[un beau visage rose,
Une montre au gousset, des
[cheveux soyeux…
De mon malheur c'est lui la
[cause !…
Il a trouvé Choucoune jolie…
Il parlait français, Choucoune
[l'a aimé…*

5. Voir Notice <i>infra</i>, p. 295.
6. Voir note <i>infra</i>, p. 33.

La superbe Augusta, fauve en les airs brûlants,
Resplendissante d'or et de gemme d'Ithome,
Sous la chlamyde pourpre de l'ancienne Rome,
Du quadrige emporté, foule les morts sanglants.

C'est que devant l'émeute à l'aspect hérissé
L'Autokrator fuyant comme un aigle blessé,
Aux galères d'argent s'en allait déjà preste.

Alors fixant le clair Bosphore au crépuscule
Rouge, l'Impératrice, ardente dit : Je reste !
Virile, elle vainquit par sa garde Hérule.

Mais les essayistes commencent à réclamer avec une insistance croissante l'élaboration d'une littérature vraiment nationale. Pour l'heure, ils encouragent les auteurs à puiser leur inspiration dans la réalité haïtienne, dans ses paysages et coutumes, dans ses types humains, voire dans ses tares sociales et les scandales de sa vie politique. Joseph Saint-Rémy va jusqu'à écrire :

> Je crois même que l'Haïtien a le droit d'innover dans la langue française, jusqu'à lui donner l'originalité de ses mœurs, de ses localités ; qu'il a le droit d'innover jusqu'au *créolisme*, pourvu que le style soit rapide, imagé, et que la pensée se laisse d'autant mieux saisir.
>
> *Pétion et Haïti,* Paris, l'auteur et A. Durand, 1854, t. I, p. 18.

Les poètes n'échappaient trop souvent au piège de l'imitation que pour entrer dans la voie sans issue d'un régionalisme de convention. Les saules sont alors de plus en plus souvent remplacés par les palmiers, le vermouth-cassis par le punch au rhum et les bergères et leurs moutons par des paysannes et leurs bourricots ; on donne, timidement, droit de cité à des termes créoles sans équivalents français, et l'on célèbre la beauté des Haïtiennes de toutes nuances, depuis la *chabine dorée* à la peau légèrement bronzée, jusqu'à la *noire* au type africain, en passant par la *marabout*, la *griffonne*, la *grimelle*, et les nombreux autres phénotypes résultant du métissage. Il faudra attendre les dernières années de l'occupation américaine pour que se manifeste une réelle originalité.

Complément bibliographique

Alain RAMIRE, « Idéologie et subversion chez les poètes de *La Ronde* », in *Nouvelle Optique* (Montréal), janv.-mars 1972.

Chapitre 4

1901-1910,
les romanciers nationaux

Ce n'est pas dans la poésie que se manifeste une indiscutable spécificité littéraire haïtienne au début du siècle, mais chez quatre romanciers dont les œuvres les plus marquantes paraissent entre 1901 et 1910. Ils ont été qualifiés par les critiques haïtiens de « réalistes » car ils ont délaissé l'épopée, l'histoire, et les exercices de psychologie amoureuse, et se sont tournés vers la réalité ambiante pour, disait l'un d'eux, Frédéric Marcelin : « s'inspirer de nos vieilles coutumes, présenter le tableau réel, photographique de nos passions, de nos préjugés, de nos vertus ». Comme cette réalité ambiante est uniquement et spécifiquement haïtienne, peut-être l'épithète de « nationaux » conviendrait-elle aussi bien à ceux qui furent les premiers* à l'avoir systématiquement observée et analysée.

Les quatre romanciers partagent une vision désabusée de la société haïtienne et une certaine idée de la fonction de l'écrivain dans cette société. En outre, leurs œuvres ont en commun une série de caractéristiques formelles.

I. Les œuvres

Frédéric Marcelin[1] est l'auteur de trois romans : *Thémistocle-Épaminondas Labasterre* (1901), *La Vengeance de Mama* (1902), qui lui fait suite, et *Marilisse* (1903).

Le héros éponyme de *Thémistocle-Épaminondas Labasterre*, naïf jeune homme qui croit pouvoir œuvrer pour le bien du pays en se consacrant à la politique, milite aux côtés de Télémaque, cynique journaliste d'opposition qui deviendra ministre de l'Intérieur à la chute du gouvernement qu'il a contribué à renverser. Lorsque Thémistocle, désabusé, ose critiquer le nouveau régime, il est abattu sur l'ordre de Télémaque (voir texte n°1). Dans *La Vengeance de Mama*, sa fiancée Zulma, dite Mama, va le venger. Elle brave l'opinion publique en se laissant courtiser par Télémaque. Le soir où elle a promis de recevoir

Les précurseurs : déjà en 1836, plusieurs nouvelles d'Ignace Nau, celui-là même dont on a vu qu'il se montrait prudent quant à l'émergence d'une littérature nationale, avaient pour cadre la campagne haïtienne, évoquaient le vaudou et étaient truffées de termes créoles. Mais, publiées soit à Paris, dans la *Revue des colonies*, soit dans des journaux port-au-princiens, et n'ayant jamais été réunies en volumes, elles sont peu connues, même en Haïti.

1. Voir Notice, *infra* p. 299.

le tout-puissant ministre et de lui céder, elle l'empoisonne, met le feu à sa maison et s'immole dans l'incendie.

Marilisse est l'histoire malheureuse d'une jeune fille du peuple, et de ses amours avec Joseph, cymbalier de la musique du Palais. Elle finit blanchisseuse, avec à sa charge Joseph, précocement sénile, et son gendre alcoolique.

TEXTE N°1

Un coup d'État

Un matin, le samedi saint, à peine les cloches mortes depuis le jeudi à midi venaient-elles de se réveiller, que leur carillon, en frémissements ailés, courait sur les toits de la ville, un cri retentit : Fermez les portes ! Fermez les portes ! – En un clin d'œil, tous les magasins, toutes les boutiques qui venaient de s'ouvrir avec la vie des choses, se reverrouillèrent.

On renversait le gouvernement.

Épaminondas, malgré son âge, avait assisté déjà à certains événements assez semblables à celui-ci. Ils n'avaient laissé qu'un souvenir fugitif dans son imagination. Ce matin-là, il voulut être sinon acteur, du moins spectateur attentif de la scène qui se déroulait : sans écouter sa mère qui lui criait de rentrer, il prit son chapeau et suivit la foule.

Elle se portait compacte, serrée, hurlante vers la rue du Centre où siégeait encore le gouvernement. Elle vociférait : « Vive la Liberté ! À bas la tyrannie ! » À sa tête marchaient des citoyens avec leurs carabines de seize coups sur l'épaule et leurs cartouchières bondées. Quelques hommes brandissaient de longs fusils à pierre ; d'autres n'étaient armés que de sabres de cavalerie ; beaucoup n'avaient qu'un revolver de poche au poing. Des soldats en débandade, la tunique déboutonnée, ivres de liberté et de tafia – deux ivresses qui s'accordent trop souvent – ayant lâché leurs casernes, marchaient avec le peuple. Des femmes exaltées, furibondes, roulaient, de-ci de-là, réclamant vengeance. Elles excitaient, elles encourageaient les hommes à se porter de l'avant. Elles disaient : Il n'y a aucun danger, le gouvernement est à terre, tous ses défenseurs ont fui ! – Toutefois quelques-uns s'arrêtaient au pas des portes, soi-disant pour causer, donner des nouvelles, plus certainement parce qu'on allait arriver au Palais et qu'on ne savait pas, malgré tout, s'il n'y aurait pas de résistance.

L'émeute avait été préparée depuis quelques jours. Des prises d'armes successives, aux portes mêmes de la ville annonçaient que le pouvoir n'avait plus la volonté de se défendre. Des actes imprudents, des meurtres inutiles, loin de le raffermir, avaient ébranlé le peu de crédit dont il jouissait encore. La promenade macabre, tragique, d'un portail à l'autre de la ville, d'un malheureux condamné politique qu'on était allé exécuter à la Saline[a], sans profit pour l'autorité, avait exaspéré tout le monde. Ce jour-là, des amis du gouvernement avaient suggéré au commandant de l'arrondissement d'empêcher l'exécution, de proclamer la déchéance du président et de prendre sa place. Ce conseil où il y avait de la pitié pour le condamné, mais surtout et d'abord beaucoup d'intérêt pour eux-mêmes, n'avait pas été goûté : le général objecta qu'il ne voulait pas trahir. Il dut y penser quand le peuple souverain le canarda dans son hôtel quelques jours après. Cependant, ce qui avait singulièrement facilité les meneurs, rendu leur tâche on ne peut plus aisée, ce qui avait donné l'élan d'une poussée populaire au mouvement, c'était quand on avait vu, ce samedi saint, passer à grande vitesse, à grand bruit vers le port, de lourds cabrouets[b] chargés de caisses d'argent… De porte en porte, on se communiqua la nouvelle : on déménage la banque ! C'était, en effet, l'encaisse métallique de la nouvelle banque d'État, environ deux millions, que le président, ayant décidé le transfert du Gouvernement aux Cayes[c], tentait d'y faire passer. Tout le monde, à ce cri, sortit. On arrêta les cabrouets, on déchargea les caisses qui furent mises au bureau du Port, sous la sauvegarde de la Nation. Naturellement, pendant la nuit elles disparurent toutes. C'est étrange, chaque fois qu'on met quelque chose sous la sauvegarde de la Nation, argent ou liberté, cette chose-là disparaît…

Frédéric Marcelin, *Thémistocle-Épaminondas Labasterre*, Paris, Ollendorff, 1901, pp. 101-103.

---

a. Faubourg de Port-au-Prince. – b. Charrettes ordinaires destinées à transporter la canne à sucre. – c. Ville de province dans la péninsule sud.

Le premier roman de Justin Lhérisson*, *La Famille des Pitite-Caille* (1905), relate les aventures d'un brave homme qui a la malencontreuse idée de se porter candidat à la députation. Il finit battu et emprisonné, après avoir ruiné sa famille. L'humour rabelaisien, et très haïtien, de Lhérisson fait de *La Famille [...]* une désopilante chronique de la vie port-au-princienne (voir texte n°2).

Zoune chez sa ninnaine (1906) est l'histoire de Zoune, petite paysanne ignare et sauvage qui, élevée par sa *ninnaine* (marraine), boutiquière dans la capitale, deviendra une commerçante avisée.

Séna (1905) de Fernand Hibbert*, tout comme *Thémistocle-Épaminondas Labasterre* et *La Famille des Pitite-Caille,* est une dénonciation des mœurs politiques. Sénateur véreux, le héros éponyme est converti au civisme et à l'honnêteté lors d'un séjour en France. Rentré au pays avec l'intention d'œuvrer pour le bien public, il est arrêté, emprisonné, torturé et finalement exécuté par la clique au pouvoir. Hibbert écrivit également *Les Thazar* (1907), une histoire d'adultère dans la moyenne bourgeoisie, traitée avec une ironie quelque peu condescendante. Seymour Pradel affirmait, quelques années après leur parution, que

> *Séna, Les Thazar* ne sont pas seulement des romans. Ils renferment une explication [...] des conditions dans lesquelles évoluent la société et le monde politique haïtiens, et des raisons qui en font des organismes informes, et d'une hybridité déconcertante.
>
> «Les deux tendances», in *Haïti littéraire et scientifique* (Port-au-Prince), 5 janv. 1912.

Mimola ou l'Histoire d'une cassette (Port-au-Prince, Impr. E. Malval, 1906), le seul roman d'Antoine Innocent (1874-1960) qui, après des études au Lycée Pétion, passa sa vie comme secrétaire-rédacteur au Sénat, fit quelque peu scandale en son temps. Il a pour sujet la vie d'une fillette de la petite bourgeoisie que les dieux du vaudou réclament pour prêtresse. Les lecteurs de l'époque, qui considéraient la religion du peuple comme un regrettable atavisme du primitivisme ancestral, furent scandalisés qu'on puisse le traiter sans dédain et en s'efforçant d'en expliquer la pérennité. Sous l'occupation américaine, Innocent sera reconnu comme un précurseur par ceux qui réclameront pour les lettres nationales une plus grande authenticité.

II. La fonction de l'écrivain

Les romanciers nationaux se penchent de préférence sur les petite et moyenne bourgeoisies urbaines. Lorsqu'il leur arrive de transporter momentanément l'action en milieu rural, l'image qu'ils donnent des paysans est soit idéalisée – c'est le cas pour Marcelin – soit au contraire rendue caricaturale, comme chez Lhérisson. L'aristocratie mulâtre des beaux quartiers n'apparaît guère, elle, que dans les romans de Fernand Hibbert sous les traits de Gérard Delhi, observateur lucide et désabusé de la réalité haïtienne.

Si les romanciers nationaux désespèrent de leur pays, qui est alors en train de traverser une sombre période d'instabilité et d'anarchie, ils

---

Justin Lhérisson (1873-1907)

Il a fondé une revue, *La Jeune Haïti*, à vingt-et-un ans, et publié peu après deux recueils de vers oubliables et oubliés : *Passe-temps* (Port-au-Prince, Impr. de la Jeunesse, 1895) et *Chants de l'aurore* (Tours, Impr. Deslis Frères, 1898). Il a dirigé le quotidien *Le Soir*, et composé les paroles de l'hymne national, *La Dessalinienne*. Ses deux romans, *La Famille des Pitite-Caille* (Port-au-Prince, Impr. Héraux, 1905) et *Zoune chez sa ninnaine* (Port-au-Prince, Impr. Héraux, 1906) ont été souvent réédités.

Fernand Hibbert (1873-1928)

Il est né dans la petite ville de Miragoâne, dans une famille aisée qui l'envoie faire ses études à Paris. Rentré au pays avec le siècle, il publie *Masques et visages* (Port-au-Prince, Impr./Libr. du «Matin», 1910), nouvelles qui ne sont pas sans rappeler celles de Maupassant, et deux romans de mœurs, *Séna* (Port-au-Prince, Impr. de l'Abeille, 1905) et *Les Thazar* (Port-au-Prince, Impr. de l'Abeille, 1907), ainsi que *Romulus*, (Port-au-Prince, Impr. de l'Abeille, 1908), chronique romancée du siège de Miragoâne, qui se déroula en 1883 lors d'un coup d'État manqué.

La descendance de Pitite-Caille

Pour tout héritage, il laissa deux carreaux de terre à Bizoton qui furent vendus pour couvrir les frais de ses funérailles, et une maison basse au Morne-à-Tuf. – Par contre, sa descendance fut nombreuse. Sauf erreur ou omission, elle représentait le chiffre respectable de *soixante-neuf* enfants, dont quarante filles (la dernière eut pour nom significatif : *Assezfille*.)

L'étonnante postérité de *Pitite-Caille* fut le produit de la complaisante collaboration de vingt-deux femmes avec lesquelles il eut des rapports passagers au cours de ses fréquentes campagnes et garnisons dans les villes du Nord, du Sud, de l'Artibonite, de l'Ouest et de l'Est...

Un de ses frères d'armes – grand farceur devant l'Éternel – lui donna, à cause de sa vigueur prolifique, les sobriquets de *Bon Viseur* et *Ronze Partout*[a]...

Cependant *Pitite-Caille* n'eut avec sa *femme caille*[b] *Sor Zinga*, qu'un fils : Eliézer. Il ne prit soin que de son Eliézer. Quant au bataillon de ses *enfants-dehors*, il eut rarement de leurs nouvelles et même beaucoup d'entre eux, en grandissant, étaient devenus des inconnus pour lui.

Pensez-donc ! soixante-neuf noms à retenir ; soixante-neuf figures dont il fallait conserver les traits dans la mémoire ! Ces enfants étaient de toutes les nuances : *nègres francs, nègres rouges, chabins, tacté-codinde, griffes,* *mulâtres, sacatras, marabouts, tchiam-pourras, etc.*[c]

On ne pouvait pas demander à *Pitite-Caille* de s'y reconnaître. Aussi, quand, pressé par ses amis, il voulait dénombrer nommément sa famille, ne pouvait-il citer du côté des femmes, que : Claircine, Méda, Solfège, Louisine, Zina, Etiénise, Lamercie, Elléda, Choucouloute, Bombazine, Dieudonne, Réséda, Rosemina, Gétinette, Avrillette, Antoinette, Durinette, Uriette, Rachette, Séraphine, Joséphine, Zétrennes, Rasotte, Popote, Désine, Nèguèguè, Tumammzelle, Assezfille.

Du côté des hommes, que : Balthazar, Thémistocle, Socrate, Jéhovah, Yoyo, Excelcis, Lundi, Mardi, Jeudi, Samedi, Janvier, Février, Mars, Grozo, Voumba, Dhaïti, Mahometdeux, Philistin, Bozor, Marseille, Héllérobor, Nabuchodonosor, Jeanguistin, Eliézer, Tinomm, Cétoute.

Eliézer lui-même – à qui, souvent il parlait de ses nombreux frères – eut toutes les peines du monde à se les rappeler. Aussi ne put-il annoncer qu'à une vingtaine d'entre eux la triste nouvelle de la mort de leur père...

Justin Lhérisson, *La Famille des Pitite-Caille* [1905], Port-au-Prince, Impr. des Antilles, 1963, pp. 16-18.

---

a. Créolisme pour « onze partout », score qui, dans un jeu de cartes haïtien, permet de gagner à tous les coups. – *b.* Femme légitime. – *c.* Phénotypes différents selon la teinte de la peau, la qualité du cheveu (lisse ou crépu) et la finesse des traits.

---

choisissent de s'exprimer par la moquerie et l'ironie, voire le sarcasme (voir textes n°s 3 et 4). Le Télémaque de Marcelin, le Séna d'Hibbert, le Pitite-Caille de Lhérisson, certains personnages secondaires d'Innocent sont des fantoches dont le lecteur haïtien rit d'autant plus volontiers qu'il a l'occasion de les croiser tous les jours.

On n'en finirait pas de dresser la liste des travers sur lesquels les romanciers exercent leur verve ou leur indignation : absurdité des prénoms grecs et romains que tant de parents haïtiens infligent (comme ceux de Thémistocle-Épaminondas) à leur progéniture, arbitraire et cruauté des gens au pouvoir, emphase amphigourique des discours officiels, ridicule de lourdauds qui se croient d'une élégance parisienne, quête désespérée de gendres blancs pour « améliorer la race » des familles bourgeoises, nationalisme creux et altisonnant des uns, mépris systématique des autres pour tout ce qui est haïtien... La gouaille qui tempère ce pessimisme n'a pas empêché les critiques de reprocher aux romanciers nationaux une sévérité excessive. À quoi ces derniers auraient d'ailleurs pu répondre, comme le fit Marcelin :

J'aurais pu, m'enveloppant des voiles de la fiction, bâtir un roman de convention, [...] vous montrer une jeune Haïti pure, impeccable, foudroyant – selon la bonne formule – la tyrannie, la terrassant au souffle vengeur de la Liberté et de la Justice. J'ai voulu autre chose.

Autour de deux romans, Paris, P. Taillefer, 1903, p. 27.

C'est avec les romanciers nationaux que s'affirme le caractère essentiellement engagé de la littérature haïtienne, que tous les analystes ont signalé. Selon Jules Blanchet, par exemple, en Haïti :

L'écrivain a un rôle social ; appartenant à un groupement défini, [...] il travaillera à le transformer. Il n'est plus un dilettante. Il a sa place dans les batailles journalières de la vie et il cesse d'être exclusivement un artiste.

Le Destin de la jeune littérature,
Port-au-Prince, Impr. de l'État, 1939, p. 14.

TEXTE N°3

« Une variété disparue »

Je ne puis m'empêcher de dire un mot du conspirateur haïtien, type qui tend à disparaître, dit-on, ce que je souhaite de tout mon cœur.

Naguère, j'en ai connu un spécimen dont la vie pouvait se résumer en cette devise : toujours prêt ! – On n'avait qu'à lui parler de conspirer pour que sans demander quoi que ce soit, sans s'informer des chefs du mouvement, du lieu, du moment de l'action, il ne s'écriât tout de go : Je suis des vôtres ! Comptez sur moi ! – Et de fait, on pouvait compter sur lui. Il allait à l'heure et au lieu indiqués. Il y était souvent seul. On le prenait, on le fusillait. Il ressuscitait, toujours le même, ne demandant pas plus d'explications, pas plus d'engagements, pas plus de promesses que par le passé : il était toujours prêt à marcher. L'insurrection était sa profession, son idéal, sa vie. Mais les gouvernements, à force d'en faire une énorme consommation, ont fini par avoir raison de cette espèce. Elle n'existe plus. C'est une variété disparue.

Frédéric Marcelin, *Au gré du souvenir*,
Paris, Augustin Challamel, 1913, p. 137.

TEXTE N°4

Romulus catéchumène

Homme de devoir, si Romulus était ostensiblement le mari de deux femmes – l'une, Viergina, mulâtresse à la chevelure soyeuse et à la chair opulente, qui lui avait donné onze enfants, tous vivants ; l'autre Isménie, appétissante négresse aux yeux brillants et aux lèvres sensuelles, qui lui en avait donné treize, tous également pleins de vie – si donc Romulus était ostensiblement le mari de deux femmes, du moins il ne semblait pas avoir de préférence et se tenait indifféremment chez l'une ou chez l'autre, sans que Viergina en voulût à Isménie ou Isménie à Viergina.
[...]
Romulus avait l'habitude de s'intituler « un lettré ». Dans sa bouche, cela voulait dire qu'il connaissait ses lettres, qu'il savait lire. Outre ce point important, Romulus avait appris à signer. C'était même une toquade chez lui, il voulait toujours signer, n'importe quoi ! – Bien qu'il fût un frère très illustre et très puissant de la Loge de la Nouvelle-Cité, il trouvait moyen de concilier son grade de 33e avec sa qualité de fidèle de l'Église catholique. Il ne manquait jamais la messe et vivait dans la crainte de Dieu.

Le curé, voulant profiter de ces tendances heureuses, s'efforça de faire entrer pour de bon dans le troupeau du Seigneur, cette brebis égarée. Romulus renonça sans difficulté à la franc-maçonnerie, et ce fut une affaire entendue qu'il ferait sa première communion. Le curé entreprit de le catéchiser et Romulus paraissait dans les dispositions de la plus parfaite contrition. Le point délicat – et le curé le sentait bien – c'était la question des *deux femmes* qu'il fallait bien aborder. Le curé y toucha avec habileté, un mois avant la cérémonie religieuse.

– Romulus, mon ami, dit le curé en roulant les *r*, vous comprenez, il n'est pas possible que vous alliez à la Sainte Table, en état de péché mortel.

– *Oui, pè.*

– Votre vie est des plus irrégulières, Romulus. L'immoralité de votre conduite scandalise les âmes honnêtes.

– *Oui, pè.*

– Et le bon Dieu ne veut pas cela, Romulus. Il ne veut pas cela, le bon Dieu. C'est pour ce motif, que dans sa bonté infinie, Romulus, il a institué le Saint Sacrement du mariage.

– *Oui, pè.*

Le curé respira et se dit: Ça va bien, ça va même très bien.

– Donc, Romulus, mon ami, pour pouvoir vous approcher de la Sainte Table, il convient que vous mettiez fin à ce scandale. Vous devez vous décider à vous marier.

– *Oui, pè.*

– Et pour cela, mon ami, il importe que vous quittiez l'une de vos deux femmes et que vous épousiez l'autre devant Dieu et devant les hommes.

Romulus réfléchit un instant, puis se levant, il dit au curé:

– *Pè, m'pas capable fait ça. M'rainmin tous lè deux.*[a]

Et plantant là le curé, il s'en alla «préférant vivre en musulman plutôt qu'en chrétien» – disait le curé qui ajoutait:

– En Afrique, là où les Arabes conquièrent mille noirs à l'Islamisme, les missions catholiques, apostoliques et romaines n'en conquièrent pas dix. Ils sont dominés par la chair. C'est affreux.

Fernand Hibbert, Scènes de la vie haïtienne, «Romulus», Port-au-Prince, Impr. de l'Abeille, 1908, pp. 11-15.

---

a. Mon Père, je ne peux pas faire ça: je les aime toutes les deux.

III. Les choix esthétiques

Les romanciers nationaux auraient pu écrire, comme le poète Carl Brouard dans «L'art au service du peuple» (*Les Griots*, oct. 1938): «Pas un de nous ne fait de l'art pour l'art. On pourrait même dire que nous faisons de la prédication». Or cette «prédication», cet engagement dans les problèmes politiques, sociaux et même esthétiques qui reste le propre de la plupart des romanciers haïtiens, se fait généralement au premier degré: l'auteur n'hésite pas à interrompre la trame du roman pour exposer explicitement, soit par la bouche d'un porte-parole, soit même directement, son avis sur les questions les plus diverses, sur les déficiences du service de la voirie comme sur les faiblesses du système d'éducation ou l'égoïsme des classes dirigeantes.

Ainsi, les dix dernières pages de *La Vengeance de Mama* sont consacrées au discours de candidature de Josilus Jean-Charles, personnage honnête et pondéré, évidente incarnation du romancier, qui réclame «la suppression, de l'armée permanente et l'intronisation du gouvernement civil en place du gouvernement militaire» (Paris, Ollendorff, 1902, p. 271). De même, dans *Mimola*, les protagonistes dissertent à longueur de chapitres sur l'origine, la nature, la théologie du vaudou, sur son rôle dans la vie des humbles, sur ses incidences sur la modernisation du pays, etc. (voir texte n°5). Le lecteur non haïtien, habitué à plus de discrétion, risque de trouver que le discours de Josilus Jean-Charles aurait été plus à sa place en éditorial d'un quotidien, et les dissertations sur le vaudou dans un essai anthropologique. Ce n'est là en fin de compte qu'une question de conventions ; que celles du roman haïtien soient différentes de celles des autres littératures souligne au moins son originalité.

Dans les romans nationaux se manifeste une autre particularité propre au genre en Haïti : la linéarité de l'intrigue, et sa simplicité. Pas ou peu de retours en arrière : la vie d'un personnage, les épisodes de son aventure se déroulent dans l'ordre chronologique. Pratiquement jamais d'intrigues secondaires : les romanciers respectent la règle d'unité d'action du théâtre classique. Selon Ghislain Gouraige :

> Les écrivains haïtiens ont retranché du roman la séduction du récit. Ayant aboli l'imagination, ils consignaient l'évidence, accordant au don de voir une place plus importante dans la composition littéraire qu'à celui de créer.
>
> « Le Roman haïtien », in *Le Roman contemporain d'expression française*, Sherbrooke (P. Q.), Presses de l'Université de Sherbrooke, 1971, p. 149.

TEXTE N°5

Discussion sur le vaudou

Deux amis d'enfance, Léon Dajobert et Albert Deltan, discutent du vaudou. Le premier revient de Paris, où il a fini ses études ; il méprise tout ce qui, dans son pays, s'écarte des mœurs européennes. Albert Deltan, sans être adepte, s'efforce de comprendre la religion du peuple, qu'il refuse de condamner en bloc.

– Mais enfin, est-ce une raison pour que de telles pratiques se perpétuent chez nous ?

– Non, seulement, je tenais à te faire remarquer que nous ne sommes pas les premiers à le pratiquer. Le culte du Vaudou n'a pas pris naissance en Haïti comme certains esprits sont portés à le croire. Nos pères, transportés à Saint-Domingue par l'odieuse traite, cherchèrent des endroits retirés pour cacher leurs dieux pénates. Ils les abritèrent dans des cavernes, dans des anfractuosités de rochers, dans des troncs d'arbres. C'est ainsi qu'ils purent reconstituer leurs Papas-lares sur un sol étranger et continuer à leur vouer secrètement le même culte. Dans leurs tortures, au milieu des combats, ce sont eux, ces dieux, qu'ils invoquaient. La scène macabre d'invocation au Morne-Rouge[a], n'est-elle pas dans tous les esprits ? Eh bien, c'est cette croyance aveugle qu'ils avaient dans la puissance des divinités africaines, qui les rendait si fanatiques. Je ne veux pas savoir jusqu'à quel point cette croyance était fondée ou non, mais ce qui est certain, c'est qu'elle a contribué pour une large part à nous rendre les maîtres de ce sol où le nègre peut se dire respecté.

– Quoi que tu en dises, mon cher Albert, je suis d'avis, moi, qu'il est temps qu'on finisse avec toutes ces horreurs qui ne tendent qu'à nous rabaisser aux yeux de l'étranger. […] Le seul remède à appliquer ici, c'est la destruction brutale de tout ce qui tend à nous rendre stationnaires, à entraver notre marche.

– Écoute, Léon, je ne suis pas moins un partisan du progrès. C'est tout mon rêve aussi que de voir mon pays évoluer. Mais le moyen le plus sûr pour y parvenir, n'est pas, à mon sens, un radicalisme intempestif. Un médecin habile, avant d'administrer le médicament, cherche d'abord à bien connaître la nature du mal qu'il a à guérir. Malheureusement nous ne connaissons pas encore la méthode expérimentale ; nous n'avons pas assez vécu pour la connaître. Or, il n'est pas étonnant que nous fassions chorus avec l'étranger, que nous nous récriions contre le Vaudou comme si c'était quelque chose d'exceptionnel dans l'existence d'une race d'hommes, sans que pourtant cette vieille coutume ait été jamais, de notre part, l'objet d'une étude spéciale. Ce mépris que nous professons ostensiblement pour nos aïeux, ce dédain que nous avons pour tout ce qui a trait à notre origine, est peut-être une des causes de nos errements, de nos préjugés de toutes sortes.

Antoine Innocent, *Mimola* [1906],
Port-au-Prince, V. Valcin impr., 1935, pp. 156-158.

---

a. Le soulèvement des esclaves de la partie nord de Saint-Domingue en 1791, qui donna le coup d'envoi à la lutte pour l'indépendance, aurait été précédé par une cérémonie vaudou au Morne-Rouge.

Audience: ce terme désigne la coutume de se réunir régulièrement entre amis pour échanger des potins, commenter les nouvelles du jour, raconter des souvenirs, des anecdotes ou la dernière plaisanterie. Le talent de l'*audiencier* est de rendre son propos amusant et pittoresque en utilisant toutes les ressources de la mimique et de la gestuelle, et surtout en façonnant une langue aussi imagée et savoureuse que possible.

Propagande politique: le terme est employé ici dans son acception haïtienne de «rumeur ou fausse nouvelle que l'on fait circuler pour ébranler le gouvernement».

Dans un sens, les Haïtiens ont tendance à composer des romans comme s'il s'agissait de nouvelles, quitte à étoffer le texte de descriptions, d'analyses et de prises de position idéologiques.

Plus que celle de la nouvelle, l'influence de l'*audience** sur le roman haïtien est fondamentale. La plupart des romanciers s'inspireront de ce genre essentiellement oral qui, comme l'explique Maximilien Laroche, «chevauche le conte, le roman et la conversation dans sa forme spécifiquement haïtienne, et constitue une combinaison de l'histoire et des histoires, de la propagande politique*, de la légende, de l'humour et de la sagesse sceptique et fataliste.»[2] Justin Lhérisson a donné au genre ses lettres de noblesse, en étant le premier à sous-titrer «audience» *La Famille des Pitite-Caille.* Il est malheureusement difficile d'apprécier *La Famille des Pitite-Caille* si l'on ne connaît pas bien les Antilles et surtout le créole. Car c'est en créole, ou tout du moins dans un mélange typique de créole et de français que sont «données» les *audiences*, et que sont transcrits des passages entiers du roman de Lhérisson.

Avec les romanciers nationaux, surtout Lhérisson et Innocent, le créole commence à s'infiltrer dans le roman haïtien quand il s'agit de transcrire les répliques de personnages qui l'utilisent dans la vie courante, soit exclusivement, soit en le mélangeant à la langue officielle. Au tournant du siècle, le créole n'était encore considéré que comme un jargon enfantin ou un français «petit-nègre», et les critiques, comme Edgar Fanfant dans *Le Petit Haïtien* de décembre 1906, n'hésitaient pas à en critiquer l'usage:

> que, sous prétexte de couleur locale, de littérature nationale, on prodigue [les mots créoles] ici et là, voilà qui est inadmissible. Non, la littérature nationale ne consiste pas à «truffer» le texte français d'expressions créoles. [...] Et puis ces phrases créoles qui le parsèment donnent au style un air grotesque.

N'en déplaise à Fanfant, la langue nationale continuera à trouver place dans le roman haïtien.

Il serait exagéré de dire que toutes les caractéristiques qui font l'originalité du roman haïtien se trouvent déjà chez ceux que nous avons surnommés «nationaux». Mais la connaissance de leurs œuvres est indispensable pour comprendre la nature de cette originalité, et la contribution des générations successives à son élaboration.

2. *Le Miracle et la métamorphose,* Montréal, Éd. du Jour, 1970, p. 68.

Quelques références

Roger GAILLARD, «Sexualité des personnages et érotisme du romancier Fernand Hibbert», in *Conjonction* (Port-au-Prince), 1974.

Yvette GINDINE-TARDIEU-FELDMAN, «Satire and the Birth of Haitian Fiction, 1901-1905», in *Caribbean Quarterly* (Mona, Jamaïque), sept. 1975.

Yannick Jean-Pierre LAHENS, «Le Paraître féminin, sa structure, sa stratégie dans le roman de Fernand Hibbert *Les Thazar*», in *Conjonction* (Port-au-Prince), fév. 1978.

Ernst TROUILLOT, «Le Réalisme de Fernand Hibbert», in *Conjonction* (Port-au-Prince), déc. 1966.

Chapitre 5

L'occupation américaine et Jean Price-Mars

L'occupation du pays par les troupes américaines* entre 1915 et 1934 fut une expérience traumatique et humiliante : la génération qui l'a vécue s'est elle-même surnommée « de la honte ». La première République noire, le premier pays indépendant du Nouveau Monde, était retombé dans l'asservissement colonial, sous la coupe des Blancs. La réaction des intellectuels prit deux formes complémentaires : une francophilie renforcée et une recherche de l'authenticité.

I. La francophilie

Par francophilie renforcée, entendons la revendication insistante des racines françaises, de l'appartenance à une culture latine proclamée intrinsèquement supérieure à celle, anglo-saxonne, des barbares occupants. Cousin de l'Haïtien, le Français est systématiquement et favorablement comparé à l'Américain : l'un est cultivé, raffiné, tolérant, intéressé par les choses de l'esprit, l'autre ignare, vulgaire, raciste, plongé dans un sordide matérialisme. La francophilie devient en somme une forme de résistance (voir texte n°6). D'autant plus que l'occupant avait médité de remplacer l'éducation à la française, fondée sur les humanités, par une éducation à l'américaine, fondée sur l'enseignement technique. Haïti ne risquait-elle pas de devenir peu à peu un pays de langue anglaise ? Avant d'adopter à contrecœur la Constitution de 1918, rédigée à Washington, les négociateurs haïtiens y firent stipuler que : « Le français est la langue officielle. Son emploi est obligatoire en matière administrative et judiciaire ». Aucune des sept constitutions précédentes ne donnait force de loi à ce qui semblait aller de soi. Ancien ministre de l'Éducation nationale, Dantès Bellegarde publie dans *Les Nouvelles* du 22 janvier 1923 un article au titre significatif, « L'île d'Haïti, c'est la petite France d'Amérique »,

L'occupation américaine : le 27 juillet 1915, on apprend à Port-au-Prince le massacre des nombreux opposants emprisonnés par le régime du président Vilbrun Guillaume Sam. Le lendemain, la fureur populaire force le dictateur à se réfugier à la Légation de France, d'où il est arraché et lynché par la foule. Prenant prétexte de l'anarchie régnante, les *marines* de l'amiral Caperton débarquent le soir même sans rencontrer de résistance sérieuse, occupent le pays, et le mettent sous protectorat de fait ; les Haïtiens restent pour la forme autorisés à élire leur président et leurs sénateurs, mais le pouvoir est aux mains de l'occupant. Les Américains rétablissent la sécurité des personnes et des biens, ce qui leur assure la collaboration des classes dirigeantes. Mais, devant le manque de tact de ces militaires qui s'installent, et traitent en indigènes sous-développés aussi bien les bourgeois raffinés que les paysans illettrés, le ressentiment croît. Après la répression sanglante d'une révolte paysanne, l'opposition s'organise parmi
…/…

les intellectuels. Les campagnes de presse se multiplient pour réclamer le départ des Américains, qui finissent par rembarquer en 1934, à la suite d'une grève générale organisée par les étudiants.

pour rappeler aux Américains que « la France occupe dans nos cœurs une place que nul ne peut lui enlever. Nous lui sommes unis par le sang et par la langue ». Et un journaliste anonyme écrit dans *La Petite Revue* du 1er juillet 1930 : « Par sa législation, par ses mœurs, par son éducation, Haïti possède une civilisation, française il est vrai, mais supérieure peut-être à ce que pourrait lui prêter l'Amérique ».

TEXTE N°6

Meeting

Au cours d'un meeting pour protester contre l'occupation américaine et demander le secours de l'étranger, les orateurs font assaut d'emphase patriotique. Indigné par cette rhétorique stérile, Roger Sainclair, personnage principal du roman, prend à son tour la parole.

– Êtes-vous vraiment des inférieurs ?

Comme un éléphant blessé au profond, la salle barrit.

Alors, avec une éloquence haletante, hachée, il jeta en vrac, ces mots, sur l'assemblée pantoise : « Il n'y a pas de droit qui tienne. Sans la force pour l'étayer, le Droit n'est qu'un mot vide de sens. Chaque peuple a son poing pour droit ! Si ce poing est débile, tant pis pour lui. Vous croyez vraiment, que ces puissances dont vous espérez le secours, s'aliéneront, à cause de vos prosopopées, l'amitié d'une nation riche et bien armée ? Laissez-moi rire ! D'ailleurs, dès qu'une race est esclave, elle a tort. Et puis Dieu seul sait, si je la déteste l'Amérique – mais quelle est la puissance qui peut lui montrer, pour la faire rougir, des mains blanches ?

– La France ! La France ! clama la salle.

Roger Sainclair eut un sourire énigmatique, et répondit : « Elle est peut-être plus humaine que les autres. Sa domination sur les races attardées, est peut-être plus douceur que violence, mais son domaine est vaste. Ses élites, devant lesquelles on est obligé, par simple esprit de justice, de se découvrir, savent-elles ce qui se passe d'horreurs, dans les coins perdus de son territoire colonial ?

« La France ? Je l'estime autant que vous, mais avec lucidité. Je ne peux pas non plus lui demander l'impossible. Elle doit penser à elle d'abord, se délester de ses sentiments chevaleresques, pour ne pas périr, elle-même, au milieu du matérialisme et de l'égoïsme qui déferlent sur le monde.

« Et puis, pédagogue Lapouitte, apprenez qu'une race n'en sauve pas une autre. Chacune se débrouille elle-même, est l'ouvrière de son propre bonheur et de sa liberté. Si vous voulez renaître, vous autres, rectifiez vos mentalités, révisez votre conception de la vie, cessez de vous haïr, sachez découvrir les disciplines de l'action, celles de l'esprit, mesurer sur la raison votre pensée et vos actes, travailler en silence.

« Vous hurlez sous l'Américain ! Je me demande souvent, si les heures féroces que nous subissons, ne sont pas les justes sanctions de nos infamies ?

– Oh ! assez, gémit quelqu'un dans la foule.

– Ce n'est pas avec plaisir, que je mets le fer rouge dans le chancre. Mais, continua-t-il, avec une salubre tristesse, je terminerai ma besogne.

« Durant un siècle et plus, vous n'eûtes, pour le beau visage de l'Ordre, que des regards d'aveugles. Vous n'avez rien fait pour le peuple qui subit presque seul, tout le poids des impôts. Sachez qu'il n'y a pas d'élite sans vertus morales, sans courage, sans don de soi, sans effort de perfectionnement intérieur, sans altruisme, et qu'en dehors de ces qualités une élite n'en est que la caricature !

« Malgré le préjugé blanc, qui nous confond tous dans le même dédain, depuis l'octavon le plus clair, jusqu'au nègre le plus noir, vous en êtes encore, entre vous, à de misérables distinctions d'épiderme ! Ne vous plaignez pas du préjugé américain ; l'attitude de beaucoup d'entre vous le légitime.

« Il me coûte de vous énumérer toutes vos hontes. Si les Américains en débarquant sur le sol, avaient trouvé devant eux des hommes, et non pas des néants à pattes, ils seraient déjà partis. »

Stéphen Alexis, *Le Nègre masqué*,
Port-au-Prince, Impr. de l'État, 1933, pp. 12-13.

Dans cette optique, il importait plus que jamais que les écrivains haïtiens se fassent reconnaître et accepter par la critique française. Aussi, bien des poètes continuent-ils à s'interdire toute déviation de la norme parisienne en ce qui concerne la prosodie, le lexique et même les thèmes traités : tout se passe comme s'il s'agissait de gommer la moindre notation indigène, de peur d'être perçu à Paris comme « exotique ». Relativement peu d'ouvrages sont publiés pendant les vingt ans d'occupation américaine, mais les titres de la plupart des recueils poétiques sont significatifs : *Fleurs détachées* de Timothée Paret en 1917, *Fleurs et pleurs* de Madame Virgile Valcin en 1924, *L'Éternel Adolescent* d'Étienne Bouand en 1928, *Au fil de l'heure tendre* de Frédéric Burr-Reynaud en 1929, et ainsi de suite.

Chez les journalistes et les orateurs aussi, l'hypercorrection linguistique était, paradoxalement, érigée en affirmation de la spécificité haïtienne menacée par les visées hégémoniques anglo-saxonnes. Réflexe patriotique, certes, mais aussi parfois francolâtrie de mauvais aloi, désir tacite de faire oublier une nationalité qui pouvait suggérer aux yeux des étrangers le primitivisme africain de la *masse* plutôt que le raffinement de l'*élite* « afro-latine ».

II. Jean Price-Mars et l'authenticité haïtienne

Mais en même temps et parfois chez les mêmes individus, se manifeste la volonté de rechercher et de cultiver l'authenticité haïtienne. Cette démarche, inspirée par Jean Price-Mars[1], la personnalité la plus influente de l'histoire intellectuelle d'Haïti, est articulée dans un recueil de ses articles, *Ainsi parla l'Oncle* (1928), qui fit date. Il y dénonce l'idéologie qui a mené le pays au désastre, et accuse l'*élite* de ses compatriotes non pas tant d'avoir laissé croupir la *masse* paysanne dans l'ignorance et la misère (cela, bien d'autres l'avaient fait avant lui) mais plutôt de n'avoir voulu reconnaître ni la culture paysanne ni leur propre personnalité. Dans une série de conférences et d'articles qui scandalisèrent les uns et enthousiasmèrent les autres, Price-Mars s'attacha à démontrer que la prétendue barbarie de l'Afrique était un mythe imputable à l'ethnocentrisme étroit des Européens, et que sa culture était sans doute différente, mais non pas inférieure à la leur.

Respectable, la culture africaine l'était à plus forte raison sous sa forme haïtienne, puisqu'elle avait perdu dans le Nouveau Monde certaines caractéristiques archaïques, comme la polygamie, le cannibalisme ou les sacrifices humains, qui justifiaient en partie sa mauvaise réputation. Il n'y avait donc aucune honte à étudier, à assumer, à revendiquer la culture populaire, composante fondamentale de l'authentique haïtianité. Il fallait, en particulier, cesser de considérer le vaudou comme un ramassis de superstitions (voir texte n°7) et le créole comme un patois dégénéré : l'ethnologie devenait un devoir patriotique. En ce qui concerne la littérature, Price-Mars recommandait de s'inspirer des traditions orales (contes, anecdotes, chansons, devinettes, proverbes – voir texte n°8) ainsi que des coutumes et des croyances de la *masse* jusqu'alors méconnue et dédaignée.

1. Voir Notice, *infra* p. 301.

«Le Vaudou est une religion»

Le Vaudou est une religion parce que tous les adeptes croient à l'existence des êtres spirituels qui vivent quelque part dans l'univers en étroite intimité avec les humains dont ils dominent l'activité.

Ces êtres invisibles constituent un Olympe innombrable formé de dieux dont les plus grands d'entre eux portent le titre de Papa ou Grand Maître et ont droit à des hommages particuliers.

Le Vaudou est une religion parce que le culte dévolu à ses dieux réclame un corps sacerdotal hiérarchisé, une société de fidèles, des temples, des autels, des cérémonies et, enfin, toute une tradition orale qui n'est certes pas parvenue jusqu'à nous sans altération, mais grâce à laquelle se transmettent les parties essentielles de ce culte.

Le Vaudou est une religion parce que, à travers le fatras des légendes et la corruption des fables, on peut démêler une théologie, un système de représentation grâce auxquels, primitivement, nos ancêtres africains s'expliquaient les phénomènes naturels et qui gisent de façon latente à la base des croyances anarchiques sur lesquelles repose le catholicisme hybride de nos masses populaires.

Nous pressentons une objection qui s'impatiente de rester informulée. Vous vous demandez, sans doute, quelle est la valeur morale d'une telle religion, et comme votre éducation religieuse est dominée par l'efficience de la morale chrétienne, vous en faites l'étalon de votre jugement. […]

[…] S'il est vrai que la morale privée et publique est la fille émancipée du tabou qui, par définition, est un ensemble de scrupules, comment peut-on contester au Vaudou de n'avoir pas sa morale à lui ? Il ne paraît en être dénué que parce que, malgré nous, nous le jugeons en fonction d'un type de morale plus élevée, adéquate à notre conception de la vie, parce qu'enfin nous jugeons la morale du Vaudou comme une superstition injurieuse pour notre idéal de civilisation. Que si, au lieu de la considérer en comparaison de la morale chrétienne, on la jugeait à sa valeur intrinsèque, on verrait par la sévérité des sanctions auxquelles s'expose l'adepte qui transgresse «la loi», combien celle-ci commande une discipline de la vie privée et une conception de l'ordre social qui ne manquent ni de sens ni d'à-propos.

On comprendrait ainsi comment, à un moment donné, elle fut assez efficace pour brider les instincts de l'individu dans une certaine mesure et préserver la dissolution de la communauté.

Jean Price-Mars, Ainsi parla l'Oncle [1928],
Montréal, Leméac, 1973, pp. 82-86.

Histoire de Ti-Malice et du maître voleur

[Mésius] leur raconta cette histoire de Ti-Malice et du maître voleur :

«Quand Ti-Malice[a] était petit, il était si paresseux qu'il ne voulait pas travailler la terre. Alors sa maman lui dit :

"– Ti-Malice oh ! puisque tu ne veux pas planter même les patates, je vais te mettre à apprendre un métier.

– Maman, répondit Ti-Malice, je veux bien, mais que ce soit un métier facile et que je n'aie pas à lever lourd.

– Eh bien ! dit la maman vexée, je ne connais qu'un seul métier comme ça, c'est le métier de voleur.

– Ah ! Maman, dit Ti-Malice, envoie-moi l'apprendre, je t'en prie."

Le lendemain, la maman amena Ti-Malice chez le maître voleur qui habitait près du marché. Dès qu'il commença à apprendre à voler, Ti-Malice étonna le maître par ses progrès. Celui-ci voyant qu'il avait affaire à un petit nègre malin, lui dit un jour :

"– Maintenant, je vais voir si tu es vraiment fort.

– Oui maître, dit Malice.

– Tu vois cet homme qui vient là-bas avec un mouton ? Eh bien ! va me voler la bête."

Ti-Malice réfléchit un instant, car ce n'était pas chose aisée. Mais apercevant dans un coin de la case une savate dépareillée, il eut une idée. Il prit la savate qu'il lança au milieu de la route et attendit. Un moment après, l'homme la trouvant, la poussa du pied, se disant : "C'est dommage qu'il n'y en ait qu'une seule, car elle est encore en bon état".

Ti-Malice alors la ramassa et, coupant par un raccourci, il devança l'homme et déposa encore la savate au milieu du sentier. "Ma mère m'a toujours dit que je resterais un sot toute ma vie, s'écria l'homme, devant sa seconde trouvaille. Si j'avais ramassé l'autre, j'aurais maintenant la paire."

"Peut-être, pensa-t-il, elle doit être encore là. Si je retournais vite, qui sait?..."

Alors, il attacha à un arbre le mouton qui le gênait, et partit en courant. Ainsi Ti-Malice s'empara facilement de la bête et l'apporta au maître voleur. Celui-ci lui fit des compliments et l'envoya voler d'autres choses bien plus difficiles. Chaque fois Ti-Malice y réussissait aisément.

Un matin le maître étant énervé voulut l'embarrasser et ne sachant quoi l'envoyer voler lui dit: "Va au marché et tâche de me rapporter quelques sutt-aïe[b]".

Ti-Malice réfléchit tellement en route que ça lui donna une forte colique. Aussi il se mit à l'écart derrière une touffe de raquettes[c] pour satisfaire son besoin.

En se relevant, une épine le piqua au derrière et il s'écria: "sutt-aïe!"

"– Ah! Ah! se dit-il, voilà la chose que me demande mon maître."

Il en coupa quelques pattes pleines d'épines qu'il mit dans sa macoute[d]. À son retour, le maître lui dit en souriant ironiquement:

"– Avez-vous réussi, Ti-Malice?

– Mais oui, dit-il en lui tendant la macoute, c'est au fond!" Alors le maître y enfouissant sa main se piqua.

"– Sutt-aïe! fit-il, en portant la main à la bouche.

– Voyez-vous, s'écria Ti-Malice, c'est bien ça et encore bien doux!..." »

Et suivant la coutume, Mésius terminait son histoire au milieu des éclats de rire, en disant: «Et l'on me donna un petit coup de pied qui m'envoya jusque là-bas».

Pétion Savain, *La Case de Damballah*, Port-au-Prince, Impr. de l'État, 1939, pp. 94-96.

---

a. Personnage traditionnel des contes haïtiens. Petit, vif, intelligent, il s'oppose à son compère Bouki, lourd et naïf. – *b.* Mot inventé. – *c.* On désigne ainsi plusieurs variétés de cactus, particulièrement le «figuier de Barbarie». – *d.* Sacoche en paille tressée.

Certes, d'autres avaient exprimé auparavant des idées semblables, mais Price-Mars va plus loin. Reprenant la formule du Français Jules de Gaultier, il accuse ses compatriotes de l'*élite* de «bovarysme collectif», c'est-à-dire de se croire autres que ce qu'ils sont. Non pas d'avoir renié leurs origines, mais d'avoir fait silence sur tout ce qui, dans leur vision du monde, leur psychologie collective, leur comportement quotidien pouvait suggérer des atavismes africains. Les Haïtiens lettrés ont beau s'être intégrés à la culture française, affirme Price-Mars, ils sont autre chose que des Parisiens basanés. Et leurs racines africaines, ils les partagent avec leurs compatriotes démunis: cet amalgame afro-européen constitue précisément la spécificité haïtienne.

La bonne société protesta vigoureusement, feignant de croire que Price-Mars prônait l'abandon du français, du christianisme et du progrès matériel pour le retour à la sauvagerie; encore aujourd'hui les idées de celui qu'on surnomma l'Oncle sont loin de faire l'unanimité. Mais il reste qu'au moment où une nouvelle vision de l'homme noir prend forme à Paris avec les articles de Picasso et d'Apollinaire sur l'art africain, avec *Batouala*, de René Maran[2], avec l'*Anthologie nègre* de Blaise Cendrars, ce fut une véritable prise de conscience que provoqua Price-Mars, que l'on surnomma bientôt le «père de la Négritude»[3]. Toute une génération d'écrivains haïtiens, celle de l'«indigénisme» (voir texte n°9), allait se réclamer de lui.

2. Sur R. Maran, voir *infra*, pp. 114-116 et Notice p. 298.

3. Sur la Négritude, voir également *infra*, pp. 121-137.

Indigénisme et haïtianisme

[Nos poètes] finirent par faire jaillir de ce chaos de sentiments, de ressentiments et de passions, la matière d'une idéologie qu'ils dénommèrent l'indigénisme ou l'haïtianisme.

Que doit-on entendre par ces termes et surtout par le dernier qui est un néologisme ?

Rien d'autre si ce n'est que la littérature haïtienne doit pouvoir exposer, étudier, définir les problèmes de l'homme haïtien de telle façon que soit établi que ce spécimen de l'espèce humaine est un produit spécifique du milieu qui l'a formé. Il porte l'empreinte des conditions historiques, sociales, économiques voire du paysage géographique qui ont fait de lui ce qu'il est – un homme – chargé d'offrir aux autres hommes, ses semblables, le stigmate des défauts autant que le bénéfice des qualités inhérents à toute nature humaine. Donc, désormais, l'art haïtien exprimera en panache toute la substance originale et féconde de notre folklore : poésie, prose, musique, peinture, sculpture, architecture.

Jean Price-Mars, *De Saint-Domingue à Haïti. Essai sur la culture, les arts et la littérature* [1957], Paris, Présence africaine, 1959, pp. 32-33.

Dominique Hyppolite (1889-1967)

Il fut bâtonnier du barreau de Port-au-Prince, poète et dramaturge. La plupart de ses poèmes n'ont été publiés qu'en revue. Sa meilleure pièce est *Le Forçat* (Paris, Jouve, 1933).

Léon Laleau (1892-1979)

Tout en cultivant la veine patriotique, Léon Laleau, homme politique, diplomate, directeur de journaux, critique littéraire, dramaturge, poète et romancier, fut un des plus ardents champions haïtiens de la francophonie ; il collabora à plusieurs périodiques parisiens, *Le Mercure de France, Le Figaro, Comœdia,* etc., reçut la Légion d'honneur, et le prix Edgard Poe. Ses œuvres les plus marquantes sont un roman, *Le Choc* (Port-au-Prince, 1932), et un recueil de poèmes, *Musique nègre* (Port-au-Prince, 1933).

Avant Price-Mars, aucun intellectuel haïtien n'aurait avoué, comme Dominique Hyppolite*, ce qu'éveillait en lui la langue du peuple :

La trouble hérédité qui veille
Dans les veines du sang-mêlé,
C'est un peu cela que réveille
En moi cet étrange parler.

La noire Afrique qui sommeille !
L'aïeul dont le sang a coulé !
Saint-Domingue au ciel étoilé,
Aux champs qu'un bel astre ensoleille,
Oui, c'est tout cela qu'il réveille.

« Tu ne sais pas », in *Stella* (Cap-Haïtien), 2-18 oct. 1927.

ni, comme Léon Laleau* dans son fameux poème « Trahison » qui figure désormais dans toutes les anthologies :

Ce cœur obsédant, qui ne correspond
Pas avec mon langage et mes costumes,
Et sur lequel mordent, comme un crampon,
Des sentiments d'emprunt et des coutumes
D'Europe, sentez-vous cette souffrance
Et ce désespoir à nul autre égal
D'apprivoiser, avec des mots de France
Ce cœur qui m'est venu du Sénégal ?

Musique nègre, Port-au-Prince, Impr. de l'État, 1931, p. 9.

Et ce n'est pas sans ironie que Laleau évoque, dans un autre poème souvent cité, la coexistence en lui de deux « Hérédités » :

J'écoute en moi glapir, certains soirs, le lambi
Qui ralliait mes ancêtres dans la montagne.
Je les revois, membres fourbus, couteau fourbi,
Avec le meurtre aux yeux et du sang sur leur pagne.

Mais aussitôt j'entends un air lent de Rameau
Qui s'englue aux clameurs de haines et de guerres.
Aux cris nègres se mêle alors un chalumeau,
Et de fins escarpins aux savates vulgaires.

Ibid., p. 21.

Quelques références

***, *Témoignages sur la vie et l'œuvre du Dr Jean Price-Mars,* Port-au-Prince, Impr. de l'État, 1956.

J. Michael DASH, *Literature and Ideology in Haiti 1915-1961,* London, Macmillan Press, 1981.

Chapitre 6

De l'école indigéniste
à la dictature duvaliériste

L'optimisme suscité par le rembarquement des Américains va être de courte durée. La participation élargie à la direction du pays que briguaient les classes moyennes ne leur est pas consentie par les gouvernements conservateurs et «mulâtres» de Sténio Vincent (1930-1941), puis d'Élie Lescot (1941-1946). Les progressistes constatent que les nantis n'ont rien perdu de leur égoïsme et restent décidés à maintenir la *masse* dans l'ignorance et l'impuissance. Ils soutiennent donc Dumarsais Estimé, porté au pouvoir par la révolution populiste et *noiriste* de 1946. Lui aussi décevra, et sera d'ailleurs renversé en 1950 par l'armée dont le chef, Paul Magloire, «monte au Palais». Lorsqu'il tente de prolonger illégalement son mandat, une révolte populaire le chasse en 1956. Suit une période de troubles, puis l'élection en 1957 d'un ancien ministre d'Estimé, le docteur François Duvalier, dictateur sanguinaire resté tristement célèbre sous le sobriquet de *Papa Dok.*

Le départ des étrangers marqua par ailleurs une vigoureuse floraison littéraire, dans tous les genres. Trente-six romans seulement avaient été publiés depuis *Stella* (1859) jusqu'à 1932, cinquante autres l'ont été dans le seul quart de siècle qui va de 1932 aux débuts de la dictature duvaliériste. C'est suffisant pour que l'on puisse en établir un début de typologie.

Outre quelques romans historiques, psychologiques, et même, nouveauté en Haïti, des romans pour enfants, deux sous-genres sont particulièrement intéressants : le roman de l'Occupation et le roman paysan.

I. Le roman de l'Occupation

Le roman de ce choc que fut l'occupation américaine (*Le Choc* est d'ailleurs le titre d'un roman de Léon Laleau publié en 1932 sur le thème) évoque les années sombres du protectorat ; il se veut un examen de conscience, une tentative d'explication des raisons pour lesquelles les descendants des héros de l'Indépendance se sont docilement pliés au *Joug* (ainsi qu'Annie Desroy intitule un roman publié à l'Imprimerie Modèle de Port-au-Prince en 1934). Mise en question qui ne va d'ailleurs pas au fond des choses : la plupart des romanciers

Stéphen Alexis
(1889-1962)

Père du célèbre romancier Jacques-Stéphen Alexis (voir Notice, *infra* p. 289), il fut un journaliste influent, servit comme ambassadeur à Londres, et dirigea le Musée national. Il mourut en exil au Vénézuela. *Le Nègre masqué* est son seul roman.

Maurice Casséus
(1909-1963)

Il écrivit également un excellent roman pour la jeunesse, *Mambo* (Port-au-Prince, Impr. du Séminaire adventiste, 1949).

Mornes : montagnes.

Les romans paysans : parmi les plus importants, on peut retenir, dans l'ordre chronologique :
– Jacques Roumain, *La Montagne ensorcelée* (Port-au-Prince, Impr. Chassaing, 1931) et *Gouverneurs de la rosée* (Port-au-Prince, Impr. de l'État, 1944),
– Jean-Baptiste Cinéas, *Le Drame de la terre* (Cap-Haïtien, Impr. du Séminaire adventiste, 1933), *La Vengeance de la terre* (Port-au-Prince, Impr. du Collège de Vertières, 1933) et *L'Héritage sacré* (Port-au-Prince, Deschamps, 1945),
– Pétion Savain, *La Case de Damballah* (Port-au-Prince, Impr. de l'État, 1939),
– Philippe Thoby-Marcelin et Pierre Marcelin, *La Bête de Musseau* (New York, Éd. de la Maison française, 1946), *Canapé-Vert* (New York, Éd. de la Maison française, 1944), et *Le Crayon de Dieu* (Paris, La Table Ronde, 1952),
– Anthony Lespès, *Les Semences de la colère* (Port-au-Prince, Deschamps, 1949),
– Edris Saint-Amand, *Bon Dieu rit* (Paris, Domat, 1952),
– Louis Defay, *Ceux de Bois-Patate* (Port-au-Prince, Impr. de l'État, 1953),
– Marie Chauvet, *Fonds des Nègres* (Port-au-Prince, Deschamps, 1961).

se bornent à mettre en cause les tares de quelques individus au pouvoir plutôt que la veulerie collective d'une *élite* prête à toutes les compromissions pour conserver ses privilèges.

Le roman de l'Occupation est un roman urbain : seul *Le Nègre masqué* de Stéphen Alexis* (Port-au-Prince, Impr. de l'État, 1933) met en scène – et encore est-ce de façon épisodique – la guérilla paysanne. Ce n'est pas sur ces cultivateurs mal dégrossis que les romanciers se penchent mais sur l'*élite* urbaine et ses réactions à la présence de l'occupant. Celui-ci est généralement représenté par des militaires yankees grossiers et brutaux, n'ayant aucun respect pour les susceptibilités des Port-au-princiens qu'ils coudoient dans les bars ou fréquentent dans les salons. Il leur arrive de tomber amoureux, et certaines Haïtiennes sont assez naïves pour répondre à leurs avances. Mais le préjugé de la couleur est trop fort chez les fils de l'Oncle Sam pour que ces amours puissent être durables et heureuses, comme l'illustre *La Blanche Négresse*, de Mme Virgile Valcin (Port-au-Prince, Valcin, [1934]).

Le Nègre masqué a le mérite de ne pas s'en tenir à une dénonciation somme toute facile de l'occupant, et de constituer une violente mise en accusation des classes dirigeantes. Il fallait du courage pour faire dire au héros (voir *supra* texte n°6) :

> Malgré le préjugé blanc, qui nous confond tous dans le même dédain, depuis l'octavon le plus clair, jusqu'au nègre le plus noir, vous en êtes encore, entre vous, à de misérables distinctions d'épiderme ! Ne vous plaignez pas du préjugé américain ; l'attitude de beaucoup d'entre vous le légitime.
>
> Stéphen Alexis, *Le Nègre masqué*, éd. citée, p. 13.

Viejo de Maurice Casséus* (Port-au-Prince, Éd. de « La Presse », 1935), préfacé par Jean Price-Mars, est le premier roman consacré au prolétariat haïtien (voir texte n°10). L'action se déroule dans les quartiers interlopes de Port-au-Prince, évoqués sans complaisance et avec un talent certain. Le héros, Mario, est un *viejo*, comme on appelait ceux qui avaient été coupeurs de canne à Cuba. Retour au pays pendant l'Occupation, il se met en ménage avec une jeune fille des taudis mais, comme la Choucoune d'Oswald Durand, elle le quitte pour suivre Cap', un *blan mériken* devenu patron d'un bar mal famé.

II. Le roman paysan

À côté de ces romans urbains et en quelque sorte « de circonstance », les dernières années de l'Occupation ont été marquées par l'émergence d'un roman où la vie du paysan des mornes* constitue l'essentiel de la matière*. C'est la première fois que des romanciers haïtiens se penchent sur le monde rural et s'attachent à le comprendre, le présenter et à découvrir en lui l'« haïtianité » essentielle :

> L'âme nationale, telle que l'avaient forgée des siècles d'histoire, se retrouva intacte dans le paysan haïtien. Une matière riche, inépuisable, parce que jusque-là inexploitée, s'offrit…
>
> Love Léger, préface à *Contre-temps* de Franck Legendre, Port-au-Prince, 1941. Cité par A. Viatte, *Histoire littéraire [...]*, p. 438.

«Mario danse...»

Mario s'est glissé vers le tambour:
« Chante, chante tambour des nègres !
Allons, chante-moi ton couplet noir. Tu n'es pas
la musique des blancs, la longue flûte d'argent
ni le violon verni. C'est ça, c'est ça ! Je veux ton
cœur, car tes hoquets sont sombres comme une
peau de nègre, et l'haleine de ma Guinée[a].

Ah ! tu es ma mère, tambour, tu es mon père,
tambour, tu es mon frère, et c'est toi que je posséderai quand je coucherai tout à l'heure avec
ma chérie noire. Et quel alcool je bois maintenant, meilleur que mon chaud clairin[b], qui me
saoule, qui me saoule ! C'est ça, c'est ça, plie ta
cadence à la souplesse de mon corps. Aïe, mon
papa, qu'est-ce que c'est que cette musique-là ?
Un temps à gauche, un temps à droite. Tout mon
corps est un chant nègre. »

Le tambour l'a chaviré, il ne sait pas ce qu'il
fait. Mais Mario danse...

Il a enlevé la belle veste marron, les souliers
jaunes et les chaussettes vertes. Tout cela, c'est
bon pour les blancs qui dansent le tango, mais
pas pour une danse qui est d'Afrique. Où a-t-il
appris les pas du «congo»? Mario n'a rien appris
du tout, car cela est en lui comme son souffle.
Mario n'a pas besoin d'enseignement, il naquit
avec cette danse dans sa chair, c'est un fief héréditaire. Les blancs ne savent pas danser, car leurs
danses varient avec les siècles, avec les modes
instables. Mais nous, nègres, c'est toujours la
vieille Afrique qui fleurit dans le tambour. Et
donc il n'y a qu'un nègre pour bien sentir tes
roulades, comme un tonnerre lointain. Et qu'est
le jazz, qu'est la musique du jazz? qu'est cette
fine nostalgie de la blues, sinon l'âme décompo-
sée de la première danse noire. Et tout cela il est
dit qu'un nègre seul pourra le rendre, le bien
sentir. Car, c'est cette Afrique extériorisée que
porte en soi tout nègre. Les blancs ont essayé,
mais quelle grimace inouïe ! Puisque l'hérédité
des blancs, puisque l'âme de leur chair ne com-
munie pas avec le mystère du tambour !

Mario danse...

Quelle est cette fureur qui lui tord les reins,
révulse deux yeux blancs, moule ce masque
d'envoûté ? La danse noire le possède. Mario
fornique avec l'esprit du tambour et se donne
pleinement, libre, ivre, heureux. Sa chair est
percée au bon endroit, et son cœur aspergé de
l'invocation oubliée. Et le tambour contrôle tout
cela, règle tout cela, car son ventre digère sa
musique. Et le tambour est une synthèse !

Mario danse...

Son âme est à cheval sur quelque chose
qu'il ne définit pas, mais qui l'emporte là-bas,
au pays inconnu de l'ancêtre: c'est un sable cal-
ciné, des forêts lourdes, pleines d'oiseaux et la
brousse où paissent tous les beaux silences de
midi. C'est cela la mère-patrie, ce sable chaud
qui brûle les semelles et les paumes, la jungle
épaisse où rampent des corps nus. Qu'est cette
musique du tambour, sinon la révélation de ce
qui sera toujours à l'opposé des cités blanches,
sinon l'antagonisme héréditaire, racial, de deux
couleurs. Qu'est cette musique du tambour,
sinon le chant profond qui colora ta peau à travers l'éternité douloureuse, l'emblème sensible
de toutes les religions noires, le signe par quoi
tu te reconnais, l'enseignement peint sur le
masque des dieux. Et c'est ce soir seulement
que tu comprends l'énigme révélée. Les continents ont leur dieu d'or. Toi, le tien est d'ébène,
couleur de ta peau. Les continents chantent leur
dieu d'or sur un instrument d'argent ou d'ivoire
ouvragé. Toi, c'est le tambour de bois grossier
qui mieux sait rendre l'appel de la race. Les
civilisations meurent abruties, décaties, finies.
Mais toi, le noir culte qu'enseigne ton tambour
demeure parce qu'il fut au commencement
comme le Verbe.

Mario danse...

Maurice Casséus, *Viejo*, Port-au Prince,
Éd. de «La Presse», 1935, pp. 50-52.

---

a. Synonyme d'Afrique; dans le vaudou, pays mythique d'où vient (et où retourne) l'âme du croyant.
– b. Alcool de canne.

Les écrivains qui se surnommèrent «Indigénistes», répondaient
ainsi à l'appel de Jean Price-Mars, qui préfaça d'ailleurs *La Montagne
ensorcelée* (1931) de Jacques Roumain[1] et *Le Drame de la terre*
(1933) de Jean-Baptiste Cinéas.

Le roman paysan allait connaître une vogue durable. Il s'en publie
encore aujourd'hui, dont la plupart démarquent leurs prédécesseurs.
Certains romanciers contemporains ont cependant su l'intégrer au
«réalisme merveilleux» latino-américain (voir *infra* pp. 62-63).

1. voir Notice, *infra* p. 302.

Il est difficile de dégager les caractéristiques communes à une quarantaine de romans qui illustrent une large gamme d'opinions politiques, de sensibilités personnelles et de techniques d'écriture ; on peut cependant les qualifier de réalistes, en ce qu'ils dépeignent la vie rurale telle qu'elle est réellement en Haïti : marginale, précaire et abrutissante. Si les romanciers continuent à évoquer l'austère beauté des mornes, ils mettent désormais en relief les facteurs qui acculent le paysan à la ruine, voire à la famine. Ils le font par conviction idéologique mais surtout parce que la croissance démographique et la surexploitation avaient entraîné d'abord le déboisement, puis la désertification progressive de la campagne, et donc la dégradation uniformément accélérée des conditions de vie du paysan :

> Grelottant de froid, crevant de faim, mourant de soif, les enfants allègrement léchaient la terre, bouffaient les herbes, croquaient les mouches. De grosses mouches vertes qui, après la bourrasque, semblaient naître du sol quand chauffait le soleil, à midi. [...] Pays de l'éternel printemps, Séguin, le petit village oublié derrière les montagnes, était devenu ce bled affreux, cette vallée de cauchemar qui donnait la nausée.
>
> Alix Lapierre, Oubliés de Dieu, Port-au-Prince,
Impr. des Antilles, 1976, pp. 89-90.

Publié en 1944, *Gouverneurs de la rosée,* de Jacques Roumain, n'est pas le premier en date des romans paysans, mais c'est celui qui a touché le plus large public, grâce à sa traduction dans un grand nombre de langues.

Le héros, Manuel, rentre des champs de cannes cubains où il a fait l'apprentissage de la solidarité ouvrière et de la lutte syndicale. Il retrouve sa région natale dévastée par la sécheresse et le déboisement, et les habitants de son village de Fonds-Rouge divisés en deux clans ennemis à la suite d'une obscure histoire de partage de terres. Aidé par Annaïse, jeune fille appartenant à la faction ennemie de la sienne, avec qui il vivra un grand amour, il trouve une source qui permettra d'irriguer les cultures, réconcilie les paysans, et les persuade de s'associer pour creuser le canal qui amènera l'eau salvatrice. La veille de l'inauguration du canal, Manuel est assassiné par un rival jaloux. Mais les paysans resteront unis, et des jours meilleurs s'annoncent pour le fils de Manuel que porte Annaïse.

L'intrigue de *Gouverneurs de la rosée* est simple et linéaire ; son idéologie marxiste et l'évident souci didactique qui l'animent peuvent ne pas séduire tous les lecteurs. Si le roman a eu un succès durable, c'est avant tout à la souplesse, à la diversité et à l'énergie de son écriture qu'il le doit. Roumain a su forger une langue écrite inspirée par l'expression orale des paysans créolophones : langue française, certes, en ce qu'elle est directement accessible à tout francophone, mais singulière par l'usage systématique d'archaïsmes, de créolismes et de dérivés originaux. Ainsi l'on parle d'un homme *malédictionné,* terme calqué sur le créole *madichonen* qui veut dire « maudit » ; s'il est *boisonnier,* il risque d'avoir la *soulaison amère* plutôt que le vin triste ; le mot *mitan* est systématiquement employé (comme en créole) pour « milieu », et *bailler* pour « donner » ;

l'usage du pronom personnel renforcé, fréquent en créole, est appliqué au français : *Un péché, moi je dis que c'est un péché, c'est ce que je dis moi-même*, etc.

Plus importante que l'intrigue du roman paysan est l'évocation de la vie rurale, que la plupart des citadins haïtiens ignoraient totalement, ou sur laquelle ils avaient les idées les plus fantaisistes : « L'écrivain haïtien a tout juste entamé [...] l'étude de l'âme complexe, des mœurs étranges du paysan », affirmait en 1948 Jean-Baptiste Cinéas dans la préface du *Choc en retour* (Port-au-Prince, Deschamps, 1948, p. IV). On retrouve dans *Gouverneurs de la rosée* plusieurs des tableaux de mœurs caractéristiques du genre. La cérémonie vaudou, dont sont longuement décrits les préparatifs, les battements de tambour, les danses, les chants, les libations, les sacrifices d'animaux et, invariablement, les crises de possession – c'est-à-dire l'incarnation d'un esprit ou *lwa* dans la personne du *houngan* (prêtre), de la *mambo* (prêtresse), ou d'un simple assistant, pour réprimander, conseiller ou consoler les fidèles (voir texte n°11). Le combat de coqs, distraction favorite du paysan, est souvent évoqué aussi, comme le sont la *coumbite* (ou travail agricole collectif) et la veillée, prétexte à multiplier les savoureux proverbes et devinettes créoles dont tout Haïtien est friand. Les rapports du paysan avec le monde urbain sont montrés comme ils sont, c'est-à-dire conflictuels :

> Le gouvernement use de toutes sortes de moyens d'intimidation, de fraudes, ventes simulées, pour céder des terrains aux amis et partisans du régime. [...] Les notaires, arpenteurs, usuriers et chefs de section sont les agents d'exécution les plus notoires de cette main basse.
>
> Franck Laraque, *Des impératifs de changements radicaux en Haïti*,
> New York, Newsletter Printing and Publishing, 1976, pp. 30-31.

TEXTE N°11

Cérémonie vaudou

Les parents de Manuel font célébrer une cérémonie pour remercier les esprits du retour de leur fils après plusieurs années d'absence. Elle se déroule dans le hounfò *(temple) sous la direction du* houngan *(prêtre) Dorméus.*

Le surlendemain soir, les habitants attendaient sous la tonnelle nouvellement parée. Des lumignons accrochés aux poteaux brûlaient avec une âcre odeur et, selon le battement d'ailes du vent, léchaient l'ombre d'une langue fumeuse.

Une rumeur de voix, sur la route, annonça l'arrivée de Dorméus. Bienaimé[a] l'attendait déjà à la barrière. Le houngan s'avança ; c'était un grand nègre rougeâtre, du sérieux dans chacun de ses mouvements. La théorie des hounsi[1] coiffées et vêtues de blanc immaculé le suivait, et elles élevaient dans leurs mains des esquilles de pin allumées. Elles précédaient le La Place[b], ordonnateur du cérémonial, les porte-drapeaux, les joueurs de tambours et de gong.

Faisant une révérence, Bienaimé offrit à Dorméus une cruche d'eau. Le houngan la reçut avec gravité, la souleva lentement de ses deux mains jointes vers les quatre directions cardinales. Ses lèvres murmuraient les paroles secrètes. Il arrosa ensuite le sol, traça un cercle magique, redressa sa haute taille et se mit à chanter accompagné de tous les assistants :

Papa Legba, l'ouvri barriè-a pou nous, ago yé !

Atibon Legba, ah l'ouvri barriè-a pou nous, pou nous passer

Lo n'a rivé, n'a remercié loa yo

Papa Legba[c], mait'e trois carrefours, mait'e trois chemins, mait'e trois rigoles

L'ouvri barriè-a pou nous, pou nous entrer

Lo n'a entré, n'a remercié loa yo[2]

— Passez, papa, passez, dit Bienaimé, s'effaçant humblement devant le houngan.

Dorméus prit les devants, suivi de ses gens. Les torches jetaient une lumière furtive sur les robes blanches des hounsi, tiraient quelques étincelles des paillettes dorées des drapeaux. Le reste avançait dans un remous plus épais que la nuit.

Et Legba était déjà là, le vieux dieu de Guinée. Il avait pris sous la tonnelle la forme de Fleurimond mais l'avait remodelé à son image vénérable, d'après son âge immémorial : les épaules voûtées et appuyé tout haletant d'épuisement sur la béquille d'une branche tordue.

Les habitants ouvrirent devant le houngan le chemin du respect. Les porte-drapeaux balancèrent au-dessus du possédé un dais de bannières déployées. Dorméus dessina à ses pieds le *vêvê* magique[d], planta en son mitan une bougie allumée.

— Tes enfants te saluent, dit-il au Legba ; ils t'offrent ce service en remerciement et en action de grâces.

Il désigna un sac de vannerie qui pendait au poteau central :

— Voici ta macoute, avec les vivres dont tu auras besoin dans ton voyage de retour[e]. Rien ne manque : l'épis de maïs boucané, arrosé de sirop et d'huile d'olive, des salaisons, des gâteaux et la liqueur pour ta soif.

— Merci, fit le loa d'une voix éteinte, merci pour le manger et le boire. Je vois que vos affaires vont mal avec cette sécheresse. Mais ça va changer, ça va passer. Le bon et le mauvais font une croix. Moi Legba, je suis le maître de ce carrefour. Je ferai prendre la bonne route à mes enfants créoles. Ils sortiront du chemin de la misère.

---

1. Initiées du Vaudou. – 2. «Papa Legba, ouvre la barrière pour nous, afin que nous puissions passer, ago yé – Atibon Legba, ah, ouvre la barrière pour nous, afin que nous puissions passer – Lorsque nous serons arrivés, nous remercierons les loa... / Papa Legba, maître des trois carrefours, maître des trois chemins, maître des trois rigoles – Ouvre la barrière pour nous, pour que nous puissions entrer – Lorsque nous serons entrés nous remercierons les loa.»

Jacques Roumain, *Gouverneurs de la rosée* [1944], Paris, Éditeurs français réunis, 1946, pp. 68-72.

---

a. Père de Manuel. – b. Ou *Commandant de la place*, assistant du *houngan*. – c. Legba doit être invoqué en premier, car c'est lui qui «ouvre la porte» et permet aux autres *loa* de «descendre» (c'est-à-dire de se manifester par la possession) à l'appel des fidèles. – d. *Vêvês* : dessins mystiques, emblèmes des *loa*. On les trace par terre avec un filet de farine qu'on laisse glisser entre ses doigts. – e. Vers la «Guinée», pays mystique où résident les *loa*.

La terre est volontiers décrite comme une femme dont les rapports avec l'homme qu'elle fait vivre relèvent d'un érotisme parfois poussé ; pour Roumain, la terre : «c'est comme une femme qui d'abord se débat, mais la force de l'homme, c'est la justice, alors elle dit : prends ton plaisir...» (*Gouverneurs de la rosée,* éd. citée, p. 4). Anthony Lespès décrit ainsi le cadre des *Semences de la colère* (Port-au-Prince, Deschamps, 1949) :

> Déjà, l'ombre débordait les ravins, échappée entre les cuisses entr'ouvertes des collines au sommeil... (p. 125)

> [sous le souffle du vent] la prairie s'était retournée sur sa couche et avait tressailli tel un visage de femme qui attend l'amour et qui sent le souffle qui va l'emporter bien loin dans la faiblesse. (p. 184)

Et Rebelné, le héros de *La Case de Damballah* (1932) de Pétion Savain (voir *supra*, p. 42, texte n°8), pense «au pays là-haut, à son pays, couché entre deux grandes cuisses de montagnes. Comme un sexe de belle négresse» (p. 22).

On pourrait remarquer que si les écrivains haïtiens se montrent généralement pudiques en évoquant l'émoi des femmes de la bonne société, par contre ils n'hésitent guère à décrire celui des paysannes avec précision et un luxe de détails. C'est là, il est vrai, un fantasme caractéristique des citadins du monde entier, mais il semble particulièrement obsédant chez les citadins haïtiens. Ce qui n'exclut nullement dans l'imaginaire érotique haïtien l'humour et la fantaisie ; ainsi dans le fameux poème d'Émile Roumer* « Marabout de mon cœur », où une belle *marabout* (c'est-à-dire une femme à la peau noire et aux traits fins) est comparée aux plus succulentes spécialités de la cuisine créole :

> Marabout de mon cœur aux seins de mandarine,
> tu m'es plus savoureux que crabe en aubergine.
> Tu es un afiba dedans mon calalou,
> le doumboueil de mon pois, mon thé de Z'herbe à clou.
> Tu es le bœuf salé dont mon cœur est la couane,
> l'acassan au sirop qui coule en ma gargane.
> Tu es un plat fumant, diondion avec du riz,
> des akras croustillants et des thazars bien frits.
> Ma fringale d'amour te suit où que tu ailles ;
> ta fesse est un boumba chargé de victuailles.*

> Cité par C. Saint-Louis et M. A. Lubin, *Panorama de la poésie haïtienne*,
> Port-au-Prince, Henri Deschamps, 1950, p. 364.

Que bien des romans paysans frôlent l'ethnographie est indéniable. Jacques Roumain fit des études d'ethnologie, et la plupart des autres romanciers se documentaient sur le terrain, ou se renseignaient auprès de spécialistes : dans une note liminaire de *Fonds des Nègres* (1961), Marie Chauvet[2] signale que « les cérémonies vodoues ont été tirées de l'étude du Dr Louis Maximilien *Le Vodou haïtien* (Port-au-Prince, 1945) ». Grâce à eux les Haïtiens lettrés ont pu acquérir un minimum de connaissances sur cette majorité muette qui leur était jusque-là pratiquement étrangère.

Quant à l'amélioration du niveau de vie rural, à la plus grande participation du paysan à la vie politique, ou à l'élimination des préjugés urbains que certains attendaient de cette mode culturelle de la paysannerie, les espoirs de Price-Mars furent déçus. Certes, des marchands de tableaux firent fortune grâce à la peinture populaire dite « naïve » ou « primitive » et l'on commença à inclure des chants et des danses vaudou au programme des troupes folkloriques, mais on attend encore les réformes de structures politique, économique et judiciaire qui assureront à la paysannerie un minimum de dignité humaine.

III. L'indigénisme

Price-Mars s'était penché et sur la culture africaine et sur ses avatars dans celle du peuple haïtien. Sur ces deux thèmes s'articule une bonne partie de l'« indigénisme », expression de la nouvelle idéologie qui inspira de nombreux écrivains.

Chez bien des écrivains, l'« indigénisme » orchestrait également les revendications politiques et sociales des classes moyennes en majorité noires, devenues numériquement importantes, qui s'estimaient, à juste titre, brimées par l'aristocratie mulâtre sur le plan professionnel, mais également et peut-être surtout sur le plan social. De fait, nombre de cercles étaient fermés aux citoyens qui n'appartenaient pas à l'élite ; seuls les aristocrates ruinés acceptaient des

Émile Roumer (1903-1990)

Ses premiers poèmes furent publiés par *Les Annales* alors qu'il étudiait à Paris au lycée Michelet. Il publia en 1925 un recueil de *Poèmes d'Haïti et de France* (Paris, Éd. de la Revue Mondiale). Rentré au pays, il dirigea *La Revue indigène*. Il fit paraître en 1963 *Le Caïman étoilé*, recueil de sonnets violemment anti-américains.

Quelques mots et mets créoles : *afiba* : lardon – *calalou* : soupe de gombo – *doumboueil* : boulette de pâte – *acassan* : bouillie de maïs – *gargane* : gorge – *diondion* : champignon – *akras* : beignets – *thazar* : poisson – *boumba* : panier ou canot.

2. Voir *infra* p. 66 et textes n°20 et 21, pp. 68-69.

Hénock Trouillot
(1923-1987)

Historien, critique littéraire, dramaturge, il enseigna à l'École Normale de Port-au-Prince, dirigea les Archives Nationales et la prestigieuse *Revue de la Société d'histoire et de géographie*. Sa contribution la plus importante à l'histoire littéraire d'Haïti est *Les Origines sociales de la littérature haïtienne* (Port-au-Prince, Impr. Théodore, 1962).

belles-filles ou des gendres issus des classes moyennes. Hénock Trouillot* composa sur cette question un roman au titre significatif : *Chair, sang et trahison* (Port-au-Prince, Impr. Pierre-Noël, 1947). On y voit le Mulâtre Georges Larue épouser, pour redorer son blason, une riche héritière, « la douce brunette » Germaine Charles :

> Georges eut honte, mais d'une seule chose : d'avoir eu à se montrer durant les cérémonies éclatantes du mariage avec une femme, une noire, au public qu'il croyait ahuri de sa déchéance. (p. 17)

Les « indigénistes » accusaient l'aristocratie de mépriser les autres Haïtiens au nom d'une langue, d'une culture, d'un raffinement dont ils faisaient tout pour conserver l'exclusivité. Parler couramment français, avec aussi peu d'accent régional que possible, avoir fait des études en France, connaître sur le bout des doigts les règles du savoir-vivre parisien, tout cela avait sans doute pu passer pour des manifestations patriotiques au temps de l'Occupation ; on y voyait maintenant des manifestations de snobisme et de « bovarysme collectif ». Toutefois, si la plupart des intellectuels exigeaient la reconnaissance et la célébration des racines culturelles africaines méprisées jusqu'alors, ils n'en prônaient pas pour autant l'abandon des racines françaises de la culture haïtienne.

Les plus prestigieux écrivains du mouvement indigéniste étaient soit membres du Parti communiste, comme Anthony Lespès, Edris Saint-Amand, René Depestre[3], Jacques-Stéphen Alexis[4] (voir texte n°12) et Jacques Roumain, qui en fut l'un des fondateurs, soit au moins sympathisants. Aux revendications culturelles s'ajoutaient donc les revendications politiques : la nouvelle littérature est révolutionnaire dans les deux sens du terme.

IV. La poésie nouvelle

Nous avons vu que, par tradition ou par convictions populistes, les poètes haïtiens avaient toujours eu tendance à éviter les audaces syntactiques. Leurs œuvres se voulant, du moins au premier niveau, immédiatement accessibles, exploitaient une rhétorique oratoire héritée des romantiques français. S'ils s'étaient fort bien accommodés du Parnasse et de sa recherche de la beauté impassible, ils ne semblent guère s'être intéressés aux théories symbolistes selon lesquelles le mot suggère plus qu'il ne dénote, et la syntaxe signifie par son aspect insolite. Mallarmé n'a pas eu d'émules en Haïti.

En 1946, André Breton et Aimé Césaire visitèrent Haïti[5]. Les intellectuels se précipitèrent aux conférences du poète français, avides d'apprendre où en était la poésie de la métropole intellectuelle enfin libérée. Aimé Césaire, lui, leur apportait la confirmation vivante que la Négritude poétique de langue française avait un brillant avenir, et que les « indigénistes » avaient eu raison de puiser l'inspiration dans la vie paysanne et dans la revendication parfois violente de l'appartenance à la race noire. Cette démarche s'accompagnait d'un certain élargissement du lexique poétique, qui pouvait désormais accueillir les mots et les expressions créoles et l'argot populaire.

3. Voir Notice *infra*, p. 294.

4. Voir Notice *infra*, p. 289.

5. Sur cette visite, on consultera l'article de Paul Laraque « André Breton en Haïti », in *Nouvelle Optique* (Montréal), mai 1971, pp. 126-138.

Les Vêpres dominicaines

De nombreux paysans haïtiens s'étant éta-blis de l'autre côté de la frontière dominicaine, la plupart comme ouvriers agricoles, le dicta-teur dominicain, Léonidas Trujillo, soucieux d'«améliorer la race» et de «blanchir» son pays, ordonna en 1937 le massacre de ces Haïtiens par la troupe et par des escouades de prisonniers de droit commun, libérés et armés pour l'occasion. Plusieurs milliers d'Haïtiens périrent lors de ce qu'on baptisa les «Vêpres dominicaines» par analogie avec les Vêpres siciliennes de 1282.

Toutefois, la masse des travailleurs se diri-gea comme à l'accoutumée au bord du champ. Les policiers s'étaient dispersés çà et là; il était trop tard quand les hommes remarquèrent qu'ils étaient entourés. Ils essayèrent de refluer vers le rideau de cannes à sucre, mais un ordre brutal de l'officier les arrêta :

– ¡ Aca! ¡ Todos los hombres, aca!ᵃ

Les gardes s'étaient élancés et confisquaient les machettes de travail. Les hommes furent bousculés et brutalement rassemblés. Ils étaient bel et bien dans la souricière ! D'une voix aiguë l'officier ordonna aux Dominicains de sortir du groupe. Maintenant il n'y avait plus rien à faire qu'à obéir pour ne pas donner de prétexte à la troupe avinée qui s'agitait menaçante, hurlante avec cent têtes abruties, illuminées par la jouis-sance sauvage que leur procuraient leurs brutali-tés. À coups de crosses, ils écartèrent les Domi-nicains qui se rassemblèrent au bord de la route. L'officier accompagné de quelques soldats leur parlait. On les faisait défiler et on leur deman-dait de prononcer un seul mot :

– Pelehil...ᵇ

Les Haïtiens prononçaient pour la plupart difficilement ce mot correctement. Il n'y avait pas d'Haïtiens parmi les Dominicains. Dès qu'on eut fini, une ruée de gardes dispersa les Dominicains, loin du champ.

Ainsi, c'était aux Haïtiens qu'ils en vou-laient. Vraisemblablement on allait les arrêter. Mais ces trois camions ne suffiraient jamais à les transporter tous. À moins qu'on ne les fasse aller à pied ? [...]

Les deux groupes se regardaient. Des remous traversaient la foule. Que leur voulait-on enfin ? Pourquoi ne leur disait-on rien ? Pourquoi avait-on fait partir les Dominicains ?

L'officier donna l'ordre aux soldats de recu-ler. Ils reculèrent d'une trentaine de pas, mais for-maient toujours un cercle de fer autour des hommes agglutinés. La mitraillette sous le bras, le lieutenant regardait sa montre-bracelet et se mit à la remonter. Le silence se fit complet. Les mains de l'officier tremblaient. C'était un Mulâtre à la peau sombre, la lèvre supérieure bar-rée d'une luisante moustache d'un noir bleuâtre, les yeux étaient profondément enfoncés dans les trous, le front bas, fuyant, le menton carré, forte-ment prognathe.

La pluie avait avorté, mais le temps restait lourd. En vain, le soleil essaya de percer à tra-vers le défilé de deux montagnes de nuées. La vague clarté qui se répandit illumina les fron-daisons d'une poussière d'eau argentée. Dans le ciel, un petit avion, couleur bleu azur, tour-noyait sans cesse, telle une mouche autour de l'appât.

Soudain, retentit au loin un crépitement de coups de feu, puis des cris en fusées, puis le silence, puis d'autres rafales et d'autres cris. À n'en pas douter, c'était une fusillade. On tirait non loin de là dans les champs voisins, et peut-être dans la ville.

La foule s'immobilisa une seconde sans comprendre, puis aussitôt eut la claire intelli-gence de ce qui allait advenir. Elle s'agglutina comme si sa masse pouvait la défendre, puis se désagrégea d'un seul coup dans une fuite éper-due. La voix du lieutenant glapit un ordre bref, mais seuls quelques coups de feu s'égrenèrent. La fuite s'arrêta, puis reflua sur elle-même en vagues qui se brisèrent l'une et l'autre. Les hommes regardèrent avec des yeux stupides trois corps fauchés en pleine course qui gigo-taient sur le sol tandis que d'autres se courbaient sur eux-mêmes. La fusillade se fit plus serrée.

Sur le fond de cris, de gémissements et de plaintes une voix lança cette douce et grave cla-meur de la *Dessalinienne*ᶜ :

Pour le drapeau,
Pour la patrie,
Mourir est beau...

L'un d'eux, au moment de mourir avait retrouvé en lui-même le chant des grandeurs d'autrefois.

Jacques-Stéphen Alexis, *Compère Général Soleil*, Paris, Gallimard, 1955, pp. 308-311.

---

a. Ici, tous les hommes ici ! – b. L'opération fut baptisée *Perejil* (persil), mot dont les Haïtiens prononçaient le «r» à la française, et non à l'espagnole, ce qui permit aux tueurs de distinguer les Noirs haïtiens de leurs congénères dominicains. – c. Hymne national haïtien.

L'influence littéraire d'André Breton semble avoir été moindre : rares furent les Haïtiens, à part Clément Magloire Saint-Aude*, qui exploitèrent les techniques surréalistes – écriture automatique, transcriptions oniriques et autres. Tout au plus ont-ils adopté l'assouplissement de la prosodie et de la métrique, et profité des ressources du vers libre.

L'expression directe et violente continue à caractériser la poésie engagée qui est celle de jeunes poètes comme René Depestre et Carl Brouard. Malgré leur admiration pour Aimé Césaire, ils ne l'ont pas suivi dans l'approfondissement du langage poétique. Peut-être craignaient-ils d'en faire un moyen moins efficace d'inquiéter les nantis et de stimuler les pulsions révolutionnaires.

Les recueils de poésies aux titres intimistes, évoquant les bouquets de fleurs et les chagrins du cœur se font plus rares ; de nouveaux titres indiquent le changement d'orientation : *Les Fleurs des bouges* d'Antoine Dupoux (1940), *Chants sauvages* de Benoît Clément (1940), *Chansons nègres* d'Antoine Alexandre (1943), *Nègre !!!* de Regnor C. Bernard (1945), *Gouttes de fiel* de Louis Neptune (1947) ou *Flots de haine* de Carlos Saint-Louis (1949).

Qu'il y ait là une volonté de scandaliser est évident, mais on ne peut nier que ces poètes militants peuvent atteindre à une éloquence certaine. Franck Fouché, par exemple, dans son poème « La Masse parle » :

Parce que je me nomme la Masse…
parce que sous mon ciel ivre de clarté
je porte la nuit sur mon visage…
parce que pour vous nourrir,
vous,
l'éternelle oisive,
je me courbe avec amour sur la terre en friche…
parce que je bois du clairin
pour tromper ma misère
et sous la tonnelle danse au long des nuits…
la danse de ma race ;
vous croyez, Élite jouisseuse
vous ma sœur
et mon bourreau
que je suis le pantin dont on n'a qu'à tirer la docile ficelle.
Prenez garde !…

« La Masse parle », in C. Saint-Louis et M. A. Lubin,
Panorama de la poésie haïtienne, éd. citée, pp. 536-538.

Ou Carl Brouard*, qui exhorte les déshérités à la révolte :

Vous
les gueux
les immondes
les puants
paysannes qui descendez de nos mornes avec un gosse dans le ventre
putains
infirmes qui traînez vos puanteurs lourdes de mouches
Vous
tous de la plèbe
debout
pour le grand coup de balai.

« Vous », in C. Saint-Louis et M. A. Lubin,
Panorama de la poésie haïtienne, éd. citée, p. 354.

Comme l'a bien vu Ghislain Gouraige, l'Afrique jouera dorénavant un rôle différent dans l'idéologie haïtienne :

> Ce n'était plus en Haïti comme auparavant l'expression d'un appétit de justice, ni un exercice littéraire abstrait, mais l'affirmation d'un déterminisme, l'acceptation de sa négritude. L'Afrique, il faut l'admettre, entrait dans la littérature d'Haïti au même titre que la France.
>
> « Littérature haïtienne et littérature française »,
> *Culture française* (Paris), nouvelle série, printemps 1977, p. 11.

Lorsqu'en 1931 Laleau mettait en vers ses « Hérédités », cet aristocrate était conscient de faire de la provocation, de frôler le paradoxe. Quelques années plus tard, non seulement il devient banal pour un poète de célébrer sa double hérédité, mais il est fréquent qu'il ne se réclame que de ses racines africaines. En 1927, le Mulâtre clair Philippe Thoby-Marcelin, auteur d'ironiques romans paysans, déclarait vouloir

> Me dépouiller de tous oripeaux classiques et me dresser très nu, très sauvage et très descendant d'esclaves,
> Pour entonner d'une voix neuve le *de profundis* des civilisations pourrissantes.   *La Trouée* (Port-au-Prince), 1er juillet 1927.

Dix ans plus tard, Arthur Bonhomme, théoricien du noirisme et plus tard duvaliériste militant, assure dans *L'Âme du lambi* (Port-au-Prince, Impr. Telhomme, 1937), publié sous le pseudonyme de Claude Fabry :

> je voudrais être ce soir
> l'ancêtre hirsute,
> qui jadis, dans le mystère de la brousse,
> dansait, ignorant, libre et nu !

Pour les indigénistes, l'acte poétique implique généralement tant la revendication raciale que l'engagement politique, ainsi que le proclame le jeune René Depestre :

> Me voici
> nègre aux vastes espoirs
> pour lancer ma vie
> dans l'aventure cosmique du poème [...]
> Me voici
> prolétaire
> je sens gronder en moi la respiration des foules
> je sens vibrer en moi la rage des exploités
> « Me voici », in *Étincelles*, préfacé par Edris Saint-Amand,
> Port-au-Prince, Impr. de l'État, 1945, p. 2.

Cette idéologie généreuse, qui se veut exigence de dignité pour la masse, associée à l'Afrique ancestrale et au prolétariat international, a trouvé sa plus haute expression dans le long poème de Jacques Roumain, « Bois d'ébène », daté de Bruxelles, juin 1939, et publié à Port-au-Prince en 1945 (voir texte n°13).

Comme on pouvait s'y attendre, certains disciples de Price-Mars ont déformé la pensée du maître. Le vaudou n'est pas pour eux une des religions pratiquées en Haïti, mais la seule digne de l'être ; le créole ne doit pas seulement avoir droit de cité, il doit

BOIS D'ÉBÈNE

à Francine Bradley,

PRÉLUDE

Si l'été est pluvieux et morne
si le ciel voile l'étang d'une paupière de nuage
si la palme se dénoue en haillons,
si les arbres sont d'orgueil et noirs dans le
[vent et la brume
si le vent rabat vers la savane un lambeau de
[chant funèbre
si l'ombre s'accroupit autour du foyer éteint
si une voilure d'ailes sauvages emporte l'île
[vers les naufrages
si le crépuscule noie l'envol déchiré d'un
[dernier mouchoir
et si le cri blesse l'oiseau
tu partiras
abandonnant ton village
Sa lagune et ses raisiniers*ᵃ* amers
la trace de tes pas dans ses sables
le reflet d'un songe au fond du puits
et la vieille tour attachée au tournant du chemin
comme un chien fidèle au bout de sa laisse
et qui aboie dans le soir
un appel fêlé dans les herbages…

Nègre colporteur de révolte
tu connais tous les chemins du monde
depuis que tu fus vendu en Guinée
une lumière chavirée t'appelle
une pirogue livide
échouée dans la suie d'un ciel de faubourg

Cheminées d'usines
palmistes décapités d'un feuillage de fumée
délivrent une signature véhémente
La sirène ouvre ses vannes
du pressoir des fonderies coule un vin de haine
une houle d'épaules l'écume des cris
et se répand par les ruelles
et fermente en silence
dans les taudis cuves d'émeute

Voici pour ta voix un écho de chair et de sang
noir messager d'espoir
car tu connais tous les chants du monde
depuis ceux des chantiers immémoriaux du
[Nil.
Tu te souviens de chaque mot le poids des pierres
[d'Égypte
et l'élan de ta misère a dressé les colonnes des
[temples
Comme un sanglot de sève la tige des roseaux
Cortège titubant ivre de mirages
Sur la piste des caravanes d'esclaves élèvent

maigres branchages d'ombres enchaînés de
[soleil
des bras implorants vers nos dieux
Mandingues Arada Bambara Ibo*ᵇ*
gémissant un chant qu'étranglaient les carcans
(et quand nous arrivâmes à la côte
Bambara Ibo
Il ne restait de nous
Bambara Ibo
Qu'une poignée de grains épars
dans la main du semeur de mort)
ce même chant repris aujourd'hui au Congo
mais quand donc ô mon peuple
les hévées*ᶜ* en flamme dispersant un orage
d'oiseau de cendre
reconnaîtrai-je la révolte de tes mains ?
et que j'écoutai aux Antilles
car ce chant négresse
qui t'enseigne négresse ce chant d'immense
[peine
négresse des îles négresse des plantations
cette plainte désolée
Comme dans la conque le souffle oppressé
[des mers

Mais je sais aussi un silence
un silence de vingt-cinq mille cadavres nègres
de vingt-cinq mille traverses de Bois-d'Ébène
Sur les rails du Congo-Océan*ᵈ*
mais je sais
des suaires de silence aux branches des cyprès
des pétales de noirs caillots aux ronces
de ce bois où fut lynché mon frère de Géorgie
et berger d'Abyssinie
quelle épouvante te fit berger d'Abyssinie
ce masque de silence minéral
quelle rosée infâme de tes brebis un troupeau
[de marbre
dans les pâturages de la mort
Non il n'est de cangue*ᵉ* ni de lierre pour
[l'étouffer
de geôle de tombeau pour l'enfermer
d'éloquence pour le travestir des verroteries
[du mensonge
le silence
plus déchirant qu'un simoun de sagaies
plus rugissant qu'un cyclone de fauves
et qui hurle
s'élève
appelle
vengeance et châtiment
un raz de marée de pus et de lave
sur la félonie du monde
et le tympan du ciel crevé sous le poing
de la justice

Afrique j'ai gardé ta mémoire Afrique
tu es en moi
Comme l'écharde dans la blessure
Comme un fétiche tutélaire au centre du village
fais de moi la pierre de ta fronde
de ma bouche les lèvres de ta plaie
de mes genoux les colonnes brisées de ton
                                    [abaissement.

POURTANT

je ne veux être que de votre race
ouvriers paysans de tous les pays
ce qui nous sépare
les climats l'étendue l'espace
les mers
un peu de mousse voiliers dans un baquet
                                    [d'indigo
une lessive de nuage séchant sur l'horizon
ici des chaumes un impur marigot
là des steppes tondues aux ciseaux de gel
des alpages
la rêverie d'une prairie bercée de peupliers
le collier d'une rivière à la gorge d'une colline
le pouls des fabriques martelant la fièvre des
                                    [étés
D'autres plages d'autres jungles
l'assemblée des montagnes
habitée de la haute pensée des éperviers
d'autres villages
est-ce tout cela climat étendue espace
qui crée le clan la tribu la nation
la peau la race et les dieux
notre dissemblance inexorable ?
Et la mine
et l'usine
les moissons arrachées à notre faim
notre commune indignité
notre servage sous tous les cieux invariable ?

Mineur des Asturies mineur nègre de Johannes-
                                    [burg métallo
de Krupp dur paysan de Castille vigneron de
                                    [Sicile paria des Indes
(je franchis ton seuil réprouvé
je prends ta main dans ma main intouchable)
garde rouge de la Chine soviétique ouvrier
                                    [allemand de la prison de Moabit *f*
                                    [indio des Amériques

Nous rebâtirons
Palenque *g*
et les Tiahuanacos *h* socialistes
Ouvrier blanc de Détroit péon noir d'Alabama
peuple innombrable des galères capitalistes
le destin nous dresse épaule contre épaule
et reniant l'antique maléfice des tabous du
                                    [sang
nous foulons les décombres de nos solitudes
Si le torrent est frontière
nous arrachons au ravin sa chevelure
intarissable
si la sierra est frontière
nous briserons la mâchoire des volcans
affirmant les cordillères
et la plaine sera l'esplanade d'aurore
où rassembler nos forces écartelées
par la ruse de nos maîtres
Comme la contradiction des traits
se résout en l'harmonie du visage
nous proclamons l'unité de la souffrance
et de la révolte
de tous les peuples sur toute la surface de la terre
et nous brassons le mortier des temps fraternels
dans la poussière des idoles

Bruxelles, juin 1939.

Jacques Roumain, « Bois d'ébène » [1945],
in *Œuvres choisies*, Moscou,
Éd. du progrès, 1964, pp. 149-152.

a. Arbres des bords de mer dont on tire un extrait astringent, le « kino d'Amérique ». – b. Peuples de l'ouest africain. – c. Ou hévéas. – d. Chemin de fer reliant le fleuve Congo à l'Océan, pour lequel les autorités coloniales forcèrent les indigènes à travailler. La mortalité fut effroyable. Gide dénonça ces atrocités dans son *Voyage au Congo* en 1927. – e. Carcan de bois. – f. Prison de Berlin où furent enfermés et exécutés des adversaires du régime nazi. – g. Cité maya en ruines au Yucatan (Mexique). – h. Cité bolivienne d'une civilisation pré-inca florissante, dont il subsiste des ruines.

régner exclusivement ; à part quelques rares ouvrages, plus d'un siècle de littérature haïtienne est renié pour n'avoir pas pris assez ses distances avec les modèles français. Tout cela reste d'ailleurs hautement théorique, et personne n'a sérieusement songé à mettre ce programme culturel en application ; pas même Carl Brouard, chantre de l'Afrique mère, qui affirme que

Tambour,
quand tu résonnes
mon âme hurle vers l'Afrique.

Tantôt
je rêve d'une brousse immense,
baignée de lune,
où s'échevêlent de suantes nudités.
Tantôt,
d'une case immonde,
où je savoure du sang des crânes humains

Cité par Roger Gaillard, La Destinée de Carl Brouard,
Port-au-Prince, Deschamps, 1966, p. 30.

Le critique français Auguste Viatte a publié en 1954 une *Histoire littéraire de l'Amérique française* dont plusieurs chapitres sont consacrés à celle d'Haïti. C'était le premier travail sérieux sur la question, et on ne peut qu'en admirer la clarté et l'érudition. Il est vrai que la méfiance de Viatte envers le vaudou, le créole et les idéologies de gauche colore abusivement certains de ses jugements, mais sa conclusion générale s'est révélée tout à fait perspicace :

> Dangereusement liée à l'actualité, la littérature engagée, faute d'une révolution permanente, se tait ou rabâche. Quant à l'indigénisme, il piétine. Sa richesse paraît épuisée ; son magisme tourne au bric-à-brac [...]. Le culte du primitif, confondu avec le facile, a fâcheusement déteint sur la qualité des œuvres. N'assistons-nous pas à la fin d'une école ? (p. 478)

Quelques références

Jean CIVIL, «Le Roman haïtien après l'Occupation», in *Présence francophone* (Sherbrooke, P. Q.), automne 1970.

Naomi M. GARETT, *The Renaissance of Haitian Poetry,* Paris, Présence africaine, 1963.

Chapitre 7

Le duvaliérisme
et la diaspora

L'antagonisme traditionnel entre la «bourgeoisie» en majorité mulâtre et les «classes moyennes» en majorité noires va déboucher sur la dictature de François Duvalier*, puis de son fils Jean-Claude. Les trente années de «duvaliérisme» auront des conséquences dramatiques sur l'économie et la vie intellectuelle du pays.

I. Littérature en diaspora

L'«indigénisme» finit par dégénérer en mouvement politique totalitaire. Déçu par le marxisme, un groupe d'intellectuels des classes moyennes se tourna vers le «fascisme de sous-développement». Des idéologues, François Duvalier parmi eux, réunis autour de la revue *Les Griots**, se réclamant abusivement des idées de Jean Price-Mars en firent l'expression culturelle d'un *noirisme* explicitement et agressivement raciste. Il s'agissait en fait d'un nouvel avatar du traditionnel antagonisme entre l'aristocratie mulâtre et les classes moyennes noires – avatar particulièrement brutal, puisque se voulant célébration de l'«instinct racial» et promettant d'éliminer toute opposition, par la violence si besoin. Sous prétexte de communauté phénotypique, les *noiristes* se posèrent en représentants attitrés de la *masse*... envers laquelle ils se montrèrent, une fois au pouvoir, tout aussi indifférents et égoïstes que tous leurs prédécesseurs.

À partir de 1957, l'incertitude, les menaces, la terreur duvaliéristes poussèrent la majorité des intellectuels haïtiens à quitter le pays. Rares sont les écrivains qui ont évité l'exil pendant ces années sombres. Que ce soit en Afrique, aux États-Unis, au Québec, en France ou à Cuba, les écrivains haïtiens se dispersèrent à travers le monde. Une si importante et si durable hémorragie intellectuelle ne s'était jamais produite. Presque aucun des exilés n'est revenu s'installer au pays après la chute du régime, et comme il est naturel, le retour après de nombreuses années se révéla une expérience traumatisante (voir texte n°14). Pour la plupart, l'exil est devenu émigration ; plusieurs écrivains de la diaspora sont morts en terre étrangère.

**François Duvalier
(1907-1971)**

Il pratiqua la médecine en milieu rural, et fut nommé Directeur général de la santé publique à la victoire de Dumarsais Estimé, qu'il servit plus tard comme secrétaire d'État. Élu président en 1957, s'étant fait proclamer président à vie en 1964, François Duvalier s'assura, grâce à sa milice personnelle, la complète soumission de l'armée, du clergé, du commerce, des professions libérales, de l'Université et des média. Il mourut en 1971, léguant la présidence à vie à son fils de vingt ans Jean-Claude. On lui doit plusieurs articles médicaux, quelques poèmes et des articles de critique. En collaboration avec Lorimer Denis, il composa *Le Problème des classes à travers l'histoire d'Haïti* (Port-au-Prince, Impr. de l'État, 1948). Ses écrits ont été reproduits dans les quatre volumes de ses *Œuvres essentielles* (Port-au-Prince, collection «Œuvres essentielles», 1968).
À consulter :
– Bernard Diederich et Al Burt, *Papa Doc et les Tontons macoutes : la vérité sur Haïti*, trad. de l'américain, Paris, Albin Michel, 1971.

.../...

– James Ferguson, *Papa Doc Baby Doc: Haiti and the Duvaliers,* Oxford et New York, Blackwell, 1987.

Les Griots : on sait que les griots sont des conteurs et parfois des sorciers de l'Afrique de l'ouest.

Les événements politiques et la catastrophique situation économique du pays font que même les jeunes, y compris les jeunes écrivains, qui n'ont pas eu à souffrir directement du régime duvaliériste sont, eux aussi, acculés au départ. Voilà qui explique que la plupart des livres composés et publiés par les Haïtiens depuis plus de trente ans l'ont été hors du pays. Deux numéros spéciaux de la revue port-au-princienne *Conjonction* (sept.-oct. 1985 et juill.-déc. 1986) ont été consacrés à «La Littérature haïtienne de la diaspora» pour présenter l'œuvre, abondante et complexe, d'une soixantaine de compatriotes établis à l'étranger. Ce sont d'ailleurs souvent les importantes communautés d'«Haïtiens de l'extérieur» qui, ayant atteint un certain niveau scolaire et économique dans les pays où elles ont été poussées à s'installer, fournissent aujourd'hui aux écrivains tant exilés que restés au pays une bonne partie, sinon la plupart, de leurs lecteurs.

TEXTE N°14

Retour d'exil

De retour au pays après trente ans, l'absent s'inquiète des compagnons d'enfance, d'adolescence, des gens du voyage solidaires de lui à son départ, solidaires des jeux, solidaires aux dents comme des cimeterres tranchant dans le vif des jours étincelants de rires et de promesses, compagnons d'école, de jeux, anciens natifs de même rue, même origine, nouveaux venus cueillis dans le Pétionville[a] des vacances : marchés du samedi, grillot[b], bananes pesées[c], riz doré dans le coui[d] neuf, bouillon palan des soirs, cannes de citronnier pour les excursions : Calvaire, Source Millet, Mayanman, Dupont. Il a suffi de trente ans. Une vendange à la faux, des familles entières emportées comme par une épidémie ; celle d'avoir en trente ans vieillies. Quêtant des visages, des noms, une promesse, une certitude que quelqu'un est resté, le voici mendiant, tendant son bol pour qu'on y mette un nom, nom d'infirme ou de proche édenté, zozotant ou le cœur perdu, mal irrigués, compagnons de grabat plutôt que routiers chimériques : Emmanuel, Hubert, Louis, Marcel, Charles, Joseph, dans quel état à ce carrefour rendus ? André, d'ancienne brillance aujourd'hui végétalisé. Trente ans sont passés comme un bulldozer. Être revenu c'est être entré dans une vallée des morts. Tant de jupes d'été avec leurs grandes fleurs couchées dans ce sillon. Pourquoi dès lors comptabiliser sou à sou ce qui lui reste de vie, tourner le dos à l'alcool, à la fumée, propices aux rêves, redouter le cholestérol ? Comptable dérisoire à casser, priver d'emploi pour que soit laissé le temps de vivre l'heure, bientôt de mourir, plutôt qu'on ne soit transformé en un résidu chétif de peurs. Finalement, était-ce normal de tant se préoccuper de ne pas vivre sous prétexte de ne pas mourir ? Il faudrait s'en prendre à quelqu'un. Quelqu'un ?

En trente ans d'arpenter les cultures anciennes plus savantes, plus véridiques que celles de nos seigneurs les évêques, il avait appris que ce «quelqu'un» c'est encore nous. Tout apparemment chétifs que nous sommes, tout incertains que nous soyons, l'énorme force et compétence est là noyée sous les démissions. L'homme est le maître du royaume de ce monde.

Roger Dorsinville, *Accords perdus*, Montréal, CIDIHCA, 1987, pp. 17-18.

---

a. Petite ville surplombant la capitale, où habitent la plupart des Port-aux-princiens aisés. – *b.* Viande de porc marinée et sautée. – *c.* Bananes-plantains écrasées en forme de galettes et frites. – *d.* Demi-calebasse qui sert de récipient.

II. Le roman : renouvellement et continuité

La diaspora élargit forcément le champ d'expérience et d'observation des écrivains, et entraîne l'enrichissement thématique de leurs œuvres. Bien des romans gardent certes Haïti pour cadre et des Haïtiens pour personnages. Mais, reflétant les pérégrinations des écrivains, les romans dont les personnages ne sont pas haïtiens et qui se déroulent entièrement soit en Afrique comme *Renaître à Dendé* de Roger Dorsinville* (Paris, L'Harmattan, 1980) qui traite du problème de l'excision dans l'Afrique contemporaine, soit en Suisse comme *Une eau-forte* de Jean Métellus (Paris, Gallimard, 1983) dont le héros est un peintre helvétique, soit au Québec comme l'ironique *Comment faire l'amour avec un nègre sans se fatiguer* de Dany Laferrière (Montréal, VLB, 1985), etc., cessent d'être des exceptions. Les écrivains haïtiens se sont toujours plaints de ce que leur pays ait eu à subir le regard de l'étranger : ce sont à présent les pays étrangers qui sont à leur tour soumis au regard des Haïtiens.

L'existence quotidienne des «Haïtiens de l'étranger» inspire une autre série de romans : dans *Une femme muette* (Montréal, Nouvelle Optique, 1983), par exemple, Gérard Étienne* décrit les souffrances d'une femme émigrée que son mari, médecin haïtien exerçant à Montréal, accule à la folie et au suicide afin de se débarrasser d'elle pour épouser une anglo-saxonne. *Manhattan Blues* (Paris, Barrault, 1985) de Jean-Claude Charles, évoque les amours américaines d'un journaliste exilé. Les aventures et mésaventures en Haïti du personnage étranger étaient jadis un thème littéraire important. Ce sont désormais les aventures et mésaventures du personnage haïtien à l'étranger qui inspirent des romans.

Un problème se pose aux romanciers de la diaspora. Comment vont-ils analyser leur société d'origine, sans avoir été témoins oculaires des bouleversements traumatiques et des transformations fondamentales qu'elle a subis ? Comment pourront-ils capter les modifications de la vision du monde, des règles du jeu social, des réactions psychologiques, du comportement quotidien qui se sont produites dans le pays au long des années ? Le réalisme traditionnel ne leur est plus en l'occurrence un outil adéquat, et c'est plutôt chez certains des rares écrivains restés au pays que l'on peut encore trouver une image pour ainsi dire documentaire de la réalité quotidienne. Chez Pierre Clitandre, par exemple, dans *Cathédrale du mois d'août* (Port-au-Prince, Fardin, 1980 ; rééd. Paris, Syros, 1982), qui a pour cadre un quartier prolétaire de la capitale (voir texte n°15). Ou encore chez Gary Victor, dans *Albert Buron ou profil d'une « élite »* (Port-au-Prince, L'imprimeur II, 1988) et *Sonson Pipirit, profil d'un homme du peuple* (Port-au-Prince, Deschamps, 1988), suites d'audiences désopilantes et désespérantes qui reflètent la réalité ambiante sous le règne de François Duvalier et surtout de son fils Jean-Claude ; au lecteur étranger, elles risquent de paraître aussi énigmatiques que *La Famille des Pitite-Caille* de Lhérisson, dont elles perpétuent la tradition, mais même à l'Haïtien en exil elles présentent un Port-au-Prince et des compatriotes qui ne lui sont plus entièrement familiers.

Roger Dorsinville (1911-1992)

Ancien officier et diplomate, il milita dans l'enseignement populaire en créole. Il fut chef de cabinet et ministre du président Estimé. Il a formulé les griefs des classes moyennes dans sa *Lettre aux hommes clairs* (Port-au-Prince, Impr. de l'État, 1946. Reprod. dans *1946-1976, Trente ans de pouvoir noir en Haïti*, La Salle, P.Q., Collectif Paroles, 1976, pp. 151-159). Il passa quatorze ans d'exil au Liberia, puis au Sénégal, où il dirigea les Nouvelles Éditions Africaines. Poète, dramaturge, essayiste, historien, ethnologue, il est également l'auteur de romans «africains» ; outre *Renaître à Dendé* (Paris, L'Harmattan, 1980), ce sont *Kimby ou la loi de Niang* (Paris, Présence africaine, 1973), *L'Afrique des rois* (Paris, UGE, 1975), et *Un homme en trois morceaux* (Paris, UGE, 1975).

Gérard Étienne (né en 1936)

Il a publié, entre 1960 et 1972, des recueils de poèmes et plusieurs essais critiques. Son récit *Le Nègre crucifié* (Montréal, Éd. Francophones, 1974) est une dénonciation éloquente de la sauvagerie duvaliériste. Réfugié depuis 1964 au Canada, où il est professeur de lettres, Gérard Étienne est l'auteur de deux autres romans. Dans *Un ambassadeur macoute à Montréal* (Montréal, Nouvelle Optique, 1979), il imagine que la municipalité de Montréal importe d'Haïti un chef *makout* pour apprendre de lui comment mater la population indocile. *La Reine Soleil Levée* (Montréal, Guérin, 1987) est un excellent exemple de réalisme baroque, dans lequel les forces de l'amour parviennent à contrer les agissements de sorciers malfaisants.

Les romanciers qui, en Haïti ou en exil, ont choisi la voie du réalisme merveilleux sont parvenus, paradoxalement, à une vision plus percutante des choses. Par réalisme merveilleux entendons la technique qui consiste à intégrer à la trame du récit, comme s'ils n'avaient rien que d'ordinaire, des événements ou des phénomènes qui n'obéissent pas aux lois naturelles. À cette libération de la fantaisie, telle qu'elle se retrouve chez des romanciers d'Amérique latine comme le Cubain Alejo Carpentier ou le Colombien Gabriel García Márquez, correspond le plus souvent un style hautement poétique et d'une grande richesse lexicale. Jacques-Stéphen Alexis

---

TEXTE N°15

La « Notre-Dame-d'Août »

Dans une interminable débauche de chromes, les carrosseries dansaient dans l'avenue trop étroite avec des décors de dévotions mystiques, parmi la population d'une ville pas plus large que l'espace d'une main.

La « Notre-Dame-d'Août »[a], grinçante et douloureuse comme une vieille charrette passait, laissant sur l'avenue sa triste odeur de graisse, d'haleines et de sueur.

– Quelle heure vous avez, m'sieu ?

– Onze heures.

– Sainte Vierge Miracles !…

La camionnette roulait, bondée d'hommes au visage mal rasé, les mains dures et veinées, le chapeau enfoncé sur le front creusé de traits pénibles où la sueur séchée faisait des petites taches, blanches comme la terre des marais salants. Les uns avaient de lourdes chaussures aux semelles épaisses, rendues encore plus tristes par la poussière ou la boue de quelques jours. Dans l'atmosphère compacte de la camionnette, entre les deux rangées de passagers à la mine fourbue et mauvaise, dans l'aridité persistante de ces visages crevés et meurtris par la chaleur et l'épuisement, montait une âcre odeur de mégot brûlé, mêlée à celle de la fumée cendreuse dégagée de l'arrière-train de la guimbarde qui faisait prendre de la distance à une Mercédès nickelée dont l'avertisseur nerveux alertait l'agent de la circulation du coin.

La brimbalante camionnette roulait cahin-caha, grinçant de tout son assemblage de planches, de tôles, de fer, de sacs et de gens ; la carrosserie, décolorée par les intempéries et les grosses mains sales, arrivant presque sur le ruban d'asphalte mais gardant malgré tout quelques gauches écritures où l'on pouvait lire :

« Sainte Rose de Lima, Veillez sur vos enfants »…

ou

« l'Éternel combattra pour vous et vous garderez le silence… (Exode 14, verset 14) ».

Coincés dans leurs places, les passagers sentaient une sorte de crampe leur monter au mollet, tel un assaut d'un million de fourmis rouges, tandis que de grandes coulées de sueur leur glissaient au dos comme s'il se fût agit d'une épaisse langue de bœuf.

Les secousses répétées de la vieille camionnette balançaient ici et là les deux rangées de passagers soudés entre eux ou subitement désenchaînés par la brusquerie d'un freinage strident. Le soleil tapait sur l'asphalte. Et les gens n'arrêtaient pas la camionnette qui geignait, grinçait et pétaradait sur la route comme une âme en peine. On n'arrête pas la mort qui passe. Sa plaque d'immatriculation était indéchiffrable parce que recouverte d'une épaisse couche de boue sèche et le pare-brise, fendillé par quelque accident, avait servi de prétexte à un peintre décorateur pour dessiner, selon le cheminement des fêlures, une admirable toile d'araignée qu'on aurait pris pour un grand soleil jaune éclaté sur la vitre.

Pierre Clitandre, *Cathédrale du mois d'août* [1980], Paris, Syros, 1982, pp. 11-12.

---

a. La « Notre-Dame-d'Août » est une de ces camionnettes transformées en autobus de transport public, décorées de peintures religieuses d'esthétique saint-sulpicienne, que leurs propriétaires baptisent d'un nom de saint ou d'une devise.

avait expérimenté cette technique après l'avoir prônée dans «Du réalisme merveilleux des Haïtiens»[1]. Selon lui, la véritable réalité physique et humaine d'Haïti relève précisément du paradoxal, du magique, de l'inexplicable, et y rechercher logique et rationalité c'est ne percevoir qu'une trompeuse apparence. Aussi, dans un roman tel que *Les Arbres musiciens* (1957), dont le titre indique la dimension poétique (voir texte n°16), et dans plusieurs des contes du *Romancero aux étoiles* (1960), Alexis intègre la magie du vaudou et les superstitions populaires à l'évocation par ailleurs objective de la réalité rurale et urbaine.

En un sens, la persécution et l'exil ont été bénéfiques aux romanciers haïtiens. Non seulement par la multiplication et l'élargissement de leurs expériences de vie mais aussi par la mise en contact avec des traditions littéraires et des confrères étrangers. Ils ont ainsi pris connaissance et adapté des techniques et des recherches formelles, telles la narration traditionnelle africaine pour les uns, ou les théories du Nouveau roman pour les autres. À partir des grands centres culturels d'Amérique du Nord et

1. *Présence africaine* (Paris), juin-nov. 1956.

TEXTE N°16

La terre des Tomas d'Haïti

La terre des Tomas d'Haïti[a] étincelle de merveilles telles que nul passant ne pourrait s'imaginer que la misère, la détresse eussent pu prendre racines en un pareil décor. De toutes parts fulgurent, fleurissent, s'irisent, embaument, poudroient tant de pièces de féerie que le merveilleux fuse irrésistiblement de chaque parcelle de terre, du ciel et du vent, vraisemblable, vivant, péremptoire.

Faux paradis des hommes, cette île a des accents de grandeur qui autorisent les plus folles équipées du rêve!

Là-bas, le pas noble sous les faix, la cohorte de paysans se hâte à la queue leu leu vers le bourg. Le flanc talonné par la savate de son amazone, un âne allonge le cou, se met à trottiner et brait consciencieusement dans l'ombre déjà blême.

À la ville, les vieilles dévotes, les «dédées», maintenant se lèvent pour la messe de l'aurore.

Dans la buée marine des ports tout bleus, à Saint-Marc, à Port-de-Paix, à Petit-Goave, au Cap, les porteurs galopent à qui mieux mieux pour charger les délicats régimes à bord du navire bananier au ventre ouvert.

Le terrible barracuda[b] borgne de Saint-Louis-du-Sud chasse parmi les vieux canons engloutis du fort des Anglais et des Oliviers. Solennel, impassible, il pilote sa longue carène bleuâtre à tire-nageoire dans les frondaisons du corail blanc. Il passe la revue des petits poissons-docteurs, qui, infatigablement, poursuivent leurs colloques académiques, picorant les ramures. Il attend.

Dans la plaine du Cul-de-Sac, sous l'haleine chevrotante du vieux vent caraïbe, le frisson des cannaies change d'orient et se tourne vers la mer.

Les Tomas d'Haïti ont recommencé à peiner, d'autres dorment, d'autres dansent encore, d'autres chantent déjà. Vers quelles rives l'antique caravelle de notre histoire et le vieux bâtiment[1] de Maître Agoué entraînent-ils en ce petit matin tout neuf les conquistadors des temps nouveaux, leurs hommes liges et la forêt inapaisée des fils de trois races et de combien de civilisations?…

---

1. Le mot est pris dans son sens ancien: navire. Il s'agit ici en effet du dieu de la mer, Maître Agoué ou Agouet Arroyo dont le blason[c] est un navire.

Jacques-Stéphen Alexis, *Les Arbres musiciens*, Paris, Gallimard, 1957, pp. 10-11.

---

a. La langue créole nomme «Ayiti-Toma» (transposé ici en «Tomas d'Haïti») les Haïtiens de vieille souche. – *b.* Gros poisson de mer carnivore, plus dangereux que le requin. – *c.* Par «blason», Alexis désigne le «vêvê» (voir *supra* p. 50, texte n°11, note *d*).

d'Europe, ils ont en outre pu se familiariser avec les productions littéraires du monde entier. Le monde littéraire haïtien, jadis quelque peu provincial, a atteint par la force des choses au cosmopolitisme. Sa production, aujourd'hui bien plus hétérogène que par le passé, ne se laisse plus si aisément enfermer dans de commodes généralisations.

Changeant d'optique, des romanciers haïtiens ont pu renouveler un genre au bord de l'épuisement, le «roman paysan». Il ne s'agit plus pour eux de brosser un tableau de la vie rurale, de faire de l'ethnographie romancée, mais d'imaginer et de traduire la vision que peut avoir le paysan haïtien de la nature, des mystères vaudou, des tribulations de l'existence. Ainsi *Les Possédés de la pleine lune* de Jean-Claude Fignolé* (Paris, Éd. du Seuil, 1987), roman au titre significatif qui évoque la possession vaudou et la folie traditionnellement associée à la pleine lune, oscillant entre le lyrisme éthéré et le burlesque rabelaisien, parcouru d'images obsédantes, constitue autant qu'une fiction une méditation sur l'écriture. Ce n'est pas par hasard qu'il a été publié par un éditeur parisien friand de modernisme en matière de romans. Le personnage principal en est le sorcier borgne Agénor (voir texte n°17).

Jean-Claude Fignolé
(né en 1942)

Il enseigne la littérature à Port-au-Prince et a fait paraître plusieurs ouvrages de critique universitaire.

— TEXTE N°17 —

«Les solitudes de la violence et du chagrin»

Les semaines qui suivirent la perte de son œil, Agénor arpenta les solitudes de la violence et du chagrin. Avec véhémence, il s'en prenait à moi[a], m'insultant chaque fois que je tentais de calmer sa fureur, cassant les chaises, brisant rageusement le jeu de vaisselle que j'avais réuni au prix de tant de patience. Allant dans son désarroi jusqu'à exercer sa volonté de destruction contre lui-même, il cessa de manger. Il aspirait à mourir. Son détestable orgueil refusait sa condition d'infirme. Un naufrage. Un désastre. Une calamité. Même, par une aberration de l'esprit imputable sans doute au dérangement des cerveaux par la pluie amère, Agé s'entêta à nier l'évidence de son infirmité. Son œil n'avait pas éclaté. Par jeu, il avait fusé vers le ciel sur ordre supérieur pour remplacer le soleil qu'Agénor avait capturé et mis dans sa poche. Hum! L'œil semblait avoir échappé au contrôle de son maître car ce dernier s'accoutuma bientôt à le chercher parmi les constellations, espérant le localiser entre les étoiles qui éclairaient ses demi-jours. Un beau matin, Agé changea d'idée. L'œil, viejo parmi les viejos[b], était plutôt parti pour Cuba ou pour Saint-Domingue superviser la récolte de canne dans les bateys[c] insalubres. Habitué à trouver sa route dans les marais pestilentiels, l'œil supporterait bien, partout ailleurs dans le monde, les pires conditions de vie. *Haitiano maldito!* Agénor espérait que son œil reviendrait des bateys avec assez d'argent pour amortir la dette à Sò Gêne[d]. Il offrit ses services aux loas, distribua aux carrefours des mangers marassas[e]. Suprême ironie, comme la récolte avait pris fin dans les républiques voisines et que l'œil tardait à rentrer, il supplia Dieu, qu'il accusait parfois d'être partial, de lui rendre justice contre la fatalité du sort et de replacer l'œil dans son orbite.

Après des jours de surexcitation, Agénor se lassa d'attendre. Un peu de bon sens lui revint. Éclaté ou parti pour Cuba, son œil était bien perdu. À la rage succéda l'abattement. Inconsolable, il pleura des jours et des nuits. Ses larmes me déchiraient. Je pleurais avec mon homme. Je pleurais sur son infirmité et sur mes propres chagrins. Sans doute pleurais-je déjà sur l'étendue de ma détresse future. Agénor, de nouveau, voulut mourir. Quelque chose l'en empêcha. L'instinct de survie, imaginais-je. Mais au fur et à mesure qu'il acceptait

La vie quotidienne en Haïti sous la dictature duvaliériste est un thème qui s'imposait aux écrivains de la diaspora. Le meilleur de ces romans, et peut-être le meilleur des romans haïtiens, est sans doute *Mère-Solitude*, d'Émile Ollivier* (Paris, Albin Michel, 1983). Nous sommes en 1969. Narcès Morelli, le jeune narrateur, essaie de comprendre la tragédie de sa mère, pendue dix ans plus tôt pour avoir abattu Tony Brizo («brise os»), le chef de la police de François Duvalier. Le roman se compose des souvenirs de Narcès, de ce que lui raconte un fidèle serviteur de la famille, et des légendes et traditions qui concernent les Morelli. Narcès est amené à reconstituer l'histoire de ses ancêtres, débarqués dans l'île avec Christophe Colomb. L'histoire récente de la famille concerne la tante Eva Maria qui, devenue folle, crache au visage de l'empereur Haïlé Sélassié d'Éthiopie en visite officielle et sera tuée par la police. La tante Hortense, vieille fille qui prend la tête de la famille à la mort des parents, va être initiée au vaudou et sombrera dans l'amertume et l'alcoolisme. L'oncle Gabriel, journaliste, est emprisonné par Tony Brizo, qui l'accuse de subversion; sorti de prison, il devient guide pour touristes étrangers. L'oncle Sylvain avait étourdiment indiqué aux *makout* la cachette de son frère Gabriel; poursuivi par le remords, il se suicide. Enfin Noémie, la mère de Narcès, se donne à Tony Brizo en échange de la libération de son frère, avant de tuer le policier et d'être pendue sur la place publique.

**Émile Ollivier
(né en 1940)**

Il étudia à la Sorbonne avant de se fixer à Montréal en 1966. Il y travailla pour le ministère de l'Éducation nationale et obtint un doctorat en sociologie à l'Université de Montréal. Après *Mère-Solitude*, il a publié trois autres romans: *La Discorde aux cent voix* (Paris, Albin Michel, 1986), *Passages* (Montréal, L'Hexagone, 1991) et *Les Urnes scellées* (Paris, Albin Michel, 1995).

la vie et son infirmité, témoignant souvent sous les moqueries des enfants d'une sobre dignité, je compris que c'était un sentiment aussi primitif que l'instinct de survie mais pernicieux et dangereux: la haine.

[...] Le temps s'arrêta. En capturant le soleil et en le gardant dans sa poche, Agé avait perturbé le cycle des jours et des nuits. Malgré tout, ponctuelle à ses rendez-vous mensuels, la lune continuait de régler le cours du temps dans le ventre des femmes. Il plut sans arrêt. Une petite pluie fine et glacée qui, loin de fertiliser la terre, la rongea, défoliant les arbres. Bientôt, ils dressèrent, sous un ciel uniformément gris, leurs squelettes interloqués.

Le matin, à leur réveil, les petites filles, inconscientes du drame qu'elles vivaient, constataient la déchéance de leurs cheveux. Les oreillers les retenaient en otages dans les conditions les plus humiliantes pour leur âge. Elles déparaient le jour. Les mères, accourues à la rescousse, vieillissaient prématurément, frappées du maléfice de la bête à sept têtes[f] qui fixait au dos des miroirs l'ombre et l'indignité de leur crâne dénudé.

Les hommes couvrirent leur chef de ces casques coloniaux qu'affectionnaient tant nos grands-pères. La pluie les éroda pourtant, attaquant même le cuir chevelu. Des sels corrosifs suintaient du ciel, drus, monotones, inexorables, dérangeaient l'esprit des habitants.

Au lieu d'avancer et de regarder droit devant eux, les gens s'habituaient à marcher à reculons, la tête à l'envers. La rivière écuma. Une habitude pour annoncer des événements extraordinaires, pronostiquèrent les anciens du village.

Jean-Claude Fignolé,
Les Possédés de la pleine lune,
Paris, Éd. du Seuil, 1987, pp. 49-52.

---

a. La narratrice est la femme d'Agénor. – *b*. Viejo: voir *supra* p. 46. – *c*. Plantations de canne. – *d*. Sò (Sœur) Gêne tient un café-épicerie. – *e*. Offrandes destinées aux «marassas», ou jumeaux sacrés. – *f*. Monstre du folklore haïtien.

Narcès finit par apprendre qu'il est le fils d'un paléontologue obsédé par les iguanodons, dinosaures symboles ici de tous ceux qui, à travers les siècles, ont commis des crimes politiques et des injustices en Haïti. Comme il n'appartenait pas à l'élite de la société haïtienne, on lui avait refusé la main de Noémie, pourtant enceinte de lui.

Mère-Solitude est donc la chronique d'une famille fictive et, en même temps, une vision de l'histoire d'Haïti depuis la découverte de l'île jusqu'au temps présent. Les références précises au désastre duvaliériste y sont nombreuses mais obliques : il est traité non pas comme une aberration passagère mais comme le symptôme d'une pathologie organique de la société haïtienne et du subconscient collectif des Haïtiens, dont chaque personnage du roman met une facette en lumière (voir texte n°18).

Parmi les nombreux autres romans qui évoquent le duvaliérisme, il convient de distinguer aussi *Mémoire en colin-maillard*, d'Anthony Phelps[2] (Montréal, Nouvelle Optique, 1976), *Amour, Colère et Folie* de Marie Chauvet* (Paris, Gallimard, 1968) et *Le Nègre crucifié* de Gérard Étienne (Montréal, Éditions francophones et Nouvelle Optique, 1974). Le roman de Phelps, mêlant le rêve à la réalité, intervertissant les voix narratives, multipliant les points de vue et encastrant le tout dans une intrigue de type policier, est le monologue intérieur d'un narrateur qui a dénoncé sous la torture. Le sentiment constant d'incertitude du lecteur devant le texte reflète admirablement l'angoisse et le sentiment d'irréel que la dictature ubuesque de *Papa Dok* fait alors peser sur Port-au-Prince (voir texte n°19). Dans les trois romans qui composent *Amour, Colère et Folie*, la dépravation sexuelle des personnages et leur impuissance à fonctionner normalement sur le plan émotionnel reflètent la pathologie sociale que le duvaliérisme impose au pays (voir textes n°20 et n°21). Dans *Le Nègre crucifié*, le protagoniste, torturé par les *makout*, agonise, hurle sa haine et son désespoir dans un immense monologue intérieur dont la prose imprécatoire, scatologique, hallucinée, est d'une cruauté difficilement soutenable (voir texte n°22).

Marie Vieux Chauvet (1917-1975)

Elle est l'auteur de plusieurs romans : *Fille d'Haïti* (Paris, Fasquelle, 1954), qui évoque les amours d'une Mulâtresse et d'un Noir lors des persécutions des Mulâtres en 1946 ; *La Danse sur le volcan* (Paris, Plon, 1957), roman historique qui suit une jeune actrice port-au-princienne à travers la guerre d'indépendance ; *Fonds-des-Nègres* (Port-au-Prince, H. Deschamps, 1961), où une paysanne «dénaturée» par la ville a du mal à se réadapter à la vie rurale, et surtout *Amour, Colère et Folie*, ensemble de trois romans qui constitue une critique féroce de l'*élite* haïtienne en même temps qu'une violente dénonciation des abus qu'elle subit de la part du régime de Duvalier. Elle est morte en exil à New York. Un roman posthume, *Les Rapaces*, a paru en 1986 (Port-au-Prince, Impr. Henri Deschamps).

2. Voir Notice *infra*, p. 300.

TEXTE N°18

Un pays prisonnier du temps

Dernière page du roman. Le narrateur vient d'accompagner au port des touristes qui rembarquent.

Le paquebot lève l'ancre. Les touristes gagnent la haute mer. Ils agitent des mouchoirs tout blancs. Nous sommes habitués à ce spectacle : en juillet dix-huit cent quatre-vingt-six, c'était la débâcle du gouvernement de Lysius Félicité Salomon jeune[a]. La foule, à coups de crachats et d'invectives, accompagna le couple présidentiel jusqu'à l'embarcadère Christophe-Colomb. Un chroniqueur a rapporté que Mme Salomon, une Française, quand elle eut réussi à se hisser à l'arrière du canot et tandis que cette frêle embarcation gagnait la haute mer, s'est mise à agiter, en réponse aux injures, un petit mouchoir blanc, tout en arborant un sourire en guise d'adieu. Le chroniqueur ponctua son anecdote : «Peut-être jugeait-elle que ce peuple, trop souvent jouet de l'ambition, de la démagogie, sacrifié sur l'autel des guerres civiles, des exactions, de la misère et de l'ignorance, ne méritait pas mieux que ce geste de pitié… » Oncle Gabriel et moi, nous ne tarderons pas à démarrer en trombe et à nous engouffrer dans les venelles du bord de mer : « Non, mille fois non, grommelle-t-il, comme un cri rentré, ce peuple mérite davantage que la pitié, l'obole ou la condescendance. Il y a d'autres horizons que celui de la dépossession des choses du monde. »

Mais à Trou-Bordet[b], il n'y a pas de surprise, on sait comment tout cela se poursuivra ; on connaît la marche des événements. Depuis la colonie, rien n'a changé ; le scénario est désormais classique. Le vieux vent Caraïbes chargé de sel marin et d'odeurs putrides mordra encore le visage des habitants. La soldatesque dansera la méringue[c] de la violence et de l'arbitraire. À la répression de la Semaine sainte où les maquereaux de carême auront servi d'entremetteurs aux harengs de barrique, succéderont les giboulées d'avril. Descentes nocturnes, ponctuées de coups de feu, scandées de cris de suppliciés, rythmeront la précellence de juillet. Puis reviendra la poisse de novembre, le mois le plus cruel de l'année. La cruauté de novembre ramènera dans les mémoires l'anniversaire de la mort de Bernissart[d]. Au séjour des justes, le petit homme sec parle-t-il encore des dinosaures ? Les faces continueront à grimacer de peur et tous ceux qui voudront échapper à la torture, à la misère, à la mort, se verront contraints de fuir à l'étranger. La fête des Morts fera place à celle millénaire de Noël. Puis reviendra carnaval. Le temps, lui, aura grignoté dans la fluidité des saisons sa part de soleil et de lune, de splendeur et de désolation, de chaleur et de pluie. Et moi, Narcès Morelli, j'ai vingt ans. Je vis dans un monde dément, plein de turbulences, de tapages et de bras de flammes. J'ai beau écarquiller les yeux, je ne vois pas poindre l'aube nouvelle. Mes oreilles tendues n'entendent pas les premiers accords de la fête depuis si longtemps promise. J'ai vingt ans. Comment faire pour balancer la nuit et contempler quelque part au loin, la vertigineuse blancheur du petit matin ? Il faudrait laisser là cette nuit, cette gangrène interminable. Englué dans cet espace clos, la moiteur d'une moitié d'île, il faudrait s'en aller, mais comment en sortir ? Il y a des taches de sang sur la Caraïbe. Il faudrait s'en aller, mais il n'y a ni bateau ni Boeing qui puissent nous conduire ailleurs. Quand les ramiers sauvages empruntent le long chemin de la migration, la mer trop souvent rejette leurs cadavres.

Émile Ollivier, Mère-Solitude,
Paris, Albin Michel, 1983, pp. 208-210.

---

a. Président d'Haïti entre 1879 et 1888 (et non 1886). – b. Nom donné à Port-au-Prince dans le roman. – c. Danse populaire haïtienne. – d. Naturaliste spécialiste des dinosaures, père naturel du narrateur, assassiné par la police.

──────── TEXTE N°19 ────────

« Un Nègre spécial »

Le narrateur rêve de devenir le héros qui se chargera d'assassiner le dictateur.

Tant que ces gestes ne seront pas accomplis, les élèves qui étudient dans leur manuel d'histoire ne pourront pas ânonner : « Il y avait une fois un Nègre de capacité. »

Ils continueront à murmurer dans leur petite cervelle d'enfants précoces : « Il y aura une fois un Nègre pas comme les autres, un Nègre spécial, un Nègre plein de connaissances secrètes, de science, un Nègre de capacité qui fera les gestes indispensables. »

Moi. Un jour, je les ferai ces gestes. Je le tuerai avec ces mains. Mes mains de Nègre pleines de doigts durs, rêches, solides comme des boudins de fer. Je l'étranglerai.

Je franchirai le portail du Palais. Le factionnaire ne me verra pas passer à côté de lui. Tout au plus sentira-t-il une légère brise le frôler. Je traverserai la grande pelouse, grimperai les marches de l'escalier d'honneur. À l'intérieur, je chercherai son bureau. Il sera certainement assis derrière sa table imposante, en train d'écrire un de ses nombreux discours stupides et incohérents. Je passerai derrière lui et lui ferai un collier de chair avec mes doigts. Mes mains de Nègre se refermeront autour de son cou, je serrerai avec une lenteur calculée, jusqu'au moment où sa langue fourchue commencera à sortir de sa bouche. Alors, je relâcherai la pression, juste assez pour lui conserver un filet de vie, afin qu'il se sente souffrir. Une fois, deux fois, cinq fois, je lui cognerai la tête contre l'angle du bureau puis, d'un seul coup de presse-papiers, je lui fendrai le front et, prenant ce revolver qu'il garde toujours à portée de la main, je lui en viderai le chargeur dans la bouche. Sa tête de Nègre malsain se remplira alors de terreur, de violence et de mort.

[…] Bon, voici une camionnette[a] qui arrive. Je vais laisser monter la grosse femme d'abord et je prendrai place à côté de la portière sur la banquette avant. Parfait. Si je payais tout de suite la course ce serait mieux. Pardon madame. Je donne ma *gourde*[1] au chauffeur qui me rend la monnaie. C'est agréable de rouler en voiture, le vent me caresse le bras et entre par la manche de ma chemise, j'ai l'aisselle au frais. […]

Ah! c'est bon de filer ainsi. Des deux côtés de la route le pays me regarde avec ses branches, ses roches et ses fleurs, avec ses maisons, ses villas et cahutes, pelouses et jardins, terrains en friche, ses grosses voitures américaines, les marchandes qui descendent en file indienne avec leur charge de provisions. Peuple de fourmis. Mon peuple me regarde, mais ses bras n'ont plus de mains, mains de Nègres pleines de doigts durs, rêches, solides comme des boudins de fer. De doigts faits pour étrangler, pour faire à l'Autre ce collier de chair noire qui serre, qui serre de plus en plus. Et les yeux globuleux qui font pouf! en sortant de leur orbite. La bouche qui vomit sa langue! Plus de mains de Nègres, de Nègre spécial, faites pour ces gestes indispensables, pour prendre la peau de la Ville et la secouer comme une nappe afin d'en faire tomber la crasse, la secouer comme un cheval fait tressaillir sa peau pour en chasser les mouches à merde. Il y aura une fois un Nègre pas comme les autres, un Nègre plein de connaissances secrètes, de science, un Nègre de capacité qui fera les gestes indispensables, un Nègre spécial. Moi. Oui. Un jour comme aujourd'hui je serai dans une camionnette publique, assis près du chauffeur et je regarderai mon peuple et mon pays défiler des deux côtés de la route. Un jour comme aujourd'hui, je m'en irai faire ces gestes. Ça y est, nous arrivons au coin de l'épicerie *Au Lincoln*. Oui oui, je descends ici. Merci. Au revoir.

_____

1. Monnaie haïtienne équivalant à 20 cents US.

Anthony Phelps, *Mémoire en colin-maillard*, Montréal, Nouvelle Optique, 1976, pp. 128-134.

_____

a. Véhicule privé à fonction d'autobus (voir *supra* p. 62, texte n°15).

─────TEXTE N°20─────

« L'aïeule dont le sang noir… »

La narratrice au prénom ironique, Claire Clamont, est la fille « mal sortie » (c'est-à-dire plus foncée que le reste de la famille) d'aristocrates de province, mulâtres clairs. Elle refusera d'épouser le Mulâtre Frantz Camuse, persuadée qu'il ne veut l'épouser que pour sa dot.

– Le petit Camuse semble s'intéresser à notre fille, dit un soir mon père à ma mère. Faisons valoir sa dot pour l'encourager. Puisque je ne peux rien tirer de cette tête de bourrique autant la marier. Les Camuse se trouvent à moitié ruinés, ils seront heureux de redorer leur blason.

– Ils se croient sortis des cuisses de Jupiter, lui répondit ma mère.

– J'ai assez d'argent pour faire taire leurs préjugés, et puis, je n'ai pas renoncé à ma candidature.[a]

– Henri! supplia ma mère avec un regard désespéré.

– Ce mariage se fera, continua mon père, mon argent aidera à leur faire oublier certaines choses.

– Hélas! soupira ma mère, en me jetant à la dérobée un regard inquiet.

Félicia[b] prit innocemment ma main.

– Pourquoi Claire est noire, maman? dit-elle.

– Mais elle n'est pas noire, répondit ma mère, baissant les yeux.

– Pourquoi elle est noire?

Je retirai avec brusquerie ma main de la sienne.

– Le soleil l'a un peu brûlée, fit encore ma mère, c'est une jolie brune.

– Non, elle est noire et nous sommes blancs.

– Assez, Félicia, hurla mon père.

Félicia pleura, ma mère la prit dans ses bras et je courus jusqu'à ma chambre. Là, seule, je restai de longues minutes, face à mon image, devant le miroir de ma coiffeuse.

– Pourquoi ? Pourquoi ? Pourquoi ? sanglotai-je en abattant mes poings sur le miroir.

Et je me mis à haïr l'aïeule dont le sang noir s'était sournoisement glissé dans mes veines après tant de générations.

Marie Chauvet, « Amour »,
in *Amour, Colère et Folie*, Paris,
Gallimard, 1968, pp. 118-119.

---

a. Le père de Claire brigue la présidence d'Haïti et va dilapider la fortune de la famille en dépenses électorales. — *b.* Sœur de Claire.

—————TEXTE N°21—————

Kermesse à Pétionville

Le lendemain, pour la fête de la Saint-Pierre, il y avait kermesse sur la place de Pétionville[a]. [...]

Quand, interrompant l'orchestre, le bruit de la fanfare s'éleva, la foule tendit l'oreille, brusquement silencieuse. Les hommes en uniforme émergèrent comme une immense vague noire, fonçant droit sur la place. À leur vue les mendiants poussèrent des cris de joie : s'échappant des mains de la police qui n'osait plus intervenir, ils se groupèrent pour les acclamer.

– Vivent les uniformes noirs[b] ! hurlaient-ils.

Une voix ordonna : halte ! repos ! et les rangs se défirent. Arrogants, bombant le torse, la main sur leur arme, quelques-uns d'entre eux enlacèrent d'autorité des jeunes filles. L'atmosphère changea, comme si tout à coup, un vent de folie secouait les gens : les dames patronnesses qui, un instant auparavant, s'éventaient sagement devant leur comptoir, se tenaient debout, et en riant nerveusement, plongeaient la main dans les sachets de confetti ; sur la piste de danse, des filles se contorsionnaient, électrisées ; quant aux danseurs, ils ressemblaient à des robots déchaînés qui devaient avec le dernier son de saxophone, s'écraser mécaniquement au sol. On tirait des coups de feu sur un homme qui courait les mains levées vers le ciel. On lui barra la route.

Les hommes en uniforme l'attrapèrent et le traînèrent jusqu'à un arbre où ils l'attachèrent.

– Lâchez-moi, suppliait l'homme, je n'ai rien fait, j'ai simplement dit que j'avais faim. Lâchez-moi.

– De quel droit as-tu faim ? articula une voix. Veux-tu pousser les autres à la révolte ?

– Musique ! commanda une autre voix à l'orchestre.

Et tandis que les musiciens attaquaient une nouvelle méringue[c], ils visèrent l'homme et le trouèrent de balles.

La consternation s'abattit sur la foule qui n'osa plus bouger. Le bruit de la fanfare couvrit encore une fois celui de l'orchestre ; la bannière s'éleva, les bottes se regroupèrent. Les religieux délièrent le cadavre de l'homme et le transportèrent jusqu'à un camion où s'entassaient d'autres cadavres et que conduisait un croque-mort en uniforme noir. Les religieux revinrent en gesticulant. Ils entreprirent de rétablir l'atmosphère de paix et de gaieté que l'arrivée des hommes en uniforme semblait avoir définitivement troublée.

– La fête continue, la fête continue, criaient-ils et, retroussant leur soutane, ils parcouraient la place à grands pas.

« Colère », *ibid.*, pp. 250-251.

---

a. Voir *supra* p. 60, texte n°14, note *a.* – *b.* Allusion aux uniformes bleus des tontons macoutes, milice privée de François Duvalier. – *c.* Voir *supra* p. 67, texte n°18, note *c.*

«Les tourments que je vis»

Sous le ciel s'agitent des nuages enveloppant les tourments que je vis, au moment où je descends dans le silence comme dans un puits d'ombres, que les Haïtiens comptent leurs maladies et leurs vermines : pians, tuberculoses, typhoïdes, écoulements, malarias, rats, poux, puces, mille charognes qui rentrent dans la gorge, sans carte d'invitation ; au moment où je mets les doigts dans mes plaies pour tuer des vers et jouer avec les vers de mes plaies.

Ce temps de pluie donne un air de mort à Port-au-Prince. Je déparle[a]. Mes yeux sont pleins de mondes. Les esprits sautent dans ma tête. Le carrefour où je suis est un carrefour de malédictions.

Dans une minute, je vais déraciner les arbres de la prison.

Il y a des milliards et des milliards de baïonnettes en haut de ma tête, des milliards et des milliards de crabes dans mes orteils, des milliards et des milliards de sangsues dans mon sang, des milliards d'ombres grouillant dans ma cuvette.

J'essaie de faire tourner, dans une autre direction, le tonnerre de mon esprit. Je me fais plusieurs personnages. Chaque personnage fait est une idée pourrie, une pile de contradictions depuis vingt-quatre heures. Chaque personnage est un mélange de tripes et de consciences, de gonflements et de révolutions. Plus je fais des personnages, plus il y a des barrières entre mes personnages et moi. L'un me fait des grimaces. Un autre me donne des calottes. Un autre me donne des coups de dents à l'oreille droite. Un autre encore trace sur le ciment de ma cellule le visage de ma mère.

Je vais dire au peuple la défaite de l'armée du chef. Je vais déboutonner mon pantalon, en signe de vengeance. Je vais brûler le Château du Commandant, les autels du Commandant, les quartiers du Commandant. Je vais faire le compte des criminels d'Haïtiens que je hais à crever, des Roinègres puant à chaque montée de la marée.

Je sais que mes compagnons de lutte doivent arriver, qu'en fermant le poing et qu'en serrant les dents, je peux encore retrouver des forces.

Gérard Étienne, *Le Nègre crucifié*,
Montréal, Éd. francophones
et Nouvelle Optique, 1974, pp. 12-13.

À ma surprise, dans cette pluie de tonnerres, une fumée couvre le Cimetière. Une fumée pas comme les autres prend les sept couleurs de l'arc-en-ciel. Dans cette fumée, des formes se ploient et se déploient.

Un bruit terrible fend la terre où je suis. Je rentre dans la terre. Je perds équilibre. Je tombe. Je me relève. Je tombe encore. En moi les mouvements ralentissent. Je me tords. Je change de peau. Ma peau prend la couleur de la mer. Ma chair prend la couleur de ma peau. Par mon regard, je croque les formes que je mange aussi. J'essaie de bouger, de crier, de dire n'importe quoi. Plus j'essaie de bouger, plus la fumée s'agrandit. Plus j'essaie de crier, plus les soldats du Chef m'arrachent les cheveux. Alors, je perds connaissance.

Ibid., p. 14.

Port-au-Prince devient noire. On ne sait pas que cette ville a des poteaux d'électricité. Elle est comme un morceau de foie que vous tend un zombi[b] égaré après avoir mangé du sel de la mer. Ce n'est pas la Port-au-Prince des anciens colons, mais celle des croque-morts.

Je ne peux me débarrasser de ma croix. J'ai tout fait, tout tenté. Peine perdue. J'offre même à un soldat la moitié de mon ventre. Il ne marche pas. C'est comme si je parlais à un bloc de roches. Je lui offre une niche[c] d'oiseaux, des citrons pour se désinfecter. Il ne marche pas encore. Je remue. Il regarde. Je tousse deux fois. Il regarde. La pluie le tient prisonnier. Il ne veut pas l'admettre.

Je m'en veux d'être crucifié. Dire que je n'ai pas Élie pour appeler au secours. Élie est toujours absent quand on est rongé de souffrances et d'angoisses. Quant aux charognes avec leur saleté à faire vomir les racistes fascistes, genre NIXON et autres espèces de la même maladie, ils sont à la file indienne, attaquant ceux dont la figure n'est pas pareille à la leur.

Au même moment, un nègre dont la voix d'acteur charme les sorciers, donne les nouvelles du Chef à la radio.

Ibid., p. 69.

Si Dieu n'était pas absent, je suis sûr qu'il me donnerait des forces pour massacrer les zombis du Président. Il me donnerait le même pouvoir pour tuer tous les roinègres qui dansent, appelant les dieux des vodouisants. Ce serait mon geste de protestation contre un monde de tortures, de larmes, de crimes, d'injustices, contre la sécheresse d'Haïti, malgré cette pluie qui ravage bêtes à manger et maison à habiter.

Les soldats du Chef se réveillent et voient que je suis encore en vie. Ils s'énervent. Expliquent mal ma résistance. On ne résiste pas à leurs supplices et à leurs coups de fouet. Ils expliquent mal le souffle qui me reste après quarante-huit heures de torture. L'un dit : il doit être un Christ noir. L'autre répond : si c'est vrai, il va descendre de la croix.

Ibid., p. 105.

---

a. Déparler : parler à tort et à travers. – *b.* Personne que l'on fait tomber en catalepsie, qui passe pour morte, puis que l'on déterre et que l'on ramène à la vie végétative de façon à ce qu'elle puisse servir d'esclave, muette et sans volonté. Elle ne redeviendra normale que si on lui fait manger du sel. – *c.* Créolisme pour nid.

III. La poésie actuelle

Avec l'arrivée de Duvalier au pouvoir en 1957, l'indigénisme, le noirisme, la négritude même cessent en Haïti d'être contestataires et révolutionnaires pour, ironie amère, être institutionnalisés en idéologie d'État par la dictature. Ce que René Depestre[3] constate à propos de la négritude en général s'applique particulièrement bien à ses manifestations haïtiennes :

> le concept de négritude, à mesure qu'on l'érigeait en idéologie, voire en ontologie, devait […] offrir le paradoxe suivant : formulée pour réveiller et alimenter l'estime de soi, la confiance en leurs propres forces, chez des types sociaux que l'esclavage avait ravalés à l'état d'animaux de trait, la négritude les évapore dans une métaphysique somatique.
>
> *Bonjour et adieu à la négritude*,
> Paris, Robert Laffont, 1980, p. 82.

À l'essoufflement après tout naturel d'une école littéraire vient donc s'ajouter sa perversion idéologique. Pour ces raisons conjuguées, la poésie haïtienne devait inévitablement trouver d'autres chemins.

Tandis que Depestre poursuivait son œuvre en exil (voir textes nᵒˢ 23 à 25), les jeunes poètes René Philoctète, Anthony Phelps, Roland Morisseau, Serge Legagneur et Villard Denis (qui signe Daverige) fondèrent dès 1962 le groupe *Haïti littéraire*. Ils choisirent de revenir à l'intimisme ; se réclamant volontiers de la poésie «pure», ils adoptèrent une langue opulente, d'une grande richesse lexicale. S'ils exprimaient un engagement tout aussi affirmé que leurs prédécesseurs, c'était à travers un travail rhétorique que certains critiques, paresseux ou bornés, qualifièrent d'hermétique. On pourrait soupçonner que le choix d'un langage poétique qui semble sybillin par comparaison avec celui de leurs prédécesseurs a été motivé par la peur de la censure politique. Mais il s'agissait bien d'une recherche artistique : une fois en exil à Montréal, les poètes d'*Haïti littéraire* continuèrent d'écrire selon les mêmes conceptions qu'au pays.

3. Voir Notice *infra*, p. 294.

CAP'TAIN ZOMBI

1

Je suis Cap'tain Zombi[a]
Je bois par les oreilles
J'entends avec les dix doigts
J'ai une langue qui voit tout
Un odorat-radar qui capte
Les ondes du cœur humain
Et un toucher qui perçoit
À distance les odeurs
Quant à mon sixième sens
C'est un détecteur de morts
Je sais où sont enterrés
Nos millions de cadavres
Je suis comptable de leurs os
Je suis comptable de leur sang
Je suis peuplé de cadavres
Peuplé de râles d'agonies
Je suis une marée de plaies
De cris de pus de caillots
Je broute les pâturages
De millions de morts miens
Je suis berger d'épouvante
Je garde un troupeau d'os noirs
Ce sont mes moutons mes bœufs
Mes porcs mes chèvres mes tigres
Mes flèches et mes lances
Mes laves et mes cyclones
Toute une artillerie noire
À perte de vue qui hurle
Au cimetière de mon âme

2

Écoutez monde blanc
Les salves de nos morts
Écoutez ma voix de zombi
En l'honneur de nos morts
Écoutez monde blanc
Mon typhon de bêtes fauves
Mon sang déchirant ma tristesse
Sur tous les chemins du monde
Écoutez monde blanc !

3

Le sang nègre ouvre ses vannes
La cale des négriers
Déverse dans la mer
L'écume de nos misères
Les plantations de coton
De café de canne à sucre
Les rails du Congo-Océan[b]
Les abattoirs de Chicago
Les champs de maïs d'indigo
Les centrales sucrières
Les soutes de vos navires
Les compagnies minières
Les usines les mines l'enfer
De nos muscles sur la terre
C'est l'écume de la sueur noire
Qui descend ce soir à la mer ! [...]

René Depestre, «Cap'tain Zombi»,
in *Un arc-en-ciel pour l'Occident chrétien*,
Paris, Présence africaine, 1967, pp. 55-57.

a. Voir *supra* p. 71, texte n°22, note *b*. — b. Voir *supra* p. 57, texte n°13, note *d*.

COMME LES ANGES PLEURERAIENT

À Nelly,

Si la femme n'existait pas
Comme les arbres auraient froid
Comme le pain du petit matin
Aurait peur de la main de l'homme
Et la mer de ses propres vagues
Si la femme n'existait pas
Comme les cheminées seraient seules
Comme les anges par les nuits
De pluie pleureraient
Comme les dieux vieilliraient vite
Si la femme n'existait pas
Le ciel serait toujours en colère

Les abeilles n'auraient pas découvert
Le miel ni l'homme la charrue
Ni l'Indien son Amérique
Ni le cœur la poésie
Ni les hirondelles le printemps
Ni les peuples n'auraient trouvé
Leur nord dans la révolution.
Si la femme n'existait pas
La vie serait sans légendes
Sans sel, sans portes, sa boussole
Le jour et la nuit dormiraient
Sur le même sable froid

Et les coqs au lieu de chanter
Et les arbres au lieu de fleurir
Et les poètes au lieu d'aimer
Passeraient leur temps à dessiner
De petites croix sur les murs

Les lits, les tableaux
Et les chemins sans fin du monde !

René Depestre, «Comme les anges pleureraient»,
in *Poète à Cuba*, préf. de Claude Roy,
Paris, P.-J. Oswald, 1976, pp. 79-80.

TEXTE N°25

Conte du poisson fou

«– Il était une fois, dit Laudrun, une jeune fille qui était tombée amoureuse d'un poisson de rivière. Elle l'aimait tant qu'elle passait sa vie au bord de l'eau où vivait son amant. Son occupation préférée était naturellement la lessive. Quand elle n'avait pas de linge à laver, elle restait assise sur la berge comme si elle blanchissait interminablement la toile précieuse de sa passion. De temps en temps, Zin Thézin pointait des nageoires éblouies hors de l'eau pour échanger des signes avec sa Lovéna.

«Mais le couple ne vivait pas seulement d'eau fraîche et de tendresse. Souvent Lovéna quittait ses vêtements et plongeait dans la rivière rejoindre son mâle-nègre. Zin Thézin bandait son arc dans la nuit de sa Lovéna.

«Un jour, le père de la jeune fille, fort inquiet par ses absences prolongées de la maison, se cacha dans un taillis près de la rivière et ne tarda pas à découvrir le pot aux roses. Il se garda d'en parler à sa fille. Il s'arrangea pour l'envoyer le plus souvent possible au marché, à plusieurs milles de là, afin de la tenir éloignée de la ferme.

«Un matin, une fois Lovéna partie, il se dirigea vers la rivière. Il avait appris par cœur les mots de passe que Lovéna utilisait pour prévenir son prince qu'il pouvait en toute sécurité se montrer. Le père se mit à imiter la voix de Lovéna. Il sentait une haine mystique contre l'impudent poisson et jubilait à l'idée de le liquider. Au bout d'un moment, Zin, tout fringant de désir, s'éleva de plus d'un mètre au-dessus du courant de la rivière. Il y avait plusieurs jours qu'il n'avait pas disparu dans la chair vive de sa maîtresse. Le père de Lovéna lui porta un violent coup de matraque à la tête. Zin Thézin coula à pic.

«Il avait un jour dit à Lovéna que si jamais il lui arrivait quelque malheur, où elle se trouverait, elle en serait avertie par des gouttes de sang à la pointe de son sein gauche. Au moment où Zin Thézin s'éteignait foudroyé au fond de la rivière, Lovéna découvrit au milieu du marché que son sein gauche saignait abondamment. Elle s'élança comme une folle vers la rivière. À son arrivée, il y avait encore une grande tache écarlate à l'endroit où Zin avait sombré. Elle ne poussa pas un cri. Elle prit la direction de la maison. Elle trouva son père sur le seuil.

«– Père, dit-elle, c'est toi qui as tué mon fiancé ?

«– N'as-tu pas honte, espèce de *ti-bouzin*[1], de prodiguer tes faveurs à un animal ?

«– Père, interrompit-elle convulsivement, je ne viens pas discuter avec toi de ce qui est bien ou mal en ce monde. Je veux que tu me répondes par oui ou par non, si c'est toi l'assassin de Zin Thézin ?

«– Oui, dit le père, d'un seul coup de matraque, j'ai envoyé ta canaille de poisson tenir son rang au fond de…

«Il n'eut pas le temps d'achever sa phrase. Il reçut en pleine gorge un horrible coup de machette. Lovéna jeta l'arme du parricide et reprit au pas de course le chemin de la rivière. Elle s'assit dans l'herbe ensoleillée de la berge et commença à chanter.

Zin Thézin mon poisson fou, Zin ! (bis)
Capitaine de l'eau
Mon poisson fou, Zin !
Prince de mes cuisses
Mon poisson fou, Zin !
Roi de mes peines
Mon poisson fou, Zin !
Ma seule saison
Mon poisson fou, Zin !
Loi de mon sang
Mon poisson fou, Zin !
Mon pauvre amour
Mon poisson fou, Zin !
Zin Thézin, mon poisson fou, Zin ! (bis)

«La famille de Lovéna, blottie dans le taillis, contemplait sans âme la scène. La voix de la jeune fille était si mélodieusement désespérée que personne ne pouvait articuler un mot ni faire un geste. Ils étaient là : mère, frères, oncles, tantes, grand-mère, hébétés, moins vivants que le buisson derrière lequel ils étaient dissimulés. Lovéna chantait à la folie les malheurs de son poisson, les yeux fixés sur la rivière pleine de ciel indifférent. Puis elle se laissa glisser doucement dans le courant, sans interrompre sa complainte d'adieu. Elle avait disparu que sa voix planait encore au-dessus de l'eau. Il y a des gens qui ont le don de l'entendre, certains soirs. Ce sont eux qui, à tort ou à raison, croient qu'il y a un cordon de solidarité qui lie, de manière indestructible, les pierres, les arbres, les poissons et les êtres humains... »

---

1. Fille facile.

René Depestre, *Alléluia pour une femme-jardin* [1973], Paris, Gallimard, « Folio », 1981, pp. 23-26.

Par delà leur originalité individuelle, on peut remarquer que ces poètes ont tendance à orchestrer la même série de thèmes. Ainsi reviennent-ils presque obsessionnellement à l'érotisme, quoique la femme ne constitue pour eux ni pur symbole ni pur objet de désir, mais une incarnation de leur amour d'Haïti et de ses paysages, de leur nostalgie du pays natal et de l'espoir qu'ils gardent malgré tout en des lendemains meilleurs. Dans « Mots croisés », poème dédié à René Depestre, Anthony Phelps écrit :

Dans l'algèbre de l'exil
moi je ne peux que jouer
aux mots qui ne font pas de phrases
ô difficile cri de l'écriture
qui s'informe et se ronge
Les mots sable et forêt
Les mots marée encre et poupée
les mots-recettes
les maîtres-mots
se télescopent

Mais quand les lentes lunes
fondues
coulées
sombrent devant mes capitales d'exil
le cristal de ma Femme
me révèle en algèbre d'avenir
que je retrouverai mes coordonnées d'arc-en-ciel

« Mots croisés », in *Motif pour le temps saisonnier*, Paris, P.-J. Oswald, 1976, p. 57.

Et dans son poème « Margha » (Port-au-Prince, s. éd., 1961) René Philoctète murmure à la femme qu'il aime :

Ô mon amour bientôt qui vas mûrir
pour la fermentation du vin rouge de la vie blanchie
étends ta gorge aux ondées que l'homme va répandre

La promesse des fleurs
tremble à chaque branche
Nous avons assez cherché l'Homme
quand l'Homme est à portée de mains
les bras chargés

Ô mon amour passé au fil de l'épée
Ouvre grand les horizons et que les voiles se déchirent
de notre obscurité

Le début de «L'arc de tes yeux multiplie mon amour», poème de Roland Morisseau, semble annoncer une célébration des yeux de la femme aimée :

Tes yeux si doux et très sautillants tes yeux
deux poissons dans la mer vaste du monde

Mais la fin du poème montre bien que ces yeux admirés ne réveillent pas que l'admiration et le désir :

Tes yeux les sept couleurs de l'arc-en-ciel Et tu apportes
à l'homme son bonnet comme une trouvaille mystérieuse
Tes yeux de prêtresse criarde de loa fugace dans la danse
chaude des pilons dans la clairière des ravines
Tes yeux lumière crépuscule ma lune que j'ai réclamée
pour le chant de la récolte à l'aube des petits matins
Tes yeux vrillés chair brûlante Tes yeux serpette pioche
Eau fraîche Et mon cœur comme une terre en mal de semence
s'ouvre à toi pour le grand sarclage des demains

«L'arc de tes yeux multiplie mon amour», in *Germination d'espoir*,
Port-au-Prince, Impr. N. A. Théodore, 1962, p. 21.

Chez Daverige l'érotisme n'a pas non plus grand-chose à voir avec le bonheur, dans un pays plongé dans «Les Grands Cauchemars» :

Et au seuil de l'amour nous nous sommes séparés
Pour nous lier dans le tombeau des solitudes
La fleur fanée de mon lit avec son innocence
Ô fille de ma jeunesse ma voix crée son château
Et envoie sur le toit son cœur sanguignolent
Pour les corbeaux de soleil affamés de fidélité [...]

Sur ce comptoir où tout un peuple a versé or
Sur ce rivage où toute fille a exposé virginité
Dans ce désert où tout marcheur a laissé soif
Dans cette conscience où tout homme retrouve monstres
Le vent se lève dans la position verticale des astres
Et veut refaire la naissance de toute une existence

«Les Grands Cauchemars», in *Idem*,
Port-au-Prince, Impr. N. A. Théodore, 1962, pp. 38-39.

Jusqu'à ces dernières décennies, la littérature haïtienne aurait pu être caractérisée comme «régionale», dans la mesure où elle prenait la terre d'Haïti pour cadre, les Haïtiens pour personnages et leurs problèmes pour thèmes. Désormais, et de plus en plus, les écrivains haïtiens visent à l'universel, cherchent à transmuter la réalité haïtienne plutôt qu'à la traduire, utilisent l'histoire, les paysages, les types humains de leur pays comme des données, des éléments de création plutôt que comme des fins, des réalités qu'il importait de faire connaître hors des frontières.

IV. Naissance de la littérature créole

Bien qu'elle n'appartienne pas à la francophonie, il faut signaler l'émergence et le développement de la littérature en créole ou, comme l'on commence à dire, en haïtien. Les auteurs qui choisissent la langue nationale limitent bien entendu leur public potentiel :

Franck Étienne
(né en 1936)

Sous le nom de Franketienne
en créole, il a publié
plusieurs recueils de poèmes,
ainsi que deux romans en
français : *Mûr à crever* (Port-
au-Prince, Les Presses port-
au-princiennes, 1968) et
Ultravocal (Port-au-Prince,
Impr. Serge L. Gaston,
1973). Trois de ses pièces en
créole ont été jouées avec
succès en Haïti et à
l'étranger : *Trou-Forban* en
1977, *Pèlin-Tèt* en 1978 et
Kaselezo en 1986. Il est
également peintre, et a été un
temps ministre de la Culture
à la chute de Duvalier.
Son dernier texte poétique
en français a pour titre
L'Oiseau schizophone
(Port-au-Prince,
Éd. des Antilles, 1993).

Félix Morisseau-Leroy
(né en 1912)

Il fut professeur de lycée
dans sa ville natale de Jacmel
et directeur général
de l'Éducation. Journaliste,
il fit campagne pour
le créole, et spécialement
pour son usage à l'école.
Il passa de longues années
d'exil au Ghana, puis au
Sénégal, où il fut directeur
de théâtre. Outre des poèmes
et un roman en français,
Récolte (Port-au-Prince,
Éd. Haïtiennes, 1946),
il est l'auteur de deux
recueils de poèmes
en créole : *Diacoute 1*
(Port-au-Prince,
H. Deschamps, 1953) et
Diacoute 2 (Montréal,
Nouvelle Optique, 1972).
Son dernier ouvrage
est *Ravinodyab/Ravine-au-
diable* (Paris, L'Harmattan,
1982), recueil de contes
en édition bilingue.

non seulement parce que leur public étranger n'est guère constitué que des créolophones des Antilles françaises et, à la rigueur, de l'océan Indien, mais aussi parce qu'une part importante du public haïtien (les lettrés le sont en français) méprise la littérature en créole ou prétend avoir des difficultés à en déchiffrer la transcription.

En 1968 paraît à Port-au-Prince, aux éditions Fardin, le premier roman en créole digne de ce nom, *Dezafi* de Franketienne*, puis en 1979 *Les Affres d'un défi,* son adaptation française, chez le même éditeur. C'est l'histoire d'un homme transformé en zombi par un sorcier malfaisant. La fille du sorcier se prend de pitié pour la victime et lui donne du sel, seule manière de ramener un zombi à la vie normale. Personne n'a pris *Dezafi* pour un roman paysan mais bien pour une œuvre symbolique : le zombi y incarne le peuple haïtien qui attend d'être délivré de l'envoûtement duvaliériste. Quelques autres romans en créole ont paru depuis, mais sans atteindre à la complexité conceptuelle et formelle de celui de Franketienne.

Les poètes haïtiens s'étaient depuis longtemps exercés à composer en créole des poèmes légers, humoristiques ou polissons. Ils se sont peu à peu risqués à l'adopter pour traiter des sujets sérieux, souvent subversifs, parfois révolutionnaires ; mis en musique, leurs poèmes connaîtront un succès considérable, surtout parmi les Haïtiens de la diaspora.

Mais c'est bien entendu au théâtre que le créole, langue rarement transcrite jusqu'à ces dernières décennies, a produit les œuvres les plus intéressantes, tandis que le théâtre francophone ne connaissait qu'une seule réussite, *Général Baron-la-croix* de Franck Fouché (1915-1978). La montée au pouvoir et les crimes d'un dictateur évidemment calqué sur François Duvalier y sont montrés sur un mode à la fois tragique et ubuesque, comme inspirés par un dieu vaudou assoiffé de domination (voir texte n°26). Voulant prouver que la langue du peuple n'était pas fatalement confinée au trivial, Félix Morisseau-Leroy* adapta l'*Antigone* de Sophocle en créole (*Antigone en créole,* Pétionville, Culture) en 1953. Nono Numa fit de même pour *Le Cid* de Corneille sous le titre *Jénéral Rodrig* (Port-au-Prince, Bon Nouvèl, 1975), et Lyonel Desmarattes pour le *Tartuffe* de Molière avec *Mouché Défas* (Port-au-Prince, Créolade, 1984). Leurs œuvres, et celles d'autres dramaturges, furent en général très favorablement accueillies tant en Haïti que par les communautés haïtiennes de l'étranger.

Il ne convient plus aujourd'hui de ranger la totalité de la littérature haïtienne parmi les littératures francophones ; il est indispensable de consacrer un chapitre, et un chapitre chaque année plus conséquent, à la littérature en créole. Est-elle appelée à prendre la même importance que celle en français ? Cela semble pour l'instant peu probable, mais l'usage de l'anglais tend à s'imposer aux Haïtiens dans toute une série de situations de communication, et cet étiolement du français, surtout si une éventuelle campagne d'alphabétisation massive se fait en créole, rend toute prédiction hasardeuse sur l'avenir à long terme des lettres haïtiennes d'expression française.

«Dans le commencement des commencements était la crainte»

IXᵉ Station
Entre cric et crac[1]

Un appartement chez le Chef. Par une grande baie, on aperçoit la ville au loin. Le Chef la regarde un bon moment, sourit et parle à sa femme qui vient d'entrer.

LE CHEF. – Femme, regardez. Ma ville est belle ! Quel calme et quel silence !

LA FEMME. – Ce silence m'effraie. Il est plein de cris ; il hurle d'angoisse et de peur.

LE CHEF. – Oh ! Les femmes comme vous, ça entendrait avec leurs yeux de chat jusqu'à un battement de cœur dans la pierre ! Si vous saviez à quel point ce silence me plaît, à moi. Il est ma respiration profonde. Je m'y installe comme dans mes éléments, animal marin avec les nageoires de l'oiseau et les ailes du serpent. Ma ville est belle ! Ma ville est belle !

LA FEMME. – C'est un cimetière, cette ville où chaque jour se creusent des fosses pour enterrer la vie. C'est la ville sans âme des zombis[a] qui marchent au soleil sans traîner après eux l'ombre de leur ombre. Regardez là-bas, en plein jour, voler les loups-garous. Le lasso de flamme de leur queue fait trembler d'effroi jusqu'à votre silence.

LE CHEF. – Dans le commencement des commencements était la crainte, femme. Et la crainte créa les dieux. Les premières cités n'ont-elles pas été bâties sur la peur, peur des éclairs, du tonnerre, peur des bêtes sauvages, peur de toutes les peurs ? Un chef doit être craint, à l'égal des dieux, car il sort directement des cuisses ensanglantées de l'esprit même des dieux.

LA FEMME. – C'est Baron, le dévorateur de cadavres, Baron le Charognard qui parle par votre bouche.

LE CHEF. – Si vous pouviez savoir, femme, tout le bien que je veux à cette ville. Je voudrais que ma vie soit pour elle un fleuve sans fin d'amour et de fraîcheur. Déjà la crainte que j'inspire à ce peuple, naguère enamouré de fêtes et de bamboches, le mènera jusqu'à la première branche d'une étoile de plein midi. Rien de beau, rien de grand ne se fait que sur la peine et le sacrifice. *(Pause.)* La frivolité abâtardit l'homme. Cette ville doit faire un nouvel apprentissage. Si jusqu'aujourd'hui ce peuple est sans histoire, n'est-ce pas parce qu'il persistait à demeurer un peuple heureux ?

LA FEMME. – Maudit soit le jour qui vous vit élire chef de cette ville. Car depuis votre açon[2] de houngan a passé de la main droite qui ensemençait les sillons du bien dans la main gauche aujourd'hui tachée à vie de la blancheur du sang répandu[b]. *(Petite pause.)* Vous avez plongé cette ville dans le deuil et la désolation.

---

1. Cric ! crac ! Formule par quoi débutent les contes en Haïti. Le conteur dit Cric ! Les auditeurs répondent : Crac ! Cette formule exclamative crée l'ambiance du merveilleux. Cela fait comme un lever de rideau sur le conte à entendre. – 2. Attribut vaudouesque qui consacre le grade de grand prêtre (houngan). C'est le symbole de l'initiation.

Franck Fouché, *Général Baron-la-croix ou Le Silence masqué. Tragédie moderne en 2 calvaires, 28 stations et une messe en noir et rouge*, Montréal, Leméac, «Francophonie vivante», 1974, pp. 45-47.

---

a. Voir *supra* p. 70, texte n°22, note *b*. – *b*. « Travailler de la main gauche » : pratiquer la magie noire.

Quelques références

Silvio F. BARIDON, «Introduction à la poésie contemporaine», in *Poésie vivante d'Haïti*, Paris, Les Lettres nouvelles - Maurice Nadeau, 1978, pp. 7-35.

René DEPESTRE, «Réponse à Aimé Césaire. Introduction à un art poétique haïtien», in *Présence africaine* (Paris), nouvelle série, n° 4, oct.-nov. 1955, pp. 42-62.

Jean JONASSAINT, *Le Pouvoir des mots, les maux du pouvoir : des romanciers haïtiens de l'exil*, Paris, Arcantère, et Montréal, Presses de l'Université de Montréal, 1986.

Frantz LOFFICIAL, *Créole, français : une fausse querelle ?*, Montréal, Collectif Paroles, 1979.

Albert VALDMAN, *Le Créole : structure, statut et origine*, Paris, Klincksieck, 1978.

Bibliographie succincte

I. Bibliographies

Max BISSAINTHE, *Dictionnaire de bibliographie haïtienne* [du 1er déc. 1804 au 31 déc. 1949], Washington D.C., The Scarecrow Press, 1951, 1056 p. *Premier supplément, 1950-1970,* Metuchen, N.J., The Scarecrow Press, 1973, 270 p.

Donald HERDECK, éd., *Caribbean Writers: A Bio-Bibliographical Critical Encyclopedia,* Washington D.C., Three Continents Press, 1979, 944 p. [section francophone par Maurice A. LUBIN, pp. 261-547].

Léon-François HOFFMANN, *Bibliographie des études littéraires haïtiennes,* Paris, EDICEF, 1992, 240 p.

Michel S. LAGUERRE, *The Complete Haitiana. A Bibliographical Guide to the Scholarly Literature 1900-1980,* Millwood, N.J., London, Nedeln, Lichtenstein, Kraus International Publications, 2 vol., 1982, 1564 p.

Max MANIGAT, *Haitiana, 1971-1975,* La Salle, P.Q., Collectif Paroles, 1979, 84 p. [avec un supplément à BISSAINTHE].

Wilma PRIMUS, «Bibliography of Haitian Literature», in *Black Images* (Toronto, Ont.), printemps 1973, pp. 44-59.

II. Histoire

Cyril Lionel Robins JAMES, *Les Jacobins noirs* [1re éd. anglaise, 1936], Paris, Gallimard, 1949.

Justin Chrysostome DORSAINVIL, *Manuel d'histoire d'Haïti,* Port-au-Prince, Impr. Henri Deschamps, 1924 (nombreuses rééditions mises à jour).

David NICHOLLS, *From Dessalines to Duvalier* [1979], London, Macmillan, 1996, 358 p.

III. Anthologies et histoires de la littérature

Silvio F. BARIDON et Raymond PHILOCTÈTE, *Poésie vivante d'Haïti* (anthologie), Paris, Les Lettres nouvelles-Maurice Nadeau, 1978, 300 p.

Dantès BELLEGARDE, *Écrivains haïtiens,* 1re série, Port-au-Prince, Soc. d'édition et de librairie, 1947. 2e éd., Port-au-Prince, Deschamps, 1950.

Frère Raphaël BERROU et Pradel POMPILUS, *Histoire de la littérature haïtienne illustrée par les textes,* Port-au-Prince, Caraïbes et Paris, Éd. de l'École, vol. I et II, 1975, 735 et 754 p., vol. III, 1978, 792 p.

Ghislain GOURAIGE, *Histoire de la littérature haïtienne, de l'Indépendance à nos jours,* Port-au-Prince, Imp. Théodore [certains exemplaires portent «Impr. des Antilles»], 1960, 508 p.; réimpr. Nendeln, Lichtenstein, Kraus Reprints, 1973; reprod. Port-au-Prince, L'Action sociale, 1982.
– *Les Meilleurs Poètes et romanciers haïtiens* (pages choisies), Port-au-Prince, La Phalange, 1963, 414 p.

Léon-François HOFFMANN, *Littérature d'Haïti,* Vanves, EDICEF, 1995, 288 p.

Édouard LA SELVE, *Histoire de la littérature haïtienne* (suivie d'une anthologie), Versailles, Cerf & Fils, 1875, 239 p.

Maurice A. LUBIN: voir Carlos SAINT-LOUIS.

Solon MÉNOS et alii, *Œuvres des écrivains haïtiens: morceaux choisis,* Port-au-Prince, Impr. de Mme Smith, 1904, vol. I, poésie, VI, 162 p., vol. II, prose, 351 p.

Louis MORPEAU, *Anthologie d'un siècle de poésie haïtienne 1817-1925,* Paris, Bossard, 1925, 380 p.
– *Anthologie haïtienne des poètes contemporains (1904-1920),* Port-au-Prince, Impr. Héraux, 1920, XI, 237 p.

Raymond PHILOCTÈTE, voir Silvio BARIDON.

Pradel POMPILUS, voir Frère Raphaël BERROU.

Ghislaine REY-CHARLIER, *Anthologie du roman haïtien 1859-1946,* Sherbrooke, P.Q., Naaman, 1978, 199 p.

Carlos SAINT-LOUIS et Maurice A. LUBIN, *Panorama de la poésie haïtienne,* Port-au-Prince, Deschamps, 1950, 645 p.

Duraciné VAVAL, *Histoire de la littérature haïtienne, ou « l'Ame noire »,* Port-au-Prince, Édouard Héraux, 1933, 506 p. ; réimpr. Nedeln, Lichtenstein, Kraus Reprints, 1971.

Auguste VIATTE, *Anthologie littéraire de l'Amérique francophone,* Sherbrooke, P.Q., Naaman, 1971, 520 p. [Haïti : pp. 315-417].
  – *Histoire littéraire de l'Amérique française,* Québec, P.Q., Presses Universitaires Laval et Paris, Presses Universitaires de France, 1954, 548 p. [Haïti : pp. 329-479].

IV. Études critiques

a. Sur la poésie

Naomi M. GARRETT, *The Renaissance of Haitian Poetry,* Paris, Présence africaine, 1963, 260 p.

b. Sur le roman

Ghislain GOURAIGE, « Le roman haïtien », in Antoine NAAMAN et Louis PAINCHAUD, éd., *Le Roman contemporain d'expression française,* Sherbrooke, P.Q., Université de Sherbrooke, 1971, pp. 145-155.

Léon-François HOFFMANN, *Le Roman haïtien : idéologie et structures,* Sherbrooke, P.Q., Naaman, 1982, 330 p.

Alain RAMIRE [pseud. de Max DOMINIQUE], « Révolution et langage chez les romanciers haïtiens », in *Frères du monde* (Bordeaux), n°64, 1970, pp. 109-118.

c. Sur le théâtre

Robert CORNEVIN, *Le Théâtre haïtien des origines à nos jours,* Montréal, Leméac, 1973, 304 p.

Franck FOUCHÉ, *Vodou et théâtre : pour un nouveau théâtre populaire,* Montréal, Nouvelle Optique, 1976, 126 p.

d. Autres études

Jules BLANCHET, *Le Destin de la jeune littérature,* préf. de Félix Morisseau-Leroy, Port-au-Prince, Impr. de l'État, 1939, 27 p.

Ulrich FLEISCHMANN, *Ideologie und Wirklichkeit in der Literatur Haitis,* Berlin, Colloquium Verlag, 1969, 313 p.

Ghislain GOURAIGE, *La Diaspora d'Haïti et l'Afrique,* Sherbrooke, P.Q., Naaman, 1974, 200 p.

Léon-François HOFFMANN, *Haïti : couleurs, croyances, créole,* Port-au-Prince, Éd. Henri Deschamps et Montréal, CIDIHCA, 1990, 330 p.
  – *Haïti, lettres et l'être,* Toronto, Éd. du GREF, 1992, 372 p.

Maximilien LAROCHE, *Haïti et sa littérature,* Montréal, Publ. de l'AGEUM, n°5, 1963, 96 p.
  – *L'Image comme écho,* Montréal, Nouvelle Optique, 1978, 246 p.
  – *La Littérature haïtienne. Identité, langue, réalité,* Montréal, Leméac, 1981, 128 p.
  – *Le Miracle et la métamorphose. Essai sur les littératures du Québec et d'Haïti,* Montréal, Éd. du Jour, 1970, 239 p.

Maximilien LAROCHE, éd., *Le Roman féminin d'Haïti. Forme et structure,* GRELCA, Université Laval, Québec, P.Q., 1985.

Jean-Claude MICHEL, *Les Écrivains noirs et le surréalisme,* Sherbrooke, P.Q., Naaman, 1982.

Félix MORISSEAU-LEROY, « La littérature d'expression créole : son avenir », in *Présence africaine* (Paris), n°17, déc. 1957-janv. 1958, pp. 46-57.

Hénock TROUILLOT, *Les Origines sociales de la littérature haïtienne,* Port-au-Prince, Impr. Théodore, 1962, 378 p.

Duraciné VAVAL, *La Littérature haïtienne. Essais critiques,* Paris, E. Sansot et Cie, 1911, 330 p.

Chronologie

	ÉVÉNEMENTS HISTORIQUES	ÉVÉNEMENTS LITTÉRAIRES
1804	Dessalines proclame l'indépendance.	
1806	Dessalines assassiné. Scission du pays.	
1814		Baron de Vastey, *Le Système colonial dévoilé.*
1816		Baron de Vastey, *Réflexions sur [...] les Noirs et les Blancs.*
1817-1820		*L'Abeille haytienne.*
1818	Mort d'Alexandre Pétion. Présidence de Jean-Pierre Boyer.	
1819		Baron de Vastey, *Essai sur les causes de la révolution et de la guerre civile d'Hayti.*
1820	Suicide du roi Henry Christophe. Réunification du pays.	
1822	Occupation de la partie espagnole de l'île.	
1824		H. Dumesle, *Voyage dans le nord d'Hayti.*
1825	Reconnaissance par la France de l'indépendance d'Haïti.	
1842	Le Cap-Haïtien détruit par un tremblement de terre.	
1843	Jean-Pierre Boyer renversé. Gouvernements éphémères.	
1847	Faustin Soulouque président, puis empereur.	
1847-1848		Th. Madiou, *Histoire d'Haïti.*
1853-1860		B. Ardouin, *Études sur l'histoire d'Haïti.*
1854		J. Saint-Rémy, *Pétion et Haïti.*
1859	Abdication de Soulouque. Gouvernements éphémères.	É. Bergeaud, *Stella.*

1860	Concordat avec le Vatican ; envoi de prêtres et de religieuses pour évangéliser et éduquer les Haïtiens.	
1862	Haïti reconnue par les États-Unis.	
1884		L.-J. Janvier, *L'Égalité des races*.
1885		A. Firmin, *De l'égalité des races humaines*.
1886		L.-J. Janvier, *La République d'Haïti et ses visiteurs*.
1895		A. Brun, *Deux amours*.
1898-1902		Parution du mensuel *La Ronde*.
1900		H. Price, *De la réhabilitation de la race noire par la République d'Haïti*.
1901		F. Marcelin, *Thémistocle-Épaminondas Labasterre*.
1902	Nord Alexis président.	F. Marcelin, *La Vengeance de Mama*.
1903		F. Marcelin, *Marilisse*.
1905		A. Firmin, *Monsieur Roosevelt, [...] et la République d'Haïti*. J. Lhérisson, *La Famille des Pitite-Caille*. F. Hibbert, *Séna*.
1906		J. Lhérisson, *Zoune chez sa ninnaine*. A. Innocent, *Mimola, ou l'Histoire d'une cassette*.
1907		F. Hibbert, *Les Thazar*.
1908	Chute de Nord Alexis. Gouvernements éphémères.	F. Hibbert, *Romulus*.
1910		F. Hibbert, *Masques et visages*.
1915	Le président Vilbrun Guillaume Sam lynché. Débarquement des *marines*, début de l'occupation américaine. Sudre Dartiguenave président.	
1922	Louis Borno président.	
1925		É. Roumer, *Poèmes d'Haïti et de France*.
1927-1928		Parution de *La Revue indigène*.
1928		J. Price-Mars, *Ainsi parla l'Oncle*.

1929	Sténio Vincent président.	
1931		J. Roumain, *La Montagne ensorcelée*.
1932		L. Laleau, *Le Choc*. P. Savain, *La Case de Damballah*.
1933		S. Alexis, *Le Nègre masqué*. J.-B. Cinéas, *Le Drame de la terre*. L. Laleau, *Musique nègre*.
1934		A. Desroy, *Le Joug*. Mme Virgile Valcin, *La Blanche Négresse*.
1935		M. Casséus, *Viejo*.
1937	Les « Vêpres dominicaines » : massacre sur l'ordre de Trujillo de plusieurs milliers de paysans haïtiens établis en République Dominicaine.	
1941	Élie Lescot président. Campagne contre le vaudou.	C. Magloire Saint-Aude, *Dialogue de mes lampes*.
1942-1946		Parution (irrégulière) de *La Ruche*.
1944		J. Roumain, *Gouverneurs de la rosée*. P. Thoby-Marcelin et P. Marcelin, *Canapé-Vert*.
1945		R. Depestre, *Étincelles*.
1946	Révolution de 1946. Dumarsais Estimé président.	Premier numéro de *Conjonction*, revue de l'Institut français d'Haïti. P. Thoby-Marcelin et P. Marcelin, *La Bête de Musseau*. R. Dorsinville, *Lettre aux hommes clairs*.
1947		H. Trouillot, *Chair, sang et trahison*.
1949		A. Lespès, *Les Semences de la colère*. M. Casséus, *Mambo*.
1950	Estimé renversé. Paul Magloire président.	
1952		P. Thoby-Marcelin et P. Marcelin, *Le Crayon de Dieu*.
1953		F. Morisseau-Leroy, *Antigone en créole*.
1954-1957		Parution de la revue *Optique*.
1955		J.-S. Alexis, *Compère Général Soleil*.
1957	François Duvalier président.	J.-S. Alexis, *Les Arbres musiciens*.

1960		J.-S. Alexis, *Romancero aux étoiles*.
1961		M. Chauvet, *Fonds des Nègres*.
1963		É. Roumer, *Le Caïman étoilé*.
1964	F. Duvalier président à vie.	
1968		M. Chauvet, *Amour, Colère, et Folie*. Franketienne, *Dezafi*.
1971	Mort de F. Duvalier. Son fils Jean-Claude président.	
1971-1973		Parution à Montréal de la revue *Nouvelle Optique*.
1974		F. Fouché, *Général Baron-la-croix*. G. Étienne, *Le Nègre crucifié*.
1975		Nono Numa, *Jénéral Rodrig*.
1976		A. Phelps, *Mémoire en colin-maillard*.
1979-1987		Parution à Montréal de la revue *Collectif paroles*.
1980		R. Dorsinville, *Renaître à Dendé*. P. Clitandre, *Cathédrale du mois d'août*.
1983		J. Métellus, *Une eau-forte*. G. Étienne, *Une femme muette*. É. Ollivier, *Mère-Solitude*.
1984		L. Desmarattes, *Mouché Défas*.
1985		D. Laferrière, *Comment faire l'amour avec un nègre sans se fatiguer*. J.-C. Charles, *Manhattan Blues*.
1986	J.-C. Duvalier renversé. Gouvernements éphémères.	
1987		J.-C. Fignolé, *Les Possédés de la pleine lune*.
1988		G. Victor, *Albert Buron ou profil d'une « élite ». Sonson Pipirit, profil d'un homme du peuple*.
1989		L. Trouillot, *Les Fous de Saint-Antoine*.
1990	Jean-Bertrand Aristide élu président.	G. Victor, *Clair de Mambo*.
1991	J.-B. Aristide renversé par un coup d'État militaire. Le Vatican sera le seul gouvernement	É. Ollivier, *Passages*.

Introduction

Si deux îles de la mer des Antilles, la Guadeloupe et la Martinique, se trouvent ici regroupées avec la Guyane (territoire d'Amérique du Sud lui-même souvent considéré, vu les difficultés des communications avec ses voisins continentaux, comme une île), ces trois contrées étant traitées comme un sous-ensemble de l'ensemble francophone, c'est pour des raisons à la fois géographiques, historiques, culturelles et juridiques.

Pays d'Amérique, très tôt colonisés par la France (dès 1635 pour les Antilles, un petit peu plus tard pour la Guyane), ils présentent la particularité d'avoir connu une évolution historique semblable, d'avoir développé une culture créole qui, malgré quelques variantes, est assez homogène et surtout d'être restés à ce jour français, après avoir bénéficié d'une promotion, reconnue par l'ONU comme une forme légitime de décolonisation : « l'assimilation », concrétisée par l'accession en 1946 au statut de département français d'outre-mer (DOM).

Ce statut qui, dans l'ensemble n'est guère contesté par les populations concernées – toutes sortes de raisons, économiques, culturelles, politiques, contribuant à marginaliser les formations indépendantistes – soulève un problème, celui de l'insertion dans le monde francophone.

Il ne saurait y avoir de doute sur la francophonie des Antilles et de la Guyane (toute la population parlant français) mais il y a peut-être quelque incongruité à agréger sans précaution certains « départements » français au monde francophone, c'est-à-dire à un ensemble de pays ne relevant pas, ou ne relevant plus, de la « nation » française.

Certes il y a des arguments plaidant en faveur de l'intégration au monde francophone. Ce sont des pays géographiquement éloignés du territoire métropolitain, des pays qui ont connu la colonisation, dont la population est en majorité d'origine africaine, à tout le moins métissée, bilingue (en situation classique de diglossie) et dont la culture populaire présente bien des particularités que mettent en avant à juste titre les intellectuels et artistes en quête d'identité (négritude, indianité, antillanité, créolité, etc.). Mais il faut se méfier de tout amalgame et bien garder à l'esprit la spécificité du monde créole.

En premier lieu, l'éloignement géographique et la différence raciale sont relativisés par l'ancienneté des liens historiques, par le rétrécissement du monde lié au progrès des transports, par une dépendance économique de plus en plus marquée, et surtout par la politique d'assimilation pratiquée par la France depuis la Révolution, politique encouragée, voire exigée tout au long des siècles par les populations concernées. Cette assimilation a d'ailleurs conduit à la présence, sur le territoire métropolitain, d'environ 400 000 citoyens d'origine antillo-guyanaise alors que ceux résidant dans les DOM n'atteignent pas les 800 000.

En second lieu, si les Antilles-Guyane ont été bien entendu colonisées, elles l'ont été d'une façon bien différente de celle des autres pays, Afrique noire, Maghreb ou Indochine. D'abord la population autochtone a été totalement anéantie, les quelques tribus amérindiennes encore présentes en Guyane étant singulièrement réduites et vivant en marge du reste de la population. On lui a substitué une population totalement nouvelle, faite de colons et surtout de Noirs africains réduits en esclavage auxquels se sont ajoutés, au fil des siècles, des Indiens de l'Inde, des Chinois, des Syro-libanais, etc. Autrement dit, il n'y a pas dans ces pays de populations préexistantes à la colonisation, avec leurs mœurs, leurs religions, leurs langues propres sur lesquelles se seraient plaquées, imposées par les militaires et les administrateurs, la langue et la culture françaises. Il y a des populations, des mœurs et une langue (le créole) qui sont nées de la colonisation, forgées de toutes pièces par cette dernière, façonnées en quelque sorte par la société de plantation (et l'esclavage sur lequel elle reposait) et par l'aliénation, deux réalités découlant de la dépendance politique et économique, tout aussi «constitutives» du monde créole que les héritages culturels venus d'Europe, d'Afrique et d'ailleurs. Ajoutons que ces «colonies» présentent la particularité de n'avoir pas connu la distinction classique entre «français» et «indigènes», tous les Antillo-Guyanais ayant, dès 1848, date de l'abolition de l'esclavage, accédé au statut de citoyen français à part entière, élisant dès cette date leurs députés à l'Assemblée nationale française, donc bien avant la départementalisation proprement dite.

C'est par conséquent une situation étrange que celle de ces îles manifestement davantage intégrées à l'ensemble français, davantage pétries de culture française que n'importe quel autre pays francophone mais néanmoins marquées par une spécificité ethnique et historique qui les distingue des autres départements métropolitains, de ces îles où le français trouve dans le créole, langue vernaculaire pour la majorité des gens, un écho qu'il ne saurait trouver dans l'arabe, le oulof ou l'éwé, des pays dont la danse, la musique, la gastronomie, bref la culture de comportement et pas seulement la culture savante, si marquées soient-elles par l'apport africain, sont depuis toujours inséparables des traditions françaises. Il fallait le rappeler pour éviter, sous couvert de francophonie, de les confondre avec d'autres pays dans lesquels seule une frange minime de la population pratique le français, et dont la masse a pu conserver sa ou ses langues, sa ou ses cultures d'origine, profondément différentes de la culture française. Les «vieilles colonies françaises d'Amérique», rappelons-le, sont plus anciennement françaises que Nice ou la Savoie.

Quelques références

Jean-Luc MATHIEU, *Les DOM-TOM*, Paris, PUF, 1988.

Jean BENOIST, «Les Antilles», in *Ethnologie régionale II*, Paris, Gallimard, «Encyclopédie de la Pléiade», pp. 1372-1448.

Gérard BELORGEY, Geneviève BERTRAND, *Les DOM-TOM,* Paris, La Différence, 1994.

Aperçu historique

I. La période colombienne

Au moment de leur « découverte », la Guadeloupe et la Martinique étaient peuplées d'Amérindiens, notamment de Caraïbes venus de Guyane, lesquels avaient exterminé leurs prédécesseurs, les Arawaks. C'est le 4 novembre 1493, au cours de son second voyage, que Christophe Colomb débarqua à Caloucaëra qu'il s'empressa de rebaptiser Sainte-Marie de la Guadeloupe, cette nomination symbolisant la dépersonnalisation qui devait précéder la colonisation et la christianisation. Quant à Jouanacaëra, ce n'est qu'en 1502 qu'elle vit à son tour apparaître le Christophore qui d'autorité lui donna le nom par lequel les Taïnos d'Hispagnola (Haïti) désignaient une île mythique, « l'île-aux-fleurs » : « Matinina », Martinique. Entre-temps, lors de son troisième voyage, Colomb avait longé les côtes de Guyane mais sans s'y intéresser.

Durant les XVᵉ et XVIᵉ siècles, la Guadeloupe, la Guyane et la Martinique furent dédaignées des Européens, les Espagnols étant surtout attirés par l'or des grandes Antilles et de l'Amérique centrale. Quelques brèves tentatives d'implantation, comme celle d'Antonio Serrano, nommé gouverneur des petites Antilles par Diego Colomb, le fils du découvreur, se heurtèrent à l'hostilité guerrière des Caraïbes.

II. La colonisation française

Elle ne commença vraiment qu'en 1635 avec l'installation à Saint-Christophe d'un cadet de famille normand, Belain d'Esnambuc. Auparavant les quelques aventuriers ou missionnaires français qui s'étaient risqués aux Indes occidentales avaient pour la plupart péri, victimes des indigènes.

Avec D'Esnambuc –soutenu par Richelieu désireux de profiter de l'affaiblissement de l'Espagne depuis la perte de l'Invincible Armada pour développer une politique mercantiliste – commence vraiment la colonisation proprement dite, l'effort d'installation et de mise en valeur des terres nouvelles. Vite à l'étroit à Saint-Christophe qu'ils partageaient avec les Anglais, les Français vont en 1635 se diriger vers la Guadeloupe sous la houlette de De l'Olive et de Du Plessis, et vers la Martinique sous celle de Du Parquet. Quant à la Guyane, malgré quelques explorations ponctuelles (celle de La Ravardière en 1604), quelques essais d'installation entre 1623 et 1633, l'expédition de Poncet de Brétigny en 1643, elle ne devait connaître d'implantation durable qu'à partir de 1664.

Il y eut, surtout en Martinique, grâce à l'intelligence de Du Parquet, un temps de relative bonne entente avec les Caraïbes. Les colons apprirent des Amérindiens ce qui leur était indispensable pour survivre, notamment la pratique des cultures vivrières locales.

Mais très vite, l'arrogance des Européens, leurs besoins sexuels (privés de femmes, ils cherchèrent à s'emparer de celles des indigènes), leurs besoins en main-d'œuvre (la tentation était grande, malgré les instructions du pouvoir royal, de réduire les autochtones en esclavage), leur crainte obsidionale aussi des Caraïbes, connus pour leur fierté et leurs vertus guerrières, déclenchèrent les hostilités.

Bien que menacés à certains moments dans leur survie, non tant par les combats que par la famine, les maladies – principalement paludisme et fièvre jaune – et les cataclysmes naturels, notamment les cyclones qui, inconnus, étaient d'autant plus dangereux, les colons, qui recevaient régulièrement des renforts compensant les décès et assurant un certain étoffement de la colonie, finirent par contraindre les Caraïbes à se replier sur d'autres îles, notamment Saint-Vincent et la Dominique.

Mais qui étaient ces premiers colons, venus aux îles dans des conditions dont on ne soupçonne guère aujourd'hui la dureté ? Il y avait certes quelques nobles, notamment des cadets de famille désireux de faire fortune aux îles. Mais la grande majorité des « habitants »* fut très tôt constituée d'anciens « trois-ans »* qui, au terme de leur engagement, se voyaient attribuer par les autorités un lopin de terre à défricher. Ces engagés venus de toutes les régions de France (et pas seulement des régions portuaires) étaient au départ souvent de petites gens, voire des vagabonds sans foi ni loi, tentés par l'aventure et un enrichissement que l'on croyait facile. Ce sont eux qui constituèrent durant les vingt premières années l'essentiel du peuplement et procédèrent aux premiers défrichements. Cette période héroïque nous est assez bien connue grâce aux chroniqueurs de l'époque, laïques comme Oexmelin (qui fut lui-même engagé) ou religieux comme le Pasteur Rochefort[1] ou le RP Dutertre[2].

Mais très vite la nouvelle se répandit en France que la condition d'engagé était loin d'être très avantageuse. Beaucoup, littéralement esclavagisés par des employeurs qui avaient tout intérêt à en tirer le maximum avant qu'ils ne leur échappent, mouraient avant même l'expiration de leur contrat. L'on eut beau procéder à des déportations autoritaires, à des rafles sur les ports, leur nombre restait insuffisant pour permettre un décollage économique des colonies naissantes.

C'est alors que, progressivement, l'on fit appel à la main-d'œuvre esclave d'origine africaine.

III. L'esclavage

L'idée n'était pas nouvelle et les Espagnols l'avaient depuis longtemps mise en pratique, notamment à Hispagnola et Cuba où les Africains avaient peu à peu remplacé la main-d'œuvre indienne fragilisée puis anéantie par les maladies importées d'Europe et par la servitude qu'on lui avait imposée. Quelques esclaves noirs

Les « habitants » : colons qui, ayant défriché les terres qui leur ont été concédées, se trouvent à la tête d'une « habitation », c'est-à-dire un ensemble de terres cultivées, de bâtiments industriels et de locaux d'habitation qu'on désigne parfois du terme plus connu en France métropolitaine de « plantation ».

Les « trois-ans » ou « engagés » : individus dont le passage aux îles était payé par leur futur employeur (un habitant déjà installé) et qui de ce fait devaient travailler gratuitement à son service pendant trois ans.

1. César de Rochefort, *Histoire naturelle et morale des îles Antilles de l'Amérique*, Rotterdam, Arnould Leers, 1658.

2. Jean-Baptiste Dutertre (1610-1687), *Histoire générale des Antilles habitées par les Français*, Paris, Jolly, 1667.

avaient ainsi fait leur apparition chez les Français qui les avaient achetés à leurs voisins espagnols.

Très rapidement, avec l'intensification de la Traite, à laquelle les Français participèrent d'abord clandestinement puis officiellement avec l'agrément de Louis XIV en 1670, les Africains remplacèrent les engagés. Dès la fin du XVIIᵉ siècle, les Noirs étaient aussi nombreux en Guadeloupe, Guyane et Martinique que les Blancs. Le développement de la culture de la canne à sucre au XVIIIᵉ siècle, qui supplanta alors toutes les autres productions (indigo, tabac, épices, cacao, café, etc.) allait entraîner de considérables besoins de main-d'œuvre, et donc une croissance très rapide de la population noire. En 1720, il y aura en Martinique deux fois plus de Nègres que de Blancs. En 1740, quatre fois plus. Et le déséquilibre, avec l'apparition des Métis (la société créole n'a sur le plan des relations interraciales rien à voir avec un quelconque apartheid) n'allait cesser de se creuser.

Avec la conséquence que l'on devine : l'apparition et l'accentuation du racisme. Ce dernier n'existait pas a priori, comme en témoignent les mariages entre Blancs et Noirs jusqu'à la fin du XVIIᵉ siècle. Il se développe au fur et à mesure que les Nègres se font plus nombreux et surtout que la nécessité se fait de plus en plus sentir de les maintenir en esclavage pour sauvegarder et développer l'économie créole fondée sur les grandes plantations sucrières. Le racisme et ses « justifications » idéologiques, notamment religieuses – la malédiction de Cham* par exemple –, prétendent alors fonder en éternité un ordre social inégalitaire né d'une contingence historique et économique.

La société créole se constitue donc sur la base d'une économie de plantation, elle-même bâtie sur une institution fondamentale, désormais présentée comme immuable, l'esclavage. Ceci entraîne la distinction essentielle entre libres et esclaves. La première catégorie est constituée des Grands Blancs ou gros propriétaires (appelés « Békés » en Martinique), des Petits Blancs (petits propriétaires, artisans, commerçants, etc.) et des gens de couleur affranchis, lesquels peuvent être eux-mêmes propriétaires d'esclaves. La seconde est formée des Nègres et des Mulâtres non affranchis. Mais il n'y a pas, on le voit, de concordance absolue entre caste, classe et race, même si globalement la hiérarchie sociale paraît épouser la hiérarchie raciale. Il existe des Blancs pauvres et des hommes de couleur qui non seulement sont libres mais parfois aussi riches. Durant longtemps, jusqu'à l'abolition de l'esclavage, le racisme tentera d'introduire une fausse clarté dans cet univers complexe en brandissant la bannière essentielle de la couleur mais sans pouvoir réellement masquer la complexité de la société créole et la divergence des intérêts de chacune des parties en présence.

IV. Les événements révolutionnaires

La Révolution française de 1789 allait faire apparaître au grand jour cette complexité. Comme en France les aristocrates, ce sont les Grands Blancs, détenteurs du pouvoir économique et seuls représentés

La malédiction de Cham : argument tiré d'une lecture orientée de la Bible, selon lequel les Nègres descendraient de Cham, le fils maudit de Noë, et seraient par conséquent condamnés pour l'éternité à servir d'esclaves aux Blancs (descendants supposés de Japhet).

dans les assemblées locales qui brandissent les premiers l'étendard de la révolte, par souci autonomiste et par désir d'abolir le système de l'Exclusif*. Ils sont suivis par les Petits Blancs, qui espèrent de la Révolution une égalité politique avec les Grands Blancs dans les assemblées locales. Puis par les gens de couleur libres, qui exigent une égalité des droits avec les Blancs. Enfin par les Noirs esclaves qui, eux, désirent tout simplement la liberté.

Système de l'Exclusif : doctrine interdisant aux colonies de commercer avec tout autre pays que la métropole.

Lorsque la Convention décide en 1794 d'abolir l'esclavage, tous les propriétaires d'esclaves, blancs ou de couleur, s'insurgent. Plutôt que de perdre leurs « propriétés pensantes », ils préfèrent livrer leurs îles aux Anglais. Et c'est ainsi que la Martinique, anglaise durant toute la période révolutionnaire, conservera intact son ordre esclavagiste. La Guadeloupe, quant à elle, sera reprise aux Anglais par le Conventionnel Victor Hugues qui, après avoir massacré les Blancs contre-révolutionnaires, proclamera la liberté des Noirs. Mais à la fin de la période révolutionnaire, Bonaparte, Premier Consul, décide de rétablir l'esclavage dans toutes les possessions françaises où celui-ci avait antérieurement eu cours. Parallèlement à l'envoi à Saint-Domingue de l'expédition Leclerc, il confie au général Richepanse le soin de restaurer l'ordre ancien à la Guadeloupe. Ce sera fait en 1802, malgré l'héroïque résistance de Delgrès qui, plutôt que de se rendre, préféra avec ses 300 derniers compagnons, défier une dernière fois ses adversaires en s'immolant sur des barils de poudre au Matouba...

Ainsi, tandis que Saint-Domingue, sous la houlette de Dessalines, s'émancipait et redevenait Haïti, la Martinique et la Guadeloupe réintégraient le giron français et conservaient (cas de la Martinique) ou retrouvaient (cas de la Guadeloupe et de la Guyane) leurs structures coloniales et esclavagistes.

V. L'abolition définitive de l'esclavage

Au cours du XVIIIe siècle, était apparu en Europe un mouvement philanthropique, négrophile, favorable à l'abolition de l'esclavage. Ce mouvement est relayé au XIXe siècle par divers idéologues puis par les écrivains romantiques, Lamartine, Hugo, etc. Cette propagande humanitariste n'aurait certes pas suffi à elle seule à bouleverser les sociétés antillaises, mais elle fut aidée par l'idéologie capitaliste du moment, par la logique du « rendement » qui, jugeant les structures du monde servile périmées, proposa un modèle économiquement plus rentable, la disparition du « paternalisme » esclavagiste et l'exploitation sans frein du prolétariat nègre qui naîtrait de l'abolition. Elle trouva également de précieux auxiliaires chez les betteraviers métropolitains soucieux d'affaiblir la production sucrière insulaire. Cette conjonction d'intérêts divers et contradictoires, ajoutée à l'impatience de plus en plus évidente des esclaves, sources de révoltes et de conflits multiples, devait aboutir d'abord à diverses réformes sous la Monarchie de Juillet (lois Mackau), puis à l'abolition définitive en 1848, arrachée au gouvernement provisoire le 24 avril par l'obstination de Victor Schœlcher.

VI. L'assimilation

Libérés, pourvus d'un état civil, les ex-esclaves virent paradoxalement leur situation matérielle s'aggraver, la loi de l'offre et de la demande régissant désormais l'emploi. Pour mieux les maintenir dans la sujétion économique, on fit même appel à des travailleurs immigrés susceptibles d'alimenter la concurrence : des Africains mais surtout des Coolies originaires de l'Inde. Et l'on peut dire que leur situation misérable (habitat rudimentaire et insalubre, nourriture insuffisante) ne connut pas de changements notables jusqu'au lendemain de la Seconde Guerre mondiale, jusqu'à la départementalisation.

Néanmoins, devenus citoyens français à part entière (malgré les structures coloniales maintenues : gubernorat, etc.), ils purent désormais faire entendre leur voix, notamment dans les processus électoraux. Dès ce moment toutes leurs luttes, d'abord tout naturellement dirigées par l'élite mulâtre, puis au fur et à mesure de leur émancipation culturelle (notamment grâce à la mise en place sous la IIIᵉ République, des lois scolaires de J. Ferry) par les représentants directs du prolétariat nègre, allaient avoir un seul et unique objectif : l'intégration totale à l'ensemble français, « l'assimilation ».

Il faut bien comprendre que pour des gens qui, dans les faits, demeuraient asservis aux grands propriétaires terriens, les Békés, la libération ne pouvait venir que de la métropole, que de l'extension complète aux Antilles des lois métropolitaines. La chose sera particulièrement évidente dans les années trente lorsque la montée en France des forces du futur Front Populaire laissera espérer pour les Antilles des réformes sociales radicales. Le manifeste de Légitime Défense (1932), souvent interprété par les exégètes mal informés des réalités locales comme un écrit anticolonialiste et séparatiste, répondait en fait à cette idéologie : davantage d'assimilation pour effacer définitivement les séquelles de l'époque coloniale. Cette exigence d'égalité des Antillais, qui les avait conduits à exiger par exemple d'être astreints comme les Français au « don du sang », à la mobilisation, ce qu'ils obtinrent en 1914, aboutit tout naturellement en 1946 à la loi de départementalisation, dont le rapporteur – il n'est pas inutile de le rappeler – fut Aimé Césaire.

Cette mesure unanimement approuvée aux Antilles-Guyane ne produisit pas immédiatement les effets escomptés, notamment sur le plan économique. D'où insensiblement l'apparition de courants contestataires qui, se référant à l'évolution des autres pays coloniaux accédant à l'indépendance, en vinrent à envisager un autre statut.

Le retour au pouvoir du général De Gaulle – le chef prestigieux de la France Libre que beaucoup d'Antillais avaient rejoint au péril de leur vie durant la « Révolution Nationale »* – allait leur ôter le seul argument susceptible de trouver un réel écho dans la population. En procédant enfin, dans les années soixante, à la départementalisation économique (transferts massifs, parité de la protection sociale, etc.), la Vᵉ République allait répondre aux vœux d'assimilation de la grande majorité des Antillais, ne laissant aux tenants de

La Révolution Nationale : il s'agit du régime mis en place en 1940 par le gouvernement de Vichy sous la houlette du maréchal Pétain, représenté aux Antilles-Guyane par l'amiral Robert.

l'autonomie ou de l'indépendance que des arguments idéologiques (dignité, personnalité culturelle, etc.) que l'évolution des pays indépendants se chargea au fil du temps de relativiser, sinon de discréditer. Les mesures de décentralisation prises par la gauche (lois Defferre), en permettant une gestion locale des affaires et une politique culturelle plus respectueuse de l'identité antillaise, n'ont pas manqué de compliquer encore une situation peu favorable aux positions radicales.

La départementalisation a en effet rendu les Antilles et la Guyane plus dépendantes que jamais de l'aide métropolitaine et, de l'avis de tous, y compris des séparatistes responsables, toute indépendance se solderait par une chute du niveau de vie telle que les populations ne sauraient la tolérer. D'où une situation très particulière engendrant paradoxalement des discours politiques ou littéraires d'autant plus extrémistes que ceux qui les tiennent sont par ailleurs confortablement installés dans le système.

Quelques références

***, sous la dir. de Pierre PLUCHON, *Histoire des Antilles et de la Guyane*, Toulouse, Privat, 1982.

***, sous la dir. de Jack CORZANI, *Dictionnaire encyclopédique des Antilles et de la Guyane*, Fort-de-France, Désormeaux, 7 vol., 1992-1997.

Jacques ADELAÏDE-MERLANDE, *Histoire générale des Antilles et des Guyanes. Des précolombiens à nos jours,* Paris, L'Harmattan, 1994.

Chapitre 1

La littérature des maîtres blancs

Pour désagréable qu'elle soit, cette distinction raciologique nous est imposée par l'Histoire. S'il y a présentement une culture créole relativement homogène, il ne faut pas oublier qu'elle est née d'affrontements continuels, ce dont témoigne le caractère agonistique de la plupart des œuvres littéraires antillaises encore à l'heure actuelle. Durant deux siècles, la société créole dominée par l'esclavage a vu s'affronter une minorité privilégiée de culture européenne et une majorité noire de culture africaine.

Cela dit, il faut se garder de toute extrapolation simpliste et éviter d'imaginer une situation à l'africaine, avec des Blancs parlant et écrivant français et des indigènes ne pratiquant que leurs langues orales.

D'abord, la majorité des colons antillais étaient au départ analphabètes à l'exception de quelques nobles. De plus, ils ignoraient le français et ne parlaient guère que des dialectes provinciaux. C'est d'ailleurs vraisemblablement la nécessité où ils se trouvèrent de communiquer entre eux qui donna naissance au fameux créole. Celui-ci, ultérieurement proposé aux esclaves qui, originaires de régions d'Afrique différentes, ne pouvaient communiquer entre eux dans leurs langues maternelles, et plus ou moins modifié, infléchi par eux, devait progressivement apparaître aux observateurs naïfs comme une langue «nègre» et permettre aux idéologues contemporains des développements fantaisistes sur sa nature «africaine».

Mais, très vite, à l'indifférenciation linguistique originelle se substitua une répartition significative. Les Blancs créoles détenant le pouvoir économique, voire politique, avaient les moyens d'apprendre le français, langue à la fois de la culture et de l'administration, tandis que les esclaves, qu'il était interdit d'alphabétiser, se trouvaient cantonnés, eux, dans le créole.

Même si les Blancs créoles, dans leur grande majorité, étaient surtout préoccupés du rendement de leurs «habitations», ils avaient la possibilité pour la plupart d'envoyer leurs enfants poursuivre leurs études en France, ils pouvaient acheter des livres, etc. Certains pouvaient même taquiner la muse. D'autant qu'au XVIIIᵉ siècle, beaucoup faisaient d'assez longs séjours en métropole où ils brillaient par leur prodigalité de parvenus. Leurs œuvres éparses, souvent médiocres, n'ont pas créé une «littérature» autonome, d'autant qu'aux îles le public fait défaut; elles n'en témoignent pas moins d'une certaine activité intellectuelle et artistique.

De leur côté, les esclaves, abrutis de travail, souvent mal nourris, parqués dans des cases-à-Nègres rudimentaires, ne pouvaient développer qu'une «oraliture»* en langue créole que nul, jusqu'au XIXᵉ siècle, ne se soucia de collecter. Il ne s'agit pas d'une oraliture africaine miraculeusement préservée et transplantée, il s'agit d'une oraliture créole, née aux îles. La déportation a en effet entraîné la perte de toute l'oraliture africaine «noble» (textes sacrés, récits cosmogoniques et mythiques, légendes épiques, récits de généalogies, etc.). N'a survécu que sa part la plus humble: les contes, les proverbes, les devinettes, tout ce qui relève somme toute de la «sagesse des nations». Encore cette dernière s'est-elle adaptée aux conditions de l'esclavage, entérinant en quelque sorte les rapports inégalitaires de la société créole, pliant ses moralités aux nécessités du moment, réduisant sa portée initiatique à une morale de la ruse et du sauve-qui-peut parfaitement incarnée par les personnages malicieux et sans scrupules que sont la plupart du temps les héros bien connus: Compè Lapin ou Ti-Jean aux Antilles, Tortue en Guyane.

Même si tous les individus de couleur n'étaient pas esclaves, les dispositions discriminatoires de la société créole limitaient leur accès à la «culture». Tant et si bien que jusqu'à l'abolition de 1848 – et même au-delà, car il faudra attendre pour que s'esquisse un changement significatif que naisse une élite intellectuelle – les Noirs englués dans leur misère et cantonnés dans l'oraliture des champs de cannes, ne pouvaient amorcer une quelconque littérature écrite.

Ce sont donc les Blancs qui ont donné les premiers textes de la littérature antillo-guyanaise. Si on laisse de côté les chroniqueurs missionnaires du début de la colonisation – Dutertre et Labat* principalement – qui relèvent de la littérature française de voyage, si on néglige le «premier roman antillais», celui de Corneille Blessebois, *Le Zombi du Grand Pérou* (1697), qui ne doit sa renommée qu'à l'honneur que lui a fait Apollinaire de le retenir dans son choix de romans érotiques, si on abandonne également à la littérature métropolitaine bien des Créoles qui ont presque totalement négligé dans leurs œuvres leur pays natal (les plus connus étant le Guadeloupéen Nicolas-Germain Léonard*, traditionnellement classé aux côtés des Parny, Gresset, Malfilâtre et autres Roucher, parmi les élégiaques mineurs du XVIIIᵉ siècle, et Vincent Campenon, disciple de l'abbé Delisle et académicien), il faut attendre le début du XIXᵉ pour voir apparaître des textes non seulement signés par des Créoles mais puisant leur thématique dans l'univers créole.

La raison de cet enracinement plus soudain que progressif est fort simple. Au lendemain de la Révolution française, les Blancs

---

Oraliture: on désigne par ce néologisme couramment usité depuis les années 80, les œuvres non écrites transmises par la tradition orale: contes, récits initiatiques, épopées, etc.

Jean-Baptiste Labat (1663-1738)

Il séjourna longuement aux îles à la fin du XVIIᵉ siècle et en rapporta un ouvrage extrêmement précieux pour les historiens des Antilles: *Nouveau voyage aux îles de l'Amérique*, Paris, Cavelier, 1722.

Nicolas-Germain Léonard (1744-1793)

Né à Basse-Terre (Guadeloupe), il fut envoyé très jeune en France où il s'illustra dans la littérature religieuse, puis dans la poésie élégiaque et la prose «sensible». Il a laissé deux romans épistolaires: *La Nouvelle Clémentine ou Lettres d'Henriette de Berville* (1774) et *Lettres de deux amants habitants de Lyon* (1783). D'un bref séjour dans son pays natal, il a rapporté un récit documentaire, *Lettre sur un voyage aux Antilles*, qui constitue un témoignage intéressant sur le monde créole au XVIIIᵉ siècle. Voir *Œuvres de M. Léonard* recueillies et publiées par Vincent Campenon, Paris, Didot Jeune, 1798.

créoles des îles restées françaises redoutent de plus en plus la propagande en métropole des abolitionnistes. L'opinion et le gouvernement sont de moins en moins favorables aux «Békés». Aussi ces derniers prennent-ils la plume pour défendre leurs «valeurs» par des libelles, mais aussi par des œuvres d'imagination susceptibles de toucher le grand public. D'où l'apparition d'une littérature essentiellement militante qui vante les mérites de l'aristocratie créole garante de la «civilisation» face aux barbares nègres ; elle brosse des tableaux idylliques, évidemment outrageusement mensongers, de l'esclavage et fait le procès d'une philanthropie présentée comme criminelle, voire sacrilège puisqu'elle prétend affranchir des gens dont on rappelle qu'ils ont été, du moins si l'on en croit certains exégètes intéressés de la Bible, condamnés par Dieu à un esclavage éternel.

Parmi les œuvres les plus marquantes relevant de cette idéologie, citons le roman du Martiniquais Prévost de Traversay, *Les Amours de Zémédare et Carina*, paru en 1806. Son esthétique, caricaturalement calquée sur les romans idyllico-élégiaques du XVIIIᵉ siècle, ne saurait masquer ses préoccupations militantes et le réalisme certain de ses situations. Citons aussi les œuvres de J. Levilloux, *Les Créoles ou la Vie aux Antilles*, et de Louis Maynard de Queilhe, *Outre-mer*, toutes deux publiées en 1835, à une époque particulièrement cruciale, entre la révolution de 1830, marquée par l'idéal romantique de progrès social, et celle de 1848, qui, sous l'impulsion de Victor Schœlcher, consacrera la fin de l'ordre esclavagiste et la défaite des Blancs créoles.

Les poètes crurent devoir donner de la voix pour défendre eux aussi la «civilisation», légitimer le racisme et pourfendre les amis des Noirs. Poirié Saint-Aurèle* notamment, Grand Blanc guadeloupéen, fit appel non sans quelque talent à toute la rhétorique du grand lyrisme néo-classique pour se poser en interprète de Jéhovah et vilipender les révolutionnaires qui, après avoir fait le malheur de la métropole, voulaient faire celui des colonies et des derniers représentants de la France d'Ancien Régime.

Si révoltante soit-elle, cette littérature – à peine corrigée par quelques textes moins sectaires, ceux de Joseph Coussin par exemple, disciple de Chateaubriand, qui déplora dans *Eugène de Cerceil ou les Caraïbes* (1824), l'extermination des Amérindiens et décrivit d'une plume très romantique les paysages guadeloupéens, ceux d'Octave Giraud qui, disciple de Victor Hugo, n'hésita pas dans *Fleurs des Antilles* (1862) à prédire aux Noirs un rôle majeur dans l'avenir des sociétés antillaises – n'en est pas moins intéressante. Elle peut paraître parfois ridicule, notamment lorsqu'elle exploite les ficelles du «roman gothique», joue sur un manichéisme caricatural ou verse dans un naïf militantisme. Il n'empêche, le réalisme perce sous les poncifs et quiconque veut comprendre le monde et la psychologie créoles, le processus d'aliénation psychologique dont les Noirs furent victimes, peut y glaner d'utiles informations.

Certes il s'agit toujours d'une littérature extravertie qui, loin de créer son propre public, ce qui aurait été le signe de son autonomie,

Jean Aurèle Poirié, dit de Saint-Aurèle (1795-1855)
Né à Antigue, où sa famille, fuyant les foudres de Victor Hugues, s'était réfugiée, Poirié fit ses études en France où il composa ses premiers vers d'inspiration néo-classique. Revenu en Guadeloupe, il tint un salon littéraire et prit une part active à la vie politique locale. Monarchiste, catholique et esclavagiste convaincu, il a laissé plusieurs recueils idéologiquement très marqués, parmi lesquels *Les Veillées françaises* (Paris, Gosselin, 1826), *Cyprès et palmistes* (Paris, Gosselin, 1833) et *Les Veillées du Tropique* (Paris, Perrotin, 1850). Il a par ailleurs publié dans la presse locale un long poème qui fit sensation, «La Parole de Jéhovah», une farouche défense de l'esclavage au nom de la «malédiction de Cham».

s'adresse essentiellement à un lectorat étranger, à savoir l'opinion métropolitaine dont dépend plus que jamais au XIXe siècle l'avenir des Antilles. Mais l'aiguillon de la lutte idéologique, en accord avec les encouragements romantiques au régionalisme et à la couleur locale, voire à l'exotisme, contribue à un enracinement thématique, à la prise en compte non seulement des paysages mais également de l'humanité des îles, de ses particularités raciales et culturelles. Car peu importent les préjugés, si ouvertement affichés qu'ils n'abusent personne. Cette littérature de Blancs créoles expose certes la vision du monde des maîtres, une vision souvent fantasmatique où se trahit leur crainte obsidionale, mais, ce faisant, elle n'oublie pas les Noirs : elle les place, involontairement sans doute, au centre de la problématique qu'elle développe, au point d'en faire parfois de véritables héros. Les Nègres révoltés ou fugitifs (les Nègres «marrons») dont on veut montrer la sauvagerie sont finalement magnifiés selon le même renversement paradoxal qui fit de Balzac, contempteur de la bourgeoisie au nom des valeurs aristocratiques, le héraut de cette même bourgeoisie.

L'abolition de l'esclavage va éteindre cette littérature ouvertement raciste, en lui ôtant sa raison d'être. Les Grands Blancs ne vont pas pour autant changer d'idéologie. Aux appréhensions apocalyptiques simplement succède la nostalgie. Certains se consolent en parcourant les pays où la Providence a bien voulu tolérer que l'esclavage se maintienne : États-Unis, Cuba notamment. Ainsi Xavier Eyma, qui se veut le Balzac des tropiques, décrit-il avec une évidente sympathie un monde déjà condamné par l'histoire dans de très nombreux ouvrages, dont *Les Peaux-Noires, scènes de la vie des esclaves* (1857), *La Chasse à l'esclave* (1866). D'autres, restés sur place, tentent plus ou moins de s'adapter à la nouvelle société, de préserver leur autorité de «chefs naturels», et de maintenir les gens de couleur dans une sorte de servitude psychologique. En 1885, par exemple, le Guadeloupéen Rosemond de Beauvallon publie un roman au titre explicite : *Hier! Aujourd'hui! Demain! ou les Agonies créoles*; il y vante les mérites d'un ordre social qu'il souhaiterait voir survivre aux mutations contemporaines.

D'autres enfin claquent la porte et, plutôt que de perdre la face, de renoncer à leur statut de «maîtres», de se muer en vulgaires employeurs, préfèrent quitter les Antilles qui ne leur reconnaissent plus leurs privilèges héréditaires. Cette attitude sera celle du plus grand des écrivains antillais, Alexis Leger, le futur Saint-John Perse[1], Prix Nobel de littérature en 1960.

Parti pour la France avec sa famille, plus ou moins ruinée par divers cataclysmes naturels mais surtout soucieuse, selon les propres termes du poète, d'échapper au «déclin de la vie antillaise», Saint-John Perse allait dans *Éloges* (1911) vanter l'univers de son enfance, non seulement la splendeur de l'île d'Émeraude, mais aussi l'ordre social dans lequel innocemment il avait grandi, le rôle de pionniers tenu par les gens de sa caste, avant d'exalter dans *Anabase* (1924) de façon symbolique, la mission vitale de tous les conquérants : relier les continents, bousculer les civilisations pour en décupler le

---

1. Voir Notice *infra,* p. 303.

dynamisme. Entré en littérature par cet adieu à l'univers de son enfance, auquel la poésie conférait en l'arrachant à l'Histoire une forme d'éternité, Saint-John Perse devait par la suite idéologiquement évoluer, cesser de s'identifier à la caste dont il était issu, mais il n'allait jamais se faire le chantre du nouvel ordre social antillais, préférant tirer un trait sur son passé, sur son île natale et élargir ses thèmes d'inspiration, embrasser par sa poésie le devenir du monde et de l'humanité (*Anabase, Amers, Vents, Exils*, etc.).

TEXTE N°27

LA VILLE

L'ardoise couvre leurs toitures, ou bien la tuile où végètent les mousses.

Leur haleine se déverse par le canal des cheminées.

Graisses !

Odeur des hommes pressés, comme d'un abattoir fade ! aigres corps des femmes sous les jupes !

Ô Ville sur le ciel !

Graisses ! haleines reprises, et la fumée d'un peuple très suspect – car toute ville ceint l'ordure.

Sur la lucarne de l'échoppe – sur les poubelles de l'hospice – sur l'odeur de vin bleu du quartier des matelots – sur la fontaine qui sanglote dans les cours de police – sur les statues de pierre blette et sur les chiens errants – sur le petit enfant qui siffle, et le mendiant dont les joues tremblent au creux des mâchoires,

sur la chatte malade qui a trois plis au front,

le soir descend, dans la fumée des hommes…

– La Ville par le fleuve coule à la mer comme un abcès…

Crusoé ! – ce soir près de ton Île, le ciel qui se rapproche louangera la mer, et le silence multipliera l'exclamation des astres solitaires.

Tire les rideaux ; n'allume point :

C'est le soir sur ton Île et à l'entour, ici et là, partout où s'arrondit le vase sans défaut de la mer ; c'est le soir couleur de paupières, sur les chemins tissés du ciel et de la mer.

Tout est salé, tout est visqueux et lourd comme la vie des plasmes[a].

L'oiseau se berce dans sa plume, sous un rêve huileux ; le fruit creux, sourd d'insectes, tombe dans l'eau des criques, fouillant son bruit.

L'île s'endort au cirque des eaux vastes, lavée des courants chauds et des laitances grasses,

dans la fréquentation des vases somptueuses.

Sous les palétuviers qui la propagent, des poissons lents parmi la boue ont délivré les bulles avec leur tête plate ; et d'autres qui sont lents, tachés comme des reptiles, veillent. – Les vases sont fécondées – Entends claquer les bêtes creuses dans leurs coques – Il y a sur un morceau de ciel vert une fumée hâtive qui est le vol emmêlé des moustiques – Les criquets sous les feuilles s'appellent doucement – Et d'autres bêtes qui sont douces, attentives au soir, chantent un chant plus pur que l'annonce des pluies : c'est la déglutition de deux perles gonflant leur gosier jaune…

Vagissement des eaux tournantes et lumineuses !

Corolles, bouches des moires : le deuil qui point et s'épanouit ! Ce sont de grandes fleurs mouvantes en voyage, des fleurs vivantes à jamais, et qui ne cesseront de croître par le monde…

Ô la couleur des brises circulant sur les eaux calmes,

les palmes des palmiers qui bougent !

Et pas un aboiement lointain de chien qui signifie la hutte ; qui signifie la hutte et la fumée du soir et les trois pierres noires sous l'odeur de piment.

Mais les chauves-souris découpent le soir mol à petits cris.

Joie ! ô joie déliée dans les hauteurs du ciel !

…Crusoé ! tu es là ! Et ta face est offerte aux signes de la nuit, comme une paume renversée.

Saint-John Perse, *Images à Crusoé*, in *La Nouvelle Revue française*, avril 1909 ; rééd. in *Œuvres complètes*, Paris, Gallimard, «Bibliothèque de la Pléiade», 1972, pp. 13-14.

---

a. Graphie ancienne de plasma. Désigne la partie liquide et nutritive de certains tissus et renvoie ici à l'idée de matrice, de vie primitive.

« Et tout n'était que règnes... »

Et tout n'était que règnes et confins de
lueurs. Et les troupeaux montaient, les vaches
sentaient le sirop-de-batterie[a]... Croissent mes
membres
  et pèsent, nourris d'âge ! Je me souviens des
pleurs
  d'un jour trop beau dans trop d'effroi, dans
trop d'effroi... du ciel blanc, ô silence ! qui flamba
comme un regard de fièvre... Je pleure, comme je
  pleure, au creux de vieilles douces mains...

Oh ! c'est un pur sanglot, qui ne veut être
secouru, oh ! ce n'est que cela, et qui déjà berce
mon front comme une grosse étoile du matin.

  ...Que ta mère était belle, était pâle
  lorsque si grande et lasse, à se pencher,
  elle assurait ton lourd chapeau de paille ou de
soleil, coiffé d'une double feuille de siguine[b],
  et que, perçant un rêve aux ombres dévoué,
l'éclat des mousselines
  inondait ton sommeil !

  ...Ma bonne était métisse et sentait le ricin ;
toujours j'ai vu qu'il y avait les perles d'une

sueur brillante sur son front, à l'entour de ses
yeux – et si tiède, sa bouche avait le goût des
pommes-rose[c], dans la rivière, avant midi.

  ...Mais de l'aïeule jaunissante
  et qui si bien savait soigner la piqûre des
moustiques,
  je dirai qu'on est belle, quand on a des bas
blancs, et que s'en vient, par la persienne, la
sage fleur de feu vers vos longues paupières
  d'ivoire.

  ...Et je n'ai pas connu toutes Leurs voix, et
je n'ai pas connu toutes les femmes, tous les
hommes qui servaient dans la haute demeure
  de bois ; mais pour longtemps encore j'ai
mémoire
  des faces insonores, couleur de papaye et
d'ennui, qui s'arrêtaient derrière nos chaises
comme des astres morts.

Saint-John Perse, « Pour fêter une enfance »,
in *Éloges* (1re édition 1911), in *Œuvres complètes*,
Paris, Gallimard, 1972, pp. 26-27.

---

a. Sirop s'écoulant des diverses « chaudières » (disposées en « batterie » dans la sucrerie) où s'opère la cristal-
lisation du sucre. Chargé d'impuretés, notamment de résidus ligneux qui lui donnent tout son arôme et toute
sa saveur, il est de couleur foncée et est particulièrement apprécié dans la fabrication du punch et des pâtisse-
ries. – b. Plante herbacée (*Diffenbachia seguine*) poussant en zone tropicale et présentant de grandes feuilles
ovales de 20 à 60 cm x 10 à 15 cm. – c. Fruit d'un arbuste de taille moyenne (le *Syzygium jambos*) particulièrement répandu au bord des rivières. De 4 à 5 cm de diamètre, jaunâtre ou rosé à maturité, il dégage une forte
odeur de rose, à l'origine du nom vernaculaire de l'espèce.

Chapitre 2

La littérature « créole »

Rappelons pour expliciter ce titre que, selon l'usage antillais, le mot « créole » signifie « né aux îles », et s'applique à tout individu quelle que soit sa race. Par « littérature créole » nous entendons par conséquent la littérature élaborée aussi bien par les gens de couleur (au départ surtout des Mulâtres) que par les Blancs qui, dans le contexte né des bouleversements de 1848, acceptent bon gré mal gré de s'adapter au monde nouveau.

Curieusement, l'arrivée des gens de couleur, loin de donner naissance à une littérature plus réaliste, plus conforme que celle des Grands Blancs réactionnaires à la vérité des îles, notamment en ce qui concerne les particularités sociales et raciales, engendre une littérature en quelque sorte désincarnée, de type « exotique » au sens le plus réducteur du terme.

L'explication est simple. L'accession à la « culture » (culture savante bien entendu, culture scolaire et française) des Mulâtres d'abord – compte tenu de leur sang blanc, ils ont été très souvent affranchis avant l'abolition et bénéficient d'une certaine avance –, des Nègres ensuite, se fait essentiellement dans la seconde moitié du XIXe siècle grâce à la création, sous la IIIe République, des premiers lycées. La population de couleur dans son ensemble, dressée pendant des siècles à déifier le maître blanc (la transcendance raciale donne à l'esclavage américain sa spécificité), à envier son mode de vie, ses valeurs et sa culture, est conduite par les conditions de l'abolition, bel et bien décidée par le gouvernement central contre les colons, à mythifier la France, « mère-patrie » libératrice. Loin d'être tentée de brandir sa « négritude », elle n'a qu'un souci : faire entrer dans les faits cette citoyenneté française qu'elle a juridiquement conquise en 1848. Sur le plan politique, ce sera la demande, constamment renouvelée par tous les députés et sénateurs des îles, de l'assimilation. Sur le plan littéraire, ce sera la revendication d'une particularité qui, loin de conduire à une séparation, suppose au contraire une évidente intégration dans l'ensemble national.

Félibrige : mouvement culturel fondé en 1854 à Font-Ségugne par sept poètes méridionaux parmi lesquels Mistral, Roumanille et Aubanel, dans le but de sauver les langues régionales et de promouvoir les littératures écrites dans les grands dialectes du Midi. L'exemple fut suivi dans d'autres régions de France également menacées par l'unification linguistique (surtout avec les lois Jules Ferry), notamment en Bretagne, au Pays basque, et, avec un certain décalage chronologique, aux Antilles.

**Victor Duquesnay
(1872-1920)**

Poète martiniquais,
auteur des *Martiniquaises*
(Paris, Fischbacher, 1903)
et de *La chanson
des «Isles»* (posthume,
Toulon, Imprimerie
du Sud-Est, 1926).

**Emmanuel-Flavia
Léopold (1892-1962)**

Poète martiniquais, auteur
d'*Adieu foulards, adieu
madras* (Paris, Littré, 1948)
et de *Soleils caraïbes*
(Paris, Bellenand, 1953).

Les auteurs antillo-guyanais, encouragés par le régionalisme métropolitain qui connaît un regain de faveur à la fin du XIXᵉ siècle notamment avec le félibrige*, vont donc jouer de l'exotisme, mais en atténuant toute marque d'altérité susceptible de compromettre cette assimilation dont ils rêvent obstinément.

Dans ce processus de «pasteurisation» du réel, même la nature se trouve édulcorée. Alors que la littérature agonistique des Blancs créoles faisait place aux ouragans, aux éruptions volcaniques, aux tremblements de terre (lesquels renvoyaient métaphoriquement aux drames sociaux et raciaux), la littérature exotico-régionaliste ne voit plus que des plages de sable blanc frangées de cocotiers se balançant mollement sous les alizés. C'est à peine si l'éruption de la montagne Pelée le 8 mai 1902 qui détruit entièrement Saint-Pierre, alors capitale de la Martinique, faisant plus de 30 000 morts, suscite quelques poèmes à la mémoire des disparus. La catastrophe dérange en fait ceux qui n'ont d'autre objectif que de vanter le charme des «petites France d'Outre-Mer» pour mieux convaincre la «grande» France de les assimiler…

Quant à la population, elle est devenue presque incolore, la plupart des textes omettant toute précision dérangeante. En outre, par le même processus d'euphémisation du réel, l'on idéalise la réalité coloniale. Le travail dans les champs de cannes, traité esthétiquement, cesse d'être ce qu'il est – à savoir l'un des plus durs, ce dont témoignent à la même époque les nombreuses grèves, souvent réprimées dans le sang, qui affectent les îles – pour n'être plus qu'une activité quasi ludique, agrémentée par le soleil, le rythme des tambours et une joie de vivre typiquement «créole».

Dans cette entreprise que les «jeunes Nègres» des années trente, notamment ceux de *Légitime Défense*, jugeront «mystificatrice», se côtoient, à la fin du XIXᵉ siècle et au début du XXᵉ, des gens de couleur (d'origine forcément bourgeoise), Victor Duquesnay*, Salavina, Irmine Romanette, André Thomarel, Oruno Lara, Léon Belmont, plus tard Emmanuel-Flavia Léopold*, et des Blancs créoles qui, tirant évidemment les leçons de l'histoire, les rejoignent dans une célébration œcuménique des «isles fortunées». Plus question pour ces derniers de vanter impudemment l'ordre ancien. Certains, plutôt rares il est vrai, vont jusqu'à prendre ouvertement le parti des Mulâtres. René Bonneville par exemple, poète et romancier du Saint-Pierre d'avant la catastrophe, a littéralement défié sa caste en épousant une femme de couleur et en publiant des romans (*Le Triomphe d'Églantine*, 1899) où il prédisait le remplacement des Blancs, enfermés dans leur paresse et leurs préjugés, par les Métis contraints par leur condition de développer leur intelligence et leur capacité de travail. Peu à peu, le temps fait son œuvre et les générations se renouvellent. La catastrophe de la montagne Pelée, en anéantissant la plupart des Grands Blancs de la Martinique contribua elle-même à modifier les rapports sociaux, à hâter l'évolution des mentalités.

Les écrivains blancs créoles restés aux îles participent donc consciencieusement aux côtés des gens de couleur à l'élaboration du mythe des « Antilles heureuses » ; le mythe devait connaître son acmé lors de l'exposition du même nom, organisée par Jean Loize sous le patronage du ministère des colonies en 1945, juste avant la loi de départementalisation. Miraculeusement passées aux eaux lustrales de la poésie exotico-parnassienne ou exotico-symboliste, les îles, lavées à la fois de leur encombrante histoire et de leurs problèmes, prennent une allure de paradis baudelairien. Avec plus ou moins de talent personnel, tous ces écrivains peignent inlassablement le même tableau, font appel aux mêmes poncifs au point que leurs poèmes, s'ils n'étaient signés, seraient aisément interchangeables. Certains, tels Daniel Thaly[1] (voir texte n°29) et Marcel Achard* (voir texte n°30) – ce dernier n'a rien à voir avec le dramaturge de boulevard bien connu – font preuve d'un véritable génie dans cet art de la redite sans répétition, de la poésie littéralement « insignifiante ». D'autres, tels le Guadeloupéen Gilbert de Chambertrand[2] ou les Martiniquais Marraud de Sigalony, Antoine de Gentile, sont plus laborieux mais finalement les nuances individuelles importent moins que la philosophie générale d'une entreprise moins innocente qu'il n'y paraît au premier abord.

Marcel Achard
(1892-1950)

Poète martiniquais, auteur de *La Muse pérégrine* (Toulouse, Gontard, 1924) et *La Cendre empourprée* (Toulouse, Bonnet, 1927).

1. Voir Notice *infra,* p. 304.
2. Voir Notice *infra,* p. 291.

———TEXTE N°29———

L'ÎLE LOINTAINE

Je suis né dans une île amoureuse du vent
Où l'air a des senteurs de sucre et de vanille
Et que berce au soleil du Tropique mouvant
Le flot tiède et bleu de la mer des Antilles.

Sous les brises, au chant des arbres familiers
J'ai vu les horizons où planent les frégates
Et respiré l'encens sauvage des halliers
Dans ses forêts pleines de fleurs et d'aromates.

Cent fois je suis monté sur ses mornes[a] en feu
Pour voir à l'infini la mer splendide et nue
Ainsi qu'un grand désert mouvant de sable bleu
Border la perspective immense de la nue […]

Et c'est pourquoi toujours mes rêves reviendront
Vers ses plages en feu ceintes de coquillages,
Vers les arbres heureux qui parfument ses monts
Dans le balancement des fleurs et des feuillages.

Et c'est pourquoi du temps des hivers lamentables
Où des orgues jouaient au fond des vieilles cours,
Dans les jardins de France où meurent les érables
J'ai chanté ses forêts qui verdissent toujours.

Ô charme d'évoquer sous le ciel de Paris
Le souvenir pieux d'une enfance sereine
Et dans un Luxembourg aux parterres flétris
De respirer l'odeur d'une Antille lointaine !

Ô charme d'aborder en rêve au sol natal
Où pleure la chanson des longs filaos[b] tristes
Et de revoir au fond du soir occidental
Flotter la lune rose au faîte des palmistes !

Daniel Thaly, *Le Jardin des Tropiques*,
Paris, Éditions du Beffroi, 1911, pp. 103-105.

---

a. Collines. – *b.* Grand arbre ornemental de la famille des Casurinacées (*Casurina equisetifolia*), au tronc flexible, aux feuilles très fines et très longues, oscillant au vent, dont les branches sont souvent utilisées aux Antilles comme « sapin de Noël ».

----------TEXTE N°30----------

Érotisme créole

Vous avez l'indolence et la souple harmonie
De la rêveuse palme au faîte des palmiers
Que berce mollement la brise indéfinie
Où traîne, par instant, la plainte des ramiers.

L'impeccable contour de votre chair brunie
Qu'épouse le frisson des étoffes lamées
Évoque les reflets de la mer infinie
Et sa mouvante courbe en ses vagues pâmées.

Quand vous passez, Créole, au crépuscule d'or,
Sur la verte savane, aux rives du mouillage,
Tout le parfum des fleurs flotte en votre sillage,

Et dans vos yeux profonds, aux tendresses latentes,
Je regarde passer les luxures ardentes,
Dans vos beaux yeux si grands où le soleil s'endort.

Marcel Achard, *La Muse pérégrine*,
Toulouse, E.-H. Guitard, 1924, p. 85.

Ce sont pour la plupart essentiellement des poètes : la poésie se prête mieux que le roman à l'évacuation du réel, ce qu'avouent indirectement les romans « poétiques » d'un André Thomarel, *Amours et esquisses* (1927), *Regrets et tendresses* (1936), ou les romans à l'eau de rose comme le *Mimi* (1911) du Guadeloupéen Léon Belmont dans lesquels l'intrigue sentimentale relègue les personnages problématiques dans un décor d'opérette tropicale.

Plus que la réduction des îles à leurs paysages les plus harmonieux, à la fois tropicaux et « humanisés » (« civilisés »), c'est le traitement que subissent les insulaires qui trahit l'idéologie sous-jacente. Ils complètent à la fois le décor et invitent à la « ronde des plaisirs ». Assimilés aux fleurs et aux fruits, ils se confondent, pour reprendre un titre d'André Thomarel, avec les *Parfums et saveurs des Antilles* (1935)...

Les hommes sont en général négligés, réduits à des silhouettes félines et sombres ponctuant le paysage exotique. Les suivre trop longtemps contraindrait à évoquer leurs travaux, voire leurs misérables cases, bien différentes des paillotes qui, dans tel ou tel sonnet, flattent miraculeusement le rêve primitiviste européen. Les seuls hommes à être admis sur le devant de la scène sont des hommes du passé : les conquistadors dont on loue l'action civilisatrice et fondatrice et leurs adversaires d'autrefois, les Caraïbes, «Messieurs les Sauvages» comme on disait au XVIIe siècle, dont on salue le courage, la noblesse et la fierté (ce qui, insidieusement, revient à accréditer l'idée que les Noirs, dont on n'évoque jamais les faits héroïques de crainte sans doute d'en revenir au passé infamant des îles, semblent ignorer ces qualités). Ainsi, par substitution parvient-on à repeupler un paysage que le regard filtrant des Blancs – ou des hommes de couleur qui, innocemment ou non, adoptent leur vision – a débarrassé des Nègres qui pouvaient le déparer.

Si les hommes de couleur sont ainsi éliminés ou rejetés à l'arrière-plan, par contre la femme de couleur, elle, a droit de cité. Non comme mère, comme épouse, comme travailleuse, mais comme «doudou», cette doudou si omniprésente qu'on a pu qualifier toute la littérature exotico-régionaliste de «doudouiste».

La doudou est généralement mulâtresse car il ne faut pas heurter de front le goût métropolitain par des contrastes trop marqués ; elle est belle et langoureuse, ardente et lascive, plutôt facile, experte en plaisirs amoureux, juste assez sentimentale pour flatter la vanité du mâle – généralement un voyageur blanc, le fin du fin étant évidemment l'officier de marine à la Loti –, mais pas trop pour ne pas risquer d'être encombrante lorsqu'on décide de s'en séparer pour rejoindre la fiancée blanche, future digne mère de famille, qui patiemment attend en métropole. À peine se lamentera-t-elle le temps d'un charmant «Adieu foulards, adieu madras !»... Pas question en tout cas d'évoquer les Négresses coupeuses de cannes, les Négresses charbonnières alimentant les soutes des navires transatlantiques, les Négresses élevant courageusement leur progéniture promise dès l'âge de cinq ou six ans aux «tit-bandes»*... Le décor de rêve des sonnets exotico-parnassiens les élimine au profit de la doudou, hôtesse séduisante née de la mythologie exotique, créature sans cervelle mais aux charmes bien palpables, babillant comme un oiseau son «doux patois créole». Le jeu des métaphores dans la poésie régionaliste est d'ailleurs loin d'être innocent et le passage constant de la femme à la fleur ou au fruit, voire au «colibri» (oiseau-mouche) trahit un racisme subtil dont le masque esthétique ne doit pas faire oublier l'effet pernicieux.

Certains auteurs, par leur franchise, aident à l'explication de texte. Fernand Thaly* par exemple, qui ne nourrit aucun complexe et rend hommage à la «virilité» de ses ancêtres les pionniers, chante «l'ivresse des dieux polygames» :

> Il faut les prendre, va ! Pour nous Dieu les a parées à notre gré pour la fête des fêtes [...] Apprends à te sentir fort et caressant [...]
> «La leçon d'amour», in *Le Poème des îles,*
> Pontvallain, Les Amis de l'auteur, 1964, p. 57.

« Tit-bandes » (petites bandes) : «ateliers» d'enfants auxquels on confiait, moyennant une rémunération dérisoire, des tâches moins lourdes que la coupe des cannes : garde du bétail, nettoyages divers...

Fernand Thaly (1882-1947)

Poète martiniquais, frère de Daniel Thaly, auteur de deux ouvrages de publication posthume : *Le Poème des îles* (Pontvallain, Les Amis de l'auteur, 1964) ; *La Leçon des îles* (Paris, Castermann, 1976).

Plus directe que celle de ses confrères, son œuvre poétique, en faisant l'inventaire de tous les types de femmes de couleur à l'origine de la «fête inépuisable des îles», met en évidence le processus de réification des êtres à l'œuvre dans toute la littérature régionaliste et doudouiste.

Le racisme hérité de l'esclavage, faisant de tout être de couleur un objet utilitaire et tout particulièrement de la femme de couleur un objet sexuel, influe sur ce processus, mais aussi bien le désir de complaire aux fantasmes exotiques du lectorat européen, de donner de l'univers antillais une image rassurante, celle d'une altérité immédiatement pénétrable, consommable et assimilable.

Rares ont été les écrivains qui n'ont pas versé dans cette forme de promotion touristique, inséparable des expositions coloniales de mode à l'époque – ce n'est pas un hasard si l'anthologie de René Bonneville, *Fleurs des Antilles*, a été composée pour l'Exposition universelle de 1900. La limite entre séduction naturelle et séduction-prostitution, comme le suggère le personnage ambigu de la doudou, est d'autant moins nette qu'on constate une collusion entre ces écrivains et leurs confrères voyageurs européens (John-Antoine Nau, Paul Morand, Louis Chadourne, etc.), tous présentant l'humanité antillaise sous les mêmes traits : de grands enfants affublés de noms ridicules (Épaminondas Grosdésir ou Hercule Ficelle), d'une éternelle superficialité (don Juan de fabliaux, fraudeurs et bagarreurs, discoureurs verbeux et irrationnels), tout juste bons à nourrir des récits désopilants de cocuage et de joutes électorales dépourvues de toute profondeur. Sur ce point les contes et nouvelles de Gilbert de Chambertrand, *Titine Grosbonda* (1947 – voir texte n°31) rejoignent *Le Prêteur d'amour* (1905) ou *Les Galanteries d'Anthime Budin* (1923) de John-Antoine Nau.

_____ TEXTE N°31 _____

« Cristallisation » amoureuse...

Arthur a dû quitter Pointe-à-Pitre et s'installer au Moule. Sa logeuse lui propose de prendre comme servante une perle rare du nom de Titine Grosbonda. Mais elle est provisoirement absente et il devra l'attendre quelques jours. Le surnom de la jeune femme (Titine « Gros-cul ») excite son imagination.

Titine Grosbonda!... Dodièze avait été bouleversé par ce nom. Il évoqua aussitôt, avec une imagination précise et prodigue, la femme inconnue qui le portait glorieusement, et dont les rotondités postérieures avaient mérité ce vocable suggestif. Il se représenta en esprit cet épanouissement mélanpyge et royal, hémisphère élastique et mordoré dont il supputa la fermeté, l'amplitude, le galbe, l'harmonie aimable, jumelle et globulaire. Titine Grosbonda!...

Ce fut dès lors une obsession. Les femmes passaient, mais Arthur ne les voyait même plus. Autour de lui vaquaient de jeunes négresses pleines de charme et de vénusté ; il restait insensible à leurs attraits. Une seule chose vivait en lui, avec l'insistance permanente d'un grelot, l'image de l'orbe épanoui de Titine Grosbonda.

Ce nom était sur ses lèvres le soir, lorsque couché dans son lit il attendait un sommeil difficile à venir, malgré le chant monotone et berceur des vagues sur la grève. Ce nom était sur ses lèvres le matin lorsque la nièce d'Alexandrine, pourtant fraîche et savoureuse, une robe de cotonnade couvrant à peine ses appâts dédaignés, venait lui porter au lit le café traditionnel.

Tout au long du jour, son esprit était ramené vers le postérieur charnu de la blanchisseuse par tous les objets circulaires que son regard rencontrait. Le cerceau poussé par un négrillon, le fond lustré d'une casserole, une pièce de deux sous, la margelle d'un puits, la convexité d'un parasol ou d'un chapeau, le goulot même de son encrier évoquaient sans faillir, avec une obstination et une précision formelles, Titine Grosbonda. Cela confinait à la manie et à l'idée fixe. Une fois même qu'il avait un peu copieusement déjeuné, alors que dans l'après-midi le temps s'était alourdi et que la brise était tombée, il avait suffi à Arthur Dodièze d'un simple pâté noir tombé de sa plume pour que son imagination délirante en fît aussitôt une représentation symbolique de la cible dodue dont il était obsédé.

Chaque jour, avec un air détaché, il demandait à sa logeuse :

– Et Titine Grosbonda, ou pas tini nouvelles à i ?

Mais des nouvelles de Titine, on n'en avait guère. Par ailleurs, les chemises d'Arthur étaient préparées par les soins d'une autre blanchisseuse, et Alexandrine ne soupçonnait pas quel trouble avait, par elle, envahi l'esprit de son hôte.

Pendant le jour, cela était encore supportable. Arthur Dodièze, occupé par l'organisation de sa succursale, cédait à ce dérivatif, et le temps lui était léger. Mais dès le soir, à l'heure où à la Pointe-à-Pître il avait accoutumé de se mettre à l'affût aux abords des boulangeries et des entrepôts de glace, la solitude lui devenait douloureuse. Car cette solitude était peuplée par l'image excitante et décevante de Titine Grosbonda. Il l'appelait de tous ses vœux, il tendait vers elle tous ses désirs, mais sa faim, devenue exclusive, était du même coup inapaisable.

Les magies de la lune exaspéraient sa hantise. Les nacres de la lumière étincelaient partout comme des sourires, tandis que les ombres denses étaient remplies de rotondités élastiques. Car tout cela s'animait au gré des palmes balancées par la brise. Pour échapper à l'obsession, Arthur essaya de participer à des sorties de pêche nocturnes. Un cousin d'Alexandrine, pêcheur de son métier, lui proposa de l'emmener un soir au large, et de lui faire voir le *Feu caraïbe*. C'est une lueur étrange que l'on voit, certaines nuits de lune, s'allumer sur la côte, mais qui disparaît lorsqu'on s'en rapproche, en sorte que personne n'a jamais pu en situer le lieu exact. Une légende assure que cette lueur est le reflet du trésor d'un galion naufragé.

Avec une indifférence d'automate, Arthur aurait été n'importe où pour voir n'importe quoi. Il s'embarqua avec le cousin d'Alexandrine et, après avoir couru quelques bordées, celui-ci, vers dix heures et demie, lui montra dans le lointain une lueur étincelante qui s'éteignait et se rallumait par moments.

– Mi Feu caraïbe là, dit-il.

– Ou pas save qui temps Titine Grosbonda qu'est revini, demanda Dodièze.

– Moin couè i qu'a revini lundi.

– Hé bin, mettez moin à terre.

De peur de manquer ce retour, Arthur se fit incontinent ramener au rivage, bien qu'on ne fût qu'au mercredi, et que cinq jours le séparassent encore de l'événement annoncé. Mais rentré dans sa chambre, il ne put dormir. Il s'accouda à la fenêtre, et regarda le paysage alangui sous la clarté lunaire. Les feuilles des cocotiers avaient des reflets métalliques. Le ruban des rues allongeait sa bande mate entre la haie sombre des cases, derrière lesquelles, çà et là, des manguiers dressaient leurs masses noires. Dans le ciel tout baigné d'une lactescence azurée la lune pleine faisait glisser entre les mousselines blanches des cirrus son disque argenté. Arthur la contempla longuement, et sensible à sa forme plus qu'à son éclat, il voyait en elle la sœur jumelle et lumineuse de l'objet de sa convoitise.

Les jours coulèrent dès lors avec une lenteur infinie, et les soirées furent nourries d'une impatience cruelle. Arthur rongeait son frein sans pouvoir alléger d'une confidence ses congestives aspirations. Il n'avait jamais dit à Alexandrine tout ce qu'avait érigé en lui le seul nom de la blanchisseuse ; et quand il l'avait interrogée, c'était toujours en affectant une hypocrite indifférence.

Cependant, il s'était confirmé que Titine allait rentrer lundi. Elle l'avait écrit à une amie qui en avait informé Alexandrine.

Et ce lundi, enfin, arriva. Arthur s'était levé avant l'aube. Il avait feint d'avoir à ranger des notes dans sa chambre, et il avait demandé à Alexandrine de lui faire monter Titine lorsque celle-ci viendrait. Il s'était rasé soigneusement et avait répandu sur sa tignasse rousse, sans en altérer la flamme, les ondes parfumées d'un flacon d'eau de Cologne. Il allait et venait dans la chambre comme un lion en cage, s'arrêtant parfois pour prêter l'oreille aux bruits de voix qui venaient d'en bas, aux paroles d'Alexandrine qui, entendant mal, parlait haut.

Soudain celle-ci cria :

– Mussieu Dodièze, mi Titine qu'a monter !

Arthur se précipita et ouvrit la porte. Une grande femme entra, déjà flétrie, osseuse, montrant une visage large et plat aux pommettes saillantes, où l'on voyait un œil décoloré, couvert d'une taie. Sa robe flasque attestait un corps sans grâce et une poitrine ruinée. Les yeux déçus d'Arthur parcoururent vainement les apparences arides de sa visiteuse.

Stupéfait, il demanda :

– Ou c'est bien Titine Grosbonda ?

– Oui, mussieu ; io qu'a crier moin con ça depuis moin tout petit[a], répondit la femme.

Alors, désemparé, Arthur lui tint de vagues propos concernant son blanchissage, et lorsqu'elle fut partie, furieux, il s'en alla trouver Alexandrine.

– Pourquoi io qu'a crier fille-là çà Titine Grosbonda, non ?

– C'est depuis i t'est petit, répondit Alexandrine. I pas t'est encore même qu'a marcher. C'est marraine à i qui t'ai baille nom-là çà pace t'ai tini on figure tout rond. Marraine-là t'ai qu'a di i : Titine, ma chè, ou qu'a semme on gros bonda !... Depuis ça, ça resté i. Toute moune qu'a crier i anni Titine Grosbonda...

Le soir même, à La Pointe-à-Pître, plusieurs servantes arrivèrent en retard avec la glace du dîner.

Gilbert de Chambertrand, Titine Grosbonda,
Paris, Fasquelle, 1947, pp. 30-34.

___

a. On m'appelle ainsi depuis toute petite.

Garçons de famille : bagnards mis à la disposition, notamment à Cayenne ou à Saint-Laurent du Maroni, des fonctionnaires de l'administration pour leur service personnel et celui de leur famille.

Jean Galmot (1879-1928)
Romancier français, auteur de *Quelle étrange histoire* (Paris, Bellenand, 1918) et de *Un mort vivait parmi nous* (Paris, À la sirène, 1922).

René Jadfard (1901-1947)
Romancier guyanais, auteur des *Nuits de cachiri* (Paris, Fasquelle, 1946) et de romans d'aventures dont l'action se situe hors de la Guyane : *Deux hommes et l'aventure* (Toulouse, STAEL, 1946), *Drôle d'assassin* (1939 ; rééd. Paris, Éditions caribéennes, 1988) ;
Le Télégramme de minuit (1941 ; rééd. Paris, Éditions caribéennes, 1988) ;
L'assassin joue et perd (1941 ; rééd. Paris, Éditions caribénnes, 1988).

Bonis et Saramacas : ethnies d'origine africaine descendant de Noirs ayant fui le Surinam au XVIIIe siècle pour s'installer sur le Maroni. Ils ont conservé beaucoup de traditions africaines. À ce titre ils ont fait l'admiration de L.-G. Damas dans *Retour de Guyane* (1938, voir Notice *infra*, pp. 293-294).

Placers : exploitations aurifères.

À vrai dire tous les personnages de la littérature exotico-régionaliste ne sont pas caricaturaux. Les héros, aux caractéristiques raciales volontairement imprécises – ce qui conduit à les imaginer plutôt blancs, à l'extrême rigueur métis clairs, en tout cas jamais vraiment noirs –, sont pleins de qualités et font généralement preuve de beaucoup de noblesse de cœur et de comportement. Mais c'est pour mieux reléguer la masse dans un registre dégradé de simplicité comique, qui incite à jeter sur elle un regard condescendant. Significativement la plupart des couples « nobles » sont, comme dans les pièces de Molière ou de Marivaux, doublés de couples noirs qui leur servent de faire-valoir. Et ce contraste va bien au-delà d'un banal clivage social : soulignant les vertus de l'assimilation culturelle française, il montre clairement d'où viendra le salut.

La Guyane en la matière se singularise un peu.

On rappellera tout d'abord que le problème racial n'y a pas été aussi crucial qu'aux Antilles, ne serait-ce que parce que le bagne a démythifié le Blanc en le présentant sous un jour misérable et même en en faisant (avec l'institution des « garçons de famille »*) des sortes de « boys » au service de la bourgeoisie de couleur. La littérature locale n'a pas eu à se voiler la face comme aux Antilles devant les réalités de la société post-esclavagiste.

Elle s'est donc consacrée à un autre exotisme, plus viril et plus aventurier que les nonchalances érotico-créoles d'un Daniel Thaly ou d'un Marcel Achard : l'exotisme de la forêt vierge et de ses mystérieux et fascinants Amérindiens.

Deux écrivains notamment se sont fait les chantres de l'« enfer vert » et ont mythifié les Indiens de l'intérieur auréolés de la fameuse légende d'El Dorado : Jean Galmot* qui, né en Dordogne, n'en a pas moins été, par son activité de chercheur d'or, par son engagement dans la vie politique locale et par sa mort mystérieuse à Cayenne, « naturalisé » guyanais, et René Jadfard*, né en Guyane, qui, aventurier lui-même, fréquenta les Bonis, les Saramacas*, les Indiens, les forçats évadés et l'humanité passablement cosmopolite des « placers »*. Cette expérience enrichissante, assez semblable à celle du romancier français Jacques Perret (*Roucou*, Paris, Gallimard, 1936), lui a fourni la matière d'un très beau roman : *Les Nuits de cachiri* (Paris, Fasquelle, 1946).

Chapitre 3

La littérature nègre assimilationniste :
le schœlchérisme

Les poncifs de la littérature exotico-régionaliste vont être contestés, d'abord discrètement, puis de plus en plus nettement, par une série d'écrivains dont les orientations littéraires feront écho à l'irruption sur la scène politique de leaders « négristes », tel Hégésippe Légitimus s'opposant en Guadeloupe au parti « mulâtre » d'Achille René-Boisneuf. Là encore, la correspondance n'est évidemment pas totale entre race et idéologie, et certains Mulâtres pourront, suivant en cela les conseils du « libérateur » Victor Schœlcher, se vouloir « nègres ».

Il est intéressant de noter qu'il n'y a pas vraiment rupture mais plutôt infléchissement, dans la mesure où les « négristes » antillais de l'époque sont tout aussi assimilationnistes que les Mulâtres. On veut que politiciens et littérateurs s'intéressent davantage au prolétariat nègre, à ses conditions de vie et à son histoire mais toujours dans la perspective d'une intégration consciente et délibérée dans une France multiraciale. Ainsi Oruno Lara*, qui par ailleurs a composé une *Histoire de la Guadeloupe* pour opposer à la vision des historiens Blancs créoles (Auguste Lacour, Jules Ballet) celle d'un descendant d'esclaves, publie en 1923 un petit roman *Question de couleurs (Blanches et Noirs)*, dans lequel il proclame à la fois sa fierté d'être nègre et sa qualité, ses devoirs et ses droits de citoyen français. Pour convaincre les Français de métropole du bien-fondé de cette attitude, il fait dire, non sans humour, à l'un de ses personnages qu'il ne serait pas impossible, vu l'importante participation des Nègres à la guerre de 1914-1918, que le Soldat inconnu, symbole sous l'Arc de Triomphe de l'unité nationale, fût un Nègre... Il n'a rien contre la littérature régionaliste ; il la pratique au contraire avec application, mais il veut d'un véritable régionalisme prenant en compte la réalité des îles.

Oruno Lara (1879-1924)
Homme de lettres guadeloupéen, journaliste, auteur d'essais sur la littérature locale, d'un ouvrage historique *La Guadeloupe dans l'histoire* (Paris, Nouvelle librairie universelle, 1923 ; rééd. Paris, L'Harmattan, 1979), et d'un petit roman à thèse, *Question de couleurs (Blanches et Noirs)*, (Paris, Nouvelle librairie universelle, 1923).

I. René Maran

Cette idéologie que l'on peut schématiquement qualifier de « schœlchérisme », sera reprise par des écrivains majeurs. Ainsi René Maran[1], Guyanais des cadres coloniaux africains, avec son roman *Batouala*, prix Goncourt 1921, tentera d'imposer aux Blancs le respect du Nègre, de ses coutumes et de sa dignité, bref luttera contre le racisme et la « colonisation-exploitation », dans une perspective qui n'excluait nullement, pour ceux qui comme lui et la plupart de ses compatriotes antillais le souhaiteraient, une assimilation à la culture et à la nation françaises.

La préface surtout fit sensation, suscitant un scandale qui contraignit Maran à quitter les cadres coloniaux. L'écrivain s'efforçait dans son ouvrage de décrire « objectivement » les mœurs d'une tribu de l'Oubangui-Chari, ce qui revenait implicitement à reconnaître la légitimité des cultures africaines, à contester les préjugés racistes sur lesquels s'appuyaient les impérialistes, mais aussi, pour un Antillo-Guyanais, à réhabiliter son héritage nègre. René Maran, peut-être plus assimilé qu'aucun autre de ses compatriotes, ne reniait ni sa couleur ni ses ancêtres africains, même s'il se refusait à être prisonnier de cet héritage et se voulait avant tout un homme comme les autres, thème développé par la suite dans son roman *Un homme pareil aux autres* (1947).

1. Voir Notice *infra,* p. 298.

TEXTE N°32

Agonie d'un chef

Batouala, le chef des Bandas, mortellement blessé par une panthère, est à l'agonie. Sa jeune épouse, Yassigui'ndja, va pouvoir céder aux avances du fringant Bissibi'ngui...

Doucement, Batouala râlait. De quoi rêvait-il? Rêvait-il, seulement? Savait-il que, ce soir-là, il n'y avait presque plus personne auprès de lui, dans sa case?

Non, il ne pouvait savoir, puisqu'il délirait et râlait, que Djouma, Yassigui'ndja et Bissibi'ngui exceptés, tout le monde l'avait abandonné à son sort, même ses capitas[a], même ses proches, même ses femmes et les enfants qu'il leur avait faits.

Il ignorait donc que Bissibi'ngui et Yassigui'ndja étaient là, dans sa case, séparés l'un de l'autre par le feu qui ne parvenait plus à le réchauffer. Il ignorait que Djouma, le petit chien roux, ronflait comme d'habitude, tête à cul sur les paniers à caoutchouc, tout au fond de sa case. Et il n'entendait même pas, Bissibi'ngui ayant violemment attiré Yassingui'ndja dans ses bras, il n'entendait même pas les cabris chevroter, ni les canards faire pcha-pchapcha, pcha-

pchapcha, le cou tendu curieusement dans la direction de ce bruit qui ne laissait pas de leur paraître insolite.

Il délirait…

Une fois de plus, dans son délire, il dit tout ce qu'il avait à reprocher aux blancs, – mensonge, cruauté, manque de logique, hypocrisie.

Il ajouta, en son marmonnement perpétuel, qu'il n'y avait ni bandas ni madjias[b], ni blancs ni nègres; – qu'il n'y avait que des hommes – et que tous les hommes étaient frères.

Une courte pause, et il reprit son soliloque incohérent. Il ne fallait ni battre son voisin, ni voler. Guerre et sauvagerie étaient tout un. Or ne voilà-t-il pas qu'on forçait les nègres à participer à la sauvagerie des blancs, à aller se faire tuer pour eux, en des palabres lointaines! Et ceux qui protestaient, on leur passait la corde au cou, on les chicottait, on les jetait en prison!

Marche, sale nègre! Marche, et crève!…

Un long silence.

Djouma vint flairer son maître. Qu'avait-il donc senti, Djouma? Qui donc avait pu l'avertir que le dénouement approchait? Pourquoi s'était-il ainsi brusquement dérangé? Avait-il voulu entendre de plus près la voix de celui qu'il regrettait peut-être en son âme obscure ? Le vieil instinct avait-il tressailli en lui, qui pousse les bêtes, lorsque l'une d'elles est sur le point de mourir, à faire trêve à toute querelle et à écarter sans bruit, d'un mufle anxieux, les herbes, dans la direction où, supposent-elles, se tient l'insaisissable ? On ne sait. Toujours est-il qu'un moment après, d'un air grognon, il fut s'accroupir, le museau allongé sur les pattes de devant, et l'échine au feu.

Yassigui'ndja et Bissibi'ngui avaient regardé Batouala, en hochant la tête.

– Kouzou[c] ? demanda-t-elle. Est-il mort ?

– Non. Pas encore, répondit-il.

Ils s'étaient compris et se sourirent. Seuls au monde, et maîtres de leur destin, rien ne pouvait dorénavant les empêcher d'être l'un à l'autre.

Batouala, les narines pincées, hoquetait.

Douceur de vivre, instant de tous le plus merveilleux. Bissibi'ngui s'approcha de Yassigui'ndja, l'embrassa et, la ployant consentante sous l'étreinte de son désir, prit possession de sa chair profonde…

Batouala, il est bien inutile que tu t'obstines davantage à ne pas vouloir mourir. Vois-tu, eux seuls existent. Ils t'ont déjà supprimé. Tu ne comptes plus pour eux.

Mais pourquoi cessent-ils, tes hoquets, pendant qu'ils pétrissent à grand ahan la pâte du désir ? Aha !… Et tes yeux qui s'ouvrent, tes yeux qui se sont ouverts, et toi, toi qui, hors de tes couvertures, hideux de maigreur, te lèves !

Ah, Batouala !… Tu avances, en titubant, les bras tendus, comme un enfant qui s'apprend à marcher ! Où vas-tu ? Vers Bissibi'ngui et Yassigui'ndja ? Tu seras donc jaloux jusqu'au dernier soupir ? Ne pourrais-tu pas les laisser tranquilles, Batouala, puisque tu vas mourir et qu'ils font œuvre de chair ?

Ils ne se rappellent plus où ils sont ! Ils ne te voient pas ou, plutôt, ils ne t'ont pas encore vu. Ils…

Voilà ton œuvre…

Heureux, hein ?… Heureux, n'est-ce-pas ? de ce que, désunis, ils se soient plaqués contre le mur, les membres et les dents claquant de terreur ?

Et toi, ha ! N'Gakoura[d], achevé par l'imprudent effort que tu viens de faire, tu as chu sur le sol, pesamment, comme un grand arbre tombe…

René Maran, *Batouala* [1921], Paris, Albin Michel, 1948, pp. 186-189.

a. Lieutenants. – *b*. Ethnie rivale des Bandas. – *c*. La traduction est donnée par l'auteur dans la suite du texte : « Est-il mort ? » – *d*. Dieu.

────────TEXTE N°33────────

L'humour de la brousse

Après des années de captivité, Bacouya a pu s'échapper de sa cage et rejoindre les siens.

Bacouya faillit choir de l'enfourchure d'arbre où il avait passé la nuit. De l'angle formé par la rive gauche de la Pombo et la rive gauche de la Bamba jaillissaient des sonneries rappelant celles qu'il avait autrefois entendues à Krébédjé, pendant des lunes et des lunes, dans le temps qu'il servait de jouet à l'homme blanc de peau dont les cases s'étalaient sur la rive gauche de la Tomi.

Le deux pieds blanc de peau de Pouyamba avait donc profité de la nuit pour traverser la Bamba. C'est sur son ordre que les hommes noirs de peau coiffés de rouge, ses exécuteurs de hautes et basses œuvres, sonnaient, ce matin, dans les cornes d'appel de cuivre jaune dont on leur avait appris à jouer. Koukourou, le perroquet au plumage gris, et Doppélé, le charognard au cou pelé, ne s'étaient pas trompés dans leurs prédictions.

Les corbeaux en avaient menti. La brousse de la Bamba allait désormais vivre des jours difficiles.

L'attristant réveil ! Il avait si bien dormi ! Rien de plus reposant qu'un sommeil sans rêve ! Il fallait malheureusement ne plus penser qu'au présent. L'aurore d'un nouveau jour rosissait le bas du ciel. Ne restait de la grande yangba[a] de la nuit que des tam-tams inertes et des foyers qui fumaient encore. Les Bandas de Batouala et des villages voisins avaient disparu.

Un immense calme étrange étouffait la Bamba. On aurait dit qu'elle était dans l'attente. De quoi ? On n'en savait rien. Cet homme blanc de peau était sûrement un pourvoyeur de calamités. Il avait suffi de son arrivée pour que la brousse changeât d'aspect et perdît sa gaieté. La perdrix, qui brourrit[b] de bon matin, et Golokoto, la tourterelle, qui roucoule bien avant que Gato, le mâle de la poule, ne songe à prodiguer ses « kékérékés », avaient négligé de signaler la naissance de l'aube. Tout portait à le supposer. Le moindre bruit le réveillait d'ordinaire, lui, Bacouya. Or il n'avait rien entendu. Peut-être même dormirait-il encore, si les sonneries de ce «tatalita» de malheur n'avaient plongé la Bamba dans la stupeur. C'est pour ça que les mange-mil et les tisserins ne piaillaient qu'en sourdine ; pour ça que la main du vent caressait herbes et feuilles avec plus de douceur que d'habitude ; pour ça que les Bandas de Batouala avaient décampé !

Comme ils avaient raison ! Nul ne connaissait mieux que lui les deux pieds blancs de peau. Il les avaient si longtemps pratiqués et vus à l'œuvre ! Je suis malpropre, donc je suis, paraissait être leur devise. La plupart d'entre eux trouvent en effet naturel de cultiver la crasse et de sacrifier au culte qu'ils lui vouent en se baignant le moins possible. L'eau semble leur faire horreur. Force est de traduire ainsi la répulsion qu'elle leur inspire. Sans doute la considèrent-ils comme un poison ? L'exemple que leur donnent les hommes noirs de peau, qu'ils qualifient pourtant de sales, devrait les remplir de honte et

les rassurer. Chaque jour, quatre ou cinq fois par jour, ces braillards, au lieu de mijoter comme eux dans la fermentation de leur sueur, piquent, tête la première, dans l'eau des fleuves ou des marigots. Peu leur chaut que s'y prélasse Moumeu, le caïman, ce gros lézard qui pue le musc. Ils se rient de sa gloutonnerie. Et tandis que les poissons fuient à tire de nageoires le tumulte de leurs ébats, hommes, femmes et enfants pilonnent des pieds et des mains les eaux tièdes, s'y livrent à mille jeux, à mille folies et s'y ébrouent, comme les animaux.

Mais… mais… mais de quel droit reprochait-il aux blancs de peau, qui aiment tant faire et voir souffrir, de n'avoir pour l'eau que fort peu d'estime ? Les singes de race Bacouya lui en témoignaient-ils davantage ? On devrait toujours se psychanalyser d'abord avant de critiquer autrui. Nul n'est parfait en ce monde. Chacun a son lot de tares et de défauts.

René Maran, *Bacouya le Cinocéphale*, Paris, Albin Michel, 1953, pp. 85-88.

---

a. Fête. – *b.* Cri de la perdrix.

Vivant hors des Antilles, René Maran ne put appliquer son art naturaliste à la réalité des îles et corriger la carte postale antillaise comme il avait corrigé les clichés de la littérature coloniale africaine. Il ne put donner leur place aux travailleurs agricoles, au petit peuple antillais comme il l'avait fait pour les Bandas du Centrafrique. Ce rôle allait revenir à un autre écrivain noir, romancier et surtout nouvelliste de grand talent, Joseph Zobel[2].

II. Joseph Zobel

Zobel fut peut-être influencé par *Légitime Défense*, manifeste élaboré en 1932 par quelques étudiants martiniquais de Paris. Ce texte en effet, dû principalement à Jules Monnerot, René Ménil et Étienne Léro, dénonçait, en s'inspirant à la fois du surréalisme et du communisme, la survivance en Martinique des structures coloniales et s'en prenait sans ménagement aux écrivains «bourgeois» et à leur littérature «aliénée». Brandissant l'exemple des écrivains négro-américains, notamment de Claude Mac Kay (*Banjo*), il invitait à produire une littérature prolétarienne, ce qui, dans le contexte antillais, revenait à dire une littérature ayant pour héros des Nègres.

Mais Zobel fut surtout influencé par son expérience personnelle. Né dans la plus grande pauvreté – il a retracé en 1950 son enfance et son adolescence dans un roman autobiographique, *La Rue Cases-Nègres* –, ayant échappé par la seule grâce de l'école à la fatalité des champs de cannes, J. Zobel s'est attaché à décrire de l'intérieur et sans l'édulcorer la réalité coloniale de la Martinique des années

2. Voir Notice *infra*, p. 306.

trente, dénonçant l'oppression de la majorité noire par la minorité békée. Parallèlement, ayant lui-même souffert des conséquences du complexe de supériorité raciale développé par les Mulâtres, il voulut en souligner l'absurdité. Dans tous ses ouvrages, il s'est efforcé de montrer la dignité nègre, la beauté nègre, l'industrie et l'intelligence des descendants d'esclaves. Mais sa défense raciale ne le mène aucunement à une quelconque apologie négriste – il sera toujours hostile à la notion de «négritude» – et sa critique sociale ne dévie jamais en profession de foi séparatiste et nationaliste. Bien au contraire J. Zobel, tout comme d'ailleurs les signataires de *Légitime Défense*, faisait confiance à la France pour qu'elle corrige les séquelles coloniales du monde antillais et abolisse vraiment toutes les discriminations.

TEXTE N°34

LÉGITIME DÉFENSE

Les lignes suivantes, extraites de l'article de René Ménil «Généralités sur "l'écrivain" de couleur antillais», donnent une idée du ton et du message de la publication tout entière.

Il n'est pas étonnant que l'écrivain antillais, en poésie par exemple, ne propose que des «descriptions» et des «tableaux», ou n'exprime et n'inspire qu'un vague ennui. Tout cela manifeste qu'il est tenu ou se tient loin de son être véritable, qu'il est hostile à la force de ses passions. Littérature, donc, factice où l'on feint d'éprouver les sentiments qu'un autre éprouve, où des complications à la Mauriac remplacent le païen et violent amour du noir pour les réalités de ce monde (voir le ou les romans que M. René Maran a publiés après *Batouala*). *On n'y exprime ni d'étranges sursauts venus de loin, ni des révoltes millénaires, ni des besoins fondamentaux, condamnés qu'ils sont pour cette seule raison qu'ils ne se rencontrent pas dans la littérature européenne.* Sentiment du coupeur de cannes devant l'usine implacable, sentiment de solitude du noir à travers le monde, révolte contre les injustices dont il souffre souvent dans son pays surtout, l'amour de l'amour, l'amour des rêves d'alcool, l'amour des danses inspirées, l'amour de la vie et de la joie, le refus de puissance et l'acceptation de la vie, etc., etc., voilà de quoi nos distingués écrivains ne parlent jamais et qui toucherait noirs, jaunes et blancs comme les poèmes des nègres d'Amérique touchent le monde entier. Cette littérature qui manque de ressort et s'agite vaguement, sans attaches à la chair, s'est, en effet, donné pour maîtres tous ceux qui (Hérédia, Banville, Samain, de Régnier, etc.) n'étaient résolus ni à s'embarquer dans le mouvement de la vie, ni à vivre en plein rêve. Ennui. L'ennui, condamnation de soi par soi, pèse sur les épaules de l'écrivain noir antillais. Ses œuvres sont ennuyées, ennuyeuses; déprimées, déprimantes.

L'Antillais de couleur a toujours refusé de s'engager dans les deux directions essentielles de la littérature. Une de ces directions va vers le monde et les biens de ce monde, exprime les besoins fondamentaux, cherche à changer l'existence, s'adresse à ceux qui souffrent des mêmes passions (la faim, l'amour, la servitude, etc.). Littérature utile[1]. Or, l'écrivain antillais craint d'être suspecté de n'avoir pas les mêmes passions et les mêmes pensées que les Européens, et de cacher en lui les réserves troubles et dynamiques dues à son originalité propre. L'autre direction part du monde pour aller au plus pur de chaque être. Position du dormeur qui se moque des périls de ce monde. Or, le nègre antillais est enchaîné par la pensée logique et utile. Aux Antilles, la masse est vite prise dans les longs et pénibles travaux du rhum nécessaire à l'Europe.

Un déséquilibre, ici, s'établit au profit de l'abstrait, puisque l'Antillais de couleur exprime les sentiments d'un autre, puisque les puissances de passion et d'imagination sont méconnues. Il convient donc au noir antillais de reconnaître d'abord ses passions propres et de n'exprimer que lui-même, de prendre, en sens inverse de l'utile, le chemin du rêve et de la poésie.

---

1. Écrivains prolétariens en URSS ; en France, les surréalistes et quelques autres.

R. Ménil, «Généralités sur "l'écrivain" de couleur antillais», in *Légitime Défense.*

Cette affirmation de soi, sereine et d'autant plus forte qu'elle ne faisait nulle place à l'éréthisme, à une quelconque crispation complexée, avait une autre vertu, au plan formel cette fois : conduire le romancier à une créolisation spontanée, « naturelle », du français. *Diab'-là* (1945), *Les Jours immobiles* (1946) rompent avec l'académisme jusqu'alors de mise dans la littérature régionaliste où l'on employait le français le plus orthodoxe avec éventuellement des paroles rapportées en créole pour faire « couleur locale » – traduites en notes – : il use d'une sorte de français indigénisé, ni pur français ni pur créole, donnant l'illusion de reproduire le parler local (voir texte n°34) – un peu comme le fit à la même époque avec le succès que l'on sait l'Haïtien Jacques Roumain dans *Gouverneurs de la rosée*. Pour des raisons mystérieuses, Joseph Zobel devait, lors des rééditions de ses œuvres sous des titres différents (*Les Jours immobiles* devenant en 1978 *Les Mains pleines d'oiseaux*, et *La Fête à Paris* de 1953 devenant en 1979 *Quand la neige aura fondu*), « corriger » son texte et le transposer en français académique. Cette entreprise, due peut-être au désir de se distinguer des idéologues du « créole langue nationale » apparus depuis, permet en tout cas d'apprécier la fraîcheur et l'authenticité de la première version, dont la seconde apparaît comme une traduction affadie.

TEXTE N°35

Si tous les Nègres du monde voulaient se donner la main…

Ayant fui les plantations des « Békés », Diab'-là vient s'installer au Diamant, un village de pêcheurs, et se propose de cultiver la terre, jusqu'alors dédaignée par les habitants du lieu.

Après qu'il eut fauché du ti-beaume[a], fait du charbon, abattu des cactus, Diab'-là, épargnant les gros arbres, avait allumé des feux de brousse en plusieurs points de la propriété. Le Morne[b] se marqua de larges plaques de terre nue que Diab'-là assignait déjà, dans son esprit, aux cultures les mieux appropriées à leurs positions par rapport au vent, au soleil.

Diab'-là allait donc attaquer le sol.

Seul, contre le flanc dur de ce morne rocailleux ! Ses bras hardis et son poitrail solide, son ardeur passionnée, en ressentirent un contre-coup quand il y songea.

Certes, petit à petit il réussirait. Mais il eût voulu que ce fût fait comme par magie, pour qu'on dît encore : « Vraiment, quel quimbois[c] cet homme a-t-il dans son corps de zébu ! » Et devant l'aridité de ce terrain truffé de cailloux, il se prit à rêver d'une végétation jaillie, massive, prodigieuse.

Mais seul, pour vaincre la terre ingrate, et imposer là des arbres fruitiers, des plantes nourricières, pour implanter la vie !

Pourtant, Diab'-là ne fut pas pris au dépourvu. Il eut tôt fait de se rappeler comment cela se pratiquait dans son patelin du Morne-Vent.

Ah ! oui. Quelques jours d'avance, on dit dans le voisinage :

« J'ai besoin de retourner une tite cuillerée de terre là-haut, je compte sur vous pour un coup de main. Je vous rendrai la pareille. »

Le quartier passe l'invite à l'autre quartier, et le jour voulu, tous ils viennent avec des houes, des coutelas, pioches, bêches. On n'a qu'à préparer le chaudron de légumes, le barillet de rhum et le tam-tam.

Surtout un tam-tam pour pousser à l'assaut de la terre comme des buffles.

Et ça fait couler la sueur avec plus de joie, un bon tam-tam bien tapé, là.

Diab'-là en parla à Jérôme et à tous les copains des « Sept Péchés »[d].

D'abord, quelle idée de vouloir éplucher une terre aussi rugueuse, dans l'espoir d'y faire lever des légumes !

Mais on ne sut pas se dérober.

– Rien à te refuser, Diab'-là !

Puis ce fut un emballement général.

L'idée de cette affaire devint de plus en plus alléchante, un divertissement nouveau.

C'était changer un peu de la mer.

C'était aller mettre un peu de joie en terre !

Et le jour convenu, ils étaient vingt-cinq, trente, avec des houes, des coutelas, des fourches, pioches et bêches sur l'épaule qui, Diab'-là en tête, montaient au Morne-Blanc éventrer la terre rebelle.

Diab'-là s'était abondamment pourvu de rhum, de légumes, de porc salé. Et il y avait là le tambour installé à l'ombre du manguier, avec un vieux tam-tamiste à califourchon dessus.

Ti Jeanne était venue par amusement et pour servir à boire, Gros-Eugénie pour mêler sa voix au tam-tam. Et les enfants étaient montés aussi, Soun, Marie-Georges, René, Ange et vingt autres, jubilant derrière les hommes.

Quelle clique superbe cela faisait sur ces hauteurs perdues !

Ils s'étaient répartis en plusieurs équipes sur les endroits les moins pénibles, et ils œuvraient tous les trente, sans geignement, au même rythme du tam-tam excitant. C'était une lutte amusante à qui surpasserait les autres, à qui prendrait la tête de son équipe, à grands coups cadencés, pour fouetter la queue de provocations stimulantes et joviales.

Les enfants écartaient les souches évulsées[e], entassaient les cailloux avec une activité de fourmis.

La terre elle-même n'était pas coriace. Diab'-là l'avait remarqué déjà. Il y avait beaucoup de pierrailles, mais il y avait aussi une bonne «fifine» meuble, brunâtre, généreuse, qui laissait une graisse lisse quand on la pressait entre les doigts. Les cailloux étaient assemblés en petits tas épars entre lesquels on piquait le sol pour le rendre plus spongieux. Ainsi, la crème ne pourrait pas glisser sur la pente par sécheresse ou par pluie, et le fond conserverait plus d'humidité.

Quand ils eurent bien bu et bien mangé, ils enfouirent les premières semences et les premières boutures dans les portions qu'ils venaient de préparer, afin que la récolte fût prompte et prospère comme étaient vigoureuses leurs mains et pleins leurs ventres, à ce moment-là.

Le soir, ils s'en retournèrent au village avec la trolée des gosses chantant derrière.

Et quand on se sépara après le dernier coup aux «Sept Péchés», Asto, soufflant de fatigue et de satisfaction, s'exclama :

– Messiés ! Si un beau jour tous les nègres du monde voulaient se donner un coup de main comme ça, les uns aux autres, quelle sacrée victoire, hein !

Joseph Zobel, *Diab'-là* [1946], Paris, Nouvelles Éditions Latines, 1975, pp. 75-78.

a. Arbrisseau très rustique de 2 à 3 m de haut (*Croton flavens*) au feuillage odorant et aux tiges très robustes pouvant être utilisées comme tuteurs, manches d'outils, etc. – *b.* Colline. – *c.* Sortilège. – *d.* Boutique faisant office de café-restaurant. – *e.* Arrachées (néologisme).

III. Critique du racisme et assimilation

Il faut évidemment se garder de confondre l'idéologie de R. Maran et J. Zobel avec la «négritude», le mouvement de Damas, Césaire et Senghor dont il sera question plus loin.

Pour ces deux romanciers, mais aussi pour beaucoup d'autres comme Drasta Houël (*Cruautés et tendresses*, 1925), Irmine Romanette (*Sonson de la Martinique*, 1932), Léonard Sainville (*Dominique nègre esclave*, 1951), César Pulvar (*Djhébo, le Léviathan noir*, 1957), Raphaël Tardon[3] (*La Caldeira*, 1948), Michèle Lacrosil (*Sapotille et le serin d'argile*, 1960 ; *Cajou*, 1961), Marie-Magdeleine Carbet (*Au péril de ta joie*, 1972 ; *Au village en temps longtemps*, 1977 ; *D'une rive à l'autre*, 1975, etc.), Pierre Osenat (*Chants des îles*, 1968 ; *Chants de mer*, 1969, etc.), Roland Brival (*La Montagne d'ébène*, 1984, *Les Tambours de Gâo*, 1985) la défense passionnée du Noir, la critique sans ménagement du racisme – y compris le plus pernicieux de tous, celui qui, né de l'aliénation psychologique, dresse les gens de couleur les uns contre les autres en fonction des nuances de peau[4] – reposent sur le postulat essentiel d'une commune humanité entre Noirs et Blancs, ce qui suppose, en

3. Voir Notice *infra*, p. 304.

4. On se reportera pour l'illustration de ce phénomène aux romans de Mayotte Capécia, *Je suis martiniquaise* (Paris, Corrêa, 1948), *La Négresse blanche* (Paris, Corrêa, 1950), et à la critique à l'emporte-pièce de Frantz Fanon dans *Peau noire, masques blancs*. Pour la survie de ce type de comportement à une époque plus récente, on pourra lire *Question de peau* (Fort-de-France, E. Kolodziej, 1979) et *La Métisse blanche* (Rosny-sous-Bois, L'Auteur, 1982), d'une autre Martiniquaise, Freddy Bémont.

dépit de la diversité des types physiques et des cultures nées de l'histoire, la possibilité d'une assimilation culturelle et d'une intégration dans une communauté nationale multiraciale. Cette assimilation doit pouvoir se faire sans mutilation, le Nègre antillais assumant avec fierté sa couleur, surmontant le complexe d'infériorité né du traumatisme de l'esclavage, assumant aussi sa culture antillaise faite d'apports divers, européens, africains, voire amérindiens.

Pour beaucoup, l'intégration s'accomplit d'ailleurs plus facilement et plus rapidement en métropole qu'aux Antilles où les pesanteurs psychologiques la freinent. C'est le message sans ambiguïté de *La Fête à Paris* (1953), du *Soleil partagé* (1964) de J. Zobel ou de *Sapotille et le serin d'argile* (1960) de M. Lacrosil*, message bien différent de celui des futurs défenseurs de la négritude qui mettront au contraire l'accent sur l'impossibilité de l'assimilation et sur l'incontournable racisme métropolitain, allant même parfois jusqu'à le justifier par l'incompatibilité des cultures, voire par une loi de nature. Par ailleurs la critique sociale, la dénonciation des « séquelles » du colonialisme sont faites dans la même perspective de progrès par l'intégration.

Michèle Lacrosil

Romancière guadeloupéenne, auteur de *Sapotille et le serin d'argile* (Paris, Gallimard, 1960), *Cajou* (Paris, Gallimard, 1961), *Demain, Jab-Herma* (Paris, Gallimard, 1967).

Chapitre 4

La littérature
de la négritude

La négritude est une notion qui recouvre tout autre chose, même si la confusion conceptuelle caractérisant ce «mot de passe» qui selon Michel Hausser «fonctionne plus qu'il ne signifie»[1] favorise depuis près d'un demi-siècle toutes les approximations.

I. La notion de «négritude»

1. Son apparition

Le mot serait apparu pour la première fois en 1939 dans la première version du *Cahier d'un retour au pays natal* du Martiniquais Aimé Césaire[2] : «Haïti où la négritude se mit debout pour la première fois et dit qu'elle croyait à son humanité»… L'idée, elle, aurait germée au cours des discussions qui réunirent dans les années 35-39 Césaire, Senghor, Damas et quelques autres à Paris.

1. Michel Hausser, *Pour une Poétique de la négritude,* Paris, Silex, t. I, 1988, p. 27. Voir également Michel Hausser et Martine Mathieu, *Littératures francophones. III. Afrique noire, Océan Indien,* Paris, Belin, «Lettres Belin Sup», 1998, p. 21 et suiv.

2. Voir Notice *infra,* p. 290.

───── TEXTE N°36 ─────

Négritude

Ce qui est à moi, ces quelques milliers de mortiférés qui tournent en rond dans la calebasse d'une île et ce qui est à moi aussi, l'archipel arqué comme le désir inquiet de se nier, on dirait une anxiété maternelle pour protéger la ténuité plus délicate qui sépare l'une de l'autre Amérique ; et ses flancs qui sécrètent pour l'Europe la bonne liqueur d'un Gulf Stream, et l'un des deux versants d'incandescence entre quoi l'Équateur funambule vers l'Afrique. Et mon île non-clôture, sa claire audace debout à l'arrière de cette polynésie, devant elle, la

Guadeloupe fendue en deux de sa raie dorsale, et de même misère que nous, Haïti où la négritude se mit debout pour la première fois et dit qu'elle croyait à son humanité et la comique petite queue de la Floride ou d'un nègre s'achève la strangulation, et l'Afrique gigantesque chenillant jusqu'au pied hispanique de l'Europe, sa nudité où la Mort fauche à larges andains.

A. Césaire, *Cahier d'un retour au pays natal* [1939], Paris, Présence africaine, 1956, pp. 43-44.

Il s'agissait, face au racisme blanc et à l'infériorisation du Noir qu'il entraînait, de clamer haut et fort la dignité du Nègre et de son continent d'origine, l'Afrique, de proclamer et de défendre les « valeurs culturelles du monde noir », égales sinon supérieures à celles du monde blanc, et d'encourager les Noirs à rester ou à redevenir eux-mêmes, à conserver ou à reconquérir leurs fameuses « valeurs ».

Si l'entreprise eut incontestablement de fortes retombées psychologiques, contribuant à la résorption des complexes d'infériorité hérités de la traite et de l'esclavage, si sa fécondité poétique ne fait aujourd'hui aucun doute, il faut bien reconnaître qu'au plan conceptuel, les choses sont loin d'être claires, et ce malgré la multiplication des essais, des mises au point des uns et des autres, notamment de Léopold Sédar Senghor dans *Négritude et humanisme*. Pire : l'élucidation, quand elle est possible, ouvre des perspectives pour le moins inquiétantes.

La notion est de manière flagrante une construction mythique, voire fantasmatique. Ni « l'Afrique noire », ni « le Nègre », ni « la culture nègre », ni « le monde noir » n'ont d'existence objective. L'Afrique, même celle qui est dite « noire », n'est pas homogène. Il y a en Afrique même, et *a fortiori* dans le monde négro-africain, des Nègres aux caractéristiques physiques, culturelles, civilisationnelles bien différentes. S'adresser à tous les Nègres – y compris à tous les Métis en supposant que la part nègre de ces derniers devait primer sur tout autre héritage – sans tenir compte de leur histoire personnelle pour leur demander de retrouver en eux d'hypothétiques « valeurs » remontant à l'Afrique originelle, cela revenait malgré les multiples dénégations des intéressés à lier ces « valeurs » à la race, au « sang », bref à reprendre à son compte le discours blanc raciste qu'on prétendait invalider. Pire, ces valeurs – « l'émotion », le sens du rythme, l'abandon mystique, le socialisme infus, etc. – relevaient d'un évident folklore exotique : sous couvert de réhabilitation du Noir, la négritude ne faisait qu'entériner les préjugés des Blancs. Senghor en lançant sa célèbre formule : « l'émotion est nègre comme la raison est hellène » ne faisait que reprendre Gobineau*.

En voulant englober dans la même problématique les Nègres du monde entier – projet découlant de la présence dans l'équipe fondatrice du mouvement d'au moins deux Antillo-guyanais, Damas et Césaire – on glissait de la culture (produit d'une histoire) à l'essence (caractérisation d'une « nature ») avec toutes les aberrations que cela pouvait entraîner.

2. Origines de la notion

La chose n'était pas si nouvelle que Damas, Césaire et Senghor (et à leur suite, la plupart des critiques européens de la négritude) ont bien voulu le dire. À les en croire, ils auraient découvert l'évidence des « valeurs nègres » par une sorte d'introspection collective, tels de modernes Orphées en quête de leur Eurydice – pour reprendre la belle image d'« Orphée noir » utilisée par Sartre dans sa préface à l'*Anthologie nègre et malgache* de Senghor (1947).

Joseph Arthur, comte de Gobineau (1816-1882)

Auteur de l'*Essai sur l'inégalité des races humaines* (Paris, Didot frères, 4 vol., 1853-1855). Attribuant au métissage des races supérieures et des races inférieures l'inéluctable décadence des civilisations, il reconnaissait aux Noirs un brûlant génie dionysiaque mais les reléguait au plus bas degré de l'échelle humaine, en précisant qu'ils ne sortiraient « jamais du cercle intellectuel le plus restreint ».

En fait l'histoire littéraire et singulièrement l'histoire des idées sont impitoyables dès que, loin de faire confiance aux auteurs, elles explorent leurs bibliothèques et enquêtent sur leurs fréquentations.

Quand Damas, Césaire et Senghor débarquent à Paris, le débat sur la question noire est déjà lancé depuis plus d'un demi-siècle. Il a pris naissance aux États-Unis avec W. B. Du Bois et surtout Marcus Garvey, ce leader d'origine jamaïcaine, adepte du «retour en Afrique» et du panafricanisme; puis il s'est prolongé avec la Negro Renaissance de Harlem*. Il a rebondi en Haïti avec l'indigénisme et sa variante négriste[3]; et surtout il s'est développé à Paris. Non seulement dans divers milieux intellectuels, littéraires (salon de René Maran, de Paulette Nardal, *Revue du monde noir**, etc.) et politiques (*La Dépêche africaine* par exemple fut un lieu de rencontre et d'échanges importants) mais aussi et peut-être surtout dans des milieux ouvriers et syndicalistes auxquels la critique (essentiellement littéraire et universitaire) de la négritude ne s'est, pendant longtemps, guère intéressée. Antillais et Africains se retrouvent en effet dans les équipes de diverses ligues, de divers comités plus ou moins rivaux, tous censés défendre les gens de couleur («Ligue de défense de la race nègre», «Comité de défense des intérêts de la race noire», etc.); ils éditent pour leur propagande journaux et revues.

Le débat, l'éternel débat qui alimente discussions et articles est celui de l'acceptation, voire du désir, ou du refus de l'assimilation. Pour schématiser, disons qu'aux Antillais partisans de l'assimilation possible et souhaitable (voir *La Dépêche africaine** dirigée par le Guadeloupéen Maurice Satineau), rejoints par certains Africains, s'opposent les «intégristes» noirs, notamment autour d'Émile Faure, qui soutiennent que le Nègre est inassimilable, que sa nature est incompatible avec le monde blanc et ses valeurs, qu'il doit en conséquence regagner l'Afrique, seul territoire où il pourra s'épanouir, vivre et créer en fonction de sa nature, de son déterminisme racial. Conséquence de ce radicalisme et de cet apartheid prôné, non plus par les Blancs, mais par les Noirs: le mélange des races doit cesser, le Métis étant à leurs yeux, sinon à ceux de la nature, une aberration biologique et culturelle.

Le premier texte publié par Césaire dans *L'Étudiant noir* n°1, «Nègrerie, jeunesse noire et assimilation», reprend cette thèse, soutient le caractère inassimilable du Nègre, son devoir d'affirmation absolue: «vouloir être assimilé, c'est oublier que nul ne peut changer de faune; c'est méconnaître "altérité" qui est loi de Nature»… Ce vocabulaire zoologique renvoie à une incompatibilité d'«espèces», ce que d'ailleurs un autre Martiniquais, Gilbert Gratiant[4], se faisant le porte-parole des Métis, dénonçait dans la même livraison de *L'Étudiant noir* dans son long article «Mulâtres… pour le bien et le mal». On sent, qu'on le veuille ou non, sous la plume de beaucoup de Nègres de l'époque, comme un regret que la nature ait brouillé les cartes en faisant des Noirs et des Blancs une même espèce aux produits viables… Senghor ne parle-t-il pas dans son article «Ce que l'homme noir apporte»[5] de «l'action désagrégative du métissage» que l'esclavage aurait (heureusement?) freinée aux Amériques?

Negro Renaissance: entre 1918 et 1928 se regroupèrent dans Harlem, à New York, une série d'écrivains (parmi lesquels Langston Hughes, Claude Mac Kay, Countee Cullen, Sterling Brown, Jean Toomer) qui cherchèrent à revaloriser l'image du Noir aux États-Unis dans l'espoir, forcément illusoire, qu'ils parviendraient ainsi à améliorer sa condition généralement misérable. Leur littérature revendicative fut en réalité perçue par les Américains blancs comme un mouvement folklorique, comme le prouve l'engouement à la même époque pour le Cotton Club, music-hall de Harlem où le spectacle tout entier assuré par des Noirs était réservé à un public exclusivement blanc.

Revue du monde noir: revue éditée entre novembre 1931 et avril 1932 à Paris par l'Haïtien Léonidas Sajous et la Martiniquaise Paulette Nardal, avec pour objectif de faire connaître la «civilisation nègre» et de créer un lien moral entre les Noirs du monde entier, sans distinction de nationalité. Elle refusait l'extrémisme de Marcus Garvey mais n'en prônait pas moins pour les Antillais français une «désaliénation» modérée, sans reniement total de l'héritage européen.

La Dépêche africaine: mensuel fondé à Paris, en février 1928, d'inspiration nettement pro-française et anticommuniste, qui s'oppose jusqu'à la veille de la Seconde Guerre mondiale à tout radicalisme ethnique et à toute forme de «sionisme» africain.

3. Voir *supra*, p. 43 et suiv.
4. Voir Notice *infra*, p. 297.
5. In *L'Homme de couleur*, ouvrage collectif, dir. S.E. Le Cardinal Verdier, Paris, Plon, 1939.

Quand on connaît le contexte martiniquais des années trente, les complexes des Nègres regardés de haut par les Mulâtres – situation assez semblable à celle qui en Haïti verra surgir le négrisme, la «négritude totalitaire»[6] de François Duvalier –, quand on connaît le drame personnel, l'éréthisme de Damas mal à l'aise dans sa peau, on peut imaginer la fièvre des jeunes gens rêvant d'effacer de l'histoire la traite, l'esclavage, le métissage forcé pour revenir aux origines, à l'âge d'or des races séparées, à la négritude primordiale, cette négritude que Senghor l'Africain par sa seule présence incarnait à leurs yeux.

Une fois posé le postulat (en quelque sorte authentifié, concrétisé par le cri poétique, par la création artistique) de la négritude présente chez tous les mélaniens du monde entier quel que fût leur degré d'assimilation apparente, restait à la caractériser.

Là encore Césaire, Damas et Senghor avaient été précédés par les Blancs désireux de définir «le Nègre» pour mieux marquer ou justifier la différence de statut de chaque race. Il suffisait de reprendre les arguments des ethnologues, Georges Hardy par exemple, ancien directeur de l'École coloniale et adversaire résolu de l'assimilation, qui s'était acharné à différencier «l'âme nègre» de l'âme européenne, ou mieux encore, Leo Frobénius*, un ethnologue allemand qui, lui, avait trouvé dans l'opposition de deux attitudes (l'une dite «éthiopienne», l'autre «hamitique») la clef miraculeuse permettant d'opposer le Noir au Blanc.

Le Noir, selon Frobénius, vivrait son rapport au monde comme un rapport d'abandon, ce serait «l'homme-plante» fusionnant avec son environnement, se laissant porter par la terre, alors que le Blanc le vivrait comme un rapport de domination et de maîtrise, serait un être indépendant du milieu, cherchant sans cesse à modifier et à soumettre son environnement. Pour utiliser des termes senghoriens, le rapport du Nègre au monde se ferait par participation, par identification mystique (ou poétique), celui du Blanc par distanciation avec l'objet, selon une attitude moins émotive et plus rationnelle, autant dire plus «scientifique».

Ces élucubrations d'une ethnologie fantaisiste, nullement innocentes – il est aisé de déceler un partage des tâches singulièrement déséquilibré entre les poètes et les danseurs d'une part, les techniciens et les ingénieurs de l'autre – peuvent faire sourire; elles n'en ont pas moins été aveuglément assimilées par les négritudistes qui en ont fait l'âme de leur poésie et, plus gravement, le fondement de leur philosophie. On les retrouve aussi bien en filigrane du *Cahier d'un retour au pays natal*:

Eia pour ceux qui n'ont jamais rien inventé
Pour ceux qui n'ont jamais rien exploré
pour ceux qui n'ont jamais rien dompté
Mais ils s'abandonnent, saisis, à l'essence de toute chose
ignorants des surfaces, mais saisis par le mouvement de toute chose
insoucieux de dompter mais jouant le jeu du monde...

Aimé Césaire, *Cahier d'un retour au pays natal*,
Paris, Présence africaine, 1956, pp. 71-72.

que dans les exposés de Suzanne Césaire expliquant dans la revue *Tropiques* (n° 5) les échecs scolaires de certains Antillais non par la

Leo Frobénius (1873-1938)

Ethnologue allemand, surtout connu pour son *Histoire de la civilisation africaine* (traduction française: Gallimard, 1933), livre de chevet des étudiants noirs qui dans les années trente élaborèrent la théorie de la négritude. L'ouvrage, dans une perspective irrationnelle héritée du mysticisme allemand, prétendait dégager une spécificité nègre fondée sur la «sensibilité», l'«émotion», la «religiosité», le «mysticisme», alors que la raison, bien que dévalorisée, demeurait un privilège européen.

6. L'expression est de René Depestre.

paresse ou l'incompétence, ou le milieu social défavorisé, mais par l'inadaptation de leur « sentiment de vie » au rationalisme prétendument desséchant de « l'esprit français », de l'université française.

En tout cas, sur le plan philosophique, en tentant de caractériser le Nègre dans l'absolu, hors de tout déterminisme historique, en tentant de décrire la culture nègre comme une donnée intangible, la négritude aboutissait à des absurdités que beaucoup de Blancs, par ignorance, complaisance ou même par racisme (le même qui fit que le Ku Klux Klan aux États-Unis applaudit aux thèses ségrégationnistes et au « back to Africa » de Marcus Garvey), s'empressèrent de ressasser jusqu'à ce que certains des intéressés eux-mêmes se révoltent contre l'image que la négritude donnait d'eux.

On laissera ici de côté les réactions africaines, notamment dès 1949 la critique argumentée de Gabriel d'Arboussier, relayée par celles de Cheikh Anta Diop, Stanislas Adotévi, Marcien Towa, etc., sans oublier celle – d'un humour très anglais, de Wole Soyinka* – pour s'en tenir aux Antilles françaises : René Ménil notamment devait y reprendre les réserves formulées par René Maran et surtout Gilbert Gratiant dès l'époque de *L'Étudiant noir*. Il allait être suivi par la plupart des communistes qui, au-delà d'une caractérisation aboutissant à une infériorisation raciste, critiquèrent une idéologie qu'ils jugèrent essentiellement « bourgeoise » dans la mesure où, privilégiant les considérations de race, elle brouillait les cartes de la lutte des classes.

Un temps masqué par l'appartenance de Césaire au Parti communiste et par la thématique volontiers anticolonialiste qu'affectionnèrent les théoriciens de la négritude, les divergences éclatèrent en 1956 quand Césaire démissionna du PCF* et fonda son propre parti, le Parti progressiste martiniquais*.

Cela dit, il convient de préciser qu'aux Antilles-Guyane françaises le lien entre la métaphysique de la négritude et l'action politique est pour le moins ténu. Il n'en a pas été de même en Haïti où le négrisme duvaliériste s'est nettement appuyé sur les caractérisations ethniques de la négritude (et sur Frobénius)[7] et en Guinée où la négritude a servi de base idéologique à la dictature de Sékou Touré.

II. La poésie de la négritude

Éminemment contestable au plan intellectuel, la négritude n'en a pas moins favorisé, en tant que construction mythique, « irrationnelle », la création littéraire et singulièrement poétique dans l'ensemble du monde négro-africain, Antilles-Guyane comprises. En libérant le Noir antillo-guyanais de ses complexes, en l'encourageant à crier sa négritude et sa révolte face à la condition qui lui était faite, elle allait révolutionner la littérature antillaise dans ses thèmes comme dans sa forme.

Beauté, danse, rythme, humanisme, élan révolutionnaire nègres, grandeur de l'Afrique-mère, tout cela ne pouvait se chanter qu'en se libérant des canons poétiques occidentaux pour adopter un « style nègre » propice à l'extériorisation de la négritude profonde.

Wole Soyinka (né en 1934)

Cet écrivain nigérian reçut en 1986 le Prix Nobel de littérature. Il fit remarquer en 1962 qu'il n'était pas nécessaire qu'un tigre coure de tous les côtés pour proclamer sa tigritude. « Un tigre ne proclame pas sa tigritude, un tigre saute. »

La rupture de Césaire avec le PCF : dans sa *Lettre à Maurice Thorez*, Césaire fit en 1956 une critique impitoyable du totalitarisme soviétique quelques jours seulement avant les événements tragiques de Hongrie, avant de tracer pour les pays négro-africains un programme de décolonisation qui s'appuierait, non plus sur l'internationalisme prolétarien, mais sur la négritude.

Parti progressiste martiniquais (PPM) : créé le 22 mars 1958 à l'initiative d'A. Césaire qui avait démissionné en 1956 du Parti communiste français dont il dénonçait le stalinisme, le paternalisme colonial et l'« assimilationnisme invétéré », le PPM devait militer pour « la transformation de la Martinique en région dans le cadre d'une union française fédérée ». L'option nationaliste étant mal accueillie par une population se réclamant en majorité du gaullisme, Césaire sera contraint de louvoyer entre des revendications autonomistes et des concessions qui seront considérées par les nationalistes purs et durs comme autant de trahisons.

7. Voir « Psychologie ethnique et historique », in François Duvalier, *Œuvres essentielles,* Port-au-Prince, Presses Nationales d'Haïti, 1968, pp. 129-155.

En fait le « style nègre » en question, si l'on veut bien cesser de prendre au pied de la lettre les propos des intéressés et regarder les choses objectivement, consistait essentiellement à rejeter les sonnets parnassiens et la versification régulière pour profiter d'une liberté formelle dont Rimbaud, Claudel ou les surréalistes avaient d'ores et déjà prouvé la fécondité. Cela devait inspirer de fort beaux ouvrages signés notamment de Léon-Gontran Damas[8], d'Aimé Césaire[9], ou de Guy Tirolien[10], mais aussi de pitoyables réalisations, frisant parfois le ridicule absolu, nées de l'autosatisfaction et du défi négritudistes. Pour beaucoup d'apprentis-poètes – et ils ont toujours été nombreux aux îles – la pratique du vers libre ou du verset a été encore plus cruelle que celle du sonnet pour leurs prédécesseurs, et la planche de salut qu'ils crurent trouver dans la langue de bois négritudiste et/ou anticolonialiste leur fut généralement fatale.

Le premier ouvrage littéraire incontestablement inspiré de la négritude, même si le mot n'y figure point, est le recueil poétique du Guyanais L.-G Damas, *Pigments* (1937 – voir texte n°37). Les thèmes négritudistes (exaltation de l'Afrique-mère, opposition du monde noir, du monde blanc et de leurs « valeurs ») y sont déjà étroitement liés aux cris anticolonialistes, ce qui inaugure une confusion, aggravée ultérieurement par les commentaires de L. Kesteloot, entre « négritude », « anticolonialisme » et « progressisme » : favorisée par le langage poétique forcément imprécis, cette confusion devait longtemps interdire toute critique de l'idéologie proprement dite de la négritude.

Le second est *Le Cahier d'un retour au pays natal* de Césaire. Son premier état fut publié à Paris en 1939 dans la revue *Volontés* et la version définitive, en 1956, aux éditions Présence africaine.

Toutes les œuvres de ces deux auteurs relèvent de la négritude, qu'il s'agisse de recueils poétiques, de pièces de théâtre ou d'essais.

Ils ont évidemment suscité des vocations. Parmi leurs principaux épigones, on peut retenir Georges Desportes (*Les Marches souveraines*, 1956 ; *Sous l'œil fixe du soleil*, 1961) pour la Martinique, Serge Patient (*Le Mal du pays*, 1967, *Guyane pour tout dire*, 1980), Elie Stéphenson (*Une flèche pour le pays à l'encan*, 1975 ; *Catacombes de soleil*, 1979), et surtout Bertène Juminer[11] (*Les Bâtards*, 1961) pour la Guyane.

8. Voir Notice *infra*, p. 293.
9. Voir Notice *infra*, p. 290.
10. Voir Notice *infra*, p. 305.
11. Voir Notice *infra*, p. 298.

TEXTE N°37

SOLDE

Pour Aimé Césaire

J'ai l'impression d'être ridicule
dans leurs souliers
dans leur smoking
dans leur plastron
dans leur faux-col
dans leur monocle
dans leur melon

J'ai l'impression d'être ridicule
avec mes orteils qui ne sont pas faits
pour transpirer du matin jusqu'au soir qui déshabille
avec l'emmaillotage qui m'affaiblit les membres
et enlève à mon corps sa beauté de cache-sexe

J'ai l'impression d'être ridicule
avec mon cou en cheminée d'usine
avec ces maux de tête qui cessent
chaque fois que je salue quelqu'un

J'ai l'impression d'être ridicule
dans leurs salons
dans leurs manières
dans leurs courbettes
dans leur multiple besoin de singeries

J'ai l'impression d'être ridicule
avec tout ce qu'ils racontent
jusqu'à ce qu'ils vous servent l'après-midi
un peu d'eau chaude
et des gâteaux enrhumés

J'ai l'impression d'être ridicule
avec les théories qu'ils assaisonnent
au goût de leurs besoins
de leurs passions
de leurs instincts ouverts la nuit
en forme de paillasson

J'ai l'impression d'être ridicule
parmi eux complice
parmi eux souteneur
parmi eux égorgeur
les mains effroyablement rouges
du sang de leur ci-vi-li-sa-tion

Léon-Gontran Damas, *Pigments* [1937],
Paris, Présence africaine, 1962, pp. 39-40.

─────TEXTE N°38─────

« J'ai saoulé ma peine… »

Ceux dont les Ancêtres étampés
fleurdelisés
marqués de fer rouge
aux lettres du navire au Large
puis parqués
enchaînés
rivés
cadenassés
et calés
furent bel et bien du voyage
sans air
sans eau
sans fin

Ceux dont les Ancêtres furent jetés au cours du voyage
sans fin
sans eau
sans air

Ceux dont les Ancêtres
eurent la chair tout brûlée à vif
au-dessus des seins
sur les omoplates
sur le gras du bras

Ceux qui trouvèrent la pestilence
commode

Ceux qui se laissèrent conduire par bordée sur le pont
Ceux qui au son de la vielle ou de la musette
se mirent à danser sous l'œil de la chiourme
le fouet de la chiourme

Ceux qui ne fomentèrent
nulle révolte
et celles
celles qui firent
avorter les révoltes
d'avoir eu non seulement
la matrice adulée
cajolée
dorlotée
ébranlée
mais encore
longue langue
langue longue

Ceux qui ne désarmèrent l'équipage
ceux qui ne firent feu sur l'équipage désarmé
et ne se rendirent maîtres après Dieu
de la barre et du gouvernail
mais bras croisés
l'oreille en proue
s'entendirent dire et lire
la sentence à mort
à mort la négraille
la valetaille
la racaille

Ceux que ma mémoire
retrouve encore en Exil
assis de nos jours sur le pas de la case en bambou de lattes tressées
qui insulte au soleil éclatant des Antilles-Heureuses d'être à jamais esclaves

Ceux que la Nuit surprend à se jouer du cul-de-pipe[a] en terre rouge
des derniers Roucouyennes[b]
du Pays de Guyane à mon cœur accroché

Léon-Gontran Damas, *Black-Label*, Paris, Gallimard, 1956, pp. 19-21.

---

a. Courte pipe quasi réduite à son fourneau. – b. Les Wayanas (appelés Roucouyennes parce qu'ils utilisaient une teinture rouge, le roucou, pour recouvrir et protéger leurs corps) sont considérés comme les Amérindiens les plus «authentiques» de la Guyane. Au nombre d'un millier environ, répartis en petites communautés de quelques dizaines d'individus, ils occupent le Haut-Maroni et ont conservé leur mode de vie traditionnel. Situés en zone protégée, ils ont pour la plupart refusé de devenir français.

«Les volcans éclateront...»

Au bout du petit matin bourgeonnant d'anses frêles les Antilles qui ont faim, les Antilles grêlées de petite vérole, les Antilles dynamitées d'alcool, échouées dans la boue de cette baie, dans la poussière de cette ville[a] sinistrement échouées.

Au bout du petit matin, l'extrême, trompeuse désolée eschare sur la blessure des eaux ; les martyrs qui ne témoignent pas ; les fleurs du sang qui se fanent et s'éparpillent dans le vent inutile comme des cris de perroquets babillards ; une vieille[b] vie menteusement souriante, ses lèvres ouvertes d'angoisses désaffectées ; une vieille misère pourrissant sous le soleil, silencieusement ; un vieux silence crevant de pustules tièdes, l'affreuse inanité de notre raison d'être.

Au bout du petit matin, sur cette plus fragile épaisseur de terre que dépasse de façon humiliante son grandiose avenir – les volcans éclateront, l'eau nue emportera les taches mûres du soleil et il ne restera plus qu'un bouillonnement tiède picoré d'oiseaux marins – la plage des songes et l'insensé réveil.

Au bout du petit matin, cette ville plate – étalée, trébuchée de son bon sens, inerte, essoufflée sous son fardeau géométrique de croix éternellement recommençante, indocile à son sort, muette, contrariée de toutes façons, incapable de croître selon le suc de cette terre, embarrassée, rognée, réduite, en rupture de faune et de flore.

Au bout du petit matin, cette ville plate – étalée...

Et dans cette ville inerte, cette foule criarde si étonnamment passée à côté de son cri comme cette ville à côté de son mouvement, de son sens, sans inquiétude, à côté de son vrai cri, le seul qu'on eût voulu l'entendre crier parce qu'on le sent sien lui seul ; parce qu'on le sent habiter en elle dans quelque refuge profond d'ombre et d'orgueil, dans cette ville inerte, cette foule à côté de son cri de faim, de misère, de révolte, de haine, cette foule si étrangement bavarde et muette.

Dans cette ville inerte, cette étrange foule qui ne s'entasse pas, ne se mêle pas : habile à découvrir le point de désencastration, de fuite, d'esquive. Cette foule qui ne sait pas faire foule, cette foule, on s'en rend compte, si parfaitement seule sous ce soleil, à la façon dont une femme, toute on eût cru à sa cadence lyrique, interpelle brusquement une pluie hypothétique et lui intime l'ordre de ne pas tomber ; ou à un signe rapide de croix sans mobile visible ; ou à l'animalité subitement grave d'une paysanne, urinant debout, les jambes écartées, roides.

Dans cette ville inerte, cette foule désolée sous le soleil, ne participant à rien de ce qui s'exprime, s'affirme, se libère au grand jour de cette terre sienne. Ni à l'impératrice Joséphine des Français rêvant très haut au-dessus de la négraille[c]. Ni au libérateur[d] figé dans sa libération de pierre blanchie. Ni au conquistador[e]. Ni à ce mépris, ni à cette liberté, ni à cette audace.

Aimé Césaire, *Cahier d'un retour au pays natal* [1939], Paris, Présence africaine, 1956, pp. 26-28.

---

a. Fort-de-France. – b. L'adjectif doit être pris ici dans son acception créole de «mauvaise». – c. Marie Josèphe Rose Tascher de la Pagerie, blanche créole née aux Trois-Ilets (Martinique), devenue par son premier mariage Joséphine de Beauharnais et, par son union avec Napoléon Bonaparte, impératrice des Français. Sa statue, due à Vital Dubray, érigée à l'initiative de son petit-fils Napoléon III en 1859, a longtemps trôné au centre de la Savane de Fort-de-France, avant d'être reléguée dans une allée latérale par Aimé Césaire lors de son accession à la mairie. Considérée par certains comme un symbole de l'époque esclavagiste, elle fait régulièrement l'objet d'actes de vandalisme. – d. Victor Schœlcher, l'abolitionniste, dont la statue figure à Fort-de-France devant le Palais de justice. – e. D'Esnambuc, «l'artisan de la puissance française aux Antilles», dont la statue fut érigée en 1935, lors des fêtes du Tricentenaire du rattachement des Antilles à la France, face à la baie des Flamands, à Fort-de-France.

AFRIQUE

ta tiare solaire à coups de crosse enfoncée jusqu'au cou
ils l'ont transformée en carcan ; ta voyance
ils l'ont crevée aux yeux ; prostitué ta face pudique ;
emmuselé, hurlant qu'elle était gutturale,
ta voix, qui parlait dans le silence des ombres.

Afrique,
ne tremble pas le combat est nouveau,
le flot vif de ton sang élabore sans faillir
constante une saison ; la nuit c'est aujourd'hui au fond des mares
le formidable dos instable d'un astre mal endormi,
et poursuis et combats – n'eusses-tu pour conjurer l'espace
que l'espace de ton nom irrité de sécheresse.

Boutis boutis*a*
      terre trouée de boutis
sacquée
     tatouée
            grand corps
massive défigure où le dur groin fouilla

Afrique les jours oubliés qui cheminent toujours
aux coquilles recourbées dans les doutes du regard
jailliront à la face publique parmi d'heureuses ruines,
dans la plaine
l'arbre blanc aux secourables mains ce sera chaque arbre
une tempête d'arbres parmi l'écume non pareille et les sables,

les choses cachées remonteront la pente des musiques endormies,
une plaie d'aujourd'hui est caverne d'orient,
un frissonnement qui sort des noirs feux oubliés, c'est,
des flétrissures jailli de la cendre des paroles amères
de cicatrices, tout lisse et nouveau, un visage
de jadis, caché oiseau craché*b*, oiseau frère du soleil.

Aimé Césaire, *Ferrements*,
Paris, Éditions du Seuil, 1960, pp. 79-80.

a. Endroit où le sanglier fouille avec son boutoir (son groin). – *b.* Allusion à un conte créole dans lequel un chasseur bravant un interdit, tue et mange un oiseau. Ce dernier, du fond de l'estomac du chasseur, réclame une à une les pièces de son anatomie et finit par s'échapper, retrouvant sa splendeur native.

«Être de ce peuple le *constructeur* !»

Henri Christophe, ancien cuisinier devenu roi d'Haïti, entend à la fois mobiliser sa race, édifier un véritable peuple et redorer son blason aux yeux du monde blanc. Dans ce but, il envisage d'imposer à ses sujets une tâche titanesque, symbolique et follement grandiose : la construction de la Citadelle Laferrière.

CHRISTOPHE. – Je demande trop aux hommes ! Mais pas assez aux nègres, Madame ! S'il y a une chose qui, autant que les propos des esclavagistes, m'irrite, c'est d'entendre nos philanthropes clamer, dans le meilleur esprit sans doute, que tous les hommes sont des hommes et qu'il n'y a ni blancs ni noirs.

C'est penser à son aise, et hors du monde, Madame. Tous les hommes ont mêmes droits. J'y souscris. Mais du commun lot, il en est qui ont plus de devoirs que d'autres. Là est l'inégalité. Une inégalité de sommations, comprenez-vous ? À qui fera-t-on croire que tous les hommes, je dis tous, sans privilège, sans particulière exonération, ont connu la déportation, la traite, l'esclavage, le collectif ravalement à la bête, le total outrage, la vaste insulte, que tous, ils ont reçu, plaqué sur le corps, au visage, l'omniniant crachat ! Nous seuls, Madame, vous m'entendez, nous seuls, les nègres ! Alors au fond de la fosse ! C'est bien ainsi que je l'entends. Au plus bas de la fosse. C'est là que nous crions ; de là que nous aspirons à l'air, à la lumière, au soleil. Et si nous voulons remonter, voyez comme s'imposent à nous, le pied qui s'arc-boute, le muscle qui se tend, les dents qui se serrent, la tête, oh ! la tête, large et froide ! Et voilà pourquoi il faut en demander aux nègres plus qu'aux autres : plus de travail, plus de foi, plus d'enthousiasme, un pas, un autre pas, encore un autre pas et tenir gagné chaque pas ! C'est d'une remontée jamais vue que je parle, Messieurs, et malheur à celui dont le pied flanche !

MADAME CHRISTOPHE. – Un Roi, soit !
Christophe, sais-tu comment, dans ma petite tête crêpue, je comprends un roi ?
Bon ! C'est au milieu de la savane ravagée d'une rancune de soleil, le feuillage dru et rond du gros mombin sous lequel se réfugie le bétail assoiffé d'ombre.
Mais toi ? Mais toi ?
Parfois je me demande si tu n'es pas plutôt
à force de tout entreprendre
de tout régler
le gros figuier qui prend toute la végétation alentour
et l'étouffe !

CHRISTOPHE. – Cet arbre s'appelle un « figuier maudit ».
Pensez-y, ma femme !
Ah ! je demande trop aux nègres ?
(Sursautant)
Tenez ! Écoutez ! Quelque part dans la nuit, le tam-tam bat… Quelque part dans la nuit, mon peuple danse… Et c'est tous les jours comme ça… Tous les soirs… L'ocelot est dans le buisson, le rôdeur à nos portes, le chasseur d'hommes à l'affût, avec son fusil, son filet, sa muselière ; le piège est prêt, le

crime de nos persécuteurs nous cerne les talons, et mon peuple danse !
(Suppliant)
Mais qui
qui donc
m'offrira
plus qu'une litanie de prêtre, plus qu'un éloge versifié, plus qu'un boniment de parasite, plus que les prudences d'une femme,
je dis quelque chose qui ce peuple au travail mette
quelque chose qui éduque
non qui *édifie* ce peuple ?
Toi, Martial Besse, l'ingénieur, le constructeur
Ah ! le beau métier
et que je voudrais être de ce peuple
le *constructeur* !
Quoi, Martial, rien ? Pas une idée ? Pas une proposition ?

MARTIAL BESSE. – Majesté, constituer à un peuple un patrimoine, son patrimoine à lui
de beauté, de force, d'assurance
je ne vois pas d'œuvre plus digne d'un
« paraclet », celui qui le hélant
appelle un peuple à sa limite
le réveillant à sa force occulte !

CHRISTOPHE. – Merci, Martial Besse… Merci… Je retiens votre idée : un patrimoine. À ceci près que je dirais plutôt un patrimoine d'énergie et d'orgueil. D'orgueil, pourquoi pas ? Regardez cette poitrine gonflée de la terre, la terre qui se concentre et s'étire, se déprenant de son sommeil, le premier pas hors-chaos, la première marche du ciel !

MARTIAL BESSE. – Majesté, à bâtir, ce sont d'effroyables pentes[a] !

CHRISTOPHE. – Précisément, ce peuple doit se procurer, vouloir, réussir quelque chose d'impossible ! Contre le Sort, contre l'Histoire, contre la Nature, ah ! ah ! l'insolite attentat de nos mains nues ! Porté par nos mains blessées, le défi insensé ! Sur cette montagne, la rare pierre d'angle, le fondement ferme, le bloc éprouvé ! Assaut du ciel ou reposoir du soleil, je ne sais, la première charge au matin de la relève ! Regardez, Besse. Imaginez, sur cette peu commune plate-forme, tournée vers le nord magnétique, cent trente pieds de haut, vingt d'épaisseur les murs, chaux et cendre de bagasse, chaux et sang de taureau, une citadelle ! Pas un palais. Pas un château-fort pour protéger mon bien-tenant. Je dis la Citadelle, la liberté de tout un peuple. Bâtie par le peuple tout entier, hommes et femmes, enfants et vieillards, bâtie pour le peuple tout entier ! Voyez, sa tête est dans les nuages, ses pieds creusent l'abîme, ses bouches crachent la mitraille jusqu'au large des mers, jusqu'au fond des vallées, c'est une ville, une forteresse, un lourd cuirassé de pierre... Inexpugnable, Besse, inexpugnable ! Mais oui, ingénieur, à chaque peuple ses monuments ! À ce peuple qu'on voulut à genoux, il fallait un monument qui le mît debout. Le voici ! Surgie ! Vigie !

(Halluciné)

Regardez... Mais regardez donc ! Il vit. Il corne dans le brouillard. Il s'allume dans la nuit. Annulation du négrier ! La formidable chevauchée ! Mes amis, l'âcre sel bu et le vin noir du sable, moi, nous, les culbutés de la grosse houle, j'ai vu l'énigmatique étrave, écume et sang aux naseaux, défoncer la vague de la honte !

Que mon peuple, mon peuple noir, salue l'odeur de marée de l'avenir.

(Vision de la Citadelle se détachant, éclairée dans la nuit sur une double rangée de montagnes.)

FIN DU PREMIER ACTE

Aimé Césaire, *La Tragédie du Roi Christophe,* Paris, Présence africaine, 1963, pp. 61-66.

---

a. La citadelle Laferrière est bâtie sur un éperon rocheux très difficile d'accès sur les hauteurs de Milot. Elle surplombe la plaine du Nord.

III. Retours aux sources

Le « mirage africain » ayant succédé au « mirage blanc » – pour reprendre l'expression du psychiatre martiniquais Frantz Fanon[12], théoricien de la désaliénation et de la décolonisation –, la négritude conduisit évidemment plusieurs Antillais à se rendre en Afrique, à retourner, tel le lamantin, vers la source.

1. Paul Niger et Guy Tirolien

Ce fut le cas notamment au lendemain de la Seconde Guerre mondiale, de deux Guadeloupéens, Paul Niger[13] et Guy Tirolien, tous deux administrateurs de la France d'Outre-Mer, qui tirèrent de cette expérience souvent douloureuse des poèmes parfois pathétiques. *Initiation* (1954) du premier, et *Balles d'or* (1961) du second laissent deviner à la fois l'enthousiasme un peu contraint du retour aux sources et les craintes de voir l'Afrique, défigurée par le colonialisme, s'enfoncer dans la misère et le sous-développement. Ce que devaient confirmer de manière plus explicite leurs œuvres en prose : *Les Puissants* (1958) et *Les Grenouilles du Mont Kimbo* (posthume, 1964) de Niger, et *Feuilles vivantes au matin* (1977) de Tirolien.

2. Maryse Condé et Myriam Warner-Vieyra

Ce fut aussi, ultérieurement, le cas d'écrivains d'une autre génération qui, partis en Afrique avec enthousiasme, firent l'expérience parfois tragique de la différence des cultures, autrement dit du

12. Voir Notice *infra*, p. 295.
13. Voir Notice *infra*, p. 300.

PETIT OISEAU QUI ME MOQUAIS
OU LE PATERNALISME

Petit oiseau qui m'enchantes
Je t'écoute de ma fenêtre
Tu as construit ton nid au profond des halliers
Au prix d'efforts quels ! je n'ose me le demander
Petit oiseau qui m'enchantes
Je t'écoute de ma fenêtre

Petit oiseau qui me chantes
l'amour du pays natal
Je te porterai à manger les graines que je choisirai
Et qu'il te plaira de croquer
Petit oiseau qui me chantes
L'amour du pays natal

Petit oiseau qui m'amuses
Je t'enseignerai la musique
Et toutes phrases que tu diras
Tu les auras apprises de moi
Petit oiseau qui m'amuses
Je t'enseignerai la musique

Petit oiseau qui te tourmentes
Je consolerai tes chagrins
Et t'apprendrai la vraie sagesse
La sagesse de mes anciens
Petit oiseau qui te tourmentes
Je consolerai tes chagrins.

Petit oiseau qui te désoles
D'être seul, seul au monde
Je te trouverai une compagne
Une compagne selon ton cœur
Petit oiseau qui te désoles
D'être seul, seul au monde.

Petit oiseau qui ne sais rire
Je t'apprendrai mon ironie
Car je ne veux pas que l'on dise
Que tu es balourd, balourd comme un
Qui ne comprend pas l'ironie
Petit oiseau qui ne sais rire
Je t'apprendrai mon ironie

Petit oiseau qui me moquais
Malgré le vœu d'obéissance
Que je pensais te voir former
À mon regard, fils et petit-fils d'ingrats !
Petit oiseau qui me raillais
J'ai dû te tordre le cou

Paul Niger, *Initiation*,
Paris, Seghers, 1954, pp. 7-8.

BLACK BEAUTY

tes seins de satin noir
frémissant du galop de ton sang
bondissant
tes bras souples et longs dont le lissé ondule
ce blanc sourire
des yeux
dans la nuit du visage
éveillent en moi
ce soir
    les rythmes sourds
        les mains frappées
           les lentes mélopées
dont s'enivrent là-bas au pays de Guinée
nos sœurs
    noires et nues
et font lever en moi
ce soir
des crépuscules nègres lourds d'un sensuel émoi
car l'âme du noir pays où dorment les anciens
vit et parle ce soir
en la force inquiète le long de tes reins creux
en l'indolente allure d'une démarche fière
qui laisse —
    quand tu vas —
        traîner après tes pas
le fauve appel des nuits que dilate
    et qu'emplit
l'immense pulsation des tam —
        tams
          en fièvre
car dans ta voix surtout
    ta voix qui se souvient
vibre et pleure ce soir
l'âme du noir pays où dorment les anciens —

Guy Tirolien, *Balles d'or*, Paris,
Présence africaine, 1961, pp. 41-42.

caractère mythique de la négritude. Maryse Condé[14], Myriam Warner-Vieyra, ayant réalisé un peu tard ce que Zobel avait immédiatement perçu durant son long séjour au Sénégal, sont revenues avec des romans souvent cruels, sans indulgence pour la négritude et ses rêveries anachroniques.

Si M. Warner-Vieyra s'est cantonnée dans une inspiration féministe (l'Antillaise face à la polygamie, notamment dans *Juletane*, 1982), M. Condé, sans méconnaître cette source importante de déception, d'incompréhension, s'est davantage attardée sur les questions politiques. Face à l'Afrique mythique des négritudistes, elle détaille cruellement les réalités contemporaines du sous-développement, des luttes tribales, des tyrans mégalomanes et sanguinaires, des faux idéalistes africains reniant leurs convictions

14. Voir Notice *infra*, p. 292.

pour exploiter leurs congénères (*Mort d'Oléwumi d'Ajumako, Hérémakhonon, Une saison à Rihata*). Même sa grande fresque historique, *Ségou*, qui a connu un exceptionnel succès de librairie, mêle le réalisme lucide à l'exaltation épique. Cet ouvrage qui, d'une certaine façon, répond à une aspiration négritudiste – retracer la gloire de l'empire bambara au moment de sa plus grande puissance – met surtout l'accent sur les barbaries qui ont jalonné l'histoire africaine comme celle de tous les pays du monde, et, en montrant le rôle des conquêtes arabes, il met en relief les acculturations successives qui infirment le mythe de l'âge d'or et des «valeurs nègres primitives».

Significativement, M. Condé devait ensuite s'attacher à présenter dans ses plus récents romans la situation des Noirs aux Antilles, voire en Amérique, en mettant l'accent surtout sur l'histoire et ses conséquences sociales, psychologiques, etc., en évitant – sauf peut-être dans *Tituba, sorcière noire de Salem*, où la sorcellerie est un peu trop liée à une spécificité nègre – toute approche mythique de la réalité noire : *Pays mêlé, La Vie scélérate, La Traversée de la mangrove*, etc.

TEXTE N°44

«Les morts ne meurent que s'ils meurent dans nos cœurs...»

Après son exécution par pendaison, Tituba, la «sorcière noire de Salem», a rejoint le monde des Esprits, ce qui ne lui interdit nullement, conformément aux mythes africains, la fréquentation de celui des vivants.

Et puis, il y a mon île[a]. Je me confonds avec elle. Pas un de ses sentiers que je n'aie parcouru. Pas un de ses ruisseaux dans lequel je ne me sois baignée. Pas un de ses mapoux sur les branches duquel je ne me sois balancée. Cette constante et extraordinaire symbiose me venge de ma longue solitude dans les déserts d'Amérique. Vaste terre cruelle où les esprits n'enfantent que le mal ! Bientôt ils se couvriront le visage de cagoules pour mieux nous supplicier. Ils boucleront nos enfants dans la lourde porte des ghettos. Ils nous disputeront tous les droits et le sang répondra au sang.

Je n'ai qu'un regret, car les invisibles aussi ont leurs regrets afin que leur part de félicité ait plus de saveur, c'est de devoir être séparée d'Hester[b]. Certes, nous communiquons. Je respire l'odeur d'amandes sèches de son souffle. Je perçois l'écho de son rire. Mais nous demeurons de chaque côté de l'océan que nous n'enjambons pas. Je sais qu'elle poursuit son rêve : créer un monde de femmes qui sera plus juste et plus humain. Moi, j'ai trop aimé les hommes et continue de le faire. Parfois il me prend goût de me glisser dans une couche pour satisfaire des restes de désir et mon amant éphémère s'émerveille de son plaisir solitaire.

Oui, à présent je suis heureuse. Je comprends le passé. Je lis le présent. Je connais l'avenir. À présent, je sais pourquoi il y a tant de souffrances, pourquoi les yeux de nos nègres et négresses sont brillants d'eau et de sel. Mais je sais aussi que tout cela aura une fin. Quand ? Qu'importe ? Je ne suis pas pressée, libérée de cette impatience qui est le propre des humains. Qu'est-ce qu'une vie au regard de l'immensité du temps ?

La semaine dernière, une jeune bossale[c] s'est suicidée, une Ashanti comme Abena ma mère. Le prêtre l'avait baptisée Laetitia et elle sursautait à l'appel de ce nom, incongru et barbare. Par trois fois elle essaya d'avaler sa langue. Par trois fois on la ramena à la vie. Je la suivais pas à pas et lui insufflais des rêves. Hélas, ils la laissaient plus désespérée, au matin. Elle a profité de mon inattention pour arracher une poignée de feuilles de manioc qu'elle a mâchées avec des racines vénéneuses et les esclaves l'ont trouvée, roide, la bave aux lèvres, dégageant déjà une odeur épouvantable. Un tel cas demeure isolé et elles sont bien plus nombreuses les fois où je retiens un esclave au bord du désespoir en lui soufflant :

– Regarde la splendeur de notre terre. Bientôt, elle sera toute à nous. Champs d'orties et de cannes à sucre. Buttes d'ignames et carreaux[d] de manioc. Toute !

Parfois, et c'est étrange, il me prend fantaisie de retrouver forme mortelle. Alors je me transforme. Je me change en anoli[e] et je tire mon couteau quand les enfants s'approchent de moi, armés de petits lassos de paille. Parfois je me fais coq guimbe[f] dans le pitt'[g] et je me saoûle de braillements bien plus que de rhum. Ah ! j'aime l'excitation de l'esclave à qui je permets de remporter le combat ! Il s'en va d'un pas dansant, brandissant le poing en un geste qui bientôt symbolisera d'autres victoires. Parfois je me change en oiseau, et je défie les « jeux de paumes » des garnements qui crient :

– Touché !

Je m'envole dans un frou-frou d'ailes et je ris de leurs faces déconfites. Parfois enfin, je me fais chèvre et caracole aux alentours de Samantha qui n'est pas dupe. Car cette enfant mienne a appris à reconnaître ma présence dans le frémissement de la robe d'un animal, le crépitement du feu entre quatre pierres, le jaillissement irisé de la rivière et le souffle du vent qui décoiffe les grands arbres des mornes.

Maryse Condé, *Moi, Tituba, sorcière noire de Salem*, Paris, Mercure de France, 1986, pp. 270-272.

---

a. Tituba était originaire de Barbade. – *b.* Blanche accusée d'adultère, compagne de prison de Tituba, qui s'était suicidée dans sa cellule. – *c.* Négresse récemment arrivée d'Afrique. – *d.* Mesure de superficie autrefois couramment utilisée aux Antilles. – *e.* Petit lézard vert qui, en colère, gonfle une espèce de fanon, appelé « majolé » en créole (ici : le couteau). – *f.* « Coq game » ou coq de combat. – *g.* Arène où ont lieu les combats de coqs.

IV. Les choix stylistiques de la négritude

On notera, et c'est d'importance, que la négritude n'a nullement opéré de révolution linguistique, qu'à aucun moment l'usage du français n'a été remis en question, bien au contraire, Césaire et ses épigones mettant un point d'honneur à pratiquer le français le plus recherché, parfois même aux limites de la préciosité. Pas question de recourir au créole (qui certes peut apparaître en filigrane comme chez tout créolisant, Saint-John Perse par exemple, mais de façon totalement involontaire), encore moins à un français martiniquais, guyanais ou guadeloupéen. Le choix d'une prosodie libérée ne s'accompagne nullement d'un relâchement linguistique, pas plus que la thématique révolutionnaire ne s'accompagne de la promotion de la langue vernaculaire.

Les raisons en sont multiples. D'une part les poètes de la négritude tout autant et peut-être plus qu'à leurs compatriotes s'adressent au public métropolitain, blanc, et veulent soutenir au moyen de leur art, de leur aptitude à maîtriser la langue même du colonisateur, leur revendication égalitaire. D'autre part, prisonniers d'une sorte de mouvement pendulaire qui, pour compenser les attitudes « bovarystes » antérieures, les conduit à privilégier l'Afrique, ils demeurent extravertis et se désintéressent de la créolité.

Il y a plus profond : rêvant d'authenticité nègre, de l'Afrique des origines, ils ne sauraient s'accommoder de leur monde marqué du sceau de l'esclavage et du traumatisme de l'exil. La langue créole, bien ambiguë, langue des maîtres tout autant que des esclaves, sans doute plus européenne qu'africaine, manque de pureté. À défaut de pouvoir comme Caliban crier sa négritude en langue yoruba (voir *Une tempête* d'Aimé Césaire), mieux vaut la crier en français: cela aura le mérite de ménager une audience internationale et d'éviter de verser dans une démagogie «populiste» aux relents indigénistes plus ou moins obscurantistes qui entérinerait en quelque sorte l'histoire esclavagiste des Antilles au lieu d'œuvrer, par l'instruction, à l'émancipation des masses populaires.

Chapitre 5

L'antillanité

Tout en reconnaissant la vertu psychologique désaliénante de la négritude, F. Fanon avait dès 1950 dans *Peau noire, masques blancs*, souligné son caractère mythique (le « mirage noir »). À sa suite, divers écrivains, notamment Édouard Glissant[1], vont réactiver une autre idéologie, chronologiquement antérieure à la négritude mais jusqu'alors essentiellement politique : l'antillanité. Celle-ci va féconder toute une littérature.

I. L'idéologie

À l'exaltation de l'Afrique, à l'extraversion succède le recentrage sur l'île et, au-delà, sur l'ensemble antillais pour lequel on envisage, de façon il est vrai un peu théorique et assez irréaliste, une fédération dans un avenir aussi proche que possible.

Incontestablement l'antillanité, s'appuyant sur l'histoire et la culture particulière des îles, sur une « créolité » née du syncrétisme et du métissage, est une idéologie plus « réaliste » que la négritude. Elle est beaucoup mieux adaptée à la réalité humaine locale : les Blancs créoles, les Indiens, les Syro-libanais, tous les immigrés de races diverses qui peuplent les Antilles et qui ne se sentaient évidemment pas concernés par la négritude, vont pouvoir adhérer à un projet qui, loin de les exclure, les convie à prendre en main le destin de leur pays. Elle est aussi beaucoup plus satisfaisante sur le plan intellectuel, voire éthique, dans la mesure où elle évite – sans méconnaître les données raciales – la racialisation systématique et exclusive des problèmes culturels et politiques. Rien ne met mieux en évidence d'ailleurs les risques de dérapage séparatiste inhérents à la négritude que l'apparition, dans son sillage et par réaction contre elle, d'une idéologie de l'indianité, cherchant à valoriser la culture indienne importée par les immigrants coolies et dont on trouve l'écho notamment dans les œuvres d'Ernest Moutoussamy* (*Il pleure dans mon pays*, 1979) et de Michel Ponnamah (*La Dérive de Josaphat*, 1991).

Ernest Moutoussamy (né en 1941)

Homme politique et écrivain guadeloupéen, d'origine indienne, défenseur de l'indianité, auteur d'*Il pleure dans mon pays* (roman, Fort-de-France, Désormeaux, 1979), *Cicatrices* (poésies, Paris, Présence du Livre caribéen, 1985), *Aurore* (roman, Paris, L'Harmattan 1987), *Chacha et Sosso* (roman, Paris, L'Harmattan, 1994).

1. Voir Notice *infra*, p. 296.

Selon la perspective tracée par Fanon, l'antillanité échappe au travers essentialiste et par conséquent passéiste de la négritude. Elle tend à subordonner la résolution des problèmes actuels à celle du problème politique, et prône avant toute chose la libération nationale, propice au libre développement de la créolité jusqu'alors paralysée par la dépendance politico-culturelle. Cette libération de toutes les îles de la tutelle de leurs métropoles respectives est le préliminaire indispensable à la seconde étape qui devra conduire à la réunion de toutes les îles dans le même ensemble fédératif ou confédératif. On notera que l'antillanité se développe surtout dans les années soixante, au moment et au lendemain de la guerre d'Algérie, de l'accession à l'indépendance des pays africains francophones et surtout de la consolidation de la révolution cubaine sous l'égide de Fidel Castro. Cuba, qui devait par la suite décevoir bien des espoirs en s'intéressant en priorité à l'Amérique latine (hispanophone et plus blanche que la plupart des Petites Antilles), a néanmoins durant longtemps servi de référence aux indépendantistes de la Caraïbe.

II. Les écrivains fondateurs de l'antillanité

Le premier ouvrage littéraire d'importance à illustrer cette idéologie, à lui donner corps, est *La Lézarde* d'Édouard Glissant, prix Renaudot 1958. Le roman a pour thème l'action révolutionnaire de quelques jeunes Martiniquais au lendemain de la guerre. Par la suite, l'écrivain allait en quelque sorte donner corps à son idéologie en sondant l'histoire antillaise, en montrant comment se sont façonnées l'âme, la culture créoles. Une série de romans vont ainsi poursuivre une sorte d'introspection collective : *Le Quatrième Siècle* (1964), *Malemort* (1975), *La Case du commandeur* (1981), *Mahagony* (1987), etc., en montrant comment la vitalité d'une collectivité a pu être constamment brimée par la sujétion économique et politique, par l'aliénation culturelle, par ce que l'écrivain finira par nommer une «colonisation réussie», entendons par là une colonisation qui a fini par s'imposer de l'intérieur aux intéressés. La formule a fait couler beaucoup d'encre. Précisons que son réalisme n'implique évidemment nullement l'adhésion de l'auteur au processus qu'il décrit et persiste à dénoncer. Elle explique malgré tout l'amertume qui domine les divers ouvrages et corrode singulièrement la confiance épique des premiers romans.

---TEXTE N°45---

«En un tel soleil repose le cœur obscur des hommes»

La Lézarde est le récit de l'enracinement progressif d'un peuple dans sa terre, une terre où il a été déporté et qu'il doit peu à peu faire sienne. La méditation sur la splendeur du paysage fait surgir le sentiment d'un scandale : celui de la misère et de l'injustice dont est victime le prolétariat agricole.

Cette chaleur occupe toute force, impose chaque front, nourrit, apaise. Il semble que le jour ait une traîne imperceptible, un épaillage de moissons à tout moment recommencées ; il semble que jamais ne tarira cette réserve de fécondités. L'homme doucement recule, il sonde (sans connaître qu'en cette façon il agit, perdu là parmi les rêves qu'autour de lui ont levés les palmistes, les filaos peignés par le vent amer, les oiseaux siffleurs), il sonde dans la nuit qu'il enfante, et voici, un songe plus ardent que tous les rêves d'alentour lui vient, un fort relent de piments noirs, un battage torrentiel. Ce n'est pas là une menée consciente ; mais à mesure que les champs labourés se couvrent de cannes (toujours de cannes), l'homme affamé se souvient d'une plus haute faim, parmi des terres stériles ou profondes, qui lui parlaient. À mesure que les cannes poussent (jusqu'à dépasser la tête d'un homme) le travailleur frustré regarde ses enfants au ventre lourd, nourris de fruits à pain (mais de fruits verts) et pense, tout au fond, à une plus haute misère, dans des forêts lointaines, révolues. Alors il crie, et rudoie les enfants. Il boit de l'eau à la barrique (on voit scintiller jaune et vert un peu de soufre au fond de l'eau) et hèle : «Oh ! femme ! ces enfants sont des démons.» Et les enfants hurlent, ne comprenant pas. Non, ceci n'est pas une vérité assurée, comme de celles qui font dire à propos de celui qui les énonce doctement : «Il a appris tout cela dans les livres.» Mais à mesure que les cannes mûrissent, quand les enfants n'y tenant plus s'échappent à la tombée du jour, loin de la case, et vont chaparder un bon bout, au risque de se faire attraper et cravacher par un commandeur[a] (ou, pire, un géreur à cheval), et ils sucent le bâton de mort, plus sucré déjà que le café du matin, et ils s'arrachent les lèvres sur l'écorce, et ils s'engour-

dissent les mâchoires, trompant ainsi la faim, oui, à mesure que les cannes inexorablement mûrissent, le maudit des récoltes sempiternelles doucement s'en va dans une révélation recommencée, dans une récolte nouvelle et séculaire, et sans le savoir, debout là contre la tôle de la cabane, il entre dans la vérité de son soleil.

Ainsi un peuple lentement revient à son royaume. Et qu'importe de dire déjà : où, et comment ? Ceux qui, enfin, reviennent le savent bien. Ils connaissent la route, et qu'importe de dire : voilà, ils sont partis de tel endroit, et c'est ici qu'ils furent débarqués ? Le temps viendra de marquer le port, et le débarquement. Ceux qui, pendant des siècles, furent ainsi déportés (et ils ont conquis cette nouvelle nature, ils l'ont peuplée de leurs cris retrouvés), ils diront une grande fois le voyage, oh ! ce sera une clameur immense et bonne sur le monde. Pour aujourd'hui, ils lèvent la tête, et se comptent. Ils sont une nouvelle part du monde, ils ont glané partout, ils portent le ferment universel. Et si, accoudé à la case, l'homme obscurément se nourrit d'une autre cassave[b] (lointaine) c'est bien afin de retrouver ici (par l'aliment du songe) l'ailleurs qui est le sien, et de trouver en cet ici toute saveur et toute liberté. C'est afin que l'ici lui appartienne tout cru ; – mais ceci n'est pas une démarche consciente.

Édouard Glissant, *La Lézarde*,
Paris, Éditions du Seuil, 1995, pp. 50-51.

a. Autrefois, responsable d'un «atelier» d'esclaves, détenteur du fouet, symbole de sa toute-puissance. Par la suite, chef de travaux. – b. Galette de manioc (tradition amérindienne) consommée par les petites gens qui ne pouvaient s'acheter du pain.

──────── TEXTE N°46 ────────

« Nous sommes fils de ceux qui survécurent »

Après la « Découverte », et la conquête des « Indes occidentales », vient le temps de la vraie prise de possession de l'île, d'essence féminine, par ceux qui sont devenus ses vrais amants : les Nègres esclaves transplantés d'Afrique.

LXII

Le vent dévole des volcans, ô vent, ô cavale des terres ! et l'esprit n'a plus de souffle qui ne soit

Souffle de laves, de tourmentes, souffle de bouches impunies et de récoltes d'incendie !

Mais l'homme sait alors où est le Nord et où la Mort de son histoire…

Il est une Inde qui finit quand le réel brosse son poil ardu ; terre du rêve.

Elle cède à ce qui vient, souffrance ou joie, qui est multiple sur l'argile,

(À mi-chemin des races, les brassant).

Du rêve là décrit a procédé un haut terrain, qu'il faut décrire,

Sa richesse est de nommer chaque ferment et chaque épi…

Terre née d'elle-même, pluie des Indes assumées.

LXIII

Femme, pourtant ceux qui ont mis sur ton visage la trace de leurs bouches.

Ils s'assemblent dans la clairière, jurant fidélité au jour et à la nue,

Qu'ont-ils besoin de cette voix où je m'efforce, de la neige de ce chant,

Sinon que toute sève a consenti à leur office, et qu'aux forêts où je pénètre maintenant

Le feuillage prochain tremble à la pointe de ce souvenir ?

Ils ont, de cette orée de bois, fait une plage, entre l'épine et les taureaux.

Leur marée est d'aubier futur, où quelle Inde frémit ?

LXIV

Et voyez, par-delà les bois, d'autres qui tremblent doucement,

Craignant d'oser ou d'approcher les dieux du feu et de la nuit.

Ô dans les siècles de ces siècles, ces autres qui portèrent le fourrage à la litière de leurs maîtres, acceptant

Avec des mots fertiles en crachats, des mots de boue, le vieux serment de ne pas être,

Sinon comme un sarcasme, ou une ride sur la mare à l'heure où d'autres se lavaient !

Ceux-là, pour eux enfin la clairière s'ouvrit, et on connut qu'elle est le temple

De tes fils, ô Liberté, de tes gardiens durant ce temps, pendant que femme tu reposes sous la branche,

Et que l'oiseau paradisier replie ses lames de brasier.

Édouard Glissant, *Les Indes (1955-1960)*, in *Poèmes*,
Paris, Éditions du Seuil, 1965, pp. 159-161.

Réalisme magique : esthétique prônant la prise en considération dans la peinture du réel antillais de l'imaginaire et du merveilleux collectif dans une perspective « engagée ». Sous des noms divers (« realismo mágico » chez le Guatémaltèque Miguel Angel Asturias, « real maravilloso » chez le Cubain Alejo Carpentier, « réalisme merveilleux » chez le Haïtien Jacques-Stéphen Alexis) cette esthétique est au cœur du « baroque » américain.

Malgré des divergences de détail on peut rattacher à ce courant de l'antillanité plusieurs auteurs qui, jugeant la négritude trop racialisée et insuffisamment révolutionnaire, lui ont substitué des mots d'ordre plus radicaux inspirés à la fois de Fanon, de l'exemple cubain ou latino-américain et de la solidarité caribéenne. C'est le cas du poète guadeloupéen Sonny Rupaire (*Cette igname brisée qu'est ma terre natale*, 1973), du dramaturge martiniquais Daniel Boukman (*Chants pour hâter la mort du temps des Orphée ou Madinina île esclave*, 1967 ; *Les Négriers*, 1978 ; *Ventres pleins, ventres creux*, 1971), et surtout de divers auteurs particulièrement ouverts sur le monde hispanophone, le poète martiniquais Alfred Melon-Degras (*L'Habit d'Arlequin*, 1974 ; *Soleils de toute liberté*, 1980, etc.), et les romanciers également martiniquais, Xavier Orville (*Délice et le fromager*, 1977 ; *Le Marchand de larmes*, 1985 ; *La Tapisserie du temps présent*, 1979 ; *Laissez brûler l'Aventurcia*, 1991) et Vincent Placoly (*La Vie et la mort de Marcel Gonstran*, 1971 ; *L'eau-de-mort Guildive*, 1973 ; *Frères Volcans*, 1983, etc.), nettement influencés par le « réalisme magique »* des Latino-Américains.

III. La généralisation de l'antillanité

Que ce soit dans son acception restreinte – l'enracinement dans l'île – ou dans son acception la plus large – le vœu d'une union caribéenne –, l'antillanité comme dépassement logique de la négritude devait insensiblement s'imposer à la quasi totalité des écrivains martiniquais et guadeloupéens, voire guyanais – Elie Stephenson*, par exemple, met implicitement en œuvre une «guyanité» témoignant de la même volonté de recentrage, de prise en compte de la pluriethnicité et de la multiculturalité de son pays.

Compte tenu de la mentalité locale et des querelles de personnes, beaucoup n'ont pas explicitement repris le mot, trop lié à Édouard Glissant, auquel ils auraient semblé faire allégeance. Sans doute aussi, marqués pour la plupart par la négritude, reconnaissants envers Césaire de son acte fondateur, n'ont-ils pas voulu paraître s'opposer trop nettement à ce dernier. C'est tout naturellement que la plupart des écrivains, sans brandir d'étiquette, ont illustré dans leurs œuvres leur souci d'enracinement local, leur créolité – au sens large du terme – et, pour certains, leur souci de prendre en compte leur environnement caribéen, voire américain.

1. Bertène Juminer

C'est ainsi par exemple qu'après avoir publié un ouvrage nettement négritudiste (*Les Bâtards*, Paris, Présence africaine, 1961), Bertène Juminer dans *Au seuil d'un nouveau cri*, placé sous le signe de Frantz Fanon, est passé de la thématique raciale à la thématique révolutionnaire et indépendantiste, avant de se lancer, avec *La Fraction de seconde* (Paris, Éditions caribéennes, 1990), dans une sorte d'inventaire de la créolité, d'apologie de la culture antillaise menacée de disparition par l'assimilation et la «substitution de population» découlant du tourisme et de l'émigration. Sa satire de la société dite «de consommation» n'est pas sans rappeler le diagnostic tout aussi alarmiste que portait Édouard Glissant sur la réalité martiniquaise à l'époque de *Malemort* (1975, voir texte n°47) et du *Discours antillais* (1981).

**Élie Stephenson
(né en 1944)**

Écrivain guyanais, auteur d'*Une flèche pour le pays à l'encan* (Paris, P.-J. Oswald, 1975), *Catacombes de soleil* (Paris, Éditions caribéennes, 1979), *Terres mêlées* (Paris, Akpagnon, 1984), *O Mayouri* (Paris, L'Harmattan, 1988), *Comme des gouttes de sang* (Paris, Présence africaine, 1988).

---TEXTE N°47---

La terre abandonnée

«Parce que tu as peur de la terre. Parce que pourquoi travailler?
Souvenir depuis l'antan.
La terre trop raide. Plonger la main.
Tu préfère la main d'aumône.
Mais prendre la houe par toi-même.»

(puis, récitant sa prière:)

Pace ou pè tè-a. Pace pouki travaille.
Cé tè en têt' dépi lantan.

Tè-a tro raid'. Lanmin plongé.
Ou préféré lanmin longé.
Mé longé lanmin'ou pou houé.

Voulant dire que s'il avait ainsi réparti les lots selon le mérite minutieusement calculé de chacun ce n'était pas pour partager des carreaux[a] ni séparer ni accorder privilège mais pour avoir courage d'assembler autour de la rivière La Tête les corps éparpillés de tant qui avaient depuis si longtemps perdu jusqu'au désir de ce qu'on peut faire pousser dans une terre, nasser[b] dans une rivière, forger dans un boucan[c].

(Parce que, dit-il.)

« Petit-pré fermé. Long-pré fermé. Soudon fermé. Petit-Bourg fermé. Grand-Bourg fermé. Case-Pilote fermé.

« La fumée morte. La terre tombée dans l'eau. L'eau montée dans le sable. Le sable accouru dans la terre.

« La Palun fermé. La Médaille fermé. Fonds massacre fermé. Les Trois Roches fermé. Eaux-découpées fermé. Fonds gens libres fermé. Fonds Mabi fermé.[d] »

Voulant dire : les fantômes de ferraille abandonnés au détour des chemins, avec les chaudières pathétiques aux rivets rouillés, les treuils désarticulés, les tôles pourries tombant dans la terre, l'essaim bleu des plastiques à bananes au long des traces, comme pour peinturer un fond de riche déchet sur quoi masser les nouveaux entassements de ciment verrouillés de lames de verre, les cubes de béton à trafic intense, les parkings surpeuplés, les tours à étages, les hôtels carrés dans les hauts de plage, les sociétés SO MI DO VAG DE RAG ME SI DAM CA MAG REM NO PAM plus tassées que titiris, avec les ingénieurs dactylos pigistes chefs de tracteurs spécialistes et spécialisés frais débarqués sur les mêmes plages, et les sièges centraux où où où où

L'ingénieur était calme il rabâchait monsieur Médellus c'est la loi vous ne pouvez rien toute cette terre a été réquisitionnée la SOMIVAG est une société mixte nous travaillons pour la promotion du tourisme c'est-à-dire pour le bien de tous chacun aura un logement nous viabilisons voyons soyez raisonnable vous avez été arrêté il y a six ans déjà vous avez fait de la prison vous ne pouvez pas déclarer ce chemin territoire international voyons qu'est-ce que cela veut dire exterritorialité la SOMIVAG société de mise en valeur des Antilles-Guyane a son siège central en Métropole je viens de Métropole je ne suis qu'un exécutant ces messieurs les gendarmes sont venus m'accompagner ne me forcez pas à faire appel à eux – pensant bon dieu toutes ces simagrées pour un vieux négro il n'y a qu'à lui foutre en l'air sa cabane il verra s'il a une décision de l'Assemblée générale des Nations j'ai mon plan à respecter moi.

Les portées d'herbe qui attendaient si visiblement les engins déracineurs – une herbe qui n'était ni la savane à bœufs ni la rase vert-pâle des cabris au sud ni la mer des profonds où traînait la rivière – une herbe en nœuds et plaques courant à travers un pays laminé où plus un détour ne te donne la frissonnée – « les herbes, disait-il, c'est les cheveux de la terre : plus tu coupes, plus ça repousse » – « Zeb cé chivé la tè » – une herbe pourtant déjà marquée pour la pierraille des allées ou le granit des marches d'escalier à flanc des villas – et sur ce paysage perdu grossissait en grisaille la pluie, plus enveloppante qu'un linge de ténèbre, chaque goutte tombée comme un soleil déclinant, dans un infini d'arrière-monde.

Édouard Glissant, *Malemort*,
Paris, Éditions du Seuil, 1975, pp. 204-206.

---

a. Unité de surface. – b. Prendre à la nasse. – c. Feu. – d. Tous ces noms sont ceux d'usines (sucreries) fermées.

2. Maryse Condé

C'est ainsi que Maryse Condé, hostile il est vrai depuis toujours non seulement à la négritude essentialiste de Léopold Sédar Senghor, mais également à la négritude d'Aimé Césaire jugée « bourgeoise » et faussement nationaliste, a poursuivi sa peinture de la diaspora noire aux Antilles et aux Amériques en mettant l'accent sur la réalité locale, les caractéristiques propres des peuples créoles nés de l'esclavage et de l'univers des plantations.

Certes, l'obsession de l'Afrique, la terre d'origine, est toujours présente, ne serait-ce que de manière fantasmatique dans *Les Derniers Rois mages* (Paris, Mercure de France, 1992), où il est question de la descendance de Béhanzin* aux Antilles, ou dans *La Colonie du nouveau monde* (Paris, Robert Laffont, 1993) qui nous décrit une secte prônant un retour à l'Afrique, mais l'accent est mis surtout sur la condition des descendants d'Africains aux

Béhanzin (1844-1906)

Roi du Dahomey qui, après une longue et héroïque résistance aux troupes françaises, fut déposé par ces dernières et exilé en Martinique en 1894. Autorisé à quitter l'île en 1906, il se rendit à Alger où il mourut peu après son arrivée. Ses cendres ne devaient être rapatriées au Dahomey qu'en 1928, à la demande de son fils Ouanilo.

Antilles et en Amérique, sur leur misère à la fois matérielle et morale, sur la déréliction d'individus à la dérive dans un monde qui les a façonnés mais sur lequel ils n'ont toujours pas de prise. *La Traversée de la mangrove* est sur ce point, comme *Les Derniers Rois mages*, exemplaire. Quant à *La Migration des cœurs* (réécriture antillaise des *Hauts de Hurlevent*, d'Emily Brontë), c'est, avec un élargissement significatif à plusieurs îles de la Caraïbe, une analyse pertinente et passionnante de l'univers créole, des rapports entre les diverses races et des problèmes psychologiques qui en découlent. À la simplification négritudiste, au conflit entre Caliban et Prospero, a succédé la volonté d'analyse et de compréhension, le désir d'assumer la complexité d'un univers né d'une histoire bien particulière et d'en explorer les ressorts les plus cachés. Certes, la tonalité est dans tous ces ouvrages plutôt tragique. L'on n'y retrouve que très rarement l'espérance épique qui animait les premières œuvres d'Édouard Glissant, notamment *La Lézarde* et *Le Quatrième Siècle*, mais il faut saluer le parti pris de la romancière de ne pas verser dans un inventaire euphorique d'une créolité faussement triomphante : son objectif est de décrire son « monde tel qu'il est » (l'expression est du romancier Salvat Etchart*) avec une courageuse et parfois amère lucidité.

3. Simone Schwarz-Bart

Une autre romancière, la Guadeloupéenne Simone Schwarz-Bart* illustre également cette antillanité s'imposant tout naturellement à tout créole à qui la négritude a rendu par son cri et son intransigeance sa fierté de race.

Elle a elle-même rendu compte de son itinéraire personnel sous une forme allégorique dans son troisième ouvrage, *Ti-Jean l'Horizon* (1979). Dans ce récit de type initiatique, le héros, issu des contes créoles traditionnels, au terme d'une quête qui l'a conduit en Afrique et en Europe, deux mondes qui successivement l'ont rejeté, revient en Guadeloupe et par ce retour au pays natal, par cette créolité enfin assumée acquiert le pouvoir d'abattre enfin la « Bête » qui avait avalé le soleil et plongé l'île dans l'obscurité, bête dans laquelle on reconnaîtra sans peine l'allégorie du pouvoir colonial.

Ses romans antérieurs, le premier *Un plat de porc aux bananes vertes* (1967) écrit en collaboration avec son mari André Schwarz-Bart*, le second *Pluie et vent sur Télumée Miracle* (1972) sous sa seule signature, témoignent chacun à sa manière de ce recentrage, de cette insertion dans la créolité.

Maïotte, l'héroïne d'*Un plat de porc aux bananes vertes*, vieille femme exilée dans la froidure d'un hospice parisien, égrène au soir de sa vie les souvenirs de son enfance antillaise et se réconcilie avec son histoire, son histoire individuelle – marquée par l'apparente joie de vivre des Antilles mais aussi par de terribles traumatismes psychologiques –, et celle de ses aïeux, de tous les Guadeloupéens, puisqu'elle est la petite-fille de Solitude, la Mulâtresse héroïque qui lutta aux côtés de Delgrès* contre les troupes de Richepanse venues rétablir en 1802 l'esclavage en Guadeloupe.

Caliban et Prospero : personnages de *La Tempête* de Shakespeare (1610-1611) incarnant, dans la réécriture de celle-ci par Aimé Césaire (*Une Tempête*, Paris, Éd. du Seuil, 1969), le conflit à la fois culturel, psychologique et politique entre maître et esclave, colonisé et colonisateur.

Salvat Etchart (1927- 1985)

Romancier français auteur d'ouvrages inspirés par la Martinique : *Une bonne à six* (Paris, Julliard, 1962), *Les Nègres servent d'exemple* (Paris, Julliard, 1964), *Le Monde tel qu'il est* (Paris, Mercure de France, 1967), *L'Homme empêché* (Paris, Mercure de France, 1977).

Simone Schwarz-Bart (née en 1938)

Romancière et dramaturge guadeloupéenne : *Un plat de porc aux bananes vertes* (en collaboration avec André Schwarz-Bart – Paris, Éd. du Seuil, 1967), *Pluie et vent sur Télumée Miracle* (Paris, Éd. du Seuil, 1972), *Ti-Jean l'Horizon* (Paris, Éd. du Seuil, 1979), *Ton beau capitaine* (théâtre – Paris, Éd. du Seuil, 1987).

André Schwarz-Bart (né en 1928)

Romancier français, auteur du *Dernier des Justes* (prix Goncourt 1959), d'*Un plat de porc aux bananes vertes* (Paris, Éd. du Seuil, 1967) et de *La Mulâtresse Solitude* (Paris, Éd. du Seuil, 1972).

Louis Delgrès (1766-1802)

Officier mulâtre martiniquais qui préféra s'immoler avec ses derniers fidèles plutôt que de se livrer aux troupes napoléoniennes (voir Aperçu historique, *supra*, p. 95).

Quant à Télumée, la « Négresse si noire que bleue », elle affronte avec une telle force d'âme les coups du sort, la « fatalité » qui semble peser sur sa race que son entourage spontanément s'émerveille devant cette « Mère Courage » et lui attribue le surnom qui donne son titre à l'ouvrage : Télumée « Miracle ». Très significativement, l'héroïne, énonçant les principes qui l'ont toujours guidée, qui lui ont permis de surmonter les abandons, les trahisons, les deuils, toutes ces bourrasques qui ont failli l'emporter, cite trois préceptes africains (voir texte n°48). Une façon comme une autre de souligner que l'affirmation de sa créolité, loin d'être un reniement de l'Afrique est un hommage à sa vitalité. Comme le disait Guy Tirolien dans *Balles d'or* (Paris, Présence africaine, 1961, p. 46) : « Branche vive arrachée à l'arbre mutilé / J'ai repoussé plus dru sur le sol étranger »…

────── TEXTE N°48 ──────

La sagesse des ancêtres africains

La vie est bien difficile à L'Abandonnée, petit village guadeloupéen où Télumée passe ses premières années. Les habitants, habitués aux coups du sort, sont tenaillés d'une angoisse secrète. Aussi la mère, Reine Sans Nom, essaie-t-elle de protéger sa petite fille du pessimisme ambiant…

Cela arrivait surtout au bord de la rivière, le dimanche matin, durant la lessive de Reine Sans Nom, quand les femmes alentour se mettaient à rire, à rire d'une manière très particulière, juste de la bouche et des dents, comme si elles toussaient. Alors, dans la voltige du linge, les femmes bruissaient de paroles empoisonnées, la vie tournait en eau et dérision et Fond-Zombi tout entier semblait gicler, se tordre et se répandre dans l'eau sale, en même temps que les jets de mousse vaporeuse et brillante. L'une d'elles, une certaine dame Vitaline Brindosier, personne grasse et ronde, âgée, les cheveux blancs comme neige et les yeux pleins d'innocence, avait un talent tout particulier pour jeter le trouble dans les esprits. Quand les âmes devenaient pesantes, quand l'heure était à la dérision et à la nullité de la vie du nègre, Mme Brindosier secouait ses bras comme des ailes, victorieusement, et elle clamait que la vie était un vêtement déchiré, une loque impossible à recoudre. Et là-dessus elle ne se tenait plus de joie, riait, battait ses beaux bras ronds, ajoutait sur un ton doux-amer… ah, nous les nègres de Guadeloupe, on peut vraiment dire que nous sommes à plat ventre, ah, ah… Et les autres femmes avaient alors ce rire étrange, une sorte de toux brève, juste de la bouche et des dents, et soudain l'ombre descendait sur moi et je me demandais si je n'étais pas venue sur la terre par erreur, cependant que la voix de Reine Sans Nom se fai-

sait entendre, chuchotante, tout contre mon oreille… allons viens, Télumée, viens-t'en très vite, car ce ne sont là que de grosses baleines échouées dont la mer ne veut plus, et si les petits poissons les écoutent, sais-tu ? ils perdront leurs nageoires… Nous sortions précipitamment de la rivière, elle s'appuyant à mon épaule, et le linge empilé sur nos têtes, nous gagnions à pas lents la petite case de bonne-maman. Parfois elle s'arrêtait au bord du chemin, transpirante, et me regardant d'un air amusé… Télumée, mon petit verre en cristal, disait-elle pensivement, trois sentiers sont mauvais pour l'homme : voir la beauté du monde, et dire qu'il est laid, se lever de grand matin pour faire ce dont on est incapable, et donner libre cours à ses songes, sans se surveiller, car qui songe devient victime de son propre songe[a]… Puis elle se remettait en route, susurrant déjà une chanson, quelque biguine des temps anciens qu'elle modulait de façon très particulière, avec une sorte d'ironie voilée, destinée à me faire comprendre, précisément, que certaines paroles étaient nulles et non avenues, toujours bonnes à entendre et meilleures à oublier. Alors je fermais les paupières, et, serrant très fort la main de bonne-maman, je me disais que ça devait bien exister, une manière d'accommoder la vie telle que les nègres la supportent, un peu, sans la sentir ainsi sur leurs épaules, à peser, peser jour après jour, heure par heure, seconde par seconde…

En arrivant, nous étendions le linge sur les buissons environnants, et la journée finissait là-dessus. C'était l'heure où la brise se lève, monte doucement la colline, gonflée de toutes les odeurs qu'elle a ramassées en chemin. Grand-mère prenait position dans sa berceuse, au seuil de la case, m'attirait contre ses jupes et, soupirant d'aise à chaque mouvement de ses doigts, entreprenait tranquillement de me faire les nattes. Entre ses mains, le peigne de métal ne griffait que le vent. Elle humectait chaque touffe d'une coulée d'huile de carapate, afin de lui donner souplesse et brillant, et, avec des précautions de couseuse, elle démêlait ses fils, les rassemblait en mèches, puis en tresses rigides, qu'elle enroulait sur toute la surface de mon crâne. Et ne s'interrompant que pour se gratter le cou, le haut du dos, une oreille qui la chagrinait, elle modulait finement des mazoukes lentes, des valses et des biguines doux-sirop,

car elle avait le bonheur mélancolique. Il y avait Yaya, Ti-Rose Congo, Agoulou, Peine procurée par soi-même et tant d'autres merveilles des temps anciens, tant de belles choses oubliées, qui ne flattent plus l'oreille des vivants. Elle connaissait aussi de vieux chants d'esclaves et je me demandais pourquoi, les murmurant, grand-mère maniait mes cheveux avec encore plus de douceur, comme si ses doigts en devenaient liquides de pitié.

Simone Schwarz-Bart, *Pluie et vent sur Télumée Miracle,* Paris, Éditions du Seuil, 1972, pp. 50-52.

---

a. Il s'agit là, selon S. Schwarz-Bart elle-même, de préceptes sénégalais.

─────── TEXTE N°49 ───────

« Être une femme sur la terre… »

Dans la confusion de mon cœur, je pressentais obscurément que la clairière là-haut était piégée, mais elle m'aveuglait, m'attirait malgré moi. Et comme je me précipitais, courais maintenant à travers monticules et fondrières de boue, toutes choses devenaient éblouissantes, parées de la lumière qui descendait de Bois Riant. J'allais comme en un rêve, dans l'odeur des plantes en décomposition. Une rivière coulait au pied du mont où se tenait l'échafaudage d'Elie et de son ami Amboise. Je descendis la pente glissante et chassant quelques feuilles, je baignai une dernière fois mes yeux qui s'étaient remis à pleurer, je ne savais pourquoi, depuis quelques instants. L'eau stagnait par endroits, autour de roches verdâtres, mais plus loin elle reprenait son cours, ruisselait à nouveau, claire, transparente. Penchée sur mon image, je songeai que Dieu m'avait mise sur terre sans me demander si je voulais être femme, ni quelle couleur je préférais avoir. Ce n'était pas ma faute s'il m'avait donné une peau si noire que bleue, un visage qui ne ruisselait pas de beauté. Et cependant, j'en étais bien contente, et peut-être si l'on me donnait à choisir, maintenant, en cet instant précis, je choisirais cette même peau bleutée, ce même visage sans beauté ruisselante. Plus haut, entre les troncs des mahoganys, j'aperçus l'échafaudage des scieurs. Elie était sur la plate-forme et le nègre Amboise se tenait au sol, les jambes écartées, cependant que la lame dentelée montait et descendait dans un nuage de sciure. Je m'assis à distance et contemplai les deux hommes en sueur, Amboise, grand arbre sec et noueux qui avait déjà jeté ses fruits, et mon Elie au torse mince, aux attaches encore

indécises de l'enfant que j'avais rencontré, quelques années plus tôt, sur le bord de la rivière. Un long moment s'écoula dans cette joie. Les planches chutèrent, et se tournant tranquillement vers moi Elie sourit, une lueur craintive dans ses yeux.

— Ce n'est pas bien, dit-il enfin d'une voix qui se forçait à la gaieté, ce n'est pas bien de regarder les gens dans le dos, mademoiselle Télumée Lougandor. Sais-tu que j'ai immédiatement senti ton odeur, dans la brise ?

Sur ces mots, l'homme Amboise tourna vers moi son visage de nègre rouge, aux rides profondes et aux yeux inquiets, perçants, qui s'attardèrent un long moment sur ma silhouette et puis se détournèrent, comme saisis d'une gêne étrange. J'avais eu l'impression, un court instant, que ce regard était descendu jusqu'au fond de mes boyaux. Mais déjà l'homme Amboise feignait l'indifférence.

— Ouaille, dit-il à Elie d'une voix traînante, voilà que certains hument des odeurs dans la brise…

Et saisissant sa chemise au passage, le nègre rouge s'engagea sur le chemin d'où je venais, dévala la pente sans bruit, disparut.

— Je suis là à te boire des yeux, dit Elie, et je ne t'ai même pas saluée…

— C'est à toi de parler, je ne suis pas l'homme…

— Tu veux que je te parle, Télumée, mais tu sais bien tout ce qui se passe dans mon cœur…

— Le couteau seul sait ce qui se passe dans le cœur du giraumon…

Ibid., pp. 116-117.

Ce sol, étranger au départ, ne l'est plus pour Télumée pour qui l'île est le seul horizon : « Le pays dépend bien souvent du cœur de l'homme : il est minuscule si le cœur est petit, et immense si le cœur est grand ». Nul désir, nulle mythification de l'Ailleurs. C'est par l'harmonie profonde qui relie ses personnages à leur univers (même si cet univers est un univers de souffrance), c'est par la poésie – une poésie qui repose en grande partie sur un langage métaphorique inspiré du créole –, que Simone Schwarz-Bart, apparemment allergique aux discours militants, affirme un nationalisme tranquille. De même elle choisit dans son unique pièce de théâtre *Ton beau capitaine* (1987) de suggérer, par l'évocation poignante du drame d'un travailleur haïtien émigré en Guadeloupe, la solidarité qui devrait unir les peuples de la Caraïbe…

4. Daniel Maximin

Daniel Maximin
Romancier guadeloupéen, auteur de : *L'Isolé Soleil* (Paris, Éditions du Seuil, 1981), *Soufrières* (Paris, Éditions du Seuil, 1987), *L'Île et une nuit* (Paris, Éditions du Seuil, 1995).

Le cycle romanesque du Guadeloupéen Daniel Maximin* sur un mode certes plus intellectualiste, présente des caractéristiques similaires. Les personnages sont très différents : ce ne sont pas des gens du peuple, de la terre, mais des étudiants ou d'anciens étudiants, curieux de tout, de musique (notamment de toutes les musiques « américaines »), de littérature et de politique. Certains sont même tentés par l'écriture. Obsédés par la quête de leur identité guadeloupéenne, ils explorent le passé de leur île, l'histoire héroïque des marrons, de Delgrès, s'intéressent aux débats et aux combats contemporains, se passionnent pour Fanon, Angela Davis, et déplorent la situation qui est présentement celle de leur pays, apparemment passé à côté de son destin et englué dans une société de consommation qui parfait une séculaire aliénation. Néanmoins, c'est le même enracinement dans la créolité, dans la réalité locale et dans l'antillanité, ce dont témoigne le fréquent recours à l'intertextualité, signe d'une complicité, d'un dialogue entre les écrivains antillais issus du même univers culturel et confrontés aux mêmes sommations de l'histoire. Signe aussi qu'une vraie littérature est en train de naître puisqu'à des œuvres isolées succèdent des œuvres qui se font écho et sont implicitement destinées à un public informé, complice des créateurs.

IV. Les choix linguistiques et littéraires de l'antillanité

Cette « créolisation » plus ou moins marquée selon les auteurs se traduit par l'insertion de mots ou de tournures créoles clairement identifiés comme tels, mais aussi et surtout par une contamination de l'écrit par la parole, une parole créatrice qui, chez les plus talentueux, confère aux textes une efflorescence fastueuse de type baroque.

L'initiative en avait été prise par Joseph Zobel dans *Diab'-là* et *Les Jours immobiles* : déjà, il ne s'était pas contenté de créoliser le français des paroles « rapportées » (dans un souci d'« effet de réel », pour donner l'illusion en français de paroles créoles) mais avait adopté cette écriture pour le texte narratif lui-même. Cette initiative, alors très isolée, n'est plus désormais pour surprendre. On la retrouve à des degrés divers dans la plupart des œuvres contemporaines, celle de Xavier Orville, de Daniel Maximin ou même de Maryse Condé qui par prudence ou par respect de son public non antillais ou antillais non créolophone – celui de l'émigration – a cru bon d'accompagner parfois ses textes – *La Traversée de la mangrove* par exemple – de notes explicatives.

Cette créolisation en tout cas, chez ces auteurs, n'est nullement systématique. Ils profitent simplement de la disparition du tabou qui longtemps avait paralysé leurs compatriotes et les avait contraints à un respect absolu du français académique, pour adopter une langue plus souple, plus créative, plus pittoresque parfois et dans une certaine mesure plus apte à exprimer leur sensibilité créole, à traduire leur parole et celle de leurs compatriotes. Non que le français soit à leurs yeux aliénant – leur maîtrise parfaite et banale à la fois de cette langue leur permet de la plier à leurs désirs, de trouver en elle leur propre langage – mais il leur plaît de lui conférer une musique, un « accent » particuliers. Tout comme avait pu le faire par moments Saint-John Perse dans *Éloges* ou *Anabase*, avec un naturel excluant tout esprit de système.

Cet heureux climat de liberté, né d'un bilinguisme assumé désormais sans complexe, semble s'être détérioré avec l'apparition et l'imposition, principalement en Martinique, d'une idéologie nouvelle qui, bien qu'issue de l'antillanité, semble en avoir faussé l'esprit : la « créolité ». Ce qui n'était jusqu'alors pour les créateurs qu'une option parmi tant d'autres est devenu, pour des raisons essentiellement idéologiques, un impératif catégorique.

Chapitre 6

La créolité

Comme il y avait négritude et «négritude» (le fait d'être nègre d'une part et l'idéologie de la «négritude» d'autre part), il y a créolité et «créolité» (le fait d'être créole d'une part et l'idéologie de la «créolité» d'autre part).

L'idéologie de la «créolité» mérite évidemment d'être connue et analysée dans la mesure où elle prétend dicter sa loi à la création artistique.

I. L'idéologie

En 1989 paraissait aux éditions Gallimard sous le titre *Éloge de la Créolité* le texte d'une conférence donnée le 22 mai de l'année précédente à Saint-Denis, dans la banlieue parisienne, par trois Martiniquais, le professeur Jean Bernabé, spécialiste du créole à l'université des Antilles et de la Guyane, et les écrivains Patrick Chamoiseau et Raphaël Confiant[1].

Ce texte aux allures de manifeste peut être à première vue interprété comme un «Art poétique», comme une «démarche esthétique» prônant une approche plus précise, moins sélective du réel antillais («Réapprendre à visualiser nos profondeurs. Réapprendre à regarder positivement ce qui palpite autour de nous») et ce notamment en produisant un «langage» créole au sein même de la langue française.

Rien de bien nouveau à première vue, si ce n'est une certaine systématisation de ce qu'avaient déjà tenté pas mal d'écrivains: le renoncement à tout «fétichisme» linguistique, «l'usage libre, responsable, créateur, du français» notamment par la créolisation de ce dernier. Les deux romanciers signataires avaient d'ailleurs déjà publié, à la date de parution de l'*Éloge*, quelques textes qui, mettant ces principes en pratique, non seulement n'avaient pas particulièrement choqué mais s'étaient attiré beaucoup de compliments.

[1]. Voir Notices *infra,* p. 292 et p. 293.

Chamoiseau notamment s'était taillé un franc succès avec *Chronique des sept misères* (Paris, Gallimard, 1986) et surtout *Solibo Magnifique* (Paris, Gallimard, 1988). Quant à Raphaël Confiant, après avoir longtemps écrit exclusivement en créole, il venait de donner au public francophone *Le Nègre et l'Amiral* (Paris, Grasset, 1988).

Mais l'*Éloge de la Créolité* n'est pas qu'un art poétique. C'est fondamentalement, comme le montre le chapitre «Créolité et politique», une idéologie, en l'occurrence d'inspiration nettement nationaliste, que l'on entend substituer dans tous les domaines, littéraire, politique, à celle de la «négritude». Et comme toute idéologie («système d'idées conditionnant ou devant conditionner un comportement individuel et/ou collectif»), elle est par essence «totalitaire». Elle prétend dire ce qu'est la réalité créole, la culture créole et mettre en évidence une «identité créole» susceptible d'alimenter une ferveur nationaliste. Elle prétend surtout imposer aux intellectuels et aux artistes une démarche présentée comme la seule légitime.

Sans discuter le choix politique (parfaitement respectable), il faut bien voir qu'il structure un système conceptualisé qui, loin de ménager une quelconque liberté, multiplie les contraintes, ce que trahit ouvertement le style impérieux, pour ne pas dire comminatoire du manifeste et des gloses qui, notamment dans la presse locale, l'ont accompagné.

Si l'on s'en tient à la littérature (mais la «créolité» entend régenter tous les secteurs d'activité), on constate que l'écrivain se voit assigner une thématique obligée – l'inventaire des mœurs locales, des croyances populaires, la transposition romanesque d'une culture de comportement, la réécriture de l'histoire coloniale d'un point de vue «intérieur» (ce que les concepteurs appellent la «mise à jour de la mémoire vraie»), ainsi qu'une langue particulière en dehors de laquelle il ne saurait y avoir pour lui de salut. À défaut du créole pur – qui reste théoriquement l'idéal – ce sera le français «visité», «possédé» par la parole créole. L'excommunication pointe à l'horizon, confirmée par la lecture que font les auteurs de la littérature antillaise dans *Lettres créoles, tracées antillaises et continentales de la littérature, 1635-1975* (Paris, Hatier, 1991): il n'y a, avant la littérature de la «créolité», qu'une «pré-littérature» et seules les œuvres se conformant aux canons de la nouvelle idéologie seront en mesure d'édifier une littérature antillaise «authentique».

Il y avait là de quoi heurter la sensibilité de beaucoup d'Antillais qui, habitués certes à la critique de la littérature «exotique», n'étaient pas pour autant prêts à renier la littérature de la négritude, surtout pour valoriser en contrepartie, en tant qu'écrivain «créole», un Saint-John Perse.

À l'origine de tels «commandements» se trouve une conception très particulière de la littérature. Pour les théoriciens et praticiens de la «créolité», la création littéraire est le moyen par excellence de connaissance du réel, supérieur à tous les autres, y compris la démarche scientifique, historique, ethnologique, etc. C'est par la littérature, et plus particulièrement la littérature romanesque, que l'on mettra à jour la réalité créole, l'identité créole, que l'on dégagera l'histoire réelle des Antilles jusqu'ici masquée par l'histoire officielle. Renouant avec la mystification du «roman expérimental» cher à Émile Zola, les signataires de l'*Éloge* attribuent à leur imaginaire une vertu heuristique et s'érigent en «suprêmes savants». La «créolité» est présentée comme «le vecteur esthétique majeur de la connaissance de nous-mêmes et du monde».

Cette valorisation arbitraire et absolue de la création littéraire, investie d'une responsabilité politique majeure, explique l'intolérance dont font preuve les romanciers de la «créolité» envers tous ceux qui se risquent à émettre la moindre réserve à l'égard de leur mouvement.

Ces réserves méritent pourtant d'être examinées.

II. Les objections

En ce qui concerne la langue tout d'abord, beaucoup d'écrivains et de lecteurs antillais, échappant à l'engouement des critiques européens fascinés par le «frantillais», le français «pétillant», «juteux», «pétulant», «sémillant» des îles (sémillant pour qui?) ont fait remarquer que le médium linguistique n'avait pas en lui-même de vertus heuristiques. Après tout, les écrivains de la créolité l'ont eux-mêmes implicitement reconnu, en renonçant, comme Raphaël Confiant, à l'usage exclusif du créole «langue nationale».

On rappellera au passage que depuis quelques années les efforts des linguistes locaux, notamment dans le cadre du GEREC dirigé par Jean Bernabé, pour élaborer une graphie standardisée du créole, ont encouragé quelques poètes et romanciers ardemment nationalistes à écrire dans cette langue. Citons parmi les principaux le Guadeloupéen Sonny Rupaire (*Gran parade, ti-cou baton*, in *Cette igname brisée qu'est ma terre natale*, 1973), les Martiniquais Daniel Boukman (*Anba Fey*, 1987), Christian Boulard (*Chimin Libètè*, 1980), André Pierre-Louis, alias Monchoachi (*Bèl-bel zobèl*, 1978; *Nostrom*, 1982) et surtout Raphaël Confiant (*Jou baré*, 1980; *Bitaco-a*, 1985; *Marisosé*, 1987). Mais très vite l'évidence s'est imposée: non alphabétisés en créole, les créolophones ne peuvent lire ces textes qu'avec beaucoup de difficultés et leur diffusion reste confidentielle. D'où le changement d'attitude de R. Confiant qui, oubliant le temps où de façon quelque peu terroriste il «sommait» les écrivains antillais de ne plus «déserter leur langue», en est venu à publier en français créolisé, avec le succès que l'on connaît.

Si la quête d'identité est possible en français créolisé, rien ne dit qu'elle soit impossible en français tout court. D'autant que le français n'est plus vraiment depuis quelques années pour la plupart des Antillais une langue seconde, étrangère, à opposer au créole, langue maternelle, langue des «profondeurs»... Aux yeux de beaucoup, la conception selon laquelle le créole serait seul en mesure d'exprimer le réel antillais est anachronique, liée à une vision manichéenne – héritée de l'histoire coloniale – de la réalité linguistique des îles.

Les critiques ne portent pas seulement sur la créolisation du français en elle-même, mais sur l'usage, trop souvent ludique, qui en est fait. Sans être insensible à l'humour des auteurs, on peut voir là quelque contradiction avec les ambitions affichées.

En ce qui concerne l'identité créole proprement dite, les réserves ne sont pas moins nombreuses. Certes bien des propositions de l'*Éloge* sont non seulement séduisantes, mais riches de promesses. Par exemple le souci de prendre en compte une société pluriethnique (Blancs, Noirs, Indiens, Chinois, Syriens, etc.) et pluriculturelle, la volonté de rejeter le regard condescendant et folklorisant de l'Autre – l'Européen –, de ne pas mépriser la culture populaire («la littérature créole à laquelle nous travaillons pose comme principe qu'il n'existe rien dans notre monde qui soit petit, pauvre, inutile, vulgaire, inapte à enrichir un projet littéraire»). Mais les réalisations romanesques ont laissé perplexe, la plupart des textes prenant une allure folklorique et versant dans un pittoresque qui, trop souvent, rappelle les caricatures de la littérature coloniale. Les personnages mis en scène ont une vie intérieure plutôt réduite et paraissent sortis de bandes dessinées. Ils n'existent trop souvent que par leurs faits et gestes (notamment leurs exploits sexuels) et surtout par leur parole. Une parole qui paraît, comme le souligne avec humour Alain Bosquet, dispenser de toute réelle pensée: «Ce n'est pas être qui compte, en dernier ressort. C'est dire qu'on est. Je parle donc je suis: on pensera plus tard»...

Plus gravement encore, en contradiction avec la définition dynamique de la «créolité» pourtant clairement exposée dans le projet théorique, les textes littéraires ont une coloration plutôt passéiste. L'accent est mis sur les mœurs d'autrefois, dont on vit douloureusement la disparition. La «créolité» s'accommode mal d'une modernité qu'implicitement elle refuse, comme elle refuse la réalité présente des Antilles: des îles désormais ouvertes sur le monde, des populations bouleversées par les migrations contemporaines, aux coutumes et aux mentalités bien différentes de celles de la Martinique des années 50, de l'époque de l'amiral Robert ou de la Vierge du Grand Retour*. Tout en s'efforçant de visiter le passé, la «créolité» paraît ignorer toute dynamique historique. En ce sens, l'idéologie tend à se figer en mythe nostalgique, un mythe qui, si l'on se réfère à la définition de Pierre Barbéris, loin d'exprimer «les besoins d'une humanité coincée», chercherait plutôt à la figer.

La critique la plus sévère de la «créolité» a sans doute été formulée par celui sous l'égide duquel elle s'était elle-même placée: Édouard Glissant qui lui a justement opposé, dès 1993, un concept plus dynamique: la «créolisation». À ses yeux, il faut «inventer une autre trace que la revendication identitaire, il faut que nous soyons les inventeurs de nous-mêmes [...]. Je suis hostile à la créolité qui est une prison comme la latinité, la francité ou la négritude».

Vierge du Grand Retour : en 1948, une mission religieuse a promené dans toute la Martinique une statue de la Vierge (la Madone du Grand Retour) et drainé à cette occasion une foule de pèlerins considérable. Si l'on en croit certains polémistes, les fonds récoltés auraient fait l'objet de détournements frauduleux... R. Confiant en a tiré un roman passablement satirique, *La Vierge du Grand Retour* (Paris, Grasset, 1996).

III. Les œuvres relevant de la « créolité »

Si nous oublions l'idéologie pour considérer les œuvres qui forcément lui survivront, une remarque s'impose : elles sont d'un incontestable intérêt, voire pour certaines d'une grande qualité. Il saute aux yeux que les principes de la « créolité » ne sauraient à eux seuls garantir leur excellence. Néanmoins, si d'aucunes, écrites à la hâte, présentent une évidente fragilité, les procédés de la créolité (néologismes et paroles débridées) ne parvenant pas à masquer la faiblesse de l'intrigue, d'autres méritent d'être appréciées pour le style et l'imaginaire personnels mis en œuvre, révélateurs d'un authentique génie littéraire. Les distinctions obtenues (prix Goncourt pour *Texaco*, prix Novembre pour *Eau-de-Café*, plus quelques autres) le confirmeraient s'il en était besoin.

On ne saurait trop insister sur les qualités de style d'un Patrick Chamoiseau, la richesse stupéfiante de sa langue, et surtout sur son inventivité métaphorique.

Si les deux textes les plus volumineux *Chronique des sept misères* et *Texaco* souffrent de quelques lourdeurs, *Solibo Magnifique*, plus court et peut-être aussi plus flamboyant, est une source permanente d'étonnement et d'émerveillement. Tout à la fois roman, conte, pièce de théâtre, tragédie, comédie, farce, bande dessinée, ce chef-d'œuvre, aussi poignant que désopilant, nostalgique et roboratif, laisse le lecteur à la fois dérouté et ravi devant tant de nouveauté. La fresque historique et populaire de *Texaco* ne manque pas de souffle épique, même si le goût prononcé de l'auteur pour l'humour et pour les portraits plaisants, parfois caricaturaux, compromettent par instant le merveilleux qui donne au texte son sens et sa séduction.

TEXTE N°50

Cuisine amoureuse

Sidonise, qui vient d'apprendre la mort de Solibo – le maître de la parole –, se souvient...

Il était là quand j'ai acheté le requin, murmure Sidonise. Pas un requin sauvage qui mange les gens mais un bon requin-vache, lisse, à chair rose. Je ne l'avais pas vu depuis l'antan, et je vivais sans lui comme un oiseau vit hors d'un nid, avec les plumes ébouriffées, le sommeil contrarié. Avec Dalta, ça n'avait pas été bien loin, et je m'étais retrouvée seule à case, avec les enfants. Dalta était parti disant que mon cœur était trop plein de quelque chose pour quelqu'un d'autre, qu'il avait beau frapper à l'entrée rien ne sonnait à l'intérieur. Je n'avais rien dit, car Dalta avait raison. Solibo m'habitait de partout, on dit le cœur, le cœur, mais je crois bien qu'il habitait mon ventre aussi, qu'il habitait mes rêves, et que dans ma mémoire il avait tout dévasté, à dire un figuier maudit, assassin des alentours. Comment appeler ça ? Si quelque chose m'amusait, j'étais triste, cagoue[a], que Solibo ne soit pas là pour en rire avec moi. Lorsque la journée était belle, qu'aucun enfant n'était malade, que le jardin donnait bien, que les sorbets se vendaient mieux que de la viande salée, qu'en moi-même une vie montait, éclairait mes yeux, portait des chansons à ma bouche, j'étais malade que Solibo ne soit pas là pour en vivre avec moi. Alors je peignais la tristesse, je la coiffais dans tous les sens, j'y versais l'eau de mon âge comme dans ces plantes avares d'une fleur. Comment appelez-vous ça ? (On ne sait pas, Sidonise, on ne sait pas...) En plus je n'avais pas le courage d'aller le trouver, de me porter devant lui comme un bouquet cueilli, et lui dire : Solibo ho, ta négresse meurt sur elle-même… Je suis comme ça, mes cheveux ne sont pas des cheveux mais des lianes d'orgueil, et quand mon cœur étouffe, que je me sens couler, c'est à l'orgueil que je vis, que je mange, que je respire, comme ces voitures du temps de la guerre qui roulaient à l'alcool. Mais j'aimais bien, sans qu'il me voie, aller entendre ses paroles, et comme je ne savais jamais où il ouvrait la bouche, je me renseignais à gauche, à droite, offrant un sorbet à qui savait où entendre Solibo. Ah, Sucette, tu m'as soutiré des sorbets avec ça ! (Mais tes sorbets sont bons, Sidonise…) Alors quand je l'ai vu auprès du bateau où j'achetais mon requin, je lui ai dit : Solibo, écarte-toi pour que j'aille pré-parer mon touffé[b]… Hi, hi, c'était manière de lui dire : *Solibo, viens goûter le touffé de Sidonise…* Il m'avait bien comprise car je n'avais pas encore déposé mon sac de commissions, qu'il déboulait chez moi. J'étais contente, oui ! C'est lui qui a coupé la tête du requin, qui l'a vidé, qui l'a échaudé pour décoller la peau. Avec des gestes d'abbé à l'office, il avait disposé les morceaux de poisson dans la bassine de marinade. Il tentait de m'étourdir par ses paroles, mais je respirais son odeur, je frottais mon épaule contre son épaule, je le regardais par en dessous, heureuse comme une libellule sous la rosée. Faut dire aussi que je guet-tais le travail de ses mains, car Solibo est fort dans le manger ! Quand il t'avait préparé une daube ou une soupe d'habitant[c], tu risquais de te mordre chaque doigt tellement ta bouche battait ! (Oh, belle parole, Sidonise…) J'espionnais sa marinade avec des yeux pointus, je comptais les citrons

qu'il purgeait[d], ses poignées de sel, sa manière d'écraser le piment rouge et de tailler le vert, de pilonner le poivre, les gousses d'ail et l'huile avant de les ajouter. Mais après les oignons et l'eau tiède, quand un parfum de bénédiction fit chanter le poisson, je compris que Solibo m'avait encore couillonnée : sa marinade était restée secrète ! (Oh, il était vicieux, Sidonise…) Ensuite il a lavé le riz plus longuement qu'un caleçon, l'a mis sur le feu, puis l'a relavé au premier bouillon à la manière des Réunionnais. Là, je ne surveillais plus car pièce[e] bougre d'ici ne peut montrer à Sidonise comment manier du riz ! J'écoutais son babillage en sucrant un madou pour le punch. Puis nous avons siroté, entre des paroles inutiles, de temps en temps je lui disais que Dalta était parti, que j'étais seule, mais lui ne guettait que la vapeur du riz, le travail de la marinade qu'il remuait sans arrêt : Maria tu sens ça, Maria ?… La chair du requin aspirait les épices, des odeurs de coquillages allaient en montant. Nos trous-nez étaient ouverts à toutes et on laissait écumer la salive… Maria, ma commère, ferme la fenêtre, les voisins vont venir, rigolait Solibo. Il n'avait pas tort. Des nègres à gueule douce commençaient à rôder : *Bien le bonjour Man Sidonise, et la santé ?…*, et snif-snif par-ci, snif-snif par-là…, *Alors Mâame Sidonise, ça fait tellement long-temps que je ne t'ai pas vue, tu vas bien ?…* et ils allongeaient le cou snif-snif, snif-snif… Je fermais un œil et je les regardais de côté : Eh bien un tel, tu as rêvé de moi aujourd'hui, alors ?!…

Patrick Chamoiseau, *Solibo Magnifique*, Paris, Gallimard, 1988, pp. 114-116.

---

a. Abattue. – b. Sorte de ragoût. – c. Soupe de légumes. – d. Pressait. – e. Pas un.

———— TEXTE N°51 ————

Un héros populaire : le « Major » de quartier

Le quartier qui, en rade de Fort-de-France, tire son appellation de la proximité des réser-voirs de la firme pétrolière Texaco, est devenu un bidonville où se sont installés, autour de la narratrice Marie-Sophie Laborieux, quantité de gens misérables. Les femmes y sont les proies des marins en quête de distractions…

Pour regagner leur bateau, ils escaladaient le grillage du béké et traversaient Texaco-du-bas en débitant dans toutes les langues leurs impossibles visions. De mois en mois, ils prirent l'habitude de s'y arrêter, de frapper aux portes, d'ennuyer les madames-sans-hommes et les jeunes filles

curieuses sur le pas de leur case. Je dis « ennuyer », mais pas toujours car il y eut de belles affaires-cœur-blessé-par-ton-cœur dont attestèrent les angelots jaune-banane surgis parmi les négrillons de Texaco (tout comme au Morne Pichevin, Volga-Plage ou Sainte-Thérèse[a]). Des femmes amourachées s'envolèrent sur les pétro-liers, un peu comme l'Osélia de mon cher Esternome[b]. Il y eut aussi des comptes de fian-çailles échoués au bord d'un simple anneau (le fiancé pris par l'appel du large sitôt coucoune[c] pillée), mais qui furent des heures attendrissantes, dignes d'un bon Cinzano. Mais le plus souvent c'étaient des cris, des coups, des désagréments qui emplissaient nos nuits de stupeurs glaciales. Chaque pétrolier du mois complétait de ses affres la charge des céhêresses. Les hommes de Texaco protégeaient leur propre case, mais les cases sans hommes étaient livrées aux frénésies de marins soûls. Ils voulaient à toutes forces caresser l'habitante, lui faire chanter *Adieu foulards Adios madras*, voir ses yeux s'allumer sur leurs liasses de dollars, et attoucher ses petites chairs prises dans l'huile d'une envie. Qui était seule en case avec sa marmaille devait les échauder, exhiber ses ciseaux, sa bouteille d'acide, faire des crises de chabine[d]. Moi-même (située en hauteur, j'échappais aux assauts, l'alcool ne leur permettant pas d'équilibre au-dessus du niveau de la mer), je dus descendre avec de gros boutous-campêches[e], briser l'écale d'un dos. Une fois même, un marin m'expédia dans la mer. Je me grégis les jambes et revins sur la rive, pleine de piquants d'oursins qu'aucune chandelle ne sut extraire. Néolise Daidaine faillit, une nuit, subir l'ultime outrage. Elle ne dut son salut qu'à ses gros-pieds[f] épouvantables : les soûlards lui soulevant les quartiers pour forcer son ombrage, s'enfuirent en découvrant ses fûts de chairs congestionnées. Nous traînions cet ennui-là depuis une charge de mois quand le citoyen Julot révéla aux marins visionnaires qu'il était une gale.

Les marins, une nuit, s'attaquèrent à Marie-Clémence. Elle se trouvait tout au bas de la pente. Ils défoncèrent sa porte en chantant et commencèrent à la poursuivre. Ses cheveux de paille sèche, sa peau de mulâtresse, l'aura de son ancienne beauté firent que les marins dépassèrent la vagabonnagerie. Certains enlevèrent leur pantalon, et la talonnaient d'une égoïne dressée. Moi, saisissant mon boutou de campêche, je leur tombai dessus. J'eus le temps d'écrabouiller un nez, de gréser quelques graines[g] et disloquer un coco[h] de mulet pointé dans son sillage. Elle en avait déjà estropié deux ou trois elle aussi. Mais, trop nombreux, ils finirent par nous vaincre : nous ne pouvions plus que crier-à-moué comme des chèvres d'abattoir que l'on va défoncer.

Quelques lampes s'allumèrent dans les cases, des négresses en rage jaillirent, deux-trois bougres allongèrent un coutelas et se mirent à descendre. Mano Castrador, son vieux colt à la main, se mit à tirer en l'air en avançant comme Pat Garrett devant Billy the Kid. Mais les marins étaient méchants. Certains maniaient leurs bras comme des armes de fer. Ils mirent en déroute notre Texaco-du-bas et décimèrent régulièrement les vagues de secours de Texaco-du-haut. Avec Marie-Clémence, je me voyais déjà livrée à leur vicerie quand Julot débarqua dans l'affaire.

Le Major n'a pas peur de mourir. De le voir avancer sur soi est terrifiant. On a le sentiment qu'il vient chercher sa mort, et même (si c'est un grand Major) qu'il revient du tombeau. On a même le sentiment que le frapper ne sert à rien. Voir une vie qui accepte de mourir pétrifie toute vie. Julot avança donc sur les marins avec une main dans la poche arrière, à la manière rituelle des Majors. De plus, il avait rabattu sa chemise sur ce que nous savions être son coutelas mais qu'aucun des marins ne voyait. Il fendit la foule de Texaco et avança tranquille sur le champ de bataille, le regard ennuyé, le sourcil à peine noué. Les marins qui, magnétisés par son aura de mort, le laissèrent passer, furent ignorés ; mais il y en eut un, pas très informé de la vie, qui le retint par le bras, avec l'idée de le renvoyer en charpie dans sa case. Ce fut pour ainsi dire *dommage*. Qui n'a pas vu un Major frapper ne doit jamais demander ça. Moi, sachant ce qui allait se produire, je fermai les yeux.

Un silence coinça la nuit. Un silence très ancien. Malgré moi, j'ouvris les yeux pour voir ce que j'avais déjà vu aux Terres-Sainville et que je n'aurais pièce-pas[i] aimé revoir. Le bras du marin fut voltigé par la main devenue blanche de Julot. On vit monter au ciel une sorte de jet d'encre. Le temps de voir ça, Julot avait déjà frappé le pauvre bougre quatorze fois en montant, autant en descendant. Mais quand je dis frapper, c'est plus salope que ça. C'est *défolmanter*. Dé-fol-man-ter. Quand le Major frappe, il y a dans ses gestes tant de fatalités, tant de décision, tant d'irrémédiables, qu'on a le sentiment d'une injustice quel que soit le motif de son intervention. Les autres marins perçurent la chose et se trouvèrent d'un seul coup dessoûlés. Ils s'enfuirent à quatre pattes en direction de leur chaloupe, puis de leur pétrolier. Place nette en un moment.

Julot, tout en guettant leur fuite, continuait à frapper l'imprudent qui n'était plus qu'un chiffonnage. Nous étions pétrifiés. Julot s'arrêta, essuya son couteau sur le marin brisé, et alla tranquillement s'asseoir sur une pierre proche, le regardant se débattre comme un canard décapité. Tout Texaco avait reculé vers les ombres, de crainte que le regard de Julot n'accroche l'œil de quiconque. Tout semblait fini, mais je savais Bondieu qu'il n'en était rien.

Patrick Chamoiseau, *Texaco*,
Paris, Gallimard, 1992, pp. 380-383.

---

a. Autres bidonvilles de Fort-de-France dans les années 50. – *b*. Le père de la narratrice. – *c*. Sexe féminin. – *d*. Le chabin, nègre à la peau claire, aux cheveux souvent blonds et aux yeux bleus, est censé être particulièrement nerveux et violent. – *e*. Massues en bois de campêche. – *f*. Éléphantiasis. – *g*. Testicules. – *h*. Sexe. – *i*. Pas du tout.

Par ailleurs, excellent conteur, Chamoiseau a su rendre une seconde jeunesse aux contes créoles traditionnels en les revivifiant de son humour et de son style particulier. La lecture d'*Au temps de l'antan* montre toute la distance qui sépare l'authentique écrivain du simple «marqueur de paroles», qu'en toute fausse modestie, il prétend être.

Même ses récits d'enfance et d'adolescence, *Antan d'enfance* et *Chemin d'école*, retiennent la plus grande attention. Loin d'être des textes d'intérêt secondaire, de type informatif et purement anecdotique comme le sont beaucoup d'autobiographies, ils s'imposent par un style toujours aussi inventif, faussement naturel, apte à recréer, privilège d'un poète, l'atmosphère lumineuse d'une innocence originelle, mais aussi à en évoquer avec humour la progressive altération.

Quelles que soient les vertus pittoresques de la langue utilisée (le fameux français créolisé), c'est plus généralement par un rapport très sensuel et très personnel aux mots que Chamoiseau (comme tout écrivain digne de ce nom) a su s'imposer, avec une œuvre d'ores et déjà considérable.

Il manque sans doute aux romans de Raphaël Confiant cette dimension «poétique». L'on ne sent pas toujours dans ses textes cette «nécessité» de l'écriture qui fait la force de son confrère. Le rapport aux mots, plus «ludique» que sensuel, laisse aux textes une certaine superficialité que Chamoiseau corrigeait par une émotion diffuse tout à fait essentielle. Plus étourdissante, la parole qui nourrit l'écrit s'enivre d'elle-même.

Le Nègre et l'Amiral n'en est pas moins une fresque intéressante de la Martinique à l'époque de la «Révolution nationale» et de l'amiral Robert, intéressante non tant par son pittoresque réaliste que par la vision personnelle et passablement fantasmatique qu'en donne l'auteur. De même *Eau-de-Café*, au-delà du comique langagier, séduit par toute une mythologie personnelle, source d'une apparente bouffonnerie sur fond de tragédie. Mais les autres romans, comme l'ont souligné bien des critiques, sont bien répétitifs et montrent les limites du français des îles lorsqu'on prétend en faire la source à la fois nécessaire et suffisante de l'œuvre d'art.

TEXTE N°52

Clochemerle créole...

Mon garçon, quand tu entends ça, sache que l'on s'apprête à rire un bon coup car désormais la tension ne fera qu'augmenter à mesure que la journée s'avance. Ris toi aussi, ainsi tu feras un nouveau pas dans la réintégration du giron nègre. N'oublie pas que c'est le rire (entre autres) qui a fait de nous un seul peuple ! Armé donc de mademoiselle Sossionise, la chanterelle du presbytère et de compère Ali Tanin, le bâtard-Syrien, c'est presque le conseil municipal au grand complet qui s'est déplacé pour rétablir la loi au marché. Regarde monsieur le maire rehausser les bretelles de son pantalon, épousseter son écharpe tricolore et s'ériger des lunettes sur le nez alors qu'il a la vue aussi perçante qu'un mens-fenil[a]. Regarde, fébrile, griffonner le directeur d'école sur un coin de table sous le regard admiratif de la population. Regarde tout ce cirque et dévide un paquet de rires par terre jusqu'à ce que la maréchaussée intime à tous l'ordre d'ouvrir les trous de leurs oreilles.

«Fouançais, Fouançaises, chers compat'iotes, commence monsieur le maire, si je prends la peine de monter aujourd'hui sur ce rocher de roches, ce n'est pas pour vous dire des couillonneries mais pour estigmatiser l'attitude infâme de Témistòk'. Ce chien de comminis' de Témistòk' n'a aucun respect pour not' fête nationale puisqu'il est aux o'dres de Moscou. Oui, je le répète haut et fort, de Moscou! Nous qui savons que la Seine prend sa source au mont Gerbier des Joncs, nous qui admirons la pucellité de Jeanne d'Arc, nous qui devons la vie à Godefroy de Bouillon qui arrêta les Arabes à Roncevaux...

– Charles Martel, pas Godefroy, lui murmure le directeur d'école, troisième adjoint de son état.

– Nous qui sommes des Fouançais de bonne qualité, nous qui avons pleuré quand Charles Martel a été battu à Waterloo, nous qui avons suivi le général de Gaulle en dissidence[b]...

– Oué! Oué-é-é! approuve la foule.

– Qui avons suivi Charles de Gaulle à la nage jusqu'à Lond'es, nous ne pouvons accepter d'être bafoués en ce jour immo'tel du 14 Juillet par un ivrogne de la marque de Témistòk'... (trouve-moi un subjonctif, grogne-t-il en direction du directeur d'école)... souvent-souvent, je lui ai demandé de cesser de nous emmerdationner mais le bougre ne veut rien entend'e. Il défie le drapeau sacré de not'e mère pat'ie, la Fouance. Je le somme de quitter immédiatement le territoi' de ma commune. Allez, ouste! Ouste, Témistòk'!...

– Il eût fallu que nous procédassions bien plutôt à cette expulsion afin que nos enfants n'imitassent point les macaqueries de Julien Thémistocle, lui glisse son troisième adjoint.

– Il eût fallu que nous possédassions, entame aussitôt le maire, des biens plus tôt au lieu que nous expulsassions nos enfants afin qu'ils n'imitassiont pas les macaqueries du sieur Témistòk'.»

Applaudis quand tu vois la dévergondation de la foule subjuguée par cette volée de subjonctifs imparfaits – imparfaits dans leur construction bien sûr, ha! ha! ha! –, ne reste pas là, la gueule grande ouverte, plus interloqué qu'un nègre-Congo devant un verre d'orgeat. C'est ton peuple, le seul que tu aies et tu te dois de l'accepter tel qu'il s'expose. À côté de ses petitesses, il nourrit de fabuleuses mythologies à faire pâlir d'envie les anciens Grecs, et le mystère de notre mer bréhaigne[c] (n'ajoute pas celui de la noyade d'Antilia[d], je t'en prie!) n'est que l'une d'entre elles. Autant dire que même si ton rêve fou d'élucider tout cela s'accomplit, tu te retrouveras avec encore cent autres interroga-

tions à te lanciner toute la sainte journée et, tout comme moi, tu baisseras les bras et attendras la fin de cette baguenauderie. Car elle aura un finissement, sois-en persuadé, elle nous emportera tous dans une tourmente indescriptible que même les mots savantissimes que tu as appris en Europe seront impuissants à cerner. Joue pendant qu'il est encore temps! Roule les dés et convoque le onze[e] comme si de rien n'était. Le faire-semblant est notre connivence à nous, les nègres créoles...

Ah, je sais! Je sais! On te baillera volontiers une autre mouture de cette histoire selon la coutume de céans. On t'expliquera: monsieur le maire rehausse les bretelles de son pantalon, époussette son ruban et se campant devant le boissonnier déclare: «VENI-VIDI-VICHY! Citoyen... Julien Thémistocle, dit graine de chacha, dit monseigneur du tafia, je vous fais part de ma très vaste estatufation devant votre troublement de la voie répiblicaine et, en sus, comme foi de quoi, je vous redresse un procès-verbal de suite.» Julien Thémistocle, pas démonté pour un sou, rétorque: «Le tchou[f] de ta mère!» Éclats de rires du public, applaudissements. La bande de gosses enchaîne: «Hé, Julien Thémistocle! Debout mon vieux, le rhum va te conduire chez toi.» Monsieur le maire plastronne sur ses ergots et revient en scène: «Devant l'obscénation de ce monsieur et... son refus d'obtempérance à la fo'ce piblique, je décide solennellement et démocratiquement de le remettre dans les verrous de la loi fouançaise. Messieurs La-Loi, faites vot'devoir!» «Ne me touchez pas, vous entendez! Touchez pas à la pointe d'un seul de mes orteils parce que je jure que je décapite net l'un de vous! Ha, mussieur li maire, vous êtes comme si dirait estatufié par mon troublement de l'ordre, vous avez sorti votre toile bleu-blanc-rouge pour...» L'édile suprême hurle: «Communiste! Tais-toi!» «...pour faire de l'estomac sur moi. Hein? C'est ça que vous voulez?» Monsieur le directeur d'école enlève ses lunettes fumées, sort ses lunettes de vue cette fois-ci de sa poche de devant, se les met sur le nez, ouvre un livre qu'il tenait sous le bras et d'un geste impérieux qui impose le silence à la piétaille, commence: «Monsieur Julien Thémistocle, permettez-moi de vous citer devant cette assemblée spontanément réunie une belle et profonde page de notre grand, sublime et visionnaire poète, j'ai nommé Albert Samain. La gloire, l'honneur et la fierté de notre patrie éternelle, mère des arts et des lettres, comme nous le savons tous. Cela s'appelle...» Soudain, un bœuf se met à mugir avec fureur à l'abattoir municipal. Monsieur le directeur d'école ôte ses binocles en soufflant, tout en discrétion, sur l'un des verres et se croise les bras en attendant que la bête se calme. La colère étouffe monsieur le maire: «Faites taire cette isalope d'animal! En plein conseil municipal l'aut'jour, je n'ai pu pa'ler une seule parole de galanterie pour le vin d'honnèr des sapeurs-pompiers de la commine à cause de ces vè'mines qui hélaient, hélaient. Premier adjoint, faites taire l'abattoir!» Le demi-Syrien répond: «À vos ordres, pou'la Fouance, monsieur lu maire!» Il entreprend de courir à toutes jambes afin d'accomplir sa haute mission tandis que les gamins lui dédient une chanson: «Ali Tanin, mon vieux, les coulis[g] vont te saigner.»

Raphaël Confiant, *Eau-de-Café,* Paris, Grasset, «Livre de Poche», 1991, pp. 262-265.

---

a. Petit aigle des Antilles. – *b.* Rappelons par précaution que le Mont Gerbier des Joncs donne naissance à la Loire et que Charles Martel arrêta les Arabes à Poitiers. – *c.* La mer de Grand'Anse où se déroule l'action du roman est stérile pour avoir été maudite par un curé paillard et rancunier. – *d.* Figure mythique du roman et allégorie de la Martinique. – *e.* Gros lot. – *f.* Cul. – *g.* Les Indiens (de l'Inde).

------ TEXTE N°53 ------

Ferveur populaire

La nuit s'est retranchée aux confins du ciel, vaincue par les milliers d'ampoules lumineuses qui, au fronton des maisons cossues comme des bâtiments de négoce, sur les toitures branlantes des cases comme à la devanture des cabarets, semblent mener une guerre sans merci contre l'ombre. Des guirlandes électriques en forme de chapelets, de crucifix, de cœurs noient le feuillage des tamariniers centenaires de La Savane. Au mitan de la foule exaltée, une femme court en tous sens, clamant:

«Il fait plus clair qu'en plein jour! Cette nuit, notre âme ne s'enfoncera point dans le péché.»

Le peuple entier a de nouveau envahi le moindre arpent de trottoir, le plus petit bout de chaussée. Le peuple entier chante, le visage tourné vers la mer d'où Elle doit arriver:

> *« Chez nous, soyez Reine,*
> *Nous sommes à vous;*
> *Régnez en souveraine*
> *Chez nous, chez nous.*
> *Soyez La Madone*
> *Qu'on prie à genoux.*
> *Qui sourit et pardonne*
> *Chez nous, chez nous. »*

Il y a là des négresses antiques dont les yeux exorbités captent la lumière et la renvoient chargée d'allégresse et de foi. Il y a des coupeurs de canne fraîchement libérés des plantations qui n'ont pas eu le temps de se défaire de leurs hardes en kaki tachées qui tendent le plat de leurs mains jointes pour recevoir la grâce, leurs mains couturées, ridées de mille cicatrices, brûlées par le frottement incessant du manche du coutelas[a]. Il y a des enfants de Marie, soudain privés de leur turbulence habituelle, qui portent à bout de bras des bouquets de fleurs trop lourds pour eux. On se marche sur les pieds au boulevard Allègre. On se baille des coups de coude au Carénage. On ballotte en grandes houles humaines qui au Bord de Mer qui aux approchants de la Pointe Simon. Mais point de hurlements, de protestations ou de combats. Au-dedans de chaque cœur nègre bat l'espoir d'une vie nouvelle, la certitude que l'esclavitude (c'est-à-dire la suite de l'esclavage), la malefaim, la déveine, la défortune, toutes les mauvaisetés qui pèsent sur son dos depuis qu'on l'a jeté dans ce pays-là, disparaîtront net dès que La Madone du Grand Retour, venue depuis les rivages de notre mère la France, seule sur une minuscule embarcation, aura abordé les rivages de l'En-Ville.

Sous un arc de triomphe, Rigobert prie, mesdames et messieurs. Le fier-à-bras, qui a toujours injurié haut et fort la marraine du Bondieu, l'accusant d'avoir privilégié le Blanc au détriment du nègre lors de la Création, cet homme-là, ce rapineur, ce larceneur, cet amblouseur, ce nègre-Guinée manieur de rasoir, est à genoux et balbutie humblement toute une tralée de prières. À ses côtés, Fils-du-Diable-en-Personne tient grand ouvert un missel et déclame des oraisons. Bec-en-Or, le redoutable combattant du damier[b], s'époumone:

> *« Vous êtes notre mère*
> *Daignez à votre Fils*
> *Offrir l'humble prière*
> *De vos enfants chéris. »*

Mais la plus stupéfiante est Adelise avec son ventre ballonné qui la charroie en avant à chaque pas presque à la faire chavirer-tomber. Un ventre qui éclate dans la blouse transparente que sa tante Philomène a dû fabriquer à l'aide de toile pour rideaux. Elle ne semble voir personne. Elle avance, majestueuse, comme si les rues étaient vides. Comme si cette explosion de lumière, de banderoles et de fleurs n'avait pour seul et unique but que de lui ouvrir la marche. Au pied des quarante-quatre marches, à l'en-bas du quartier Morne Pichevin[c], les grappes de nègres se sont serrées sur le trottoir pour ne pas entraver sa progression. On hurle ici et là :

« En arrière ! Voici la négresse qui porte l'enfant qui se refuse à naître depuis onze mois. C'est un miracle, mesdames et messieurs ! Cet enfant-là attend l'arrivée de La Madone pour daigner venir parmi nous. »

Adelise est dotée des semelles de rêve. Elle enjambe des paquets humains, se fraie une voie dans la négraille d'un simple geste de la main. Elle arbore un lourd rosaire qu'elle égrène en murmurant une prière dont les effluves de douceur emparadisent l'atmosphère autour de sa personne. Une étoile brille au-dessus de ses cheveux amarrés avec soin à l'aide d'un madras violet à parements jaunes, agrémenté d'une épingle tremblante.

« *Bay lè ! Bay'lè !*[d] » (Laissez-la passer !) s'écrie Philomène qui la suit en grande tenue de carmélite.

La péripatéticienne brandit une pancarte où l'on peut lire en grosses lettres noires tracées au charbon de bois :

« Ô MADONE ADORÉE RAMENE-NOUS DANS LE CHEMIN DE NTRE SEIGNEUR DIEU ! »

Raphaël Confiant,
La Vierge du Grand Retour,
Paris, Grasset, 1996, pp. 146-148.

---

a. Machette. – *b*. Damier ou « laghia » : combat singulier dansé. – *c*. Bidonville de Fort-de-France dans les années 50, sorte de lieu mythique de l'imaginaire passionnel de R. Confiant. – *d*. Littéralement : « donnez-lui, baillez-lui de l'air. »

IV. La réception des œuvres de la « créolité »

On sait que les œuvres de la « créolité » ont bénéficié, notamment en France métropolitaine, d'un accueil enthousiaste. Cette réception, justifiée certes par les qualités que nous venons de souligner, n'est toutefois pas sans ambiguïté, l'engouement de bien des critiques et la campagne publicitaire orchestrée dans les médias à l'occasion notamment du prix Goncourt n'étant pas toujours innocents. On peut notamment se demander si la « créolité » ne répondait pas à une attente bien classique du public européen toujours épris d'exotisme et finalement ravi de retrouver dans des œuvres alertes et divertissantes une image des Antilles conforme aux stéréotypes coloniaux. Beaucoup d'Antillais en tout cas ont été sensibles au paradoxe qui a conduit les écrivains de la Créolité à voir dans leur succès métropolitain une caution à leur idéologie. Comme l'a écrit Maryse Condé : « Pour se convaincre de l'authenticité de l'image de leur pays natal contenue dans leurs écrits, ils s'enorgueillissent de faire recette dans les milieux littéraires de l'Hexagone toujours à la recherche de nouveaux exotismes ».

Il résulte de tout cela bien des malentendus, les enthousiasmes des uns et les condamnations des autres concernant en fait plus l'idéologie (et parfois la personnalité des auteurs) que les textes littéraires en tant que tels. Comme toujours, le temps fera son œuvre salutaire. Il en ira de la « créolité » comme de la « négritude » : une fois oubliée l'idéologie, ne resteront que des ouvrages qui, cessant d'usurper un rôle que par nature ils ne pouvaient assumer – la quête d'une « vérité » ontologique –, seront jugés et appréciés comme de pures créations artistiques mettant en œuvre des styles et des imaginaires originaux.

Chapitre 7

En marge et hors de la créolité

« Francité », « négritude », « antillanité », « créolité » : les idéologies se sont succédé, tentant de proposer une lecture à la fois cohérente et directive, « mythique », d'un réel beaucoup trop complexe pour se plier à des exigences taxinomiques.

Pour beaucoup d'observateurs extérieurs, ces clefs philosophiques et politiques, en se prétendant à chaque fois plus performantes que les précédentes, ont conféré au réel antillais une lisibilité forcément artificielle mais toujours rassurante. Sur ce point, l'exultation de certains critiques – « Finie la négritude. Bonjour la créolité ! » (André Marcel d'Ans, *La Quinzaine littéraire*, 16 novembre 1991) – est pour le moins symptomatique.

Une telle approche est forcément réductrice et, à la limite, assez perverse. Comme si les Antilles, condamnées à une perpétuelle quête d'identité, ne pouvaient vivre sans une définition claire et définitive de cette dernière. On attend toujours de l'écrivain antillais un « témoi-gnage » sur son univers et un témoignage si possible militant, délivrant un savoir prétendu absolu et sans ambiguïté. Ce réflexe est typique de la relation exotique : l'Autre est prié de se faire connaître. On n'attend nullement d'un écrivain français qu'il se lance dans une quête ontolo-gique du « Français », par contre on attend toujours du Martiniquais que la moindre de ses œuvres donne de lui-même et de son univers une peinture dont la cohérence, même artificielle, sera synonyme de vérité.

Beaucoup d'écrivains antillais ont ainsi joué le jeu, sans qu'il soit possible de savoir s'ils répondaient en priorité à des motivations personnelles ou aux curiosités ethnologiques du lectorat européen. Ainsi ont-ils donné corps à la « négritude » ou à la « créolité ».

Mais d'autres, moins soucieux de définitions « essentielles », ont simplement créé des œuvres poétiques, romanesques, en relation avec leur expérience individuelle, avec leurs préoccupations humaines, leurs choix philosophiques ou politiques, des œuvres exprimant une vision du monde personnelle qui n'était pas forcément partagée par toute une race ou tout un « peuple ». Sans être indifférents aux idéologies à la mode, ils ont refusé d'y faire allégeance, enrichissant par leurs choix individuels le débat d'idée et, par leurs créations personnelles, la littérature antillo-guyanaise.

On rappellera par exemple, pour ne citer que quelques figures caractéristiques, en marge de la querelle entre assimilationnistes et négritudistes, la personnalité de Gilbert Gratiant prônant dès 1961 dans son *Credo des Sang-Mêlé*, la reconnaissance d'un héritage multiracial et multiculturel, et plaidant dans son *Martinique conditionnel Éden*, pour une autonomie dans le cadre d'une fédération française. Gilbert Gratiant qui par ailleurs fut l'un des premiers poètes à écrire en créole sans pour autant prétendre faire de ce dernier une langue «nationale»… On rappellera la personnalité de Clément Richer*, dont l'œuvre, superbement indépendante (même si certains ont cru y voir une idéologie «mulâtre»), d'esprit voltairien, présente un humour qui tranche avec la langue de bois des poètes et romanciers militants qui, à la même époque, «expliquaient» la Martinique.

I. En marge de la créolité

Pas plus que la négritude, même du temps de sa plus grande gloire, n'a monopolisé la création, la «créolité» ne saurait faire oublier les écrivains qui l'ont simplement accompagnée ou qui sont restés indifférents à ses sommations.

1. Ernest Pépin et Gisèle Pineau

Certains, il est vrai, semblent avoir été à la fois séduits par les procédés formels mis en œuvre par Chamoiseau et Confiant et peut-être tentés par un succès facile auprès d'un public européen déjà conditionné. C'est ainsi que le Guadeloupéen Ernest Pépin, dans *L'Homme au bâton* (Gallimard, 1992), *Coulée d'or* (Gallimard, 1995) et *Tambour-Babel* (Gallimard, 1996) a adopté à son tour, avec un évident bonheur, le français créolisé et s'est attaché à explorer la culture populaire guadeloupéenne, sans qu'on puisse affirmer qu'il ait pour autant rejoint le mouvement de la «créolité», toujours perçu comme exclusivement martiniquais. Même chose pour sa compatriote Gisèle Pineau* dont l'œuvre sacrifie aussi au «français des îles». Mais le choix de sujets dramatiques, parfois misérabilistes, assortis de revendications féministes, distingue son discours de celui, volontiers rieur et généralement très «masculin», des maîtres de la Créolité.

Clément Richer
(1914-1971)

Romancier martiniquais, auteur notamment de *Ti-Coyo et son requin* (Paris, Plon, 1941), *Les femmes préfèrent les brutes* (Paris, R. Seban, 1949), *L'Homme de la Caravelle* (Paris, Plon, 1952) et *Le Fils de Ti-Coyo* (Paris, Plon, 1954).

Gisèle Pineau
(née en 1956)

Romancière guadeloupéenne auteur de : *Un papillon dans la cité* (Paris, Sépia, 1992), *La Grande Drive des esprits* (Paris, Le Serpent à plumes, 1993), *L'Espérance-macadam* (Paris, Stock, 1995), *L'Exil selon Julia* (Paris, Stock, 1996).

———TEXTE N°54———

DIMANCHE, JOUR DE REPOS

Dimanche arrivait. Dimanche douceur comme une bague de cristal au doigt de la semaine. Un point d'orgue dans le temps avant que le temps ne reprenne sa musique quotidienne. Dimanche. Il me semblait que la vie volait des ailes de libellule pour flotter au-dessus de l'ordinaire des jours. Des frissons de ferveur enfollaient mon Castel et les arbres tanguaient saoulés par trop de joie.

J'ai appris plus tard le mot «endimanché», je ne l'ai pas aimé. Les vêtures du dimanche seront toujours les plus belles et les mettre nous fera changer d'âme. Thérèse avec son jupon cancan, ses nattes et ses rubans. Thérèse chaussettes blanches éclaboussant des souliers vernis. Guy-Claude et moi habillés comme des jumeaux. Même short en Tergal, même chemise blanche en popeline, même cravate tenue par un élastique, mêmes chaussures luisantes. Rosan-Josia-Camille tout en dièse[a]. Nous ne sommes pas «endimanchés», nous sommes tout neufs. Une odeur d'eau de Cologne et de talc nous nimbe comme au premier berceau et la raie sur le côté de notre tête nous ouvre un chemin de grâce.

Avec d'autres enfants de notre rue, nous allons à la messe. Ce n'est pas marcher, c'est glisser sur des coussins de rires! Devant l'église, des marchandes nous soumettent à la tentation. Comment avoir l'esprit à la prière lorsque nous savons que dehors, là tout près, des succulences nous espèrent? Rien que d'y songer nous sommes en perdition...

L'église referme sur nous le corset de son rituel et nous sommes englués dans des comportations amidonnées de sérieux. Guy-Claude s'oblige à une sagesse d'image. On ose à peine s'asseoir, se lever, s'agenouiller aux commandements du prêtre. Notre corps se tient raide dans l'armure de la foi. Il nous empêche d'entrer dans le monde recueilli par les murs. Des angelots proclament une gloire exaltante. Le Seigneur ouvre des bras suaves au troupeau de négrillons que nous sommes. Des bandeaux peints déroulent des phrases latines en dessous des statues. Elles ressemblent à des morts debout au sortir d'un cercueil invisible. D'après tout ce que je vois ni les Nègres, ni les chabens, ni les mulâtres, ni les Indiens, ni les batazin-diens[b] ne peuvent prétendre aller au paradis. Je n'ose imaginer cela: moi tout seul au paradis, perdu dans un océan de Blancs! Ah Seigneur, l'enfer plutôt! Une idée traverse le délire de ma tête tandis que l'harmonium célèbre un hosanna. Je vais refaire le paradis à ma manière...

C'est moi saint Pierre.

J'ouvre la porte du contentement éternel à Amélie Gros-pieds dont la jambe traîne une lourdeur d'éléphantiasis.

– Entrez mamzelle Amélie! Entrez, le Seigneur vous lavera les pieds et vous serez guérie!

Je vais chercher, entre tous, Victor le tèbè-gai[c]. Sa bouche ne s'ouvre que sur un migan[d] de paroles désarticulées autour d'une bave grasse. Son corps déboîte une danse crochue.

– Entrez monsieur Victor, la maison de Dieu vous accueille et vous parlerez comme une sainte Bible. Le français s'aiguisera sous votre langue en pur diamant de poète. La grammaire ne sera plus sous votre langue miraculée qu'un jeu de perles sans défaut.

Achaman le clochard accourt. Il roule de boulaison[e] en boulaison. Sa charge d'alcool est infinie mais c'est le meilleur pour castrer un cochon.

– Entrez Achaman, voilà un endroit où l'eau a le goût du rhum. De temps en temps le Seigneur dans sa miséricorde vous offrira un petit sec-sec juste pour oublier la couillontise des hommes.

Je songe à Mme Fornase avec ses yeux cokiyandés[f]. Où est passé Mondong, sans maman, sans papa, sans personne pour répondre de sa cause de souffre-douleur? Et Solex-Congo à qui l'on fait expier la couleur de sa peau avec des salves de mépris. Entrez et le Seigneur dira:

– Laissez venir à moi les plus noirs car le royaume des cieux leur appartient...

Et tandis que j'appelle les souffrants, les disgraciés, les éclopés, les subissants et les gémissants dans le monde de l'en-haut, une sorte d'extase illumine mon vouloir de justice. Je contemple mon œuvre. C'est bel! J'en suis tellement heureux que je m'applaudis de toutes mes forces, fracassant le recueillement de la messe au moment de l'hostie consacrée. Marie-Jeanne, sèche et rêche gardienne du temple, me suspend par une oreille me ramenant brutalement à la réalité. En vérité aucune des statues ne va à l'approchant des gens de Castel. Les scènes peintes sur le mur brillent sous un autre soleil nous rejetant nous autres bien loin derrière le dos du bon Dieu.

J'étouffe un pleurer. Autour de moi, les bouches ont repris les mâchures de prières. L'abbé ouvre de grands bras et s'enfonce tout seul dans ses latineries. Docile somnambule, je me plie au rituel. Dehors les gâteaux m'espèrent. Je suis tellement pressé de foutez-moi-le-camp que je génuflexionne et crucifie mon signe en tournant le dos à l'autel. Marie-Jeanne m'encrise mais mes oreilles et moi sommes déjà hors de portée...

Le plaisir de la messe c'est après la messe...

Qui ne connaît pas un tray[g] ne connaît pas l'offrande! Nous plongeons, mains longues et voraces, sur les bonbonnières. Elles ressemblent à des aquariums tapissés de douceurs. Nous attaquons tel un vol de sauterelles. Nous bousculons les marchandes pour être servis.

– Un morceau de doucoune[h], madame. Un morceau de doucoune, madame.

Ernest Pépin, *Coulée d'or*, Paris, Gallimard Jeunesse, 1995, pp. 45-49.

---

a. Rehaussé, mis en valeur. – b. Métis de Nègre et d'Indien. – c. Niais. – d. Mélange, purée. – e. Saoûlerie. – f. Qui louchent. – g. Plateau. – h. Gâteau.

« Un jour pour Dieu, un jour pour diable ! »

Léonce, affligé d'un pied bot, n'a pu partir combattre en 1939-1945 contre les Allemands...

Léonce voulait prouver à chacun, et avant tout à lui-même, que le pied bot qui l'empêchait d'aller sur les champs de bataille en France, ne lui prenait sa vie. Alors, pendant ces années de pénurie, ces temps d'apocalypse, il travailla dur sur ses terres. Il fallait le voir pourfendre les bananiers, tailler en pièces les cannes, sabrer les herbes coupantes. Ceux qui gardent encore le souvenir de ce déchaînement guerrier vous diront que le nègre assassina des régiments de soldats allemands, rien qu'avec son coutelas. Il les décapitait, hachait bras et jambes, débitait, débitait. Son bras montait han ! et descendait vlan ! Ses coups étaient sans pardon et son regard chargé de l'acier des fusils et du plomb des canons. À cette époque, les gens l'appelèrent : maréchal Kochi[a] ! et parlaient de son belliqueux jardinage comme d'une peine d'honneur... Lapenn ki mété-y la ! lapenn pwan-y davwa yo pa té vlé-y, pa rapot a vyé pyé a-y ![b] C'est le chagrin qui l'a mis là, on voulait pas de lui par rapport à son vieux[c] pied ! Hormis cet état de fait, la guerre passa au loin de la famille. Léonce avait rassemblé tant de denrées qu'une des chambres fut même changée en magasin. Les ventres ne criaient pas, non. Mais les têtes, chargées comme des cabosses[d] mûres, pesaient ce genre de monde où les œufs ne savent plus éclore que de rêves avortés, de poussières de silences, une eau sale de regrets...

1955. Cela faisait maintenant dix ans que la guerre avait pris fin. Et chaque fois que Léonce se trouvait devant la stèle où figuraient les noms des glorieux morts pour la France, ce temps de déshonneur lui soulevait le cœur. Il arborait seulement ses quarante-trois ans, et pourtant il passait déjà pour un vieillard. Ses cheveux étaient plus blancs que noirs. À la fin de la guerre, il blessa son pied bot d'un coup de sabre. De ce moment, sa jambe ne lui prêta aucun répit. Elle lui procurait des souffrances qui mordaient jusqu'à l'os. Parfois, surtout en temps d'hivernage[e] où les nuits sont fraîches et les matins livrés à la rosée, il restait cloîtré dans sa chambre de douleur à tourner comme un ver. Il ne pouvait plus marcher sans une canne. Et c'était pitié de le voir, si vieux, cassé, zanzolant[f] sur ses jambes, au bras de sa Myrtha gardée dans sa jeunesse. Grâce à Dieu, le cœur de la belle n'avait pas changé. Elle voyait toujours en Léonce le bougre effarouché qui se mourait d'amour pour elle, ce même poète qui enchantait jadis ses nuits.

Au lendemain de son accident, Léonce perdit à jamais la solidité qui bâtit sa renommée. L'éden merveilleux ne donna plus que des fruits malades. Tous les matins, au pipirit chantant[g], il partait encore au jardin. Mais on savait qu'il n'y fichait rien. Il donnait deux-trois coups de sabre[h] dans le vent, égratignant au passage une touffe d'herbes de Guinée qui narrait sa défaite, puis renonçait, vaincu. Jeté contre le pied-caïmite[i], il emplissait sa tête des jours bénis où le jardin n'était pas ce champ de bataille, ce temps révolu où Man Octavie[j] veillait sur lui et apparaissait à toute heure pour un conseil, un balan[k] ou une révélation... ce temps d'avant la guerre. Rongés par le pichon[l], les arbres élançaient des bois morts comme des bras de noyés. Les oiseaux ne se risquaient plus dans leur ombrage et passaient au loin, affolés par le silence qui régnait là. C'était comme un grand deuil qui recouvrait dans son entier l'éden d'antan. Lorsque la nuit descendait sur le morne, les arbres devenaient soudain menaçants, prenaient des postures de spectres échevelés, des figures de macaques, et se pressaient, enragés, autour de notre ami. Alors, il sortait de sa torpeur, s'emparait de son coutelas qu'il faisait tournoyer au-dessus de sa tête et, poursuivi par la horde du couchant, il courait, courait, sans souffle, jusqu'à la case. Son cœur galopait dans une débâcle, mais il lançait à la chère femme : « Oooh ! Myrtha !... Si tu vois ça ! J'ai bien avancé aujourd'hui. Ah ! demain... je taille tous les pieds-bois[m], je plante les ignames, je bêche et je sarcle ! Demain, c'est sûr. Tu verras les beaux fruits qu'il te donnera ton homme ! » Et un rire, plus rouillé que ses vieux outils, partait derrière ses chimères. Il reprenait : « Tu sais, chaque jour, je sens un peu de force qui revient. Je n'ai même pas éprouvé une douleur ce tantôt ! »

Myrtha l'écoutait, avec sollicitude, admirant son entêtement, son allant, son courage. Elle savait que le vent des paroles, qui ne connaît ni début ni fin, était le dernier souffle qui retenait Léonce dans la main de l'espérance. Alors, elle répétait après lui, jouant le même théâtre :

« Oui, cher, demain !... Demain, le soleil se lèvera pour toi et tu feras tout ce que tu as dit. Mais à présent, il faut manger pour assurer ta force. Demain viendra bien assez tôt. »

Ils s'attablaient en silence. Les enfants disaient le bénédicité. Et chacun avalait sa soupe, l'esprit en dérade.

1955. Dix ans que la guerre était finie. Léonce n'avait pas vu grandir ses enfants. Depuis la tragique nuit passée à soupirer après la gloire, il ne les avait plus regardés. Il ne leur avait plus parlé. Il ne les avait plus écoutés. Célestina allait sur ses vingt et un ans. Ti Paul et Céluta venaient de passer leurs dix-neuf ans. Gerty ses dix-sept ans. Cela faisait exactement douze années que Myrtha les élevait seule. Léonce croyait toujours manger dans les réserves de la guerre. Hélas, les stocks de nourriture épuisés et le jardin tombé stérile, la couture devint la seule source de la famille.

« Un jour pour Dieu, un jour pour diable ! » disaient les gens du bourg, songeant au temps où l'or faisait ses petits sur le morne.

Gisèle Pineau, *La Grande Drive des esprits*, Paris, Le Serpent à plumes, 1993, pp. 134-137.

a. Kochi est le surnom donné à Léonce depuis sa prime enfance. – *b.* Les phrases en créole sont traduites immédiatement par les phrases suivantes en français. – *c.* Mauvais. – *d.* Fruit du cacaoyer contenant les fèves qui, concassées, donneront le cacao. – *e.* On compte deux saisons aux Antilles, l'une sèche (le carême), l'autre humide (l'hivernage). – *f.* Vacillant. – *g.* Dès l'aube. – *h.* Machette. – *i.* Caïmitier : arbre fruitier de taille moyenne produisant des baies de 5 à 15 cm de diamètre, en général consommées fraîches. – *j.* Sa grand-mère décédée qui, avant qu'il ne s'adonne à la boisson, le visitait régulièrement en songe et lui donnait des conseils. – *k.* Élan. – *l.* Moisissure. – *m.* Arbustes sauvages.

TEXTE N°56

« Le sel de la diversité du monde »

Roman-somme opérant une relecture de toute l'œuvre antérieure, Tout-Monde *est aussi un essai dans lequel Édouard Glissant rend compte de l'évolution de sa pensée. Dans le passage qui suit, il montre les difficultés que présente à l'heure actuelle, compte tenu des migrations de populations et des échanges culturels qui en résultent, toute tentative de définition de la « créolité ».*

Et que se passait-il dans les intervalles entre ces vacances, là où la vie pèse et vous marque ? Les Antillais commençaient de peupler les banlieues des villes de France, il y avait d'énormes groupes de HLM qui leur étaient pour ainsi dire réservés, les rues Blondel s'étaient étendues aux Cités universitaires, d'Antony et d'ailleurs, et partout ces Antillais avaient rencontré les Portugais, les Africains, les Arabes. Ils avaient souffert, pendant la guerre d'Algérie, d'être parfois poursuivis, eux si calmes et sérieux, comme s'ils avaient été des Algériens, la police n'avait pas le temps d'établir des différences ni de faire des manières.

Ils avaient découvert les énormes têtes de poisson d'abord distribuées gratis, aux Halles de Paris puis, beaucoup plus tard, à celles de Rungis. Ils se levaient à trois heures du matin pour y aller faire provision de ces têtes, le meilleur du poisson, et qui donnait les courts-bouillons[a] les plus relevés. Mais les poissonniers avaient vite compris, ils vendirent les têtes à un ou deux francs pièce, puis à dix francs le kilo, et ils augmentaient sans cesse leur tarif. Ces Antillais achetaient aussi le sang et les épices pour étirer le boudin, si essentiel aux bals de mairie et aux concerts de Coopératives. La poésie des Îles triomphait dans les banlieues, les accras[b] de morue devenaient un lieu-commun. On était là bien loin des poétiques opposées du fromage de tête et de la figue de Barbarie.

Jusqu'à l'époque où une Parisienne avisée, en vacances à la Martinique, entreprit de consigner avec minutie les recettes (grammes et cuillerées) de tous ces plats, exotiques jusqu'alors, que les ménagères du coin lui confièrent volontiers, à partir de quoi elle ouvrit une petite, puis une grande, puis une immense épicerie spécialisée à Paris, dans les hauteurs de Barbès-Rochechouart. Et aujourd'hui, tout aussi bien qu'il y a des marchés arabes ou chinois ou thaïlandais, vous pouvez trouver, à Bordeaux et bientôt Lyon et Pézenas, (tout comme à Fort-de-France vous divaguez dans les achalandages de fromages et de vins fins importés,) des marchés antillais où vous achetez les piments frais, le fruit-à-pain, les mangues, la papaye, les caïmites, les bassignacs[c], les choux durs, les ignames, le manioc, les choux de Chine, ou dachines, les gombos, les si savoureux avocats et toutes sortes de produits périssables ou non, jusqu'à la farine de coco et jusqu'aux têtes de poisson marinées. La vieille opposition fruit-charcutaille a cédé à toute cette diversité.

Il ne restait plus qu'à décider du devenir d'une telle diversité, dans la nuit monolithe des banlieues. On avait commencé, ici aux Antilles, par moquer les fils, ceux qui étaient nés là-bas en France, (les sociologues disaient : la deuxième génération,) on racontait à leur propos des histoires de calimordants (leur manière à eux de nommer les crabes et de pérorer le français, quand ils revenaient au pays et qu'ils étaient débarqués de ces Boeing 747 où on vous traitait presque comme un bétail ou une cargaison,) plus tard on les appela des Négropolitains, ils en revendiquèrent parfois l'appellation, et la question se posa donc, à quoi nul ne porte réponse, de ce qu'ils sont en vérité.

On s'évertuait de partout à les coincer laminairement entre deux impossibles, d'un ici et d'un là-bas, et entre deux identités, aussi frileuses et circonspectes l'une que l'autre, du Français et de l'Antillais. L'idée grossit alors que la seule ressource était de l'intégration. Il y eut des leaders nationaux de l'intégration. Il fallait accomplir la citoyenneté irréversible, au lieu même où on vous l'avait accordée, et malgré même la résistance des citoyens patentés, dits français de souche.

Mais ils sont, ceux-là qui naviguent ainsi entre deux impossibles, véritablement le sel de la diversité du monde. Il n'est pas besoin d'intégration, pas plus que de ségrégation, pour vivre ensemble dans le monde et manger tous les mangers du monde dans un pays. Et pour continuer pourtant d'être en relation d'obscurité avec le pays d'où tu viens. L'écartèlement, l'impossible, c'est vous-même qui le faites, qui le créez.

Aussi bien, plutôt que de vous déchirer entre ces impossibles (l'être aliéné, l'être libéré, l'être ceci l'être cela,) convoquez les paysages, mélangez-les, et si vous n'avez pas la possibilité des avions, des voitures, des trains, des bateaux, ces pauvres moyens des riches et des pourvus, imaginez-les, ces paysages, qui se fondent en plusieurs nouveaux recommencés passages de terres et d'eaux. Ce train qui trace dans la banlieue de Lyon, poussez-le à un autre impossible mais bien plus ardent, la bousculade entre les hauts et les fonds de tant d'environs et de lointains.

Édouard Glissant, *Tout-Monde,* Paris, Gallimard, 1993, pp. 272-275.

a. Recette typique des Antilles, sans rapport avec le «court-bouillon» français. – b. Beignets. – c. Variété de mangues.

2. Édouard Glissant

D'autres poètes et romanciers ont plus nettement pris leurs distances. Notamment celui qui paraît avoir été peut-être un peu malgré lui l'inspirateur de la Créolité, à savoir Édouard Glissant. Son *Tout-Monde*, vaste fresque d'inspiration autobiographique (le personnage central de toute son œuvre, Mathieu, doit beaucoup à l'auteur), sans se désintéresser de la Martinique, élargit considérablement son horizon et nous invite à ouvrir les yeux sur un monde en voie de créolisation universelle. Les héros (dont certains peuplaient déjà les romans purement «antillais») ne sont plus seulement des Créoles de Martinique tels qu'ils pouvaient être dans les années 50-60. Ce sont des Créoles des Antilles mais aussi de Paris, des grandes capitales européennes, des gens qui ont goûté au «Divers» et pris conscience des enjeux du monde moderne. Implicitement ils s'opposent aux Rigobert, Esternome, aux Philomène et autres Marie-Sophie Laborieux qui, dans les romans de la Créolité, ont pour tout horizon le morne Pichevin*, les Terres-Sainville ou le bidonville de Texaco. Ils suggèrent une autre définition de l'identité créole que celle qui découlerait de la seule observation d'un passé révolu.

Morne Pichevin : quartiers populaire de Fort-de-France, aujourd'hui réhabilités.

3. Tony Delsham

Un autre romancier, Tony Delsham, pourtant proche des auteurs de la Créolité, presque inconnu des critiques métropolitains, à la fois parce qu'il ne passe pas par les circuits de libraires habituels et parce qu'il est classé, un peu trop hâtivement, dans la littérature dite «populaire», a lui aussi pris du recul et adopté vis-à-vis du mouvement un point de vue étonnamment critique.

Journaliste de profession, Tony Delsham, dès ses premiers romans – volontiers «racoleurs» : *Panique aux Antilles* (Schœlcher, MGG, 1985), *L'Impuissant* (Schœlcher, MGG, 1986), etc. – avait affirmé sa singularité en s'attachant à décrire, contrairement aux autres romanciers toujours tournés vers le passé, la modernité de la Martinique. Il avait été le seul à mettre en scène des ouvriers, des chefs d'entreprises, des syndicalistes, à aborder avec réalisme les problèmes cruciaux du développement, du nationalisme, voire de la création littéraire et des responsabilités de l'écrivain à l'époque immédiatement contemporaine.

Entre 1993 et 1996, alors que triomphait dans les médias la «créolité», il a brossé en quelques romans (de qualité hélas inégale) une véritable fresque historique de la Martinique : *Fanm Déwó* (Schœlcher, MGG, 1993), *Kout Fè* (Schœlcher, MGG, 1994), *An tan Robè* (Schœlcher, MGG, 1994), *Lycée Schœlcher* (Schœlcher, MGG, 1995) et *Choc* (Schœlcher, MGG, 1996). Non seulement, en dépit de certains titres, il ne semble pas avoir été convaincu des vertus du français créolisé mais il paraît avoir pris ses distances vis-à-vis de l'idéologie de la «créolité». Quand celle-ci s'attaque, de façon quelque peu démagogique, à l'école française aliénante, il souligne au contraire le rôle fondamental de cette école dans l'émancipation des masses laborieuses et retrouve pour en exalter les mérites la ferveur d'un Joseph Zobel dans *La Rue Cases-Nègres*. Quand la «créolité» ridiculise systématiquement les Mulâtres et les dénonce comme des traîtres à la cause du peuple martiniquais, il rappelle fermement leur rôle dans la lutte générale des gens de couleur contre l'omnipotence des Blancs créoles. Quand la «créolité» donne une image des Békés des plus traditionnelles (des colons parasites, racistes et exploiteurs), il souligne leur rôle essentiel dans la vie économique du pays, leurs compétences et suggère que loin d'être irrécupérables, ils seront peut-être appelés un jour à jouer un rôle essentiel dans l'éventuelle émancipation de l'île… L'opposition devient totale à propos du problème, crucial aux Antilles, de la condition féminine. Maints critiques ont déjà disserté sur le machisme des héros de Chamoiseau et de Confiant, machisme présenté comme un trait culturel constitutif de la créolité et à ce titre intouchable, source de développements lyriques apparemment plaisants et dans le fond plutôt attristants. Il est intéressant de relever que Tony Delsham, partant du même constat (la présence évidente de ce trait culturel hérité de l'esclavage), non seulement se garde de le valoriser mais s'attache à le dénoncer et à le combattre, pointant du doigt par cette approche progressiste le conservatisme de la «créolité» et les limites de son humanisme.

II. Hors de la créolité

Indifférents ou hostiles à la «créolité», de nombreux auteurs ont continué ou amorcé leur œuvre au cours de ces dernières années.

Parmi les écrivains déjà connus, Georges Desportes a publié en 1993 un roman, *Libre de tout engagement* (Paris, Éditions caribéennes, 1993), consacré aux tourments d'un artiste incompris,

Négropolitain : Antillais né en France et vivant en France.

Xavier Orville
(né en 1932)

Romancier martiniquais, auteur de : *Délice et le fromager* (Paris, Grasset, 1977), *La Tapisserie du temps présent* (Paris, Grasset, 1979), *L'Homme aux sept noms et des poussières* (Paris, Grasset, 1981), *Le Marchand de larmes* (Paris, Grasset, 1985), *Laissez brûler l'Aventurcia* (Paris, Grasset, 1989), *Cœur à vie* (Paris, Stock, 1993), *La Voie des cerfs-volants* (Paris, Stock, 1994), *Moi, Trésilien Théodore Augustin* (Paris, Stock, 1996).

Daniel Radford a donné *Le Maître-pièce* (Monaco, Éditions du Rocher, 1993) centré sur le désarroi d'un «Négropolitain»* incapable de se réadapter à la culture de sa Guadeloupe natale, Jean-Louis Baghio'o a achevé juste avant sa mort sa saga familiale avec *Choutoumounou* (Paris, L'Harmattan, 1995). Max Jeanne a publié un second roman, *Jivaros* (Paris, L'Harmattan, 1993), consacré au drame psychologique des étudiants des années de la guerre d'Algérie. Roland Brival a étoffé son œuvre avec *Le Dernier des Aloukous* (Paris, Phébus, 1996). Les poètes Henri Corbin (*Lieux d'ombre*, Caracas, La Ceiba, 1991 ; *Trois clefs pour voir*, Caracas, La Ceiba, 1993), Roger Parsemain (*L'Absence du destin*, Paris, L'Harmattan, 1992) ont imperturbablement poursuivi leur création quelque peu solitaire. Xavier Orville*, quant à lui, a publié coup sur coup trois romans particulièrement attachants, peut-être moins «intellectuels» que les précédents mais sans doute beaucoup plus émouvants, toujours placés sous le signe du merveilleux caribéen : *Cœur à vie* (1993), *La Voie des cerfs-volants* (1994) et *Moi, Trésilien Théodore Augustin* (1996) dans lequel, non sans arrière-pensée, il dénonce de façon farcesque tous les dictateurs passés et présents mais aussi ceux qui, dans son île, seraient tout disposés à prendre la relève.

TEXTE N°57

Savoir parier sur la vie

Le héros, atteint d'une grave maladie, trouve la force de combattre son mal dans l'exemple que lui ont donné ses grands-parents.

Sa grand-mère, c'était Madeleine, elle collait à la terre et aux saisons, avait des gestes lents de la vie à la campagne. Elle parlait peu, ses yeux regardaient toujours au-delà. Elle avait la main verte : les graines et les plantes qu'elle mettait en terre poussaient toujours. Au moment de planter, elle commençait par visualiser la future plante, la voyait réellement sortir de terre, lui donnait du cœur pour la croissance, l'entourait d'un cercle de protection que ne traversaient ni parasites, ni feu du ciel, ni mauvais œil. La plante était l'enfant de son esprit. Par silence et ferveur, elle la préparait à donner des fruits dont la saveur faisait chanter par avance les oiseaux dans le jardin. Elle savait d'instinct que les pensées sont des forces constructives et elle alimentait constamment au fond de son cœur – par claire perception de l'harmonie du monde – un foyer de force qui irradiait son être : c'est pourquoi la maladie n'avait jamais eu prise sur son corps. Le jour de sa mort, un papillon noir était venu se poser sur

les cheveux du vieux – grand-père avait simplement baissé la tête en signe d'assentiment, mais pendant quelque temps le chagrin l'avait déboussolé ; il s'était mis à errer à travers des miroirs qui lui avaient renvoyé les ombres déformées de sa vie. Puis petit à petit, la clarté avait repris force ; de bonne aventure, le vieux avait retrouvé son chemin. Au lieu de pleurer sur celle qui croyait peut-être l'avoir quitté, il s'était remis carrément en ménage avec elle, plantant l'ensoleillement là où l'absence avait prétendu faire main basse. Remisant au fond du ciel les vieilles lunes et la poussière des habitudes, il avait tamisé la terre autour des hanches de sa femme, la rendant fine, douce à toucher comme avant. La terre, en séchant, laissait aux ongles des croûtes noires qui partaient sous la douche. Madeleine aimait se livrer tout entière à l'eau. Elle sentait revivre son corps, elle ruisselait d'éclat. Cela lui procurait belle jouissance. Elle restait immobile, les bras levés au ciel, puis allait s'étendre sur une pierre plate, pour savourer, à l'ombre de ses paupières, l'embrasement du sang par la lumière. Et lui, comme avant, la regardait jusqu'au délire et lui montaient à la tête l'odeur des plantations, les cris d'oiseaux perdus en mer, les bancs de nuages en dérive vers les anses, les constellations crépues des algues que traversait subitement la flèche des oursins – la vie n'est qu'une histoire singulière qui se décline dans la fente du temps.

Comme pour le vieux, au plus près du réel, le vol de l'oiseau perdu ne vient rayer d'aucune ombre la courbe fervente du cœur. La vie continue sur les ailes du pari qu'il a fait, lui, de cultiver la lumière à cause de l'ombre, l'espoir à cause du malheur, le rire à travers les larmes, la tendresse à cause du couteau. Il n'existe pas d'écriture pour la mort ; elle ne se cache dans aucune lettre d'aucun alphabet, si nous savons la faire servir à notre salut.

Au moment où il dit cela, la pluie se met à tomber comme une bénédiction sur les arbres et sur les toits, glisse de gouttières en fentes pour alimenter la vie partout, lave les cauchemars et la maladie et la vieille résignation qui collait à la peau, selon laquelle nous sommes faits pour mourir.

On le dit condamné : lui seul peut arrêter les palmes funèbres que les doctes, avec empressement, agitent au-dessus de sa tête. C'est qu'ils veulent boire avant l'heure à son enterrement. Mais tant qu'il restera du rhum dans sa bouteille, ils iront se rincer la dalle ailleurs.

Xavier Orville, *Cœur à vie*, Paris, Stock, 1993, pp. 20-22.

Entre-temps, de nouveaux noms sont apparus : Micheline Hermine, auteur d'un très beau roman sur la Guyane, *Les Iguanes du temps* (Paris, Éditions caribéennes, 1988), prolongé avec un peu moins de réussite par *La Sœur d'Amérique* (Vitry-sur-Seine, Aguer, 1994) ; Ina Césaire, auteur de deux pièces de théâtre, *Mémoires d'Isles, Maman N. et Maman F.* (Paris, Éditions caribéennes, 1985), *L'Enfant des passages* (Paris, Éditions caribéennes, 1987) et d'un récit, *Zonzon tête carrée* (Monaco, Éditions du Rocher, 1994), qui assure le passage du conte au récit romanesque ; Marie-Reine de Jaham qui, dans *La Grande Béké* (Paris, Robert Laffont, 1989) et *Le Maître-Savane* (Paris, Robert Laffont, 1991), a tenté, d'un point de vue «béké», de retracer l'histoire de la Martinique avant de se lancer dans une saga multiséculaire, au souffle hélas un peu court, *L'Or des Îles* (Paris, Robert Laffont, 1996).

On doit mentionner également Laure Moutoussamy (*À l'ombre de l'enfance*, Paris, Éditions Nouvelles du Sud, 1993), Félix-Hilaire Fortuné (*Soleil couleur d'encre*, Paris, Maisonneuve et Larose, 1996), Joscelyn Alcindor (*Cravache ou le Nègre soubarou*, Paris, L'Harmattan, 1995), Fortuné Chalumeau (*Le Chien des mers*, Paris, Grasset, 1988 ; *En terres étranges*, Genève, Eboris, 1994 ; *Pourpre est la mer*, Genève, Eboris, 1995), etc. La liste n'est pas exhaustive. On peut la compléter notamment par des auteurs plus modestes, ceux qui se sont limités à des «récits de vie» : Sonia Catalan (*Clémentine*, Paris, L'Harmattan, 1992), Odet Maria (*Une enfance antillaise, voyage au fond de ma mémoire*, Paris, L'Harmattan, 1992) et Clothilde Témia (*La Féodale, Majorine à la Martinique*, Paris, L'Harmattan, 1993), etc. Et serait-il absurde d'ajouter à cette liste d'écrivains autochtones le nom de Michel Tauriac* ?

Nombre d'auteurs cités, sans égaler bien évidemment le talent d'un Chamoiseau, ont néanmoins composé des textes qui après tout supportent aisément la comparaison avec certains ouvrages hâtivement composés de la «créolité».

Michel Tauriac

Journaliste et écrivain français, dont l'œuvre «antillaise» est si solidement documentée que bien des historiens martiniquais y font parfois référence. La passion qui semble l'avoir animé tout au long de son enquête et de la rédaction de ses récits peut justifier cette insertion dans la littérature locale. Ses trois romans «historiques», *La Catastrophe* (Paris, La Table ronde, 1982), *La Fleur de la passion* (Paris, La Table ronde, 1983) et *Sangs mêlés* (Paris, La Table ronde, 1984), reconstituent avec brio et méticulosité la vie de la société martiniquaise dans la période qui a précédé et suivi la destruction de Saint-Pierre par la montagne Pelée.

Une littérature n'existe pas que par ses grands auteurs, elle repose aussi sur tous les obscurs qui, patiemment, par leur contribution parfois dérisoire, parfois plus importante qu'on ne le croirait au premier abord, contribuent à l'enrichir. La littérature des Petites Antilles et de la Guyane francophones peut depuis déjà longtemps s'enorgueillir de grandes figures de renommée internationale. Mais surtout elle fait preuve, comme en témoigne la longue liste des publications récentes, d'une belle vitalité.

Cette vitalité s'est accompagnée dans les dernières décennies d'une évolution essentielle : les écrivains antillo-guyanais donnent désormais l'impression de se connaître et de se reconnaître, de dialoguer par œuvre interposée. Ils constituent de plus en plus une « communauté » de créateurs conscients de répondre, chacun à sa manière, à des interrogations qui leur sont communes et qui, surtout, sont celles d'une collectivité spécifique, appelée à devenir enfin leur lectorat privilégié.

Bibliographie succincte

1. Généralités

***, sous la dir. de Jack Corzani, *Dictionnaire encyclopédique des Antilles et de la Guyane*, Fort-de-France, Désormeaux, 1992-1997, 7 vol., 2 400 p. (Histoire, géographie, faune, flore, archéologie, sociologie, économie, culture, biographies. En ce qui concerne la littérature : biographies, dictionnaire des œuvres, articles de synthèse.)

II. Bibliographies

***, *Catalogue du fonds local de la Bibliothèque Schœlcher (1883-1985)*, Fort-de-France, Bibliothèque Schœlcher, 1987, 330 p.

***, *Catalogue du fonds local de la Bibliothèque Schœlcher (1986-1993)*, Fort-de-France, Conseil général de la Martinique, 1994.

Jean-Pierre JARDEL, Maurice NICOLAS et Claude RELOUZAT, *Bibliographie de la Martinique*, Fort-de-France, Cahiers du CERAG, 1969, 229 p.

III. Histoire, société

***, Antilles, *Les Temps modernes*, avril-mai 1983, n° 441-442.

***, sous la dir. de Jacques Adélaïde-Merlande, *Historial antillais*, Pointe-à-Pitre, Dajani, 1981, 7 vol.

***, sous la dir. de Jean Benoist, *L'Archipel inachevé : culture et société aux Antilles*, Montréal, Presses de l'Université, 1972, 356 p.

***, sous la dir. de Pierre Pluchon, *Histoire des Antilles et de la Guyane*, Toulouse, Privat, 1982, 480 p.

Lucien-René ABÉNON, *Petite Histoire de la Guadeloupe*, Paris, L'Harmattan, 1993, 238 p.

Jacques ADELAIDE-MERLANDE, *Histoire générale des Antilles et des Guyanes. Des Précolombiens à nos jours*, Paris, L'Harmattan, 1994.

Jack CORZANI, *La Vie quotidienne aux Antilles françaises*, Fort-de-France/Pointe-à-Pitre, Désormeaux, « Antilles d'hier et d'aujourd'hui », 1979.

Serge MAM-LAM-FOUCK, *Histoire de la Guyane française*, Paris, L'Harmattan, 1996, 263 p.

Patrice MOUREN-LASCAUX, *La Guyane*, Paris, Karthala, 1990, 190 p.

Armand NICOLAS, *Histoire de la Martinique*, Paris, L'Harmattan, 1996, 2 vol., 404, 260 p.

IV. Littérature

***, *Caraïbe I – Afrique et imagination littéraire. Notre librairie*, n° 73, 1984.

***, *Caraïbe II – Écrivains en question. Notre librairie*, n° 74, 1984.

***, *Littérature antillaise. Notre librairie*, n° 49.

***, *Littératures insulaires : Caraïbes et Mascareignes*, Publication du Centre d'Études francophones de Paris XIII, Paris, L'Harmattan, 1983.

***, Martinique, Guadeloupe : littératures. *Europe*, n° spécial 612, avril 1980.

***, *Négritude africaine – négritude caraïbe*, Nivelles, Paris, Éditions de la Francité, 1973, 160 p.

***, sous la dir. de Maryse Condé et Madeleine Cottenet-Hage, *Penser la créolité*, Paris, Karthala, 1995, 320 p.

Régis ANTOINE, *Les Écrivains français et les Antilles. Des premiers Pères blancs aux surréalistes noirs*, Paris, Maisonneuve et Larose, 1978, 430 p.
– *La Littérature franco-antillaise*, Paris, Karthala, 1992, 381 p.

Patrick CHAMOISEAU, Raphaël CONFIANT, *Lettres créoles. Tracées antillaises et continentales de la littérature 1635-1975*, Paris, Hatier, 1991, 230 p.

Jack CORZANI, *Poètes des Antilles et de la Guyane (Encyclopédie antillaise)*, Fort-de-France, Désormeaux, 1971, 318 p.
– *Prosateurs des Antilles et de la Guyane (Encyclopédie antillaise)*, Fort-de-France, Désormeaux, 1971, 318 p.
– *La Littérature des Antilles-Guyane françaises*, Fort-de-France, Désormeaux, 1978, 6 vol., 370, 368, 372, 366, 368, 400 p.

Michel HAUSSER, *Pour une poétique de la négritude*, t. I : Silex, Paris, 1988, 410 p. ; t. II : Nouvelles du Sud, 1991, 510 p.

Auguste JOYAU, *Panorama de la littérature à la Martinique*, t. I : XVIIIe et XIXe siècles ; t. II : XXe siècle, Morne-Rouge (Martinique), Éditions des Horizons caraïbes, 1974-1977.

René MÉNIL, *Tracées, Identité, négritude, esthétique aux Antilles,* Paris, Robert Laffont, 1981.

Mireille ROSELLO, *Littérature et identité créole aux Antilles*, Paris, Karthala, 1992, 202 p.

Roger TOUMSON, *La Transgression des couleurs*, Paris, Éditions caribéennes, 1989, 2 vol., 544 p.

Chronologie

1673	Approbation officielle par Louis XIV de la traite des Nègres.
1674	Suppression des compagnies et rattachement des îles au domaine royal.
1678	Oexmelin, *Histoire des aventuriers flibustiers qui se sont signalés dans les Indes.*
1685	Publication du *Code noir* (code régissant l'esclavage aux Antilles).
1721	Introduction du café en Guyane et en Martinique.
1724	R. P. Labat, *Nouveau voyage aux îles de l'Amérique.*
1759	Prise de la Guadeloupe par les Anglais.
1763	Traité de Paris : retour à la France des « îles à sucre », perte du Canada et de la Louisiane.
1774	N. G. Léonard, *La Nouvelle Clémentine ou Lettres d'Henriette de Berville.*
1777	L'entrée en France est interdite aux Nègres, Mulâtres et gens de couleur.
1778	Interdiction des mariages interraciaux.
1783	N. G. Léonard, *Lettres de deux amants habitants de Lyon, Lettre sur un voyage aux Antilles.*
1789	Création de la Société des Amis des Noirs par Brissot de Warville. Déclaration des droits de l'homme et du citoyen.
1792	Interdiction de la traite des Noirs par l'Assemblée législative, qui accorde l'égalité des droits aux gens de couleur libres.
1793	Les Blancs créoles livrent la Martinique et la Guadeloupe aux Anglais.
1794	La Convention abolit l'esclavage (4 février). Victor Hugues reconquiert la Guadeloupe et y proclame l'abolition de l'esclavage.
1797	Prise du pouvoir à Saint-Domingue par Toussaint-Louverture.
1802	Bonaparte Premier Consul rétablit l'esclavage. 28 mai : tragédie du Matouba, Delgrès

1802 **(suite)**	est vaincu et l'esclavage rétabli en Guadeloupe. Sept. : la France reprend possession de la Martinique rendue par les Anglais.	
1804	1er janvier : Dessalines proclame l'indépendance de Saint-Domingue sous le nom d'Haïti.	
1809	Les Anglais s'emparent de la Martinique.	V. Campenon, *La Maison des champs.*
1810	Les Anglais s'emparent de la Guadeloupe.	
1811		V. Campenon, *L'Enfant prodigue.*
1814	Le traité de Paris rend la Martinique et la Guadeloupe à la France.	
1815	Traité de Vienne : abolition de la traite des Nègres.	
1818	Le commerce des Nègres est officiellement interdit dans les territoires français.	
1824		J. H. J. Coussin, *Eugène de Cerceil ou les Caraïbes.*
1826		Poirié Saint-Aurèle, *Les Veillées françaises.*
1833	Début de l'apprentissage de la liberté dans les îles anglaises.	Poirié Saint-Aurèle, *Cyprès et palmistes.*
1834	Création à Paris d'une « Société pour l'abolition de l'esclavage» (De Broglie, H. Passy, O. Barrot).	
1838	Abolition effective de l'esclavage dans les colonies anglaises.	Poirié Saint-Aurèle, *La Parole de Jéhovah.*
1839	Bulle de Grégoire XVI condamnant l'esclavage.	
1840		V. Schœlcher, *L'Abolition de l'esclavage.*
1843	8 février : terrible tremblement de terre en Guadeloupe. Pointe-à-Pitre est quasiment détruite par l'incendie qui s'ensuit.	
1846	L'État affranchit les esclaves de son domaine en Guadeloupe, Guyane, Martinique et à Bourbon.	
1847		V. Schœlcher, *Histoire de l'esclavage.*
1848	Chute de la Monarchie. Gouvernement provisoire de la Seconde République. 27 avril : décret d'affranchissement des esclaves dans toutes les colonies françaises.	

1851	Création du bagne en Guyane.	
1852	Arrivée des immigrants congos et coolies aux Antilles.	
1855	Début de la ruée vers l'or en Guyane.	
1857		X. Eyma, *Scènes de la vie des esclaves: les Peaux noires.*
1862		O. Giraud, *Fleurs des Antilles.*
1866		Xavier Eyma, *La Chasse à l'esclave.*
1880	Création du lycée laïque de Saint-Pierre.	
1882	Création de l'École préparatoire de droit à Fort-de-France.	
1883	Création du Lycée de Pointe-à-Pitre.	
1885		R. de Beauvallon, *Hier! Aujourd'hui! Demain! ou les Agonies créoles.*
1893	Ouverture de la Bibliothèque Schœlcher à Fort-de-France.	
1899		R. Bonneville, *Le Triomphe d'Églantine; la Vierge cubaine.*
1900		D. Thaly, *Lucioles et cantharides.* R. Bonneville, *Fleurs des Antilles.*
1902	8 mai: éruption de la Montagne Pelée et destruction de Saint-Pierre à la Martinique. Fort-de-France devient le « capitale » de l'île.	
1903		V. Duquesnay, *Les Martiniquaises.*
1905		D. Thaly, *La Clarté du sud.*
1909		R. Maran, *La Maison du bonheur.*
1910		Alexis Leger, *alias* Saint-John Perse, *Pour fêter une enfance, Éloges et autres poèmes.*
1911		D. Thaly, *Le Jardin des Tropiques, Chansons de mer et d'outre-mer* L. Belmont, *Mimi.*
1912		R. Maran, *La Vie intérieure.*
1913	Les Antillais et les Guyanais sont soumis à la conscription.	D. Thaly, *Nostalgies françaises.*

1916		D. Houël, *Les Vies légères*.
1917		G. de Chambertrand, *L'Honneur des Montvoisin*.
1918		G. de Chambertrand, *Les Méfaits d'Athénaïse*; *Le Prix du sacrifice*.
1921		R. Maran, *Batouala*.
1922		A. de Gentile, *Silhouettes et fantômes*. R. Maran, *Le Visage calme*.
1923		D. Thaly, *L'Île et le voyage*. O. Lara, *Questions de couleurs*.
1924		M. Achard, *La Muse pérégrine*. Saint-John Perse, *Anabase*.
1925		D. Houël, *Cruautés et tendresses*.
1927		M. Achard, *La Cendre empourprée*. A. Thomarel, *Amours et esquisses*. R. Maran, *Djouma, chien de brousse*.
1928	Guyane : « affaire Galmot ». La Guadeloupe est ravagée par un cyclone qui fait 1 500 victimes et détruit Pointe-à-Pitre.	D. Thaly, *Chants de l'Atlantique ; Sous le ciel des Antilles*. A. Joyau, *Les Conques de cristal*.
1931-32	*La Revue du Monde noir,* publiée à Paris.	
1931		R. Maran, *Le Cœur serré*.
1932	Parution de *Légitime Défense* à Paris.	I. Romanette, *Sonson de la Martinique*. D. Thaly, *Héliotrope ou les Amants inconnus*.
1934		R. Maran, *Le Livre de la brousse*.
1935	Fêtes du tricentenaire du rattachement des Antilles à la France ; fondation du journal l'*Étudiant noir* à Paris.	R. Maran, *Les Belles Images*. A. Thomarel, *Parfums et saveurs des Antilles*.
1936		A. Thomarel, *Regrets et tendresses*.
1937		L.-G. Damas, *Pigments*.
1938	Fin de la déportation en Guyane.	L.-G. Damas, *Retour de Guyane*.
1939		A. Césaire, *Cahier d'un retour au pays natal* (1re parution dans la revue *Volontés*). G. de Chambertrand, *Images guadeloupéennes*.
1940	L'Amiral Robert se rallie au gouvernement de Vichy : début de la « Révolution nationale » aux Antilles-Guyane.	

1941	Entre 1940 et 1943, de nombreux Antillais et Guyanais partent en «dissidence» et rejoignent au péril de leur vie les Forces françaises libres. Passage d'André Breton à la Martinique et rencontre avec Aimé Césaire.	R. Maran, *Bêtes de la brousse.* C. Richer, *Ti-Coyo et son requin.* Début de parution à la Martinique de la revue *Tropiques* (1941-1945).
1942		Saint-John Perse, *Exil.*
1943	Fin de la «Révolution Nationale» aux Antilles-Guyane. Elles se rallient à la France Libre.	L.-G. Damas, *Veillées noires.* R. Maran, *Mbala l'éléphant.*
1944	Césaire élu député communiste de la Martinique.	
1945		J. Zobel, *Diab'-là.*
1946	Loi de départementalisation (loi du 19 mars). Les «vieilles colonies», Guadeloupe, Martinique, Guyane, Réunion, sont transformées en département d'outre-mer (DOM). Décret étendant la sécurité sociale aux DOM.	A. Césaire, *Les Armes miraculeuses.* J. Zobel, *Les Jours immobiles*; *Laghia de la mort.* R. Tardon, *Bleu des îles.*
1947		G. de Chambertrand, *Titine Grosbonda.* R. Tardon, *Starkenfirst.* R. Maran, *Un homme pareil aux autres.*
1948		L.-G. Damas, *Poèmes nègres sur des airs africains.* A. Césaire, *Soleil Cou Coupé.* G. Gratiant, *Credo des Sang-Mêlé* et *Fab Compè Zicaque.* M. Capécia, *Je suis martiniquaise.* R. Tardon, *La Caldeira.*
1949	Transfert des cendres de Schœlcher au Panthéon.	C. Richer, *Les femmes préfèrent les brutes.*
1950		A. Césaire, *Corps perdu; Discours sur le colonialisme.* J. Zobel, *La Rue Cases-Nègres.* M. Capécia, *La Négresse blanche.*
1951		L. Sainville, *Dominique, nègre esclave.*
1952	Puerto Rico devient un «État libre associé aux États-Unis».	L.-G. Damas, *Graffiti.* C. Richer, *L'Homme de la Caravelle.* F. Fanon, *Peau noire, masques blancs.*
1953		R. Maran, *Bacouya le Cinocéphale.* J. Zobel, *La Fête à Paris.*
1954		E. Glissant, *La Terre inquiète.* P. Niger, *Initiation.* C. Richer, *Le Fils de Ti-Coyo.* F. Morand, *Mon cœur est un oiseau des îles.*

1956	Premier Congrès des écrivains et artistes noirs à la Sorbonne. Aimé Césaire démissionne du Parti communiste français.	E. Glissant, *Les Indes* et *Soleil de la conscience*. L.-G. Damas, *Black-Label*. A. Césaire, *Lettre à Maurice Thorez*. A. Césaire, *Cahier d'un retour au pays natal* (édition définitive). G. Desportes, *Les Marches souveraines*.
1957	Accession de F. Duvalier à la présidence d'Haïti.	Saint-John Perse, *Amers*.
1958	Naissance de la Fédération des Antilles britanniques. Création par Aimé Césaire du Parti progressiste martiniquais (PPM).	P. Niger, *Les Puissants*. É. Glissant, *La Lézarde*. R. Maran, *Le Livre du souvenir*. G. de Chambertrand, *Cœurs créoles*.
1959	Fidel Castro chasse Battista de Cuba. Décembre : troubles à Fort-de-France.	
1960	La révolution cubaine se tourne vers le socialisme ; mise en place du blocus américain. Saint-John Perse obtient le prix Nobel de littérature.	A. Césaire, *Ferrements*. É. Glissant, *Le Sel noir*. M. Lacrosil, *Sapotille et le serin d'argile*.
1961	Création du Front des Antilles-Guyane pour l'indépendance (dissous en juillet). Éclatement de la Fédération des Antilles britanniques. Création du BUMIDOM (bureau de migration des originaires des DOM).	F. Fanon, *Les Damnés de la terre*. A. Césaire, *Cadastre*. E. Glissant, *Le Sang rivé* et *Monsieur Toussaint*. M. Lacrosil, *Cajou*. G. Tirolien, *Balles d'or*. B. Juminer, *Les Bâtards*. G. Desportes, *Sous l'œil fixe du soleil*.
1962	La Jamaïque devient indépendante. Cuba : crise des «fusées». Fin de la guerre d'Algérie : accords d'Évian.	
1963	Institution de la parité globale pour les allocations familiales entre les DOM et la métropole.	B. Juminer, *Au seuil d'un nouveau cri*. A. Césaire, *La Tragédie du Roi Christophe*.
1964	Création à Pointe-à-Pitre du Centre d'enseignement supérieur littéraire (CESL). Voyage du général de Gaulle aux Antilles : accélération de la départementalisation économique.	É. Glissant, *Le Quatrième Siècle*. J. Zobel, *Le Soleil partagé*. P. Niger, *Les Grenouilles du Mont Kimbo*.
1965	Début d'aménagement en Guyane du Centre spatial de Kourou.	É. Glissant, *Poèmes*.
1966		L.-G. Damas, *Névralgies*.
1967	Mai : graves troubles en Guadeloupe, à Basse-Terre et à Pointe-à-Pitre.	M. Lacrosil, *Demain, Jab-Herma*. S. et A. Schwarz-Bart, *Un plat de porc aux bananes vertes*. A. Césaire, *Une Saison au Congo*. S. Patient, *Le Mal du pays*.

1968		B. Juminer, *La Revanche de Bozambo*.
1969		A. Césaire, *Une tempête*.
1970	Loi instituant le SMIG en métropole et dans les DOM. Transformation des Centres d'enseignement supérieur littéraire et scientifique en Centre universitaire Antilles-Guyane.	
1971	Décès du Dr François Duvalier en Haïti. Son fils Jean-Claude lui succède comme «président à vie».	D. Boukman, *Les Négriers* et *Ventres pleins ventres creux*. V. Placoly, *La Vie et la mort de Marcel Gonstran*. S. Rupaire, *Cette igname brisée qu'est ma terre natale*.
1972		M. Condé, *Dieu nous l'a donné*. S. Schwarz-Bart, *Pluie et vent sur Télumée Miracle*.
1973		M. Condé, *Mort d'Oléwumi d'Ajumako*. V. Placoly, *L'Eau-de-Mort guildive*. G. Desportes, *Cette île qui est la nôtre*. J.-L. Baghio'o, *Le Flamboyant à fleurs bleues*.
1974	Indépendance de Grenade.	A. Melon-Degras, *L'Habit d'Arlequin*.
1975		É. Glissant, *Malemort*. A. Melon-Degras, *Le Silence*. M. M. Carbet, *D'une rive à l'autre*.
1976	Menace d'éruption de la Soufrière à la Guadeloupe. Évacuation de la Basse-Terre. Indépendance de Trinidad et Tobago.	M. Condé, *Hérémakhonon*. A. Melon-Degras, *Battre le rappel* et *Avec des si, avec des mais*.
1977		X. Orville, *Délice et le fromager*. G. Tirolien, *Feuilles vivantes au matin*.
1978	Indépendance de la Dominique.	R. Brival, *Martinique des cendres*.
1979	À Grenade, Bishop se rapproche de Cuba.	B. Juminer, *Les Héritiers de la presqu'île*. X. Orville, *La Tapisserie du temps présent*. F. Bémont, *Question de peau*. S. Schwarz-Bart, *Ti-Jean l'Horizon*.
1980		S. Patient, *Guyane pour tout dire*. M. Warner-Vieyra, *Le Quimboiseur l'avait dit*. J.-L. Baghio'o, *Le Colibri blanc*.
1981	Le PPM déclare un «moratoire» sur la question du statut et appelle à voter en faveur de François Mitterrand.	M. Condé, *Une saison à Rihata*. É. Glissant, *La Case du commandeur* et *le Discours antillais*. X. Orville, *L'Homme aux sept noms et des poussières*. D. Maximin, *L'Isolé Soleil*.
1982	Régionalisation: la Guadeloupe, la Guyane et la Martinique deviennent des «régions»,	R. Brival, *Le Sang du rocou*. A. Césaire, *Moi, laminaire*.

1883 **(suite)**	des conseils régionaux s'ajoutent aux conseils généraux. Transformation du Centre universitaire Antilles-Guyane en Université des Antilles et de la Guyane.	G. Desportes, *L'Amour m'aime*. J. Zobel, *Et si la mer n'était pas bleue*. F. Bémont, *La Métisse blanche*. M. Warner-Vieyra, *Juletane*. A. Rapon, *La Présence de l'absent*.
1983	Intervention américaine à Grenade contre le régime procastriste de Bishop.	V. Placoly, *Frères volcans* et *Dessalines ou la Passion de l'indépendance*. J. Zobel, *Mas Badara*.
1984		R. Brival, *La Montagne d'ébène*. M. Condé, *Ségou les murailles de terre*. E. Pépin, *Au verso du silence*.
1985		R. Brival, *Les Tambours de Gâo*. M. Condé, *Ségou la terre en miettes*. G. Desportes, *Semailles de pollen*. X. Orville, *Le Marchand de larmes*.
1986	En Haïti : J.-Cl. Duvalier doit quitter le pouvoir. Il part en exil en France. En Guyane : afflux de milliers de réfugiés fuyant les troubles du Surinam.	M. Condé, *Moi, Tituba, sorcière noire de Salem*. E. Pépin, *Salve et salive*. P. Chamoiseau, *Chronique des sept misères*.
1987		M. Condé, *La Vie scélérate*. É. Glissant, *Mahagony*. D. Maximin, *Soufrières*. S. Schwarz-Bart, *Ton beau capitaine*.
1988		M. Condé, *Pension les Alizés*. V. Placoly, *Une journée torride*. P. Chamoiseau, *Solibo magnifique* et *Au temps de l'antan*. R. Confiant, *Le Nègre et l'Amiral*. F. Chalumeau, *Le Chien des mers*. M. Hermine, *Les Iguanes du temps*.
1989	Institution du RMI en métropole et dans les DOM. Le cyclone Hugo ravage la Guadeloupe les 16 et 17 septembre.	J. Bernabé, P. Chamoiseau, R. Confiant, *Éloge de la créolité*. M. Condé, *La Traversée de la Mangrove*. X. Orville, *Laissez brûler l'Aventurcia*. M.-R. de Jaham, *La Grande Béké*.
1990		B. Juminer, *La Fraction de seconde*. P. Chamoiseau, *Antan d'enfance*.
1991		R. Brival, *Le Chevalier de Saint-Georges*. M.-R. de Jaham, *Le Maître Savane*. R. Confiant, *Eau-de-Café*. M. Condé, *Haïti chérie* et *Hugo le terrible*. H. Corbin, *Lieux d'ombre*.
1992	Dereck Walcott (Sainte-Lucie), prix Nobel de littérature.	M. Condé, *Les Derniers Rois Mages*. É. Glissant, *Fastes*. E. Pépin, *L'Homme au bâton*.

1992	P. Chamoiseau, *Texaco*.
(suite)	R. Parsemain, *L'Absence du destin*.
	G. Pineau, *Un papillon dans la cité*.

1993	M. Condé, *La Colonie du Nouvèau Monde*.
	G. Pineau, *La Grande Drive des esprits*.
	X. Orville, *Cœur à vie*.
	R. Confiant, *Ravines du devant-jour*.
	É. Glissant, *Tout-Monde*.
	T. Delsham, *Fanm Déwo*.
	G. Desportes, *Libre de tout engagement*.
	M. Jeanne, *Jivaros*.
	D. Radford, *Le Maître-pièce*.
	H. Corbin, *Trois clefs pour voir*.
	L. Moutoussamy, *À l'ombre de l'enfance*.

1994	X. Orville, *La Voie des cerfs-volants*.
	I. Césaire, *Zonzon tête carrée*.
	E. Moutoussamy, *Chacha et Sosso*.
	P. Chamoiseau, *Chemin d'école*.
	R. Confiant, *L'Allée des soupirs*; *Bassin des ouragans*; *Commandeur du sucre*; *Mamzelle Libellule* et *Marisosé*.
	T. Delsham, *Kout Fè* et *An tan Robè*.
	M. Hermine, *La Sœur d'Amérique*.
	F. Chalumeau, *En terres étranges*.

1995	G. Pineau, *L'Espérance Macadam*.
	M. Condé, *La Migration des cœurs*.
	R. Confiant, *Le Gouverneur des dés*.
	E. Pépin, *Coulée d'or*.
	T. Delsham, *Lycée Schœlcher*.
	J.-L. Baghio'o, *Choutoumounou*.
	D. Maximin, *L'Île et une nuit*.
1996	F. Chalumeau, *Pourpre est la mer*.

	G. Pineau, *L'Exil selon Julia*.
	M.-R. de Jaham, *L'Or des Iles*.
	X. Orville, *Moi, Trésilien Théodore Augustin*.
	R. Confiant, *La Vierge du Grand Retour*.
	E. Pépin, *Tambour-Babel*.
	T. Delsham, *Choc*.
	R. Brival, *Le Dernier des Aloukous*.
	R. Parsemain, *Désordre ingénu*.
	G. Gratiant, *Fables créoles et autres écrits* (posthume).

| 1997 | R. Confiant, *Chimères d'En-Ville*. |

TROISIÈME PARTIE

Québec

Marie-Lyne Piccione

QUÉBEC

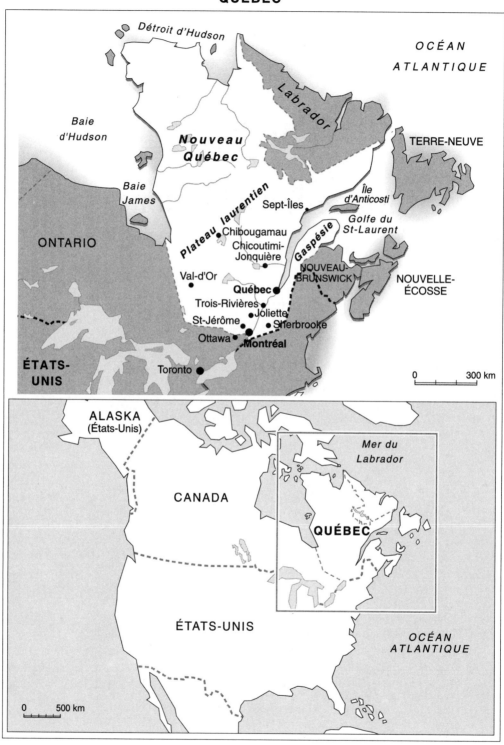

OCÉAN
ATLANTIQUE

Détroit d'Hudson

Labrador

TERRE-NEUVE

Baie
d'Hudson

*Nouveau
Québec*

Baie
James

Île
d'Anticosti

Sept-Îles

Plateau laurentien

Golfe du
St-Laurent

ONTARIO

Chibougamau

Chicoutimi-
Jonquière

Gaspésie

Val-d'Or

NOUVEAU-
BRUNSWICK

NOUVELLE-
ÉCOSSE

Québec

Trois-Rivières

Joliette

St-Jérôme

Sherbrooke

Ottawa

Montréal

ÉTATS-
UNIS

Toronto

0   300 km

ALASKA
(États-Unis)

Mer du
Labrador

CANADA

QUÉBEC

ÉTATS-UNIS

OCÉAN
ATLANTIQUE

0   500 km

Introduction

Mineure, régionaliste, pittoresque…

Nul n'oserait de nos jours, réduire la littérature québécoise à ces qualificatifs dépréciatifs, aveux à peine masqués d'un ethnocentrisme latent. C'est que le Québec a gagné, au sein de l'institution littéraire, une légitimité et une respectabilité que lui assure son statut de bastion francophone en Amérique du Nord, ultime rempart susceptible de contrer une anglophonie galopante.

Et pourtant, comment se cacher que le discours officiel, si lénifiant soit-il, craque de toutes parts, impuissant à camoufler les malentendus qui minent les relations entre Français et Québécois ?

Car enfin, il y a l'accent, ce fameux accent dont nos compatriotes raffolent… Exotique et familier, étrange et rassurant, ils n'en finissent pas de le décrire, s'y référant, en toute occasion, comme au signe distinctif, au trait le plus marquant de leurs « cousins d'Amérique ».

Bagatelle, diront certains. Broutille indigne de figurer dans un exposé à prétention didactique. Peut-être… Mais l'attendrissement que suscite une spécificité aussi dérisoire pourrait bien être l'épiphénomène de clichés plus fondamentaux imposant à la conscience collective une image tronquée et, pour tout dire, fallacieuse.

Le souvenir de *Maria Chapdelaine* – la seule œuvre littéraire québécoise que le Français moyen soit capable de nommer – s'est pérennisé pour nourrir la nostalgie d'un monde à jamais révolu. Passéisme, ruralité, fidélité aux valeurs monarchiques et cléricales, amour indéfectible de la France, autant de caractéristiques fantasmatiques inhérentes au Québécois dans l'imaginaire français. En somme, le Québec serait une Ancienne-France préservée, une aire an-historique qui aurait vu le temps se figer dans l'immobilité d'un drapeau fleurdelisé et d'une langue délicieusement surannée.

Le conte est joli et l'on aimerait y croire. Mais tout le contredit.

Une histoire douloureuse, une histoire d'abandon et de trahison a desserré les liens entre la France et le Québec, ou plutôt, les a rendus ambigus, équivoques. La France reste une référence, mais une référence qui n'est plus à l'abri de la contestation. Elle garde son prestige mais ce prestige est entaché de réticences, inférieur désormais à celui des États-Unis, modèle absolu imposant ses normes, ses codes et son « american way of life » à des Québécois qui n'ont ni la possibilité, ni même la volonté de s'en affranchir. Devenus citadins, ces derniers ont laissé détruire le Montréal historique et s'ériger une ville phallique, réplique modeste de New York ou de Los Angeles. Agnostiques ou catholiques peu convaincus, ils ont perdu la foi de leurs ancêtres.

Sans la terre, sans la religion, ont-ils encore une spécificité, une raison suffisante pour être Québécois plutôt que Canadiens ? La langue peut-elle, à elle seule, fonder une nation, surtout quand, contaminée par la langue de l'Autre, elle affiche une hétérogénéité et un disparate dont s'affligent les puristes ? En fait, la légitimation du Québec d'aujourd'hui réside dans sa littérature dont on peut affirmer qu'elle reste le signe le plus sûr d'une identité chancelante, le substitut à tous les manques dont les Québécois mesurent, dans la douleur, la cruauté : apportant la parole au pays du silence, la dignité à un peuple vaincu, le sentiment d'appartenance à une communauté déracinée, la littérature s'impose comme le ciment de la cohésion nationale, le ferment d'un avenir à inventer.

Toutefois, ce rôle historique et social ne saurait occulter sa valeur intrinsèque, fondée sur la conjonction insolite d'une thématique lancinante et d'une esthétique profondément novatrice. Répétitive et narcissique, elle pourrait lasser. Elle lasse parfois. Mais les fulgurances d'une créativité perpétuellement sollicitée séduisent, dérangent, inquiètent. Et c'est sans doute cette inquiétude, ce frémissement sous-jacent qui demeure l'attrait le plus vif d'une littérature originale disant les vertiges de l'absence et les déchirements de l'espoir.

Aperçu historique

I. La Nouvelle-France : 1534-1760

1534 (24 juillet) – *Le Malouin Jacques Cartier arrive à Gaspé (côte est du Canada) où il fait planter une croix au nom du roi de France François Ier.*

1608 – *Fondation de la ville de Québec par Samuel de Champlain. La ville compte vingt-huit personnes dont vingt mourront au cours de l'hiver.*

1609 – *Le Canada devient la Nouvelle-France.*

1612 – *Samuel de Champlain est nommé lieutenant de la Nouvelle-France. Il est, désormais, le personnage le plus important du pays.*

1627 – *La Nouvelle-France compte moins de cent habitants, dont moins d'une douzaine de femmes.*

1642 (17 mai) – *Fondation de Ville-Marie (qui deviendra Montréal) par un laïque dévot, Paul de Maisonneuve.*

1665 – *La Nouvelle-France compte 3 215 habitants. Arrivée des « Filles du Roi » (orphelines élevées aux frais du roi).*

1756 – *L'Angleterre déclare la guerre à la France. C'est le début de la guerre de Sept Ans (1756-1763).*

1759 (juin) – *Le général anglais Wolfe entreprend le long siège de Québec avec 39 000 hommes.*

1759 (13 septembre) – *La bataille des Plaines d'Abraham (près de Québec) signe la mort des deux chefs d'armée : le marquis de Montcalm et le général Wolfe.*

1759 (17 septembre) – *Nicolas de Ramezay, lieutenant du roi à Québec, remet la ville au successeur du général Wolfe, George Townshend.*

II. Un nouveau régime : 1760-1867

1763 (10 février) – *Traité de Paris. La France cède à l'Angleterre le Canada, l'Acadie et la rive gauche du Mississipi. Ceux qui choisissent de rester pourront pratiquer leur religion.*

1763 (7 octobre) – *Une proclamation du roi George III démembre la Nouvelle-France. Le territoire laurentien est désigné sous le nom de « Province of Quebec ».*

1774 – *L'Angleterre octroie l'Acte de Québec, une constitution qui remet en vigueur les lois civiles françaises, reconnaît officiellement la langue française et la religion catholique, et permet la participation des Canadiens d'origine française au gouvernement de la colonie.*

1791 – *Acte constitutionnel qui divise le Canada en deux : le Bas-Canada à dominante francophone et le Haut-Canada.*

1814 – *Louis-Joseph Papineau devient chef du Parti Canadien (qui deviendra le Parti Patriote) et le restera jusqu'en 1838.*

1834 – *Le Parti Patriote présente à l'Assemblée les griefs de la population à l'encontre du gouvernement britannique.*

1837-1838 – *Révolte des Patriotes sous le commandement de Louis-Joseph Papineau. Battus une première fois en novembre 1837, les Patriotes cherchent à reprendre la lutte à partir des États-Unis, mais sont définitivement écrasés l'année suivante.*

1839 – *Le rapport de Lord Durham, émissaire du gouvernement britannique, prône l'assimilation des Canadiens français qualifiés de paysans sans culture et sans tradition.*

1852 – *Fondation de l'Université Laval (Québec), la première université canadienne-française et catholique.*

III. Le Québec qui se construit : 1867-1929

1867 (1ᵉʳ juillet) – *Entrée en vigueur de la constitution canadienne dite Acte de l'Amérique du Nord britannique.*

1869 – *L'achat de l'Ouest canadien par le gouvernement fédéral déclenche le Révolte des Métis de la Rivière Rouge, à la tête desquels se trouve Louis Riel.*

1875 – *Création de la Cour suprême du Canada, le plus haut tribunal d'appel en matière civile et criminelle.*

1885 (16 novembre) – *Pendaison de Louis Riel condamné à mort pour trahison.*

1905 – *L'Alberta et la Saskatchewan entrent dans la Confédération.*

1910 – *Henri Bourassa fonde le journal* Le Devoir.

1922. *Création de la première station radiophonique de langue française CKAC.*

IV. Le Québec moderne : 1929-1996

1929 (24 octobre) – *Krach du jeudi noir.*

1935 – *Le gouvernement Taschereau adopte une loi promouvant la colonisation et le retour à la terre.*

1936 (17 août) – *L'ultra-conservateur Maurice Duplessis prend le pouvoir à la tête de l'Union Nationale.*

1937 – *La loi du « cadenas » interdit à toute personne d'utiliser sa maison pour propager le communisme.*

1939 – *Adélard Godbout remplace Maurice Duplessis à la tête du gouvernement.*

1939 (10 septembre) – *Le Canada déclare la guerre à l'Allemagne.*

1940 – *Le droit de vote est accordé aux femmes.*

1942 – *Le Premier ministre canadien Mackenzie King organise en avril un référendum national sur la conscription. Le Québec la refuse à 71,2 %, tandis que les autres provinces y sont favorables dans une proportion de 80 %. Le 23 juillet, le Parlement impose l'enrôlement obligatoire.*

1944 – *Maurice Duplessis gagne les élections et redevient Premier ministre de la province de Québec (il le restera jusqu'à sa* *mort en 1959). C'est le début d'une ère où l'influence catholique, la sclérose intellectuelle et la répression jouent à plein : on la surnommera « la grande noirceur ».*

1949 – *Grève de l'amiante à Asbestos. Terre-Neuve entre dans la Confédération.*

1953 – *Création de la commission royale d'enquête sur les problèmes constitutionnels.*

1959 (7 septembre) – *Mort de Maurice Duplessis.*

1960 (22 juin) – *Victoire électorale du Parti libéral dirigé par Jean Lesage, qui restera Premier ministre jusqu'en 1966. S'ouvre une période de bouleversements idéologiques qu'on nomme « la Révolution tranquille ».*

1961 – *La commission Parent est chargée de la rénovation de l'enseignement.*

1962 – *Flambée de manifestations nationalistes du FLQ (Front de libération du Québec).*

1967 – *Création des Collèges d'enseignement général et professionnel (CEGEP). Gratuité des études collégiales.*

1967 (28 avril) – *Début de l'Exposition universelle de Montréal.*

1967 (juillet) – *Visite du général de Gaulle, qui lance « Vive le Québec libre ! »*

1967 – *René Lévesque quitte le Parti libéral et fonde le mouvement de souveraineté-association.*

1970 – *Crise d'octobre. Enlèvement de l'attaché commercial britannique James Cross, lecture du Manifeste du FLQ sur les ondes de la radio et de la télévision d'État, enlèvement du ministre du travail Pierre Laporte, « décret » de la loi des mesures de guerre, mort de Pierre Laporte, perquisitions et arrestations massives. La population sortira en général meurtrie d'« octobre 1970 ».*

1974 – *La loi 22 proclame le français langue officielle du Québec.*

1976 (17 juillet) – *Ouverture des Jeux Olympiques de Montréal.*

1976 (15 novembre) – *Le Parti souverainiste, « Parti québécois », gagne les élections. René Lévesque devient Premier ministre.*

1977 – *Adoption par le gouvernement Lévesque de la loi 101 qui va plus loin que la loi 22 dans la francisation.*

1980 (20 mai) – *Référendum organisé par René Lévesque sur la souveraineté-association. Sévère défaite des partisans du « oui » battus à près de 60 % des voix. Cet échec de René Lévesque est ressenti comme une victoire du Premier ministre du Canada Pierre Elliott Trudeau qui avait accordé un solide appui politique et financier aux partisans du « non ».*

1995 (octobre). – *Nouvel échec des partisans du « oui » à un référendum organisé par le Premier ministre du Québec Jacques Parizeau. À la suite de cet échec, Parizeau, démissionnaire, est remplacé par Lucien Bouchard.*

Quelques références

Michel BRUNET, *Canadians et Canadiens*, Montréal, Fides, 1971.
Jean PROVENCHER, *Chronologie du Québec*, Montréal, Boréal, 1991.

Chapitre 1

Les balbutiements
(des origines à 1900)

> Il a suffi que Jacques Cartier
> plante une croix à Gaspé.
>
> Réjean Ducharme, *L'Océantume*, 1968.

I. Les œuvres de la Nouvelle-France

Avant d'être québécoise, avant même d'être canadienne, la littérature du Nouveau-Monde fut française : les journaux des navigateurs, les récits des explorateurs, les relations des géographes n'en finissent pas de s'étonner de la vastitude de l'espace ou de l'étrangeté des mœurs. C'est ainsi que dans son *Brief récit,* Jacques Cartier* oscille sans cesse entre l'émerveillement suscité par les paysages grandioses et la suspicion, voire la répulsion, que lui inspirent certaines coutumes indigènes. Déjà se fait jour chez lui l'ambition qui ne cessera de tenailler ses successeurs : réconcilier les extrêmes et réunir d'un même élan l'Amérique et l'Europe, la nature et la culture. Il songe à assujettir les Amérindiens, à les christianiser, à les «franciser» mais le «lexique» qu'il nous a laissé montre, par la disposition même de ses deux colonnes séparées, l'utopie de sa prétention.

Ainsi, née d'un regard étranger, la première œuvre littéraire mettant en scène le Canada se place d'emblée sous le signe de l'équivoque, voire de l'imposture : la voix d'un voyageur, de celui qui n'a fait que passer, est parvenue jusqu'à nous et cette voix persistante rend plus profond encore le silence des autochtones et plus cruel l'oubli qui les a engloutis. Anne Hébert en est consciente, qui fait suivre l'hommage rendu aux colonisateurs dans *Le Premier Jardin,* de cette mise au point :

> le premier regard humain posé sur le monde, c'était un regard d'Amérindien, et c'est ainsi qu'il a vu venir les Blancs sur le fleuve, sur de grands bateaux, gréés de voiles blanches et bourrés de fusils, de canons, d'eau bénite et d'eau-de-vie.
>
> *Le Premier Jardin,* Paris, Éd. du Seuil, 1988, p. 79.

Samuel de Champlain* n'est déjà plus un simple passant. Il semble, en effet, que sa rencontre avec le Nouveau-Monde ait

Jacques Cartier (1491-1557)

Né à Saint-Malo, probablement en 1491, Jacques Cartier, navigateur dès sa jeunesse, reçoit de François Ier en 1534 une mission qui l'entraîne dans le Golfe du Saint-Laurent et dans la Baie de Gaspé. Il repartira en 1535 et en 1541. Il meurt à Saint-Malo le premier septembre 1557. Son *Brief récit* (1545) relate son deuxième voyage.

Samuel de Champlain (1570-1635)

Né en Saintonge, vers les années 1570, il s'embarque à bord du Saint-Julien en 1599 pour les Indes occidentales. De retour en France en 1601, il écrit son *Brief Discours.* Par la suite, de 1603 à sa mort, survenue à Québec le 25 décembre 1635, il effectue 23 traversées de l'Atlantique. Il a fondé Québec en 1608. Tout au long de sa carrière, il tient un journal qui sert de base à ses ouvrages : *Des Sauvages* (1603) et *Les Voyages* dont il a trois éditions (1613, 1619, 1632).

infléchi définitivement le cours de son existence. Les faits, à cet égard, sont révélateurs et témoignent de la fascination qu'exerçait la Nouvelle-France sur ce Saintongeais : vingt-trois traversées de l'Atlantique, douze séjours au Canada, la fondation d'une ville (Québec en 1608), enfin la mort dans son pays d'adoption. À l'image de sa vie, son œuvre est riche et passionnante ; ses *Voyages* qui ont fait l'objet de quatre publications (1603-1613-1619-1632) fourmillent de renseignements et de détails pittoresques sur les Montagnais, les Hurons ou les Algonquins, tant il est vrai que Champlain n'a jamais manqué de cette curiosité qu'il avait érigée en principe : « Je ne laissai pas de m'informer particulièrement de l'origine et des peuples » peut-on lire dans son texte de 1613. Un peu à la manière de Montaigne, il sait établir avec son lecteur des liens privilégiés, fondés sur la complicité d'une impression partagée : « Je vous assure qu'il n'y a rien qui sente si mauvais », écrit-il à propos d'une recette indienne à base de blé d'Inde pourri. Mais la ressemblance avec Montaigne est beaucoup plus profonde : Champlain sait lui aussi faire abstraction de ses réflexes de « civilisé » pour atteindre à une conception pluraliste du monde. C'est ainsi qu'il conclut à propos des Hurons :

> Leur vie est misérable au regard de la nôtre mais heureuse entre eux qui n'en ont pas goûté de meilleure, croyant qu'il ne s'en trouve pas de plus excellente.

Si les *Voyages* constituent l'unique source de renseignements sur les quinze premières années de la ville de Québec – elle ne compte à l'époque que soixante habitants – l'œuvre de Champlain s'impose à l'attention par bien d'autres traits : encore qu'il ne fasse pas mystère de son prosélytisme, l'auteur a su véritablement regarder cet autre monde qui s'offrait à lui ; il a su l'aimer, l'accepter dans son originalité grandiose et communiquer, par exemple, au lecteur l'enthousiasme dont ce jugement se fait l'écho : le Saint-Laurent est « un des plus beaux fleuves du monde ».

Contemporain de Champlain, Marc Lescarbot*, humaniste et polygraphe, trouve dans son long séjour au Canada l'inspiration qui devait nourrir une œuvre importante – historique, dramatique, poétique – dont les différentes facettes témoignent de son talent protéiforme. Toutefois, *L'Histoire de la Nouvelle-France, Les Muses de la Nouvelle-France* ou *Le Théâtre de Neptune en la Nouvelle-France* comportent, en dépit de leur différence intrinsèque, une remarquable unité thématique : en présentant le Nouveau-Monde comme un fleuron susceptible de relever le prestige du royaume de France et une terre d'élection pour les évangélistes, Marc Lescarbot ne se départit jamais de ses certitudes de colonisateur. Chantre des valeurs chrétiennes, il légitime l'invasion des terres habitées : « les enfants de Dieu » ne sont-ils pas partout chez eux « de droit divin » ? Mais sa pensée n'en est pas pour autant fruste ou monolithique. Jamais, il ne tombe dans le manichéisme simpliste de certains de ses contemporains qui tracent des « sauvages » un portrait des plus sombres, voire des plus invraisemblables. Il sait au

Marc Lescarbot (1570-1642)

Né en Picardie en 1570, Marc Lescarbot, avocat érudit, s'embarque en 1606 pour la Nouvelle-France. De ce voyage, il gardera un grand intérêt pour cette colonie qu'il exalte dans *Histoire de la Nouvelle-France* (1609), dans ses poèmes, *Les Muses de la Nouvelle-France* (1609), recueil incluant *Le Théâtre de Neptune en la Nouvelle-France*. Il meurt vers 1642 à Presles.

contraire trouver des accents authentiques et passionnés pour s'indigner contre leurs détracteurs :

> Il y a beaucoup de choses bonnes en eux. Car pour dire brièvement, ils ont de la valeur, fidélité, libéralité et humanité [...]. De sorte que si nous les appelons communément sauvages, c'est par un mot abusif, et qu'ils ne méritent point.

II. Vers un éveil du génie national

S'il est vrai que le genre épique s'épanouit volontiers chez les peuples encore jeunes, sans doute n'est-il pas apte à chanter que la Victoire ! De fait, avec la Conquête s'instaurèrent une frilosité et un marasme peu propices à la littérature ; celle-ci semble se réduire alors à ses seuls aspects «utilitaires» : le journalisme et l'éloquence. Mais au début du XIXᵉ siècle, cette morosité tranquille allait se muer en un désespoir nourri de la conjonction de trois nouvelles défaites. Défaite militaire subie en 1837 et 1838 par les Patriotes regroupés autour de Louis-Joseph Papineau (1786-1871), qui dut s'exiler en France et aux États-Unis. Défaite culturelle assortie d'une terrible humiliation à la diffusion du rapport de Lord Durham remis en février 1839 : l'émissaire du gouvernement britannique y prônait l'assimilation des Canadiens français qualifiés de paysans bornés et rétrogrades ! Défaite politique, enfin, entérinée par l'Acte d'Union de juillet 1840 qui stipulait l'Union du Haut et du Bas-Canada (le Québec). C'est dans ce climat délétère que François-Xavier Garneau* publia de 1845 à 1848 sa monumentale *Histoire du Canada*. Notaire, libéral et cultivé, il suscita un véritable réveil de la conscience politique et inaugura une littérature de «résistance» spécifique au Canada français. En effet, en dénonçant les maux dont souffraient ses compatriotes – sujétion à la domination britannique, difficile accession aux fonctions publiques, dénuement économique, médiocrité intellectuelle, soumission à l'Église – l'historien ne se contentait pas de cerner les caractéristiques dominantes de la société, il ranimait la volonté de survivre du peuple canadien-français, héritier d'un passé prestigieux dont il devait se montrer digne.

Cet «avant» bienheureux déploie tous ses sortilèges dans le roman historique de Philippe Aubert de Gaspé* *Les Anciens Canadiens* (1863) qui fait revivre, un siècle après le traité de Paris l'âge d'or du régime français. L'intrigue romanesque ne lésine pas sur les «grands sentiments» : amitié de deux «ennemis», l'Écossais Arché et le Canadien français Jules d'Haberville, amour impossible entre Arché et Blanche d'Haberville, patriotisme, sacrifice, tout en fait une œuvre «édifiante». Toutefois, l'intérêt est ailleurs : l'évocation pittoresque des coutumes, des traditions, de la vie quotidienne est rehaussée par une expression vive et brillante, une verve de «causeur» qui sait capter un auditoire. Et ce n'est pas un hasard, sans doute, si un roman contemporain, lui aussi tributaire de l'oralité (*Le Matou* d'Yves Beauchemin, 1981) rend hommage à l'art de vivre dont le «vieux roman» s'est fait le lointain écho (voir encadré *infra*).

François-Xavier Garneau (1809-1866)

Né à Québec en 1809, il fut notaire. Après un voyage en Europe, il collabore à diverses revues. Son œuvre fut d'abord poétique (poèmes épars de 1831 à 1845). Il publia aussi une relation de voyage : *Voyage en Angleterre et en France dans les années 1831, 1832 et 1833* (dans le journal de Québec de novembre 1854 à mai 1855). Mais son œuvre maîtresse est une monumentale *Histoire du Canada depuis sa découverte jusqu'à nos jours* (publiée de 1845 à 1852). L'auteur en donne deux autres éditions en 1852 et en 1859. Atteint d'épilepsie, François-Xavier Garneau meurt en 1866 à Québec.

Philippe Aubert de Gaspé (1786-1871)

Né à Québec en 1786, admis au barreau en 1911, il fit une brillante carrière et fréquenta les milieux mondains de Québec jusqu'en 1822. À cette époque, accusé d'un important détournement de fonds, il doit se réfugier au manoir familial de Saint-Jean-Port-Joli. À la faveur de cet isolement, il seconde son fils dans la rédaction du premier roman canadien-français jamais écrit (*L'Influence d'un livre*, 1837) et écrit lui-même un imposant roman *Les Anciens Canadiens* (1863).

Hommage aux *Anciens Canadiens*

En septembre, il eut une idée fort heureuse pour célébrer la mémoire de Philippe Aubert de Gaspé, l'auteur des Anciens Canadiens : *la tenue d'un banquet dans un décor seigneurial québécois du XVIIIe siècle, reconstitué pour l'occasion. Il s'appuya pour l'élaboration du menu sur le sixième chapitre du roman : « Un souper chez un seigneur canadien ». Pendant une semaine tout le monde potassa le vieux roman afin d'être en mesure de soutenir une conversation distinguée, puis on se rendit à la boutique de Jean-Denis Beaumont, transformée par ce dernier en salle à manger seigneuriale. Jean-Denis avait fait des merveilles comme antiquaire-décorateur et fut chaudement félicité. Le cuisinier du* Quinquet *avait préparé un pâté de Pâques : dinde, poulets, perdrix, lièvres et pigeons, le tout recouvert de bardes de lard gras, emprisonné dans une croûte épaisse et reposant sur un godiveau de viandes hachées relevé d'oignons et d'épices fines. Le plat fit parler de lui pendant longtemps.*

Yves Beauchemin, *Le Matou,*
Montréal, Éd. Québec/Amérique, 1981, p. 580.

Félicité Angers, dite Laure Conan (1845-1924)

Née à la Malbaie en 1845, Félicité Angers fit chez les Ursulines des études qu'elle approfondit par de nombreuses lectures personnelles. Après son idylle malheureuse avec Pierre-Alexis Tremblay, elle se retire et se consacre à l'écriture. Elle fait paraître sous un pseudonyme des œuvres essentiellement psychologiques et meurt en 1924. Ses principaux romans sont : *À l'œuvre et à l'épreuve* (1891), *La Série Immortelle* publiée à titre posthume (1925) et surtout *Angéline de Montbrun* (1884).

Une telle bonne humeur est totalement étrangère à l'univers romanesque de Laure Conan*. Sous ce pseudonyme pétrarquisant se cache Félicité Angers dont le nom se retrouve, à peine travesti, dans son œuvre maîtresse *Angeline de Montbrun*. Paru de juin 1881 à août 1882 dans la *Revue canadienne,* ce roman psychologique, à la structure éclatée, se compose de trois parties inégales : entre la correspondance échangée par des personnages secondaires et le journal de l'héroïne éponyme, un récit où se bousculent les catastrophes – mort du père, défiguration d'Angéline et rupture de ses fiançailles – se débarrasse en quelques pages du récit événementiel. De fait, la fiction n'est là que pour servir l'analyse qui s'étend, non sans complaisance sur l'interaction du malheur et de la piété. Trop angélique pour être sincère, le roman a suscité la curiosité de nos contemporains : sensibles au caractère trouble des liens qui unissent l'héroïne et son père, la critique insiste, en général, sur la portée autobiographique de l'œuvre ; M. de Montbrun ne serait qu'un avatar de Pierre-Alexis Tremblay, un député plus âgé, que la romancière ne put épouser. Une scène résume l'ambiguïté du roman : fasciné par un cygne, la jeune fille oublieuse du fiancé qui se tient à ses côtés s'abîme dans la contemplation de cet oiseau jupitérien, figure paternelle s'il en est (voir texte n°58).

TEXTE N°58

Le cygne

Angéline nu-tête, un gros morceau de pain à la main, marchait devant moi. De temps en temps, elle se retournait pour m'adresser quelques mots badins. Mais arrivée à l'étang elle m'oublia.

Son attention était partagée entre les oiseaux qui chantaient dans les arbres et le cygne qui se berçait mollement sur les eaux. Mais le cygne finit par l'absorber. Elle lui jetait des miettes de pain, en lui faisant mille agaceries dont il est impossible de dire le charme et la grâce : et l'oiseau semblait prendre plaisir à se faire admirer. Il se mirait dans l'eau, y plongeait son beau cou, et longeait fièrement les bords fleuris de ce lac en miniature où se reflétait le soleil couchant.

Est-il beau ! est-il beau ! disait Angéline enthousiasmée. Ah, si Mina le voyait ! Elle me tendit les dernières miettes de son pain, pour me les lui faire jeter…

Laure Conan, *Angéline de Montbrun* [1884],
in *Dictionnaire des œuvres littéraires du Québec, I,*
Des origines à 1900, Montréal, Fides, 1978, p. 26.

Face à ce tableau tout en clair-obscur, la poésie semble plus terne. François-Xavier Garneau qui fut poète avant d'être historien a laissé des dithyrambes, des odes, des élégies d'inspiration historique et de style pseudo-classique. Mis à part les spécialistes, ces poèmes ont-ils encore des lecteurs ? On peut en douter.

Octave Crémazie* est plus sensible et plus émouvant. Ce libraire qui dut s'exiler en France à la suite d'une banqueroute se complut, avant même son malheur, dans un registre plaintif et tourmenté. Veut-il célébrer la victoire de Montcalm en juillet 1858 devant le fort Carillon ? Il met en scène dans *Le Drapeau de Carillon* (1858) les Canadiens d'après la Conquête, tristes et abattus, comme si son vibrant patriotisme ne pouvait s'exprimer qu'à travers le miroir déformant de la mélancolie. Mélancolie encore dans *Promenade des trois morts* (1862). Ce poème resté inachevé est d'un romantisme décadent dont l'inspiration macabre est illustrée par le personnage du Ver, symbole de l'horreur physique de la mort. Le réalisme des détails, la morbidité du thème en font une œuvre sulfureuse qui lors de sa publication ne trouva grâce qu'aux yeux de l'abbé Casgrain*. De nos jours, le lecteur est plutôt gêné par l'impression de déjà-vu (on pense à Baudelaire, au Gautier de *La Comédie de la mort*) et Crémazie lui apparaît comme un disciple plutôt que comme un novateur.

À peine sortie de sa nuit, la littérature canadienne-française n'a pas encore l'aube triomphante. Certes une thématique nationale qui décline toutes les nuances du désenchantement s'est constituée ; mais l'exploitation en reste laborieuse, alourdie des défauts d'une littérature coloniale encore trop dépendante des modèles européens pour trouver sa propre voix/voie.

Octave Crémazie (1827-1879)

Il naît à Québec en 1827 où il fonde une « librairie ecclésiastique ». En 1862, une faillite l'oblige à s'exiler en France où il meurt en 1879. Ses poèmes publiés dans différents journaux – dont *Les Soirées canadiennes* – sont repris dans les *Œuvres complètes* publiées après sa mort en 1882.

Henri-Raymond Casgrain (1831-1904)

Né en 1831 à Rivière-Ouelle, ordonné prêtre en 1856, il quittera définitivement le ministère en 1872, en raison de sa santé précaire. Il meurt en 1904. Plus que ses œuvres, on retiendra son rôle d'animateur de la vie culturelle, fondateur de l'École littéraire de Montréal en 1860, il collabore largement aux *Soirées canadiennes*.

Quelques références

Micheline DUMONT, *Laure Conan*, Montréal et Paris, Fides, « Classiques canadiens », 1960.

René DUROCHER et Paul-André LINTEAU, *Histoire du Québec. Bibliographie sélective (1867-1970)*, Trois-Rivières, Éd. du Boréal Express, 1970.

Réginald HAMEL, John HARE et Paul WYCZYNSKI, *Dictionnaire pratique des auteurs québécois*, Montréal, Fides, 1976.

Arsène LAUZIÈRE, *François-Xavier Garneau*, Montréal et Paris, Fides, « Classiques canadiens », 1965.

Édouard-Zotique MASSICOTTE, *Conteurs canadiens français du XIXe siècle*, Montréal, C.-O. Beauchemin et fils, 1902.

Marcel TRUDEL, *Jacques Cartier*, Montréal et Paris, Fides, « Classiques canadiens », 1968.

– *Champlain*, Montréal et Paris, Fides, « Classiques canadiens », 1956.

Chapitre 2

Le roman du terroir

Quand j'vois plus que dix arbres ensemble, mon cœur explose comme si j'tais pour mourir. Ça fait quarante-cinq ans que chus prisonnière d'la grande ville, pis j'me sus jamais habituée.

Michel Tremblay, *La grosse femme d'à côté est enceinte*, 1978.

Où donc trouver le reflet de la spécificité canadienne ? Les hivers implacables, les espaces immenses, la nature encore vierge, tout ce que dans l'imaginaire « fait » le Canada, méritaient bien des chantres désireux d'exalter une vastitude qui semblait le contrepoint d'une Europe encombrée.

Curieusement, c'est du roman, genre longtemps dédaigné, que vint la première originalité littéraire. Toutefois, encore incapables d'accéder à la maturité, les écrivains n'abandonnèrent le statut d'épigones que pour tomber sous le joug d'une idéologie politico-religieuse : l'agriculturisme.

I. L'agriculturisme

« Instrument de combat social ou politique, refuge, soupape de sûreté » selon les termes du sociologue Jean-Claude Falardeau*, la littérature répugna longtemps à la gratuité. Et « le plaisir du texte », comme toute forme de plaisir, exhalait des relents sulfureux qui le rendaient condamnable. Pour conquérir son droit à l'existence, le roman dut donc se mettre au service d'une morale fondée sur l'immobilisme et le culte du Passé.

Connu sous le nom d'agriculturisme, ce mode de pensée qui s'imposa au milieu du xixe siècle, avait la prétention d'arrêter le temps : figée, une fois pour toutes dans ses certitudes, la société crispée et soupçonneuse refusait toute transformation de ses normes et de ses intérêts.

À cet égard, l'appel que Georges-Étienne Cartier* lançait en 1855 lors de la fête nationale est des plus révélateurs :

> Canadiens-français, n'oublions pas que, si nous voulons assurer notre existence nationale, il faut nous cramponner à la terre.

Et, cet idéal perdura dans son anachronisme jusqu'à l'aube du xxe siècle ; le journaliste Jules-Paul Tardivel* surenchérissait alors :

Jean-Charles Falardeau (né en 1914)

Sociologue dont l'essai *Notre Société et son roman* (1967) montre bien les imbrications entre le politique et le littéraire. On lui doit aussi en collaboration avec Fernand Dumont : *Littérature et société canadienne-française* (1964).

Georges-Étienne Cartier (1814-1873)

Né à Saint-Antoine (comté de Verchères), mort à Londres, il fut un important homme politique, député et chef canadien-français du Parti conservateur pendant près de vingt-cinq ans.

Jules-Paul Tardivel (1851-1905)

Journaliste, polémiste, il fonda en 1881 le journal *La Vérité*. Il a écrit un seul roman : *Pour la patrie* (1895).

Patrice Lacombe
(1807-1863)

Il est né au lac des deux
Montagnes d'un père
marchand à la mission
des Sulpiciens. Reçu notaire
en 1830, il devient l'agent
d'affaires du séminaire
de Montréal jusqu'à sa mort.
Son roman *La Terre*
paternelle, naïf plaidoyer en
faveur de la vie rurale paraît
sous forme de feuilleton
en 1846 dans l'*Album*
littéraire et musical
de la Revue canadienne.

Antoine Gérin-Lajoie
(1824-1882)

Fils de cultivateurs, il naît
à Yamachiche. Après
des études secondaires
au collège de Nicolet et
des études de droit, il
se lance dans le journalisme
avant de devenir traducteur
à l'Assemblée législative
et bibliothécaire-adjoint
au Parlement. Fondateur
des *Soirées canadiennes*
avec Hubert Larue, Joseph-
Charles Taché et Henri-
Raymond Casgrain, il est
l'auteur de la fameuse
complainte *Un Canadien*
errant (1842) inspiré
par l'exil des instigateurs
de la Révolte des Patriotes
(1837). Son diptyque *Jean*
Rivard, le défricheur (1862)
et *Jean Rivard, économiste*
(1864) est une œuvre
engagée, souvent utopique,
prônant la colonisation
des terres incultes.

Gilles Marcotte
(né en 1925)

Né à Sherbrooke, il est
un romancier (*Le Poids*
de Dieu, 1962), mais
surtout un critique très
écouté : *Une littérature*
qui se fait (1962), *Le Temps*
des poètes (1969),
Les Bonnes Rencontres
(1971), *Le Roman*
à l'imparfait (1976).

Il n'est pas nécessaire que nous possédions l'industrie et l'argent. Nous ne serions plus des Canadiens français mais des Américains à peu près comme les autres. Nous accrocher au sol, élever des familles nombreuses, entretenir des foyers de vie intellectuelle et spirituelle, tel doit être notre rôle en Amérique.

Les premiers romans du terroir furent donc de simples illustrations de cet axiome : la terre est génératrice de toutes les vertus et de tous les bonheurs.

II. Les romans-démonstrations

Dans sa naïveté, le roman de Patrice Lacombe* *La Terre paternelle* (1846) illustre parfaitement les liens de dépendance qui subordonnent le roman à l'esprit du temps ; trame narrative, caractère des personnages, peinture du milieu, tout est soumis à la démonstration, tout est imprégné d'un manichéisme qui n'en finit pas d'opposer, en une dialectique simpliste, le vice et la vertu, l'ordre et le chaos, les dangers et les certitudes.

En effet, quand le père Chauvin commet la folie de donner son domaine à son fils aîné Jean-Baptiste pour aller vivre à la ville, il frappe à la porte du malheur : bientôt déchu, malade, misérable, il ne recouvrera son bonheur et sa santé d'antan que par l'entremise de son fils cadet, Charles, qui rachète les terres confisquées à l'aîné ! L'écrivain n'hésite pas à expliciter ouvertement sa thèse en tirant la leçon des événements :

> La plus grande folie que puisse faire un cultivateur, c'est de se donner à ses enfants, d'abandonner la culture de son champ et d'emprunter aux usuriers.

Le diptyque d'Antoine Gérin-Lajoie*, *Jean Rivard, le défricheur* (1862) et *Jean Rivard économiste* (1864), est de la même veine. On y retrouve l'opposition entre le citadin misérable et le paysan comblé : « Nous sommes des nains et vous êtes des géants », avoue le malheureux Gustave Charmenil, ouvrier qui incarne, selon le critique Gilles Marcotte* :

> une société obsédée, privée d'assises économiques et sociales, mise en état d'infériorité par la conquête.

Toutefois, loin de se réduire au mythe du cramponnement à la terre, la démonstration, empreinte d'onirisme, se charge de rêves et d'espoirs pour créer un monde utopique où fonctionneraient à la perfection les rouages trop souvent grinçants de la mécanique sociale. Révélé à lui-même par un songe, Jean Rivard entreprend de défricher des terres vierges, puis se transforme en bâtisseur pour créer une petite communauté idyllique fondée sur le travail, la fraternité et la piété. Le *Candide* de Voltaire est bien loin, qui représentait cette vie communautaire et laborieuse comme un moindre mal… La micro-société dépeinte par Gérin-Lajoie a les contours enchanteurs de l'Éden… Mais elle repose sur une cécité totale niant l'Histoire canadienne-française dans ses développements les plus douloureux : fantasme d'une reconquête toujours espérée, le roman ne va-t-il pas faire du seul personnage anglais, Robert Smith, l'auxiliaire dévoué des desseins du héros ? Il n'hésite pas, en effet, à céder ses terres à Jean Rivard et à lui faciliter la tâche par tous les moyens... On ne saurait exprimer avec plus de clarté l'abîme qui sépare une réalité humiliante d'une rêverie mégalomane.

III. Les romans-lyriques

Quand parut en 1916 *Maria Chapdelaine,* roman écrit par le Français Louis Hémon* après un séjour au Canada, qui aurait pu prédire à cette œuvre une destinée aussi prestigieuse ? Et pourtant, elle allait longtemps incarner aux yeux du monde le Québec tel qu'on se plaisait à l'imaginer, patriarcal et rassurant, fidèle mais indépendant, un petit coin d'Europe dans la grande Amérique, un peu de passé préservé dans la grande folie du monde moderne !

L'histoire est bien connue : fille du père Chapdelaine, impénitent défricheur toujours à la recherche de terres nouvelles, Maria, belle et vaillante, ne manque pas de soupirants. Mais, après la mort de François Paradis, son seul amour, elle doit choisir entre deux hommes qui lui proposent des genres de vie diamétralement opposés. Lorenzo Surprenant, qui a émigré aux « États », fait miroiter pour elle la vie confortable des villes « où l'on peut vivre comme du monde et faire un règne heureux ». En revanche, son voisin Eutrope Gagnon n'a pour la séduire que le médiocre prestige d'une vie « d'habitant » laborieuse et souvent dangereuse. Maria peut-être aurait opté pour la facilité, si, venue du fond des âges, « la voix du pays de Québec » ne l'avait invitée à poursuivre le combat... Elle aussi doit continuer, persister, se maintenir afin que le monde entier s'émerveille : « Ces gens sont d'une race qui ne sait pas mourir » (voir texte n°59).

Chef-d'œuvre du roman du terroir, *Maria Chapdelaine* est à l'origine d'un autre classique du genre : *Menaud, maître-draveur* (1937) de Félix-Antoine Savard*.

Le vieux Menaud a accepté de faire le drave – c'est-à-dire d'assurer le flottage du bois sur la rivière – pour une compagnie anglaise qui souhaite acheter la Montagne. Un soir, sa fille lui lit des extraits de *Maria Chapdelaine* : ces pages sont une révélation pour le vieillard qui, dans une fulgurante association, voit dans les représentants de la compagnie anglaise des « barbares » qui par leur seule présence s'opposent à la transmission de l'héritage. Dès lors, Menaud va mener un combat sans merci, perdu d'avance, contre les forces conjuguées de l'argent et de la technique : sa raison y sombrera, et sa folie signera la défaite de la tradition.

Constat d'une impuissance, ce roman sonne le glas de l'idéal agriculturiste, broyé par l'implacable marche en avant du monde moderne. Pourtant, au-delà de l'échec du héros, l'œuvre est imprégnée d'une telle ferveur que le lecteur, sensible au lyrisme débordant de l'expression, se laisse gagner par une foi dont il ne perçoit pas tout de suite l'aveuglement :

> Posséder ! S'agrandir ! Tel était le mot d'ordre venu du sang, tel était l'appel monté de la terre qui, toute, dans la grande nuit du printemps, clamait : « Je t'appartiens ! Je t'appartiens ! ».

Louis Hémon (1880-1913)
Né à Brest en 1880, fils d'un universitaire, il fit lui-même de solides études universitaires. Il se fixe à Londres mais part pour le Canada en 1911 où il séjourne surtout à Péribonka au service de Samuel Bédard (modèle de Samuel Chapdelaine). Il meurt accidentellement en 1913. Son œuvre maîtresse *Maria Chapdelaine* publiée à titre posthume, paraît en feuilleton dans *Le Temps* du 27 janvier au 19 février 1914. Le livre est édité à Montréal en 1916.

Félix-Antoine Savard (1896-1982)
Né à Québec en 1896, il fut ordonné prêtre en 1922. Il mena une double carrière d'enseignant (il fut, entre autres doyen de la Faculté des Lettres de l'Université Laval 1950 à 1957) et de missionnaire-colonisateur en Abitibi (1935-1938). Son œuvre maîtresse, illustration d'un utopique retour à la terre, est *Menaud, maître-draveur* (1937).

Les voix de la fidélité

Alors une troisième voix plus grande que les autres s'éleva dans le silence: la voix du pays de Québec, qui était à moitié un chant de femme et à moitié un sermon de prêtre.

Elle vint comme un son de cloche, comme la clameur auguste des orgues dans les églises, comme une complainte naïve et comme le cri perçant et prolongé par lequel les bûcherons s'appellent dans les bois. Car en vérité tout ce qui fait l'âme de la province tenait dans cette voix: la solennité chère du vieux culte, la douceur de la vieille langue jalousement gardée, la splendeur et la force barbare du pays neuf où une racine ancienne a retrouvé son adolescence.

Elle disait:

«Nous sommes venus il y a trois cents ans, et nous sommes restés... Ceux qui nous ont menés ici pourraient revenir parmi nous sans amertume et sans chagrin, car s'il est vrai que nous n'ayons guère appris, assurément nous n'avons rien oublié.

« Nous avions apporté d'outre-mer nos prières et nos chansons: elles sont toujours les mêmes. Nous avions apporté dans nos poitrines le cœur des hommes de notre pays, vaillant et vif, aussi prompt à la pitié qu'au rire, le cœur le plus humain de tous les cœurs humains: il n'a pas changé. Nous avons marqué un plan du continent nouveau, de Gaspé à Montréal, de Saint-Jean-d'Iberville à l'Ungava, en disant: ici toutes les choses que nous avons apportées avec nous, notre culte, notre langue, nos vertus et jusqu'à nos faiblesses deviennent des choses sacrées, intangibles et qui devront demeurer jusqu'à la fin.

«Autour de nous des étrangers sont venus, qu'il nous plaît d'appeler les barbares; ils ont pris presque tout le pouvoir; ils ont acquis presque tout l'argent; mais au pays de Québec rien n'a changé. Rien ne changera, parce que nous sommes un témoignage. De nous-mêmes et de nos destinées, nous n'avons compris clairement que ce devoir-là: persister... nous maintenir... Et nous nous sommes maintenus, peut-être afin que dans plusieurs siècles encore le monde se tourne vers nous et dise: Ces gens sont d'une race qui ne sait pas mourir... Nous sommes un témoignage.

«C'est pourquoi il faut rester dans la province, où nos pères sont restés, et vivre comme ils ont vécu, pour obéir au commandement inexprimé qui s'est formé dans les cœurs, qui a passé dans les nôtres et que nous devrons transmettre à notre tour à de nombreux enfants: Au pays de Québec rien ne doit mourir et rien ne doit changer...

Louis Hémon, *Maria Chapdelaine*, Paris, Grasset, 1954, pp. 239-241; rééd. LGF, «Livre de poche», 1989.

Philippe Panneton, dit Ringuet (1895-1960)

Né à Trois-Rivières, fils de médecin, il entreprend lui-même des études de médecine et se spécialise en oto-rhino-laryngologie. Grand voyageur, il est nommé en 1956 ambassadeur du Canada au Portugal et meurt en 1960. Son œuvre maîtresse reste *Trente arpents* (Paris, Flammarion, 1938), vaste fresque vouée à exalter la terre, tout en sonnant le glas de la paysannerie. Il a écrit aussi des romans de moindre envergure (*Fausse monnaie*, 1947; *Le Poids du jour*, 1949) ainsi qu'un recueil de nouvelles (*L'Héritage et autres contes*, 1946).

IV. Les romans-constats

Postérieur d'une année seulement à l'œuvre de Savard, l'imposant roman de Ringuet*, *Trente arpents* (1938 – voir texte n°60), relève d'une tout autre technique littéraire; réaliste, voire naturaliste, il est un document précieux sur l'évolution du monde paysan (depuis la fin du XIXe siècle jusqu'aux années 1930), un tableau des mœurs qui ne néglige aucun détail: habitat, partage des tâches dans le couple, éducation des enfants, habitudes alimentaires, symptômes des maladies, tout est décrit avec une précision scrupuleuse. La langue vernaculaire elle-même est reproduite dans des dialogues savoureux dont la familiarité et la bonhomie contrastent avec l'élégance un peu guindée des parties narratives.

Toutefois, Ringuet arrive aux mêmes conclusions que Félix-Antoine Savard: le vieux rêve d'une terre éternellement hospitalière s'est à jamais brisé. Comme la ville, sa rivale et son antithèse, la terre, victime de la conjoncture, se révèle impuissante à faire vivre les siens.

Chronique du temps passé

Cet extrait est tiré de « Printemps », premier des quatre volets du roman.

Chaque dimanche après-midi, Euchariste attelle Mousseline, sa jument, et s'en va avec Alphonsine chez les parents de celle-ci. Mélie reste à la maison pour garder Oguinase et Héléna, la petite sœur née depuis, et auxquels Alphonsine ajoutera bientôt un troisième, en quatre ans.

Avec elle, il refait ce même chemin qu'il avait tant de fois fait vers elle, alors qu'elle était sa blonde, et qu'il la courtisait.

L'été, la voiture roulait dans les ornières profondes, sous le soleil torride dont les rayons exaspéraient le vert des arbres et l'or des avoines mûries. Les sabots de la bête et les roues de la voiture s'enfonçaient avec un bruissement doux dans l'épaisse poussière ; Euchariste, d'un claquement de langue, mettait le cheval au trot ; et une fine terreuse se soulevait qui allait éteindre le vert des herbes folles, au revers du fossé.

Euchariste regardait chaque ferme au passage et d'un regard connaissait le cours de sa vie. À ses muettes questions la terre répondait comme l'auraient fait ceux-là qui se penchaient sur elle : les Picard commençaient à ensiler leur maïs ; les Arthème Barette levaient le fossé de leur pâturage.

– Quiens ! disait-il à Alphonsine, les Touchette ont fin de sarcler leu' pétaques[a].

– Y sont plus avancés que nous autres, répondait-elle.

Mais aujourd'hui l'hiver les engourdit un peu comme au creux des arbres les animaux hibernants. Leur vie n'est plus qu'une longue attente du printemps, à peine distraite par le soin des bêtes et la coupe du bois de chauffage.

La carriole court sur la neige que le vent modèle en dunes éblouissantes dont le moindre souffle couronne les crêtes d'un panache de poussière cristalline. L'immense plage blanche est rayée de fines ondulations comme un sable léché par la mer. Le frottement des patins d'acier donne une note criarde et soutenue, pareille au grincement d'un archet mal arcansonné, et la carriole est secouée violemment à chaque retombée au creux d'une vague. Au trot lourd du cheval, Alphonsine ni Euchariste ne disent rien, figés qu'ils sont par le froid brutal qui les bâillonne, leur étreint les tempes et les recroqueville, tout engourdis, sous l'entassement des lainages, des pelisses et des peaux d'ours.

En toute la plaine il n'y a de vivant dans l'air pailleté de froid que le cheval, la musique sèche des grelots et de petites colonnes de fumée blanche : celles, tôt évanouies, qui flottent audessus de la tête du cheval et que font leur double souffle, à tous deux ; et, de-ci de-là, le panache vertical d'une cheminée comme une plume au toit d'une maison.

L'hiver a tout enlisé de sa cendre fine. Les arbres font sentinelle dressant sur tout ce blanc leurs fauves bras squelettiques avec, bien rangé, le pointillé des piquets de clôture presque disparus ; et parfois, une tache noire qui est un petit sapin têtu, comme une épave sur cette mort blanche, plane, illimitée, auprès de quoi la mer mobile et changeante et glauque est toute vie.

Ringuet, *Trente arpents* [1938], Montréal, Fides, « Nénuphar », 1972, pp. 63-64.

a. Pétaque : patate.

Euchariste Moisan, le héros, pourrait en témoigner mieux que quiconque : cinquante ans de fidélité et de labeur, cinquante ans de passion et de raison n'ont pas suffi à lui assurer la vieillesse paisible qu'il escomptait. Obligé de s'exiler aux « États », gardien de nuit dans un garage, il finira sans doute sa vie dans cet univers claustral, peuplé « de grosses bêtes laides et soumises », monde obscur et malodorant qui rend plus poignant le souvenir de la lumière du pays natal :

Dans son garage à White Falls, Euchariste Moisan, le vieux Moisan, fume et toussote [...]. Il n'a pas renoncé à retourner là-bas, à Saint-Jacques ; renoncer, cela voudrait dire une décision formelle qu'il n'a pas prise, qu'il ne prendra sans doute jamais, qu'il n'aura jamais à prendre. Ce sont les choses qui ont décidé pour lui, et les gens conduits par les choses.

Pessimiste sans être iconoclaste, nuançant son orthodoxie de bon aloi d'une lucidité désenchantée, *Trente arpents* est une œuvre-phare, un des plus beaux fleurons du roman du terroir; mais c'est aussi une œuvre-charnière qui laisse entrevoir la disparition d'un genre désormais étranger à son temps.

Et pourtant, quelques années plus tard, Germaine Guèvremont* allait se placer délibérément à contre-courant en publiant deux romans du terroir dans la plus pure tradition du genre, alors même que le roman urbain s'employait à mettre la littérature à l'unisson des mœurs.

Il est vrai qu'en prenant soin de situer en 1909 l'action de son diptyque, *Le Survenant* (1945) et *Marie-Didace* (1947), elle frappait elle-même, si l'on peut dire, son texte de prescription. En rappelant, par une convention tacite, que le monde qu'elle dépeignait n'était plus, elle mettait en évidence sa fragilité. À cet égard, le rôle du personnage éponyme est des plus significatifs : le Survenant, en effet, n'est pas une création de la romancière, mais elle a su utiliser avec pertinence ses principales prérogatives. Figure typique de la littérature québécoise, mi-journalier, mi-vagabond, le Survenant parcourt le monde. Toutefois, son errance n'est pas continuelle et il lui arrive de s'arrêter quelques mois, le temps d'ébranler une petite communauté en lui faisant prendre conscience de la relativité de ses normes et de la contingence de ses coutumes. Sa mission accomplie, il peut repartir porter ailleurs ses redoutables sortilèges. Le héros de Germaine Guèvremont est conforme à ce schéma. Le «grand dieu des routes», engagé par le père Didace au Chenal-du-Moine, dans la région de Sorel, bouleverse sa maisonnée; femmes meurtries, familles déchirées, certitudes craquant de toutes parts témoignent de son passage. Mais si la trame narrative accable les personnages – mort accidentelle, folie, désespoir amoureux, rien ne leur est épargné –, les descriptions précises et alertes confèrent à l'œuvre un climat chaleureux. Bons vivants, plus soucieux de leurs plaisirs que des préceptes cléricaux, la plupart des personnages font de leur existence une fête continuelle : veillées, parties de chasse, mariage ponctuent le récit de leurs chatoiements et donnent à ce tableau du passé un charme suranné.

V. Les romans-dénonciations

Dans un univers aussi monolithique que le Québec du début du XXᵉ siècle, peut-on faire paraître un livre qui prenne le contre-pied des théories bien-pensantes en présentant les paysans sous le jour le plus noir et en stigmatisant l'ingratitude d'une terre parcimonieuse? Albert Laberge*, qui mit quinze ans à rédiger *La Scouine* (1918), a fait l'expérience de l'inanité de ce projet... Menacée par une œuvre aussi hétérodoxe, l'institution ne trouva pas d'autre parade que le silence. Un silence total, inscrit dans les chiffres : *La Scouine* fut éditée à soixante exemplaires et à compte d'auteur; aucun historien de la littérature n'en fait mention avant Gérard Tougas* en 1960.

Certes, Albert Laberge n'a pas écrit un chef-d'œuvre. La faiblesse structurelle de son œuvre est évidente : composée de trente-quatre chapitres d'étendue très inégale – du simple paragraphe à huit pages – elle présente une trame si lâche qu'elle ne mérite guère le nom de roman, puisque chaque chapitre forme un tout organique racontant une histoire à l'intrigue souvent fort mince. Cependant, on ne peut qu'être sensible à l'originalité d'un point de vue cohérent dans son pessimisme intégral, aux séductions d'un style métaphorique qui fait de l'image moins un ornement qu'une tentative pour dire l'indicible, pour briser, par le biais du symbole, le cercle de l'incommunicabilité. Ainsi l'expression récurrente qui scande l'œuvre comme un leitmotiv, «le pain sur et amer marqué d'une croix», englobe dans un raccourci audacieux la critique d'un clergé janséniste, la représentation d'une vie économiquement difficile et la remise en cause de la prétendue générosité de la terre. On peut dire, à l'instar du critique Gilles Marcotte, qu'Albert Laberge a su proposer, deux ans après *Maria Chapdelaine,* «l'envers du mythe de la terre».

Une volonté démystificatrice analogue se retrouve dans le roman de Claude-Henri Grignon*, *Un homme et son péché* (1933). Or, curieusement, l'œuvre connut un succès éclatant; adaptée à la radio et au théâtre avant de devenir un feuilleton télévisé très apprécié *(Les belles histoires du pays d'en haut),* elle assura à son triste héros, l'avare Séraphin, une si grande popularité que les néologismes «séraphiner» et «séraphinades» sont encore aujourd'hui au Québec des vocables appliqués aux grippe-sous.

On peut d'autant plus s'étonner d'une telle fortune que la plume corrosive du romancier gauchit singulièrement l'image de la paysannerie. C'est ainsi qu'il n'hésite pas à dénoncer l'imposture d'une conception quasi-féodale du monde rural, reléguant les agriculteurs au rang de simples vassaux dévoués à une terre suzeraine et magnanime. En vertu d'une inversion systématique de la hiérarchie, la terre n'a plus, dans ce roman, qu'un rôle subalterne : Déméter encanaillée, contrainte de flatter les passions des hommes, elle pourvoit moins à leur subsistance qu'à leur appétits. Hantés par l'appât du gain, les «habitants» cupides, gloutons ou libidineux, la harcèlent, l'appauvrissent et vont même, dans leur aveuglement sacrilège, jusqu'à l'hypothéquer.

Claude-Henri Grignon, toutefois, ne confond pas dénigrement et subversion. Peintre sans indulgence d'un monde dégénéré, il n'omet aucune occasion de vilipender ses personnages par l'intervention directe du narrateur ou par le biais d'un récit clairement infléchi en leçon de morale – pour avoir voulu sauver à tout prix son «trésor», Séraphin périt dans un incendie. Par ailleurs, le romancier se transforme en véritable hagiographe pour célébrer les mérites de l'abbé Raudin – seul représentant du clergé – «un prêtre comme il en est encore dans le monde», ou les vertus des femmes : de Donalda, la jeune épouse de Séraphin, à sa cousine la grosse Artémise, elles sont toutes fidèles à leurs devoirs, dévouées à leurs époux volages, et dignes de la place éminente qu'elles tiennent dans la mémoire collective du Canada français.

Écrivain prévoyant, assuré, grâce à quelques concessions, de la bienveillance des autorités, Claude-Henri Grignon reste un

Claude-Henri Grignon (1894-1976)

Fils d'un vétérinaire, Eugène-Henri dit Claude-Henri Grignon naît à Sainte-Adèle. Dès 1916, il se lance dans le journalisme et en 1936, il fonde sa propre revue *Les Pamphlets de Valdombre.* Fervent régionaliste, il milite pour un retour à la terre dont il fait le seul remède à la crise mondiale. *Un homme et son péché* (1933) connut un succès exceptionnel et fut adapté à la radio, à la scène et à la télévision.

impitoyable caricaturiste maniant le paradoxe et la provocation afin de mieux désacraliser des valeurs figées dans leur raideur intemporelle.

Le roman du terroir ne survécut donc pas à l'idéologie qui l'avait fait naître. Toutefois, ce serait le mésestimer que de le ravaler au rang de simple épiphénomène. S'il est indéniable qu'il véhicule une morale conservatrice, il est avant tout le témoignage de l'attachement profond, authentique, du Canadien français à sa terre. La rupture de ce dernier lien, après tant d'autres ruptures, laissera dans l'âme collective une trace indélébile. Une nouvelle fois trahi, bafoué, abandonné, le Canadien français va se résoudre à sa condition citadine. Mais ce ne sera pas sans réticences ni sans regrets…

Quelques références

Jean-Pierre BOUCHER, *Instantanés de la condition québécoise. Études de textes,* Montréal, Hurtubise, 1977.

Jacques BRUNET, *Albert Laberge, sa vie et son œuvre,* Ottawa, Éd. de l'Université d'Ottawa, 1969.

Madeleine DUCROCQ-POIRIER, *Le Roman canadien d'expression française de 1860 à 1958. Recherche d'un esprit romanesque,* Paris, A. G. Nizet, 1978.

Fernand DUMONT, Jean HAMELIN, Fernand HARVEY et Jean-Paul MONTMINY, *Idéologies au Canada français, 1900-1929,* Québec, Les Presses de l'Université Laval, 1979.

Jean-Pierre GABOURY, *Le Nationalisme de Lionel Groulx. Aspects idéologiques,* Ottawa, Éd. de l'Université d'Ottawa, 1970.

Sainte-Marie-Éleuthère, c.n.d., *La Mère dans le roman canadien-français,* Québec, Les Presses de l'Université Laval, 1964.

Mireille SERVAIS-MAQUOI, *Le Roman de la terre au Québec,* Québec, Les Presses de l'Université de Laval, 1974.

Chapitre 3

La naissance du roman moderne : de la Seconde Guerre mondiale à la Révolution tranquille (1945-1960)

> La ville aujourd'hui a les yeux plus tristes.
>
> Claude Beausoleil,
> *Autobus Saint-Laurent*, 1991.

Déjà les campagnes s'étaient vidées ; le Maine et le Vermont avaient accueilli maints Franco-Canadiens chassés par le besoin ; Montréal alourdi des ghettos enkystés dans sa périphérie s'était démesurément agrandi… Et comme insensibles à cette mutation, les romanciers ne se résignaient pas à s'approprier l'espace urbain. Une telle résistance ne s'explique que par la place toute particulière qu'occupe la « Ville » dans l'imaginaire collectif.

Entré en littérature par la porte dérobée, Montréal ne fut longtemps qu'un repoussoir dont les maléfices rendaient plus éclatants encore les mérites d'une terre célébrée à l'envi. Aussi la plupart des romans du terroir comportent-ils au moins un déplacement « à la ville » : de courte durée, et, comme il se doit, fort éprouvant, il est néanmoins des plus révélateurs : « marmaille » en haillons, femmes oisives, maisons délabrées, tout y respire la pauvreté et l'abandon. Et que dire de la grossièreté des citadins et de leur inaltérable morgue ! Un visage avenant, une voix aimable viennent-ils réconforter le voyageur ? Il ne peut s'agir que d'un escroc ou d'une prostituée à la recherche d'un naïf.

Montréal l'impudique ! Babylone moderne qui a marqué du sceau de sa laideur et de ses perversions les choses et les gens :

> Et voilà que réapparurent à la fenêtre les derrières des maisons en enfilade, crasseux de la crasse des trains […] les baies violemment éclairées exhibaient sans pudeur la vie familiale des habitants.
>
> Ringuet, *Trente arpents*.

La première page de *Serge d'entre les morts* (1976) de Gilbert La Rocque* dira, une fois encore, les tares de la « nécropole », tout en soulignant par le biais de la prétérition la récurrence des griefs invoqués (voir encadré *infra*).

Gilbert La Rocque (1943-1984)

Né en 1943 à Montréal, il a produit une œuvre originale interrompue par sa mort brutale en 1984. Il a écrit six romans qui sous des anecdotes diverses mettent essentiellement en lumière l'inconscient : *Le Nombril* (1970), *Corridors* (1971), *Après la boue* (1972), *Serge d'entre les morts* (1976), *Les Masques* (1980), *Le Passager* (1984).

«L'affreux Montréal»

[...] et je savais que cette fois je ne parlerais pas de l'affreux Montréal tout de même omniprésent ni des grouillements désespérés des insectes anonymes vivant leur longue agonie collective sous les tonnes et les tonnes de béton et de brique à vous faire chavirer le bon sens – je voyais pourtant la botte qui écrabouillait mes frères ni révoltés ni soumis, comme en état d'attente simplement, échine pliée pour cacher leurs crocs, brassant dans leur tête perdue des restes de rêves déchirés

par le fracas de la vie –, et je ne parlerais pas non plus de la mort lente des corps par poisons solubles ou boucanes assassines, ni des grandes horreurs du sexe à sang noir de vulves arrachées, ni des puanteurs majeures de toute vie — non, je l'avais déjà dit et je savais que plus tard je le redirais et que ce serait terrible [...].

Gilbert La Rocque, *Serge d'entre les morts*,
Montréal, VLB éditeur, 1976, pp. 9-10.

Pourtant, il fallut bien, un jour, se rendre à l'évidence. En dépit des plus solennelles mises en garde, le Canadien français s'était installé dans la ville maudite : il en respirait les poisons, en subissait les contraintes, impuissant à colmater les brèches par où s'échappaient les valeurs garantes de son identité.

Les romanciers acceptèrent donc l'inéluctable. Mais, s'ils consentirent à faire coïncider le réel et l'imaginaire, ils ne se départirent pas, pour autant, de la méfiance qui leur avait été inculquée. Cette ambiguïté, cette gêne font des premiers romans urbains des œuvres indécises où s'exprime «en creux» le regret du paradis perdu.

I. Gabrielle Roy[1] ou l'éternel exil

Quand donc ai-je pris conscience pour la première fois, que j'étais, dans mon pays, d'une espèce destinée à être traitée en inférieure ?

Première phrase de *La Détresse et l'Enchantement*, autobiographie publiée en 1984 à titre posthume, cette interrogation trahit l'exil intérieur d'une romancière qui toujours et partout se sentit étrangère : étrangère à son Manitoba natal, majoritairement anglophone où elle apprit très tôt que francophonie rimait avec mépris ; étrangère au Québec, berceau de sa famille, sacrifié aux leurres d'un chimérique Ouest ; étrangère à la France dont la dérive xénophobe l'humilia souvent… Seule l'écriture lui fut un point d'ancrage, un lieu à habiter sans craindre la haine ni le soupçon. Mais, prisonnière du réel dont l'imperfection foncière entache jusqu'aux rêves susceptibles de la compenser, Gabrielle Roy enfanta un monde tout aussi cruel, peuplé de personnages en quête d'un improbable équilibre. C'est donc dire que son œuvre romanesque est le récit d'un échec sans cesse renouvelé, d'un échec inscrit dans la structure tripartite de ses romans, dont seule la partie centrale constitue un moment privilégié, toujours éphémère.

1. Bonheur d'occasion, *un roman faussement novateur*

Publié en 1945, ce premier roman de Gabrielle Roy, tout nourri de son expérience journalistique, cumula succès et honneurs (dont

1. Voir Notice *infra*, p. 303.

le prix Fémina en 1947) amplement justifiés par un parti pris d'authenticité.

Ce fut, en effet, le mérite de la romancière que de mettre la littérature à l'unisson des mœurs en faisant revivre dans une chronique attachante, la vie du petit peuple de Saint-Henri (faubourg populeux de Montréal) de février à mai 1940. La conjoncture historique – la seconde guerre mondiale est omniprésente –, les références culturelles imprégnées d'américanisme, la naissance de la société de consommation, tout concourt à une modernité dont l'héroïne, Florentine Lacasse, semble l'incarnation même. De fait, cette jeune serveuse qui gagne sa vie, se maquille à outrance, et sort à volonté, pourrait être considérée comme l'archétype de la femme affranchie.

Mais son histoire tragiquement banale – enceinte et abandonnée, elle est obligée d'épouser le premier venu – lui rappellera les pesanteurs de sa condition féminine, en la confrontant à l'adéquation mère/misère dont elle avait mesuré et refusé l'inexorabilité : « Moi, je ferai comme je voudrai. Moi, j'aurai pas de misère, comme sa mère (maman) ».

En dépit de sa volonté novatrice, l'œuvre n'est donc pas exempte d'un conservatisme sous-jacent : impuissante à se libérer, Florentine n'est-elle pas, à son insu, tributaire du modèle maternel et des valeurs traditionnelles ? Mais, d'une manière plus générale, c'est le roman tout entier qui baigne dans un passéisme diffus privilégiant l'enfance, la nature, en bref l'Éden originel dont tous les personnages se sentent, peu ou prou, nostalgiques.

Pour s'en convaincre, il n'est que de confronter deux textes mettant en scène Rose-Anna, la mère de Florentine, dans une situation identique : elle passe la soirée dans son « étroit logis » en proie à ses pensées. Dans le premier passage (texte n°61) elle affronte le réel et son cortège de soucis : la pénombre, la solitude morale, l'immobilité, tout contribue à sa déréliction. Dans le second (texte n°62), elle se laisse aller à rêver, mais contrairement à Emma Bovary* que ses fantasmes transportent dans des lieux inconnus, propices aux aventures, c'est vers le passé que se tourne Rose-Anna, vers l'érablière* paternelle dont elle espère une véritable régénération.

Emma Bovary : héroïne éponyme du roman de Flaubert, *Madame Bovary* (1857), elle est considérée comme l'archétype de la femme perdue dans ses rêves.

Érablière : plantation d'érables à sucre.

TEXTE N°61

Un malheur indistinct

Autour de Rose-Anna Lacasse, sur les deux sofas et lits-canapés de la salle à manger, les enfants dormaient. Elle-même, étendue sur son lit, au fond de la pièce double, s'assoupissait par instants puis se réveillait brusquement et consultait la petite pendule placée sur une table de chevet. Et c'était alors, non pas aux petits qui sommeillaient sous sa garde dans la maison qu'elle songeait, mais à ceux qui ne rentraient

pas. Florentine ! pourquoi est-elle partie si vite ce soir, et sans dire où elle allait ? Eugène, où passe-t-il ses soirées ? Et Azarius donc, pauvre homme qui n'apprendra jamais, quelle autre échappée médite-t-il ? Il travaille, c'est vrai ; il apporte ses payes à la maison, qui ne sont pas grosses... enfin, tout de même, on arrive à peu près à rejoindre les deux bouts. Mais de jour en jour Azarius parle de grands projets, il veut quitter son emploi de chauffeur, tenter autre chose comme si on pouvait être libre de choisir son travail quand on a des enfants à nourrir et, dans la maison, à chaque moment du jour des soucis frais, comme si on était libre alors de dire : « Telle besogne me convient, telle autre, je dédaigne. » Ah ! lâcher le sûr pour l'incertain, voilà à quoi, toute sa vie, il s'était complu ; voilà bien Azarius !

Tous les petits tourments habituels auxquels s'ajoutaient ce soir la méfiance de l'inconnu, l'effroi de l'inconnu pire chez Rose-Anna que la certitude du malheur, et des souvenirs pesants, lourds à porter encore, venaient la chercher dans l'ombre où elle était livrée sans défense, les paupières closes, les mains abandonnées sur sa poitrine. Jamais la vie ne lui avait paru aussi menaçante, et elle ne savait pas ce qu'elle redoutait. C'était comme un malheur indistinct, n'osant encore se montrer, qui rôdait dans la petite maison de la rue Beaudoir.

Puis enfin un pas d'homme résonna à l'entrée de l'étroit logis. Tout aussitôt la hâte de se rassurer ou d'apprendre le pire, quel qu'il fût, souleva Rose-Anna. Elle porta les mains à sa taille appesantie et se dressa, se tendit dans l'obscurité.

– Azarius, c'est-y toi ? demanda-t-elle à voix basse.

Gabrielle Roy, *Bonheur d'occasion*, Montréal, Beauchemin, 1976, p. 60.
© Fonds Gabrielle Roy.

TEXTE N°62

Bonheurs perdus

Elle ne cessait de voir surgir, se recomposer, s'animer, s'enchaîner les délices de son enfance. Au pied des plus grands arbres, l'ombre et la neige se tassaient encore, mais le soleil, plus haut chaque jour, perçait plus avant entre les érables où des silhouettes affairées vivement couraient ; son oncle Alfred activait les chevaux, charroyant du bois coupé pour entretenir le grand feu de la cabane ; les enfants en tuniques rouges, jaunes, vertes, sautaient comme des lapins ; et le chien Pato les suivait à travers la clairière et dans les sous-bois avec des jappements que les coteaux se renvoyaient. C'était gai, clair, joyeux ; et son cœur battait d'aise. Elle voyait les seaux d'étain qui brillaient au pied des érables ; elle entendait le son mat de ceux que l'on transportait à bras, débordant de sève, et que parfois l'on heurtait ; elle entendait encore un mince murmure, moins qu'un ruissellement, plus doux que le bruit d'une lente pluie de printemps sur les feuilles jaunes et lisses : les érables, saignant à plaies ouvertes, c'était le son de mille gouttes jointes une à une qui tombaient. Rosa-Anna percevait encore le pétillement du grand feu de la cabane ; elle voyait la sève blonde dans les bassins, qui, en gros bouillons, se levait et soudain comme des bulles d'air crevait ; le goût du sirop était sur ses lèvres, la senteur sucrée dans ses narines ; et toute la rumeur de la forêt dans son souvenir. Puis la vision changeait. Elle se trouvait dans la maison des vieux, auprès de ses belles-sœurs, de ses frères, et entourée de leurs enfants qu'elle ne connaissait pas tous, les naissances se multipliant très vite chez eux. Elle parlait avec sa vieille mère qui, dans un coin de la cuisine, se berçait. Jamais démonstrative ni fort aimable la vieille madame Laplante réservait cependant un accueil chaleureux à sa fille qu'elle n'avait point vue depuis bien des années. La vieille prononçaient quelques paroles encourageantes ; la pièce les enveloppait toutes deux dans un moment de confidences. Toute la maison gardait de l'érablière comme un lointain murmure. Sur la table reposait un grand baquet de neige, on y jetait du sirop qui durcissait aussitôt et devenait une belle tire odorante et couleur de miel. Rose-Anna frémit. Elle voyait ses enfants se régaler de trempettes et de toques, douceurs toutes nouvelles pour eux. Elle revint d'un long, d'un magnifique voyage et, ses yeux tombant sur le travail de couture qu'elle tenait à la main, un soupir lui échappa.

Ibid., pp. 151-152.
© Fonds Gabrielle Roy.

2. *Les romans postérieurs ou la nostalgie du Paradis perdu*

Imprégnés de la même nostalgie, les romans postérieurs ne font que redire cette inaptitude à vivre au présent. Certes, le cadre spatio-temporel, l'histoire, les personnages sont dissemblables. *Alexandre Chenevert* (1954) met en scène un caissier de banque vivant tristement dans le Montréal de l'après-guerre. *La Montagne secrète* (1961) évoque le grand Nord dont le peintre Pierre Cadorai est un fervent admirateur tandis que *La Rivière sans repos* (1970) montre les déchirements d'une communauté esquimaude en proie à tous les maux de l'acculturation.

Mais, au-delà de ces différences, les héros partagent l'expérience de l'instant magique qui vit coïncider le réel et leurs rêves. Pour Alexandre c'est, loin de l'atmosphère délétère de la métropole, la rencontre avec le Lac Vert dont l'évocation jaillit sur un rythme ternaire, tel un chant d'allégresse : « que d'espace, de lumière, de liberté ». Quant à Pierre, il découvre, au cours de ses pérégrinations dans le Haut-Mackenzie et l'Ungava, la « Resplendissante », cette montagne dont la vision va bouleverser sa vie, la scindant véritablement en un « avant » et un « après ». Enfin, Elsa fait de la Terre de Baffin, le point le plus septentrional du globe, un pays mythique susceptible de lui restituer les valeurs primitives perdues dans la recherche d'une occidentalisation outrancière. Ainsi, dans chacun de ces destins singuliers, il fallut un dépaysement spatial, une sorte d'exil bénéfique pour que s'accomplît la réconciliation de l'homme et de l'univers.

Mais cet état de grâce ne saurait être qu'éphémère : artiste malheureux, Pierre ne pourra jamais transposer sur la toile l'image éblouissante qu'il porte en lui ; Elsa devra retourner vers la civilisation pour sauver son fils gravement malade et Alexandre, incapable de se passer de la ville abhorrée, abrégera de son plein gré ses vacances au Lac Vert…

Seule *La Petite Poule d'eau* (1950) constitue de prime abord une heureuse exception. Sous ce titre pittoresque, se cache, en fait, une île, la plus nordique et la plus « insulaire » de toutes les îles :

> Rien ne ressemble davantage au fin fond du bout du monde. Cependant, c'était plus loin encore qu'habitait, il y a une quinzaine d'années, la famille Tousignant.

Espace privilégié à la fois désertique et peuplé par la famille nombreuse que la mère Luzina s'emploie, chaque année, à agrandir, la petite poule d'eau est le lieu où se rencontrent deux postulations antinomiques : le culte d'une nature préservée et le goût des contacts et de la fraternité humaine. Luzina crut les avoir apprivoisés, qui, à force de démarches, obtint du gouvernement une école d'été, au seul bénéfice de ses enfants. Mais, victime de ses propres sortilèges, elle les perdit l'un après l'autre : pour les avoir initiés aux joies de la culture, dans son inconscience généreuse, elle se retrouve donc au seuil de la vieillesse aussi démunie que les autres personnages, en proie à la hantise du passé perdu…

Insatisfaits, déçus, exilés, les héros de Gabrielle Roy soupirent après un « ailleurs » qui se dérobe sans cesse : ils sont les nostalgiques du paradis perdu. Mais, tout en critiquant leur époque, ils sont tributaires des valeurs qu'elle véhicule. Ils sont doubles, soumis à une dialectique infernale qui ne leur laisse aucun répit. Paradoxaux à l'instar de leur créatrice dont le critique Albert Le Grand soulignait « l'être partagé » (« Gabrielle Roy ou l'être partagé », *Études françaises,* juin 1965), ils sont particulièrement aptes à incarner les contradictions d'un pays qui vit sa dualité comme une véritable malédiction.

L'amertume de ce constat est atténuée par la sérénité émanant des nouvelles à caractère autobiographique : *Rue Deschambault* (1955), *La Route d'Altamont* (1966), *Ces enfants de ma vie* (1977). Certes, les réalités les plus cruelles y subsistent : misère, folie, maladie, mort, iniquités de tous ordres, affectent l'entourage de Gabrielle Roy. Pourtant, les épreuves sont comme filtrées, épurées par le regard des enfants qui en témoignent, qu'il s'agisse de Christine, le double littéraire de la narratrice *(Rue Deschambault, La Route d'Altamont)* ou des jeunes élèves dont elle évoque avec tendresse le souvenir *(Ces enfants de ma vie).* L'enfance demeure, en effet, pour la romancière une valeur inaltérable dont seule, l'écriture lui permet de retrouver la magie : « les images les plus sincères de nos pays les plus vraies me viennent toutes, j'imagine, de ce temps là » écrit-elle dans un article (« Mon héritage du Manitoba » dans *Fragiles lumières de la terre*). D'aucuns écrivent pour ne pas mourir ; Gabrielle Roy est plus exigeante encore, qui écrit pour ne pas vieillir…

II. Roger Lemelin, un procureur impitoyable

De dix ans plus jeune que Gabrielle Roy, Roger Lemelin* connut très tôt le succès : un premier roman à vingt-cinq ans, la reconnaissance immédiate des milieux littéraires, une grande popularité, témoignent de la réussite de ses stratégies narratives.

De fait, son œuvre représente un des jalons essentiels de la littérature québécoise, une étape importante dans l'adaptation des lettres à la vie, de l'homme à la ville. Il est, en effet, le premier à avoir peint le petit peuple des faubourgs de l'intérieur, en homme qui se souvient de son adolescence toute proche et prend plaisir à l'évoquer. On ne trouve chez lui ni nostalgie de la vie rurale, ni regret du passé, mais un réalisme lucide rehaussé par la verve gouailleuse d'un Gavroche canadien. Et le parti pris de cocasserie n'infirme pas la portée de la critique sociale et religieuse, souvent acerbe, toujours corrosive.

1. Au pied de la pente douce *ou la paroisse dénigrée*

Publié en 1944, ce roman d'allure picaresque, fertile en incidents tragi-comiques se fait tour à tour vaudeville, mélodrame, épopée, ou roman populiste et laisse le lecteur pantelant d'avoir suivi tant bien que mal son rythme endiablé. Cependant, abstraction faite des multiples récits secondaires qui fragmentent le texte, le récit principal se révèle simple, voire banal : le jeune héros, Denis Boucher, né dans la

Roger Lemelin (né en 1919)
Né à Québec dans un milieu populaire, Roger Lémelin est un autodidacte qui se lance dans le journalisme avant de devenir un puissant homme d'affaires (en 1972, il est président-directeur général et éditeur de *La Presse*). Son œuvre romanesque semble donc être passée au second plan de ses préoccupations et se résume essentiellement à sa trilogie romanesque, truculente et gouailleuse, qui lui apporta la notoriété : *Au pied de la pente douce* (1944), *Les Plouffe* (1948), *Pierre le Magnifique* (1952).

Basse-Ville de Québec part à l'assaut de la Haute-Ville, fief du pouvoir et de l'argent. La «pente douce» incluse dans le texte est donc la représentation spatiale d'une dialectique sociale omniprésente et la toponymie elle-même devient un argument de poids dans le réquisitoire dont Denis nourrit son ambition. Pour parvenir à ses fins, ce pseudo-Rastignac* devra combattre un monstre polymorphe, le faubourg, lui même asservi à la paroisse, omniprésente et castratrice. Le narrateur reconnaît la défaite de son héros: «par ses étrangetés, ses faux bonds, il retardait l'échéance qu'on paie toujours: l'absorption par la société», mais il n'en épargne pas, pour autant, la paroisse qui sort amoindrie de cette confrontation et de la mise à nu de ses tares.

Rastignac: héros de Balzac, notamment dans *Le Père Goriot* (1834-1835), il incarne l'ambition.

2. Les Plouffe *ou le foyer-prison*

Des liens ténus mais bien réels unissent ce deuxième roman (1948) au précédent: l'identité du cadre spatial, la présence du même héros assurent une continuité rendue plus évidente encore par l'uniformité d'un ton tout aussi vindicatif. Toutefois la cible de Denis a légèrement dévié: c'est à la famille, cet autre garant de l'immobilisme, que le jeune homme réserve ses flèches les plus meurtrières. Ennemi intime de Joséphine, la prolifique maman Plouffe – elle a mis vingt-deux enfants au monde – Denis ne cessera de saper son autorité. En permettant aux enfants de s'affranchir du despotisme maternel il ne se contente pas de faire éclater le carcan familial: il prône implicitement, une révolte d'une autre envergure, une révolte qui balaierait d'un seul élan les pesanteurs et les interdits dont souffrait le peuple québécois en ces temps de «grande noirceur».

À travers une thématique de la rupture, Roger Lemelin annonce incontestablement un âge nouveau. L'absence de toute référence passéiste, la contestation du cléricalisme, l'ouverture au monde et, singulièrement, aux États-Unis dont les jeunes se sentent solidaires, sont autant d'indices de la volonté novatrice du jeune écrivain. Mais, par la suite, le romancier en proie à toutes les formes de la désillusion, éroda dans les échecs et le silence les forces vives de sa puissance créatrice. Cet itinéraire décevant, commun à de nombreux contemporains de Roger Lemelin, est sans doute la rançon d'une époque qui avait fait du silence son expression la plus adéquate, comme le rappelle Gilles Marcotte à propos de Saint-Denys Garneau (voir encadré *infra*).

Le risque du silence

Saint-Denys Garneau [...] nous représente. Il a assumé jusqu'à ses dernières limites un poids de solitude que laissait entendre toute la littérature précédente [...]. Saint-Denys Garneau, qui fut peut-être l'écrivain canadien-français le plus naturellement doué n'a écrit que durant trois ans, pour retomber ensuite dans le silence. On fait quelques pas, puis on ne voit plus, tout s'embrouille, la mort est au coin... *L'écrivain canadien-français est sans cesse menacé par le silence non pas celui de la possession mystique mais celui de l'impuissance à communiquer.*

Gilles Marcotte, *Introduction au Journal de Saint-Denys Garneau* [1962], in *Une littérature qui se fait*, Montréal, Bibliothèque québécoise, 1994, pp. 274-275.

III. Yves Thériault, le rejet du présent

Autodidacte, fier de ses origines indiennes, Yves Thériault[2] est un écrivain atypique dont l'œuvre, quantitativement très importante, reflète l'originalité : au moment même où le roman s'approprie l'espace urbain, il dénonce l'exiguïté mesquine de la ville, pour lui préférer les grands espaces et les forêts dont l'immensité semble garantir les valeurs inhérentes au primitivisme. Toutefois, loin d'être édénique, cet univers préservé recèle des tensions, génératrices d'incessants combats que l'homme doit affronter pour conquérir, avec son statut d'adulte, le droit d'être enfin lui-même.

1. Agaguk *ou la dialectique du héros*

Considéré généralement comme l'œuvre maîtresse d'Yves Thériault, *Agaguk* (1958) offre au lecteur le dépaysement d'un grand Nord mythique, peuplé d'Esquimaux dont les coutumes, les arts et les croyances sont minutieusement rapportées. Cependant, la richesse ethnologique n'est jamais pesante, elle est au service du drame humain qui est au cœur du récit : pour mériter son bonheur familial et vivre en paix avec Iriook, son épouse, et Tayaout, son fils, le héros éponyme est condamné à traverser bien des épreuves et, en particulier, à défier le loup blanc en un combat singulier dont il sortira vainqueur mais horriblement mutilé (voir texte n°63).

Ce roman ouvertement initiatique est aussi une épopée, fidèle au code en vigueur dans ce genre littéraire : ton volontiers hyperbolique, exaltation de l'héroïsme, simplification manichéenne, présence d'un fantastique qui, pour être discret, n'en est pas moins troublant. Le loup blanc dont la malveillance et la ruse font un génie maléfique n'apparaît-il pas comme l'émissaire de puissances surnaturelles décidées à persécuter Agaguk en lui prenant son fils ? Le héros n'accédera donc à une véritable paternité qu'au terme d'un combat titanesque :

> un combat terrible, mêlé de cris et de rugissements où, tour à tour, l'homme et la bête, égaux en puissance ou en fureur, dominaient.

2. Ashini, *un thrène pour une défaite*

Fleuron du cycle indien, *Ashini* (1960) est le roman préféré de l'auteur et le fruit d'une longue gestation : « Il a été en moi, il m'a habité jusqu'à faire mal pendant au moins vingt ans. »

Récit autodiégétique, Ashini est aussi un récit d'outre-tombe. Devenu le compagnon de Tshe Manitout au « pays des bonnes chasses », Ashini, le vieil Indien, raconte l'échec de sa « grande pensée » : pour avoir voulu redonner à son peuple, avec la terre reconquise, la fierté perdue, il se voit abandonné de tous, en butte à la raillerie des Blancs et à l'indifférence des siens. En effet, malgré la modestie de ses revendications, limitées à la seule parcelle de territoire indispensable, malgré sa volonté de dialogue, il ne trouvera, face à lui aucun interlocuteur autorisé. Même son arme ultime, ce suicide annoncé, se révèle dérisoire : attribuée à un dérangement mental la mort lui apporte un surcroît de mépris et fait de son récit

2. Voir Notice *infra*, p. 305.

Lutte d'Agaguk et du loup blanc

C'était entre les deux une lutte horrible, une gymnastique macabre. À chaque gueulée de la bête, le cri de l'homme s'enflait en vrille et crevait la nuit. Le loup en furie l'agrippait, le labourant à grands coups de griffes, puis l'homme saisissant la seconde propice – celle où l'animal s'arc-boutait pour foncer à nouveau – repliait son bras pour plonger le couteau dans le cuir de la bête. Alors celle-ci s'esquivait, mais pour bondir de nouveau sur l'homme qui se raidissait contre la torture.

De grands lambeaux de chair pendaient entre les dents de l'animal.

Un combat terrible, mêlé de cris et de rugissements où, tour à tour, l'homme et la bête, égaux en puissance ou en fureur, dominaient.

Soudain la lame du couteau brilla. Le poing partit comme une flèche, s'abattit. Une fois, une autre et une autre fois encore.

Agaguk avait, dans la bouche, un goût sucré de sang qui lui redonnait les nerfs et de la poigne. Maintenant, à cheval sur le loup qui se démenait en hurlant, il frappait à tour de bras, toute vigueur retrouvée, toute douleur assoupie.

Puis il se releva, passa le bras sur sa figure ensanglantée et mesura en lui les forces restantes.

Le loup blanc, éventré, gisait à ses pieds.

Yves Thériault, *Agaguk* [1958], Montréal, L'Actuelle, 1971, pp. 197-198. Rééd. Éd. Grasset, 1993.

---

posthume la geste d'une aventure manquée. La défaite d'Ashimi serait totale s'il ne gardait, au sein même de sa disgrâce, la sûreté d'un jugement très ferme et une liberté de parole dont il use abondamment. Son message est en effet un violent réquisitoire contre les Blancs, conquérants assez habiles pour s'emparer des esprits aussi bien que des terres : « Nous avons donc vécu en notre cage immense, contenus tout en nous imaginant être libres ».

3. Le cycle québécois ou l'homme dégénéré

L'héroïsme d'Agaguk ou d'Ashimi rend plus flagrante encore la médiocrité des Occidentaux dont Thériault trace des portraits au vitriol, des portraits inspirés par un parti pris dont le romancier ne fait pas mystère :

> les Canadiens-français – les Blancs, si vous voulez – sont trop banals pour vraiment m'inspirer. Si j'écris sur eux, c'est au niveau de l'ironie et presque du sarcasme,

confiait-il dans une lettre du 13 septembre 1964.

De fait, la liste serait longue des « qualités » qui les ravalent au rang de simples « repoussoirs » : mythomanie, hypocrisie, débauche, lâcheté, veulerie, paresse demeurent leurs plus fidèles attributs et signent leur dégénérescence. Mais le plus grand de leurs torts reste, sans doute, leur propension à l'imposture : à l'instar d'Hermann (*Le Dompteur d'ours,* 1951), faux dompteur et authentique escroc, à l'instar de Héron (*Les Commettants de Caridad,* 1961), fils indigne d'un village archétypal sis dans une Espagne mythique, les personnages de Thériault cultivent le paraître au détriment de l'être. Peu soucieux d'affronter le réel, incapables de prendre leur mesure lors d'un véritable combat, ils excellent dans le « faire-semblant » et accordent à la parole le statut privilégié dû à la seule action. Ainsi, Pippo Martorama, sicilien exilé à Montréal (*Amour au goût de mer,*

1961), tente un hold-up mais avec un jouet d'enfant. Ainsi Victor Debreux (*Cul de sac,* 1961), quinquagénaire de bonne famille, raconte sa vie en propos larmoyants et se complaît dans sa confession d'ivrogne. Enfin Aaron (*Aaron,* 1954), juif orthodoxe, sacrifie par pure ambition sociale ses racines culturelles et religieuses pour se créer de toutes pièces une autre personnalité. Pour ce faire, il travestit son nom, son passé, sa famille et se faufile dans le monde moderne au prix de sa propre mutilation.

Certes, Yves Thériault occupe dans la constellation des romanciers québécois de sa génération une place toute particulière : la puissance de l'univers viril qu'il a su créer, son style sans fioritures, le manichéisme inspirant ses prises de position catégoriques, tout l'oppose à la sensibilité nostalgique de ses contemporains.

Toutefois un hiatus permanent trahit l'inadaptation et le malaise : rejet de la modernité, exaltation du primitivisme, culte de l'archaïsme, sont autant d'indices d'une propension au rêve et d'un refus de la réalité. Thériault se montre donc, lui aussi, tributaire de chimères dont la plus flagrante reste, sans aucun doute, la résistance au temps présent.

IV. André Langevin ou le pessimisme intégral

L'enfance perturbée et solitaire d'André Langevin*, orphelin dès l'âge de sept ans, semble colorer son œuvre d'une lumière toute particulière et maintenir l'unité d'un monde, cohérent dans son désespoir. Et c'est à bon escient que le critique Gabrielle Pascal souligne l'acharnement avec lequel le romancier s'emploie, sous des anecdotes différentes, à créer perpétuellement la même œuvre marquée par

> le sentiment d'indignité né de l'absence du Père [...] le recours à l'évasion sous des formes diverses, toute sanctionnées par l'échec.
>
> *La Quête de l'identité chez André Langevin,*
> Montréal, Éd. Aquila, 1976.

Si le froid, l'isolement, l'incommunicabilité clament la solitude ontologique de l'homme, la récurrence de ces thèmes témoigne de la pertinence historique de l'œuvre dont le pessimisme reflète bien l'état d'esprit d'un peuple qui se sent orphelin et bâtard.

1. Évadé de la nuit *(1951) ou la quête du père*

Après la mort d'un père sublimé et passionnément aimé, le héros, Jean Cherteffe, âgé de vingt ans, ne cesse de chercher le substitut paternel qui lui fera oublier l'éternelle absence de ce père indigne qui l'avait abandonné dans un orphelinat. Mais ni Roger Benoît, le poète déchu, ni Parckell l'écrivain à succès ne pourront combler le vide affectif de Jean qui se suicide en sortant, seul, à peine vêtu, dans une tempête de neige. Or, ce faisant, il condamne son fils, dont la mère vient de mourir en couches, à l'abandon, un abandon semblable à celui dont les séquelles ont gâché sa propre vie.

Dans le monde très romanesque d'*Évadé de la nuit, l*e noircissement systématique du réel trouve son expression la plus exacerbée

André Langevin
(né en 1927)

Né à Montréal, il fit des études classiques et exerça divers petits métiers avant de devenir journaliste (au *Devoir,* à *Notre Temps* puis à Radio-Canada). Son œuvre romanesque a été composée en deux temps : avec *Évadé de la Nuit* (1951), *Poussière sur la ville* (1953) et *Le Temps des hommes* (1956), il rédige une sorte de trilogie dont l'unité réside essentiellement dans une thématique dominée par la solitude et l'angoisse. Puis après seize ans de silence, il publie deux romans d'une facture entièrement nouvelle inspirée par l'esthétique du Nouveau Roman : *L'Élan d'Amérique* (1972) et *Une chaîne dans le parc* (1974).

dans l'omniprésence de la mort et, singulièrement, du suicide, qui apparaît comme l'issue inéluctable de destins sans espoir.

2. Poussière sur la ville *(1953) ou le couple impossible*

Récit homodiégétique solidement ancré dans une réalité géographique et sociologique, cette deuxième œuvre ne sombre jamais dans un misérabilisme outrancier.

Médecin nouvellement marié, Alain Dubois s'installe avec sa femme Madeleine dans la petite ville minière de Macklin. En butte à la méfiance soupçonneuse des habitants, le couple donne bientôt prise aux commérages les plus indignés : Madeleine ne s'affiche-t-elle pas avec un jeune amant et le mari, complaisant, ne semble-t-il pas encourager cette licence ? Mais celle par qui le scandale arrive va jusqu'au bout de sa révolte et tire sur son amant, avant de se suicider. Alain, quant à lui, décide de braver l'hostilité générale en demeurant à Macklin :

> Je resterai, je resterai contre toute la ville. Je les forcerai à m'aimer […]. Je continue mon contrat.

Dans ce roman de l'inquiétude et de l'incommunicabilité, la déliquescence des âmes se retrouve, par un étrange effet spéculaire, dans la viscosité ambiante. De la voix d'un chauffeur de taxi « visqueuse et molle » à « l'enduit visqueux » dont se couvre la ville, tout contribue à engluer les personnages dans un morne ennui qu'accentuent encore la « poussière visqueuse » et la pluie qui endeuillent perpétuellement Macklin. Il n'est donc pas étonnant que cette ville-marâtre ait un pouvoir castrateur sur le héros doublement émasculé : mari trompé dont la douleur est génératrice d'impuissance, il est aussi un médecin privé de ses pouvoirs, un médecin dispensateur de mort. N'est-il pas symptomatique que l'acte médical le plus longuement rapporté soit le « meurtre » d'un bébé hydrocéphale qu'Alain Dubois doit sacrifier lors d'un accouchement, devant des témoins horrifiés ?

> Les deux femmes ont le souffle coupé. Elles sont fascinées. Elles ont vu un médecin tuer un enfant.

3. Le Temps des hommes *(1956) ou le sacrifice inutile*

Roman très viril dépeignant la rude existence des bûcherons confrontés au froid, à la fatigue et à tous les traquenards de la promiscuité, *Le Temps des hommes* a pour héros Pierre Dupas, un homme généreux qui a renoncé au confort moral de l'état ecclésiastique pour partager la vie de chantier. Or, son sacrifice ne lui sera d'aucun secours face à la violence dont il est témoin : jalousie, rivalités amoureuses, conflits personnels minent en effet la vie communautaire et transforment subitement le chantier en camp retranché. Emporté lui aussi dans la tourmente – il doit être amputé et tue accidentellement un de ses compagnons – Pierre Dupas est totalement vaincu.

Ce troisième roman – le dernier avant un long silence – orchestre et amplifie les thèmes récurrents de l'œuvre de Langevin : de la

Robert Charbonneau (1911-1967)

Né à Montréal, il fait des études classiques au Collège Sainte-Marie et fonde en 1934 avec Paul Beaulieu *La Relève* devenu en 1941 *La Nouvelle Relève*. Membre influent de « l'intelligentsia », il fait une carrière de journaliste et d'éditeur (il fonde en particulier avec Claude Hurtubise les éditions de l'Arbre en 1940). Il laisse des romans psychologiques *Ils posséderont la terre* (1941), *Fontile* (1945), *Les Désirs et les jours* (1948), *Aucune créature* (1961), *Chronique de l'âge amer* (1967), et un important essai où il revendique l'indépendance culturelle du Canada français *La France et nous* (1947).

Robert Elie (1915-1973)

Né à Montréal, il fit des études classiques au Collège Sainte-Marie et se joint à l'équipe de *La Relève*. Journaliste, il fut collaborateur des principales revues littéraires et artistiques du Québec. *La Fin des songes* (1950) qui lui valut le prix David est son œuvre maîtresse.

André Giroux (1916-1977)

Né à Québec, il s'illustre dans la presse écrite et à la radio (il participe à des émissions culturelles à Radio-Canada). Il termine sa carrière comme sous-ministre adjoint aux affaires culturelles et meurt des suites d'un accident de la route. Son premier roman *Au-delà des visages* est essentiellement contestataire et satirique, alors que le deuxième, *Le gouffre a toujours soif* (1960) décrit le drame d'un homme qui se sait condamné.

solitude à l'incommunicabilité, du froid à la souffrance physique, de l'angoisse à la recherche éperdue de paradis artificiels, toutes les facettes du mal-être sont là et témoignent de l'incurable pessimisme du romancier. Mais, plus présente que jamais, la réflexion philosophique imprime au texte des allures de testament spirituel et débouche sur une révolte métaphysique qu'engendre l'incompréhension indignée devant le mal. En effet, au-delà d'une injustice omniprésente qu'illustrent les péripéties romanesques – les meilleurs sont les plus éprouvées – la mort d'un enfant a été pour Pierre Dupas une expérience cruciale, suffisante pour l'assaillir de questionnements sans réponse :

> la souffrance de l'enfant se collait à lui comme une enveloppe brûlante [...]. Entre eux coulait une souffrance qui n'avait pas de sens [...] sans purification possible.

Proche des thèses existentialistes mais très marquée par le contexte canadien, moderne dans son appréhension du monde, mais classique dans sa forme, l'œuvre d'André Langevin apparaît comme une œuvre de transition soumise à diverses influences et tiraillée entre le passé et le présent, l'ici et l'ailleurs. Pourtant cette œuvre garde une unité remarquable, essentiellement fondée sur une vision du monde cohérente dans son défaitisme intégral.

Le rôle du roman du terroir était sans ambiguïté : directeur de conscience, il connaissait le bien et le mal et distribuait conseils, mises en garde et louanges. Plus complexe et plus nuancé, le roman de la décennie suivante s'est voulu avant tout témoignage de l'ère duplessiste, de cette « grande noirceur » dont la hantise se fait jour à travers les symboles romanesques de l'enfermement : cul de sac cher à Thériault, crypte de Lemelin, univers claustral de Saint-Henri, cage de verre où s'étiole Alexandre Chénevert. Prisonniers d'un réel exécré, les personnages se réfugient volontiers dans l'onirisme et exaltent un « avant » mythique, période anhistorique et indifférenciée, dont chacun porte en soi une transcription différente : enfance, monde rural, civilisation archaïque.

Cette propension au rêve, ce dégoût du présent se retrouvent chez tous les écrivains de la génération. Robert Charbonneau* et son *Fontile* (1945), Robert Elie* auteur de *La Fin des Songes* (1950), André Giroux* dont le roman *Le gouffre a toujours soif* (1953) exacerbe les tendances misérabilistes de l'époque, tous redisent sur le mode mineur, les malaises existentiels, les scrupules et les angoisses qui trouvent leur illustration la plus flagrante dans la peur de l'amour. À cet égard, le critique Michel Van Schendel lie cette inactivité amoureuse au sentiment global de dépossession dont on peut faire la caractéristique même de l'époque :

> Au départ, ce fut la peur, le sens vertigineux du vide, le non-avenir [...]. Il y eut très exactement la peur de l'amour, c'est-à-dire la peur d'espérer posséder ce qui – l'existence collective l'enseignait – ne pouvait être possédé.

> « L'amour dans la littérature canadienne-française », in *Littérature et société canadiennes-françaises* (1964).

Quelques références

Gérard Bessette, *Trois romanciers québécois,* Montréal, Éd. du Jour, 1973.
– *Une littérature en ébullition,* Montréal, Éd. du Jour, 1973.

Maurice Émond, *Yves Thériault et le combat de l'homme,* Montréal, Hurtubise, HMH, 1973.

Marc Gagné, *Visages de Gabrielle Roy, l'œuvre et l'écrivain,* Montréal, Beauchemin, 1973.

Gabrielle Pascal, *La Quête de l'identité chez André Langevin,* Montréal, Éd. Aquila, 1976.

François Ricard, *Gabrielle Roy,* Montréal, Fides, 1975.
– *Gabrielle Roy. Une vie,* Montréal, Éd. du Boréal, 1996.

Jean-Paul Simard, *Rituel et langage chez Yves Thériault,* Montréal, Fides, 1979.

Antoine Sirois, *Montréal dans le roman canadien,* Montréal, Marcel Didier, 1968.

Chapitre 4

L'anti-roman
de la Révolution tranquille
(1960-1970)

> Les histoires d'amour me fatiguent. Je consi-
> dère, manquée, gâchée, médiocre, la vie de
> celui dont la vie est une belle histoire d'amour.
>
> Réjean Ducharme, *L'Avalée des avalés* (1966).

Deux siècles après «la conquête», le Québec que l'on aurait pu
croire figé dans la désolation connut, à la faveur d'un simple changement politique, un de ces retournements subits dont l'Histoire a le
secret. Autant la décennie précédente s'était révélée morose et taci-
turne, autant les années qui suivirent la Révolution tranquille
«s'emballèrent», exaltées et audacieuses...

Tout était permis aux fils en révolte, impatients d'abolir la
norme, l'usage et le bon goût, pour mieux célébrer avec une créativité retrouvée l'accession à l'âge de la parole. Aucun genre littéraire ne fut à l'abri de cette effervescence, mais plus qu'un autre,
sans doute, le roman, longtemps tributaire d'une idéologie conservatrice et d'une esthétique classique, se renouvela... Fragmenté,
déstructuré, parodique ou violent, parfois obscur, toujours déroutant, il entre dans la modernité avec panache et ose se rire de
l'histoire réaliste et du récit bien mené. Les observateurs s'éton-
nent puis s'enchantent de cette juvénile ardeur, à l'instar de
Claude Roy qui écrivait en 1969 :

> le Québec surprend par la proportion de beaux livres mal peignés, mal
> élevés, mal ficelés et mal embouchés qui s'y publient. Ce fou de
> Nelligan a fait un enfant à la pauvre Maria Chapdelaine. Je le soup-
> çonne même de l'avoir un peu violée. L'enfant est un enfant terrible,
> évidemment.
>
> «Les nègres blancs d'Amérique»,
> in *Le Nouvel Observateur,* n°264.

Les artisans de ce renouveau s'appellent Réjean Ducharme et
Hubert Aquin, Marie-Claire Blais ou Jacques Godbout. Mais pour

fracassante que soit leur entrée en littérature et flamboyante leur originalité, elles ne sauraient diminuer l'importance des romanciers qui leur ont ouvert la voie.

I. Un précurseur bien tranquille :
Le Libraire de Gérard Bessette

Publié en 1960 à Paris, *Le Libraire* de Gérard Bessette[1] ne révolutionna pas les lettres françaises. En revanche, il fit souffler sur le Québec un vent de jeunesse, amorçant suivant les termes du critique Jacques Allard, « l'avènement d'une nouvelle écriture » « dans le surgissement d'une parole coruscante et corrosive ».

De prime abord, on pourrait s'étonner du rôle subversif attribué au héros Hervé Jodoin. Ce quinquagénaire solitaire qui partage son temps entre la librairie qui l'emploie et la taverne où il berce l'ennui de ses longues soirées, semble trop marginal pour jouer les agitateurs. S'il tient un journal dominical, ce n'est que pour pallier l'absence de taverne fermée, comme il se doit, le jour du seigneur ! Ainsi, le court roman de Bessette qui se présente comme la transcription du journal de Jodoin affiche d'emblée sa non-légitimité : simple ersatz, il est le produit de la vacuité et de l'inexistence, destiné à disparaître une fois son rôle de substitut accompli. De fait, amené à quitter la petite ville archétypale de Saint-Joachin pour Montréal, Jodoin renonce à un divertissement désormais inutile :

> En un sens, je regrette que le journal soit terminé. Je pourrais, naturellement, en commencer un autre. Mais à quoi bon ? Montréal n'est pas Saint-Joachin. Il y a moyen de s'y distraire d'une autre façon, même le dimanche.

Toutefois avec *Le Libraire*, deux nouveaux pôles d'attraction envahissent l'espace romanesque : la librairie et la taverne, lieux de liberté et de transgression, se révèlent d'authentiques contre-pouvoirs susceptibles de s'opposer à un clergé omnipotent. Mais plus insidieuse, la révolte personnelle de Jodoin s'inscrit dans son écriture même. Ponctuée des signes du découragement – peu importe, à quoi bon ? – enlisée dans des détails les plus inutiles (tels que la dimension d'une chambre, le prix d'une consommation ou la teneur d'un petit déjeuner) l'œuvre de Jodoin se complaît dans une insignifiance métonymique de la sclérose ambiante.

> Tous ces détails, je m'en rends compte, n'offrent aucun intérêt. Peu importe. Autant d'écrit, autant de pris. ça passe le temps.

En fait, Saint-Joachin apparaît comme la métaphore du Québec duplessiste, crispé et frileux, condamnant ses créateurs à la médiocrité ou au silence.

Jodoin ne propose aucune solution : pis encore, il ne soulève pas explicitement le problème... Mais au lecteur averti il transmet un message fraternel et trouve dans la résistance passive un moyen de survivre et finalement d'espérer.

1. Voir Notice *infra,* p. 290.

Fin de l'aventure

Quant à moi, il va falloir que je me crée de nouvelles habitudes. *On pense trop quand on ne suit pas une petite routine bien tracée d'avance, et c'est désagréable.* Dans une couple de semaines, je suis sûr que tout va marcher sans anicroche. Je me suis trouvé une chambre convenable. C'est un commencement. Je dis : convenable ; je veux dire qu'elle ne me coûte que dix-huit dollars par mois. Le reste n'a guère d'importance. Je me suis de plus acheté un vieux fauteuil chez un regrattier[a] de la rue Craig. On doit le livrer bientôt. Il va peut-être falloir aussi que je change de mate-las. Celui que j'ai contient certaines bosses qui exagèrent. Il est possible aussi que je m'y habitue. En tous cas, je serai bientôt fixé. Une semaine, deux semaines, peut-être…

En un sens, je regrette que ce journal soit terminé. *Je pourrais, naturellement, en commencer un autre. Mais à quoi bon ? Montréal n'est pas Saint-Joachin. Il y a moyen de s'y distraire d'une autre façon, même le dimanche.*

Gérard Bessette, *Le Libraire*, Montréal,
Éd. du renouveau pédagogique, 1970, p. 97.

_____
a. Brocanteur.

II. *Le Cassé* de Jacques Renaud* ou la violence gratuite

Postérieur de quelques années, *Le Cassé* (1964) use d'une toute autre tactique : au silence, il substitue le cri ; aux considérations anodines, l'injure ; à l'incertitude du non-dit, l'efficacité d'un verbe agressif et détonnant. Ce court roman de quatre-vingt-huit pages est le récit d'un de ces faits divers dont Ti-Jean le héros fait son pain quotidien. Ce jeune chômeur, révolté et inculte, tue avec une violence inouïe un pseudo-rival ; dans le même temps sa compagne le trompe avec une lesbienne.

Au-delà de cette pauvre intrigue, l'intérêt de l'œuvre réside dans l'utilisation nouvelle du joual, le parler populaire de l'est de Montréal. Cette sous-langue, où se bousculent des vocables tombés en désuétude, des termes anglais francisés et des expressions traduites littéralement, apparaît à l'évidence comme l'expression même de l'aliénation et de l'abâtardissement culturel. Ce langage fruste est donc particulièrement apte à traduire l'indigence intellectuelle et morale du héros. Ti-Jean parle comme il vit : mal. Le recours à la scatologie, l'utilisation des «sacres» (jurons), l'omniprésence de notations pornographiques clament sa colère et sa haine d'un monde dont il se sent exclu.

Bien des romanciers avant Jacques Renaud avaient introduit ce parler vernaculaire dans leur texte mais ils le mettaient soigneusement «entre guillemets», le réservant aux personnages dont ils se désolidarisaient, dans une narration fidèle à l'orthodoxie linguistique. L'auteur du *Cassé*, refuse, lui, cette distanciation : il assume pleinement les tares et les écarts langagiers de son héros en rédigeant les parties narratives dans la même langue hybride. Ce faisant, il contribue à la « rédemption du joual », prôné par les membres de *Parti pris** : ces jeunes intellectuels, en dépit de leur parfaite maîtrise du français normatif, revendiquaient l'utilisation du parler populaire à seule fin d'affirmer leur fraternité. « Nous

**Jacques Renaud
(né en 1943)**

Né à Montréal, de parents ouvriers, Jacques Renaud apparaît un peu comme un touche à tout : reporter, recherchiste à Radio-Canada, éditeur, chargé de cours à l'UQAM (1979-1980), il est membre de l'union des écrivains québécois. Son œuvre se compose essentiellement d'un recueil de poèmes, *Électrodes* (1962) et surtout d'un court roman, *Le Cassé* (1964), qui obtint une très grande audience. Son deuxième roman *En d'autres paysages* (1970) passa presque inaperçu.

Parti pris : groupe de jeunes intellectuels indépendants, d'obédience marxiste, qui animèrent une revue de l'automne 1963 à l'été 1968, qui eut une grande influence. Ils fondèrent également les éditions Parti pris afin de publier les œuvres conformes à leur esthétique et à leur idéologie.

refusons de devenir de beaux eunuques, protégés de la peste »,
affirmait Gérald Godin dans un article retentissant, « Le joual politique » (voir encadré *infra*).

Fonction du joual

Dans Finnegan's Wake *James Joyce prend plaisir à accumuler calembours, rhyming slang, couplets de tavernes, balades irlandaises [...] réflexe de défense contre le lecteur qui n'a pas vécu l'Irlande et la misère de l'Irlande dans sa chair. Ainsi seuls les Québécois qui sont et auront été victimes de la mise à mort de notre langue et de son remplacement progressif par des apports étrangers, seuls ceux-ci, dis-je, pourront percer les mystères de nos livres.*

On a dit et prouvé que les Québécois sont les Nègres blancs d'Amérique. Les Nègres aussi ont un joual. Il s'appelle le « jive-talk », *« pig latin », ou « gumbo » suivant les régions. C'est devenu un réflexe commun que de tenter d'égarer le Blanc dès qu'il s'approche d'eux par l'utilisation du « jive-talk ». Notre accession au joual n'est que la répétition d'un mécanisme qui a fonctionné chez eux il y a bien longtemps. Les Noirs pratiquent l'obscuration (qu'on me passe ce néologisme) de leur langue pour se protéger, se défendre, se séparer du Blanc.*

Gérald Godin, « Le joual politique »,
in *Parti pris*, vol. 2, mars 1965.

III. Une esthétique de la fracture :
La Ville inhumaine de Laurent Girouard

**Laurent Girouard
(né en 1931)**

Il est né à Saint-Antoine-
sur-Richelieu (comté
de Verchères).
Après des études
de pédagogie et de lettres,
il devient enseignant
avant de se spécialiser
dans l'archéologie
et la culture amérindiennes.
Collaborateur de *Parti pris,*
il publie un seul roman
très inspiré par l'idéologie
radicale du groupe :
La Ville inhumaine (1964).

Collaborateur de *Parti pris*, Laurent Girouard* a fait de son roman, *La Ville inhumaine* (1964), une implacable démonstration : faute d'être un citoyen comme les autres, c'est-à-dire citoyen d'un pays qui soit aussi un État, le Québécois se trouve mutilé et affecté dans toutes les autres composantes de sa vie personnelle. Émile Drolet, le dérisoire héros en est la preuve évidente, lui qui s'acharne à tout rater. Incapable de vivre mais aussi de mourir (il a bien sûr manqué son suicide), aussi pitoyable dans l'action que malheureux en amour, il voit dans l'écriture la possibilité d'un rachat et d'une libération :

> Si je peux en finir avec le premier roman, j'aurai enfin la preuve qu'il m'est possible d'écrire jusqu'à la fin de mes jours.

Or le texte se dérobe : Drolet écrit mal, écrit faux et l'auteur doit sans cesse intervenir pour rétablir l'ordre des faits, apporter des précisions, adjoindre des lettres, etc. Cette narration à deux voix, discordante et confuse, rend le récit chaotique ; pourtant cette déstructuration relève d'une véritable stratégie faisant d'une esthétique fracturée le révélateur d'une situation politique ambiguë : ébauche informe d'une œuvre encore à naître, *La Ville inhumaine* est le reflet d'un pays à inventer dans la douleur... Mais si la volonté d'engagement de Laurent Girouard est incontestable, le lecteur d'aujourd'hui est surtout sensible à l'innovation formelle et voit dans l'exploration de toutes les formes romanesques, dans la déchronologie et dans la fragmentation, les signes de la modernité d'un texte refusant les séductions d'une histoire bien racontée.

IV. Éloge de la marginalité : *Cotnoir* de Jacques Ferron

D'une facture beaucoup plus classique, le roman de Jacques Ferron[2] *Cotnoir* (1962) est paradoxalement plus équivoque : la densité d'une écriture presque elliptique, le refus des stéréotypes, l'incertitude des symboles, tout contribue à masquer les intentions véritables du narrateur. Récit rétrospectif attribué à un jeune médecin anonyme, l'œuvre raconte, en une double analepse, les « étranges funérailles » du Docteur Cotnoir, dix ans auparavant, ainsi que certains événements immédiatement antérieurs. Toutefois, le véritable sujet est la lutte des forces antagonistes se déployant autour d'un « mental » (fou), Emmanuel. Dans cette constellation de puissances adverses, les influences maléfiques, vouées à la perte d'Emmanuel, sont incarnées par des personnages dont l'animalité a triomphé : le financier devenu un gros chat, les croque-morts évoquant des rats et les religieuses transformées en oiseaux prédateurs symbolisent une société cupide et répressive. Face à ce répugnant bestiaire, quelques réprouvés – le Docteur Cotnoir alcoolique et généreux est le plus émouvant d'entre eux – œuvrent pour le salut d'Emmanuel : « On peut penser que Cotnoir meurt pour qu'Emmanuel soit sauvé, et celui-ci l'est, du mieux qu'il peut l'être » écrit Jacques Ferron, dix ans après la publication de *Cotnoir* (lettre du 10 août 1964 à Réjean Roludoux, cité dans *Le Roman canadien-français du xxe siècle*).

Mais que représente Emmanuel au nom prédestiné ? L'Homme ? L'anti-héros moderne et occidental ? Le Québécois ? Dans tous les cas, il ne trouvera sa voie qu'hors des sentiers battus et devra s'inventer un itinéraire personnel dont ce roman déroutant semble la métonymie.

V. Et si l'on parodiait un peu ?
Une saison dans la vie d'Emmanuel de Marie-Claire Blais

Entrée très tôt en littérature, alors que rien ne l'y prédestinait, Marie-Claire Blais[3] étonna les critiques par un ton résolument personnel dont l'illustration la plus éclatante reste *Une saison dans la vie d'Emmanuel*. Publié en 1965, lauréat du prix Médicis l'année suivante, le roman séduit par une poésie et un humour cristallisés par la présence rimbaldienne de Jean-Le-Maigre, prince en haillons, génial et tuberculeux. La ferveur et la grâce du personnage illuminent le texte et sauvent de la banalité une histoire, au demeurant, fort simple. De fait, le récit qui raconte la vie d'une famille rurale au Québec pendant la Seconde Guerre mondiale véhicule en apparence les poncifs les plus éculés. Tout y est de ce qui faisait la fierté du roman du terroir, de la famille nombreuse à l'omniprésence du clergé, de l'exaltation de la nature à la mise à l'index de la ville... Même la neige, cet indispensable ornement, témoigne de la fidélité apparente de la jeune romancière aux valeurs sûres de la littérature de bon aloi : la saison, incluse dans le titre est, en effet, l'hiver – de janvier à mars – dont on célébra maintes fois la toute-puissance. Un

2. Voir Notice *infra*, p. 296.
3. Voir Notice *infra*, p. 290.

si grand respect d'une tradition littéraire dépassée ne laisse pas de surprendre… Et le lecteur ne tarde pas à y déceler une volonté parodique ; celle-ci est sensible dans des procédés aussi visibles qu'efficaces : dénonciation du mythe rural confronté à une réalité sordide, traitement hyperbolique des principaux clichés du genre, désacralisation des fondements les plus sûrs de la morale conservatrice, la famille et la religion. À cet égard, l'itinéraire d'Héloïse passée tout naturellement du couvent au « bordel » et l'infamie du frère Théodule, prêtre pervers et assassin, ne permettent aucun doute sur les intentions anticléricales de l'auteur.

Mais ce rajeunissement de la thématique serait de moindre prix s'il ne s'assortissait d'un renouvellement formel l'exprimant et le justifiant. Encore qu'écrit dans une langue classique, le roman frappe, en effet, par son morcellement, voire son éclatement. Il juxtapose diverses formes d'écriture (narration, poème, journal intime, lettres, petites annonces) en une mosaïque dont l'usage constant de la parenthèse accentue encore la fragmentation, signe symptomatique d'une vision pluraliste et nuancée du monde. Le Vieux Québec, monolithique et univoque, est bien mort et Grand-Mère Antoinette, sa parfaite incarnation (voir texte n°65), devra renoncer à la belle assurance affichée dans les commencements alors qu'« immense souveraine, elle semblait diriger le monde de son fauteuil » et que « toute sa personne triomphante était immortelle ».

VI. Jeux de mots et imprécations : *L'Avalée des avalés* de Réjean Ducharme

Enfant prodige, Réjean Ducharme[4] est aussi l'enfant prodigue de la littérature québécoise. Ne fut-il pas découvert et publié par les

4. Voir Notice *infra*, p. 294.

TEXTE N°65

Une vieillarde souveraine

Mais Grand-Mère Antoinette domptait admirablement toute cette marée d'enfants qui grondaient à ses pieds. (D'où venaient-ils ? Surgissaient-ils de l'ombre, de la nuit ? Ils avaient son odeur, le son de sa voix, ils rampaient autour du lit, ils avaient l'odeur familière de la pauvreté…)

Ah ! Assez, dit Grand-Mère Antoinette, je ne veux plus vous entendre, sortez tous, retournez sous les lits… Disparaissez, je ne veux plus vous voir, ah ! quelle odeur, Mon Dieu !

Mais elle leur distribuait avec quelques coups de canne les morceaux de sucre qu'ils attendaient la bouche ouverte, haletants d'impatience et de faim, les miettes de chocolat, tous ces trésors poisseux qu'elle avait accumulés et qui jaillissaient de ses jupes, de son corsage hautain. « Éloignez-vous, éloignez-vous », disait-elle.

Elle les chassait d'une main souveraine (plus tard, il la verrait marchant ainsi au milieu des poules, des lapins et des vaches, semant des malédictions sur son passage ou recueillant quelque bébé plaintif tombé dans la boue) elle répudiait vers l'escalier – leur jetant toujours ces morceaux de sucre qu'ils attrapaient au hasard, tout ce déluge d'enfants, d'animaux, qui, plus tard, à nouveau, sortiraient de leur mystérieuse retraite et viendraient encore gratter à la porte pour mendier à leur grand-mère…

Marie-Claire Blais, *Une saison dans la vie d'Emmanuel*, Montréal, Éd. du Jour, 1965, pp. 11-12. Rééd. Montréal, Éd. du Boréal, 1991.

éditions Gallimard alors qu'il était inconnu au Québec ? Si tous ses romans se ressemblent dans leur refus global et leur insolente désinvolture, aucun n'a le charme envoûtant du tout premier *L'Avalée des avalés* (1966) qui consacra d'emblée le jeune romancier.

Le récit se présente comme l'enregistrement du monologue intérieur de Bérénice Einberg, dont on suit l'évolution pendant six ans environ. Insupportable iconoclaste aux accents imprécateurs, Bérénice n'a que neuf ans au début du récit, mais déjà elle se révolte de constater : «Tout m'avale.» (voir texte n°66). Pour lutter contre l'avalement dont la hantise se manifeste à travers les nombreuses figures digestives qui parsèment le texte, Bérénice ne connaît qu'une méthode : le non agressif et définitif. L'injure à la bouche, le poing brandi, la triomphante petite diablesse englobe dans un même mépris tous les appuis et toutes les certitudes de l'adulte. Religion, famille, pays, culture, littérature se retrouvent en miettes d'avoir été soumis à l'impitoyable scalpel de la narratrice. La beauté elle même lui est un grief et elle flétrit de surnoms grotesques (Chat-Mort ou Chamomor) la beauté trop éclatante de sa mère. La langue n'échappe pas à sa fureur destructrice : néologismes, jeux de mots, calembours et contrepèteries témoignent de sa verve incessante. Mais elle va plus loin encore dans la négation : ne décide-t-elle pas de créer son propre langage tant lui parait fade et insuffisante la langue commune ?

> Je criai, mordant dans chaque syllabe : «spétermotorinse, étranglobe !» Une nouvelle langue était née : le bérénicien. J'ai fait des emprunts aux langues toutes faites, de rares.

Mais, elle aura beau se démener, tempêter, braver les interdits, Bérénice perdra son combat : rejointe par «l'adulterie» dont elle avait toujours repoussé l'échéance, elle se retrouve à quinze ans engluée dans la médiocrité qu'elle savait si bien fustiger chez les autres. Devenue cynique, menteuse, tricheuse, elle a appris à faire semblant et a perdu, avec son enfance, le pouvoir d'indignation qui signait son innocence et sa ferveur.

TEXTE N°66

L'avalement

Tout m'avale. Quand j'ai les yeux fermés, c'est par mon ventre que je suis avalée, c'est dans mon ventre que j'étouffe. Quand j'ai les yeux ouverts, c'est par ce que je vois que je suis avalée, c'est dans le ventre de ce que je vois que je suffoque. Je suis avalée par le fleuve trop grand, par le ciel trop haut, par les fleurs trop fragiles, par les papillons trop craintifs, par le visage trop beau de ma mère. Le visage de ma mère est beau pour rien. S'il était laid, il serait laid pour rien. Les visages, beaux ou laids, ne servent à rien. On regarde un visage, un papillon, une fleur, et ça nous travaille, puis ça nous irrite. Si on se laisse faire, ça nous désespère. Il ne devrait pas y avoir de visages, de papillons, de fleurs. Que j'aie les yeux ouverts ou fermés, je suis englobée : il n'y a plus assez d'air tout à coup, mon cœur se serre, la peur me saisit.

L'été, les arbres sont habillés. L'hiver, les arbres sont nus comme des vers. Ils disent que les morts mangent les pissenlits par la racine.

Le jardinier a trouvé deux vieux tonneaux dans son grenier. Savez-vous ce qu'il en a fait ? Il les a sciés en deux pour en faire quatre seaux. Il en a mis un sur la plage, et trois dans le champ. Quand il pleut, la pluie reste prise dedans. Quand ils ont soif, les oiseaux s'arrêtent de voler et viennent y boire.

Je suis seule et j'ai peur. Quand j'ai faim, je mange des pissenlits par la racine et ça passe. Quand j'ai soif, je plonge mon visage dans l'un des seaux et j'aspire. Mes cheveux déboulent dans l'eau. J'aspire et ça se passe : je n'ai plus soif, c'est comme si je n'avais jamais eu soif. On aimerait avoir aussi soif qu'il y a d'eau dans le fleuve. Mais on boit un verre d'eau et on n'a plus soif. L'hiver, quand j'ai froid, je rentre et je mets mon gros chandail bleu. Je ressors, je recommence à jouer dans la neige, et je n'ai plus froid. L'été, quand j'ai chaud, j'enlève ma robe. Ma robe ne me colle plus à la peau et je suis bien, et je me mets à courir. On court dans le sable. On court, on court. Puis on a moins envie de courir. On est ennuyé de courir. On s'arrête, on s'assoit et on s'enterre les jambes. On se couche et on s'enterre tout le corps. Puis on est fatigué de jouer dans le sable. On ne sait plus quoi faire. On regarde, tout autour, comme si on cherchait. On regarde, on regarde. On ne voit rien de bon. Si on fait attention quand on regarde comme ça, on s'aperçoit que ce qu'on regarde nous fait mal, qu'on est seul et qu'on a peur.

Réjean Ducharme, *L'Avalée des avalés*,
Paris, Gallimard, 1966, pp. 9-10.

VII. *Prochain Épisode* d'Hubert Aquin : « je est un autre »

Bien que son œuvre romanesque soit limitée à quatre romans d'inégal intérêt, Hubert Aquin[5] apparaît comme un écrivain majeur : ses doutes et ses déchirements reflètent en les exacerbant ceux de l'intelligentsia québécoise. La situation conflictuelle de son pays se retrouve, par un étrange effet spéculaire, dans son œuvre où jeux de miroirs, réitérations et résonances témoignent de la hantise d'une dualité dont *Prochain épisode* (1965), son premier roman, est tout particulièrement tributaire.

En partant d'une situation autobiographique – l'enfermement – le narrateur décide d'écrire un livre pour rendre plus supportable son incarcération (voir texte n°67). Il choisit à dessein un genre facile et divertissant, le roman d'espionnage : les codes et les poncifs sécurisants de celui-ci devraient pallier son inexpérience. Il imagine un héros investi d'une mission dont, tout à la joie de sa nouvelle liberté créatrice, il savoure l'arbitraire : « Et comme il me plairait, par surcroît, de situer l'action à Lausanne, c'est déjà chose faite ». Mais ce héros chargé de retrouver et d'exécuter un contre-révolutionnaire aux identités multiples rejoue la situation d'échec de son créateur : imprudences répétées, actes manqués, inattentions fatales l'emprisonnent d'un lacis inextricable et lui interdisent tout espoir de mener à bien son entreprise. De fait, arrêté à la fin du récit, le héros retrouve la position initiale du narrateur et le roman se referme sur lui-même dans une absolue désespérance. Ainsi ce dédoublement générateur de contrastes (imagination/action – impuissance/pouvoir – emprisonnement/voyage) se révèle une imposture en aboutissant à une unicité dont l'utilisation permanente d'un « je » équivoque, désignant tout à la fois sujet écrivant et sujet agissant, trahissait dès le départ le caractère inéluctable.

5. Voir Notice *infra*, p. 289.

Ces jeux de l'altérité et de l'identité confondues sont rehaussés par une écriture flamboyante, une écriture authentiquement poétique qui use des sortilèges de la suggestion et de la métaphore pour convaincre et envoûter. La phrase initiale de *Prochain Épisode* donne le ton et fait entrer d'emblée dans un monde de fulgurances : « Cuba coule en flammes au milieu du lac Léman tandis que je descends au fond des choses ».

VIII. *Salut Galarneau!* de Jacques Godbout : un hymne à la vie

Le point d'exclamation inclus dans le titre du chef d'œuvre de Jacques Godbout[6], *Salut Galarneau!* (1967) est bien propre à rendre compte de l'oralité de ce roman décousu et familier, naïf et truculent attribué à François Galarneau, un jeune Québécois pure laine, marchand de hot dog de son état et apprenti-écrivain de vocation... Témoin candide de son temps et de son pays, Galarneau passe au crible de sa verbe satirique les mœurs d'une « belle Province » déchirée entre sa fidélité à la Mère-Patrie et ses aspirations à une américanité séductrice et omnipotente. À cet égard, la critique d'un enseignement « classique » et humaniste (« Passons au grec. Cette sale langue n'est parlée par personne, personne au monde ! ») trouve un contrepoint savoureux dans la dénonciation souriante d'une publicité tapageuse génératrice de confusion et d'aliénation. (« J'aime te serrer dans mes bras lorsque tu emploies l'Aqua-Velva »).

6. Voir Notice *infra*, p. 297.

TEXTE N°67

Pourquoi écrire ?

Le jour commence à décliner. Les grands arbres qui bordent le parc de l'Institut sont irradiés de lumière. Jamais ils ne me sont apparus avec tant de cruauté, jamais encore je ne me suis senti emprisonné à ce point. Désemparé aussi par ce que j'écris, je sens une grande lassitude et j'ai le goût de céder à l'inertie comme on cède à une fascination. Pourquoi continuer à écrire et quoi encore ? Pourquoi tracer des courbes sur le papier quand je meurs de sortir, de marcher au hasard, de courir vers la femme que j'aime, de m'abolir en elle et de l'entraîner avec moi dans ma résurrection et vers la mort ? Non, je ne sais plus pourquoi je suis en train de rédiger un casse-tête, alors que je souffre et que l'étau hydrique se resserre sur mes tempes jusqu'à broyer mon peu de souvenirs. Quelque chose menace d'exploser en moi. Des craquements se multiplient, annonciateurs d'un séisme que mes occupations égrenées ne peuvent plus conjurer. Deux ou trois romans censurés ne peuvent pas me distraire du monde libre que j'aperçois de ma fenêtre, et dont je suis exclu. Le tome IX des œuvres complètes de Balzac me décourage particulièrement. « Il s'est rencontré sous l'Empire et dans Paris, treize hommes également frappés du même sentiment, tous doués d'une assez grande énergie pour être fidèles à la même pensée, assez politiques pour dissimuler les liens sacrés qui les unissaient... » Je m'arrête ici. Cette phrase inaugurale de *l'Histoire des Treize* me tue ; ce début fulgurant me donne le goût d'en finir avec ma prose cumulative, autant qu'il me rappelle des liens sacrés – maintenant rompus par l'isolement – qui m'unissaient à mes frères révolutionnaires. Je n'ai plus rien à gagner en continuant d'écrire, pourtant je continue quand même, j'écris à perte.

Hubert Aquin, *Prochain épisode*,
Montréal, Le Cercle du livre français, 1965, pp. 12-13.

Le récit débraillé, fragmentaire, troué de continuelles analepses est à l'image de son héros narrateur, anarchique et bon enfant. Passant du coq à l'âne, il saute sans ambages du présent à un passé lointain pour revenir à un passé proche, tout ceci dans un joyeux désordre.

Toutefois on ne saurait dénier à l'œuvre de Jacques Godbout une pertinence et une historicité qui s'expriment essentiellement à travers la thématique de l'écriture. En effet, l'écriture apparaît comme un objet de désir inaccessible. La première phrase du texte est très révélatrice : « Ce n'est vraiment pas l'après-midi pour essayer d'écrire un livre, je vous jure ». Pis encore, l'écriture est niée, bafouée par la structure même du roman : composé de vingt-huit chapitres comportant chacun une lettre en guise de numéro, il martèle inlassablement l'affirmation de sa non-existence : AU ROI DU HOT DOG, AU ROI DU HOT DOG, AU… Ainsi s'égrènent les mots iconoclastes, les mots qui subordonnent le récit à une activité commerciale des plus sommaires, dont la raison sociale est, de surcroît, en franglais ! Mais, Jacques Godbout est trop original pour s'en tenir à ce constat d'échec : loin de se limiter à nier l'écriture, il l'associe dans un néologisme significatif, à la vie dont elle est comptable et tributaire. C'est ainsi qu'il prête à Galarneau l'intention de « *vécrire* » en réconciliant, d'un même élan, les deux postulations que ses contemporains s'étaient plu à opposer.

Que le Québec était beau sous la Révolution tranquille ! Et talentueux ses romanciers !

Subversifs, originaux, anarchiques, on n'en finirait de décrire les romans de cette décennie… Mais ce serait encore les cataloguer et les réduire, eux qui se gaussent des schémas préétablis et n'admettent aucune borne à leur liberté. Les écrivains inventent des formes inédites et explorent systématiquement toutes les potentialités du roman : roman-essai (Réjean Ducharme), roman-poème (Hubert Aquin), roman-journal (Gérard Bessette), roman-conversation (Jacques Godbout) témoignent de la diversité des approches et des tempéraments. De cette polyphonie émerge cependant un thème récurrent auquel tous les romanciers – ou presque – acceptent de sacrifier : la création littéraire. L'écriture apparaît comme indispensable objet de culte, susceptible de racheter, par le seul fait de les dire, toutes les défaites de la vie. Elle est salvatrice et toute puissante, et draine une foule d'adeptes confondus d'émotion et de bonne volonté. Mais, cruel paradoxe, cette même écriture apparaît comme impossible et l'on met à la nier le même acharnement qu'à la diviniser : faute d'envie, d'inspiration ou de talent, des apprentis-écrivains se défient d'eux-mêmes et semblent s'excuser de prétendre à un statut qu'ils revendiquent sans pourtant en reconnaître la légitimité. À l'instar du narrateur de *Prochain épisode* chacun d'eux pourrait dire : « Non, je ne finirai pas ce livre inédit ».

Quelques références

André Belleau, *Le Romancier fictif. Essai sur la présentation de l'écrivain dans le roman québécois,* Québéc, Les Presses de l'Université du Québec, 1980.

André Brochu, *L'Instance critique (1961-1973),* Montéral, Leméac, 1973.

Lise Gauvin, *« Parti pris » littéraire,* Montréal, Les Presses de l'Université de Montréal, 1975.

Gille de La Fontaine, *Hubert Aquin et le Québec,* Montréal, Partis pris, 1977.

René Lapierre, *Les Masques du récit : lecture de « Prochain épisode » d'Hubert Aquin,* Montréal, Hurtubise HMH, 1980.

Gilles Marcotte, *Le Roman à l'imparfait. Essais sur le roman québécois d'aujourd'hui,* Montréal, La Presse, 1976.

Vincent Nadeau, *Marie-Claire Blais : le noir et le tendre. Étude d'« Une saison dans la vie d'Emmanuel »,* suivie d'une bibliographie critique, Montréal, Les Presses de l'Université de Montréal, 1974.

Claude Racine, *L'Anticléricalisme dans le roman québécois (1940-1965),* Montréal, Hurtubise HMH, 1972.

Patricia Smart, *Hubert Aquin, agent double. La dialectique de l'art et du pays dans « Prochain épisode » et « Trou de mémoire »,* Montréal, Les Presses de l'Université de Montréal, 1973.

André Smith, *L'Univers romanesque de Jacques Godbout,* Montréal, Éd. Aquila, 1976.

Chapitre 5

Le roman post-moderne[1]
(1970-1990)

C'qu'y a dans ma tête est cent fois plus beau que tout c'qu'y a en dehors.

Michel Tremblay, *La Duchesse et le Roturier,* 1982.

Les années 1970 resteront dans la mémoire du Québec comme des temps de paradoxes alliant agitation et stagnation. L'histoire, en effet, s'accélère et bondit du pire au meilleur. Le pire, c'est la crise d'octobre 1970 qui révèle aux citoyens éberlués la violence du FLQ (Front de Libération du Québec) comptable de deux enlèvements dont l'un se terminera tragiquement. De fait, la mort de Pierre Laporte, ministre en exercice, ouvrit une ère troublée : l'armée fédérale occupa Montréal des mois durant, au prix d'un traumatisme collectif dont maints textes littéraires se firent l'écho. Le meilleur ne devait pourtant point se faire attendre et, en 1976, la victoire électorale du parti québécois autorisait tous les espoirs. Mais cet optimisme devait être démenti, dès 1980, par le cuisant échec du référendum posant la question nationale.

En regard de cette effervescence, la littérature semble bien statique. L'expérience et la maturité ne réussissent guère aux insolents créateurs de la décennie précédente : Ducharme semble se parodier, puis s'enferme dans le silence ; Marie-Claire Blais ne retrouve plus la grâce juvénile de ses premiers textes ; enfin, le suicide d'Hubert Aquin, en 1977, apparaît comme le révélateur d'une auto-destruction systématique de la littérature québécoise. Certes, deux romanciers de talent émergent, mais prisonniers de la morosité ambiante, ils ne savent dire que l'impuissance : impuissance à vivre, impuissance à créer...

I. Gilbert La Rocque, romancier des profondeurs

L'impuissance à vivre au présent s'inscrit dans le titre même des romans de Gilbert La Rocque : *Le Nombril* (1970), *Corridors* (1971), *Après la boue* (1972), *Serge d'entre les morts* (1976), tous parlent d'un subconscient et d'une vie fantasmatique qui ancrent

1. À propos du concept de post-modernité, on consultera avec profit l'ouvrage de Jean-François Lyotard, *La Condition postmoderne. Rapport sur le savoir,* Paris, Éd. de Minuit, 1979. Le roman post-moderne se caractérise par la pluralité des voix narratives, une thématique axée sur l'écriture et la rupture, et l'importance accordée à l'intertextualité.

les personnages dans un passé dont ils sont incapables de se libérer. Tributaires d'une enfance perturbée qui a hypothéqué à jamais leur équilibre d'adulte, les héros de La Rocque restent englués dans leurs complexes et leurs pulsions; la technique du «courant de conscience» utilisée par l'écrivain en traduit la confusion et l'incohérence. De ce point de vue, *Serge d'entre les morts* se présente comme une tentative audacieuse pour donner une forme à l'informulé: long monologue intérieur sans alinéa ni ponctuation, l'œuvre, visiblement influencée par Joyce, apparaît d'abord comme un patchwork où les événements, les pensées, les fantasmes s'enchevêtrent en toute liberté; la narration passe sans transition d'une époque à l'autre, d'une scène à l'autre, ou même d'un personnage à l'autre. Cette technique de l'instantané, bien propre à rendre le flou d'une rêverie semi-consciente, requiert du lecteur une perspicacité et une attention de tous les instants, sources d'un plaisir purement intellectuel, mais au détriment des autres composantes de l'attrait romanesque: émotion, humour, imagination. Conscient sans doute des risques de son ambitieuse tentative, Gilbert La Rocque reviendra avec *Les Masques* (1980) et *Le Passager* (1984) à un récit plus classique, susceptible d'attirer un plus large public.

II. Victor-Lévy Beaulieu, le scribe de l'impuissance

Très proche de Gilbert La Rocque par le pessimisme et la volonté de favoriser les zones ombreuses, Victor-Lévy Beaulieu* a fait de l'impossibilité de créer son sujet de prédilection. À travers son double littéraire, Abel Beauchemin, qui réapparaît tant dans ses romans (*Race de Monde!*, 1969; *Jos connaissant*, 1970; *Don Quichotte de la Démanche*, 1974) que dans ses essais (*Monsieur Melville*, 1978), Victor-Lévy Beaulieu, fasciné par les géants de la littérature mondiale, tels Victor Hugo, Hermann Melville ou Cervantès, ne cesse d'opposer à leur génie, nourri d'une culture véritable et imprégné de leur époque, sa propre impuissance qu'exaspère l'insignifiance de son pays, «banlieue américaine», «dont le passé n'est qu'une longue et vaine jérémiade, dont la littérature n'est qu'une inqualifiable niaiserie» *(Don Quichotte de la Démanche)*. Cette problématique de l'échec artistique que n'auraient pas renié les émules de *Parti-Pris*, se double d'une sexualité omniprésente dont le caractère ostentatoire a pu faire dire au critique André Vanasse: «Prétendre que l'œuvre romanesque de V.-L. Beaulieu est marquée par le phallocentrisme, c'est commettre un truisme [...], le pénis occupe toute la scène romanesque» *(Livres et auteurs québécois*, 1972). Mais ce qui prédomine, c'est une logorrhée constante, une débauche de mots apparaissant comme la manifestation névrotique d'un malaise existentiel et culturel que V.-L. Beaulieu n'en finit pas de mettre à jour.

La démesure même des tentatives de Gilbert La Rocque et de Victor-Lévy Beaulieu devait entraîner une réaction salutaire. Le roman des années 1980 réhabilite le plaisir romanesque et se

Victor-Lévy Beaulieu (né en 1945)

Né à Saint-Paul-de-la-Croix, Victor-Lévy Beaulieu se lance très tôt dans l'écriture et l'édition. Il fonde sa propre maison d'édition, VLB éditeur, en 1976. Écrivain très prolifique il a, à son actif, une œuvre importante: *Mémoires d'outre-tonneau* (1968), *La Nuitte de Malcomm Hudd* (1969), *Race de Monde* (1969), *Don Quichotte de la Démanche* (1974).

donne les moyens de le créer grâce à une «histoire» compréhensible dès la première lecture et bâtie autour de personnages attachants. Les acquis des deux décennies précédentes sont cependant sauvegardés : les anachronies se généralisent et l'espace, éclaté, se double d'un espace fantasmatique tandis que les stratégies narratives se multiplient et se diversifient : réalisme, poésie, fantastique plus ou moins marqué se combinent en de séduisantes constellations qui assurent le succès de Jacques Poulin, Michel Tremblay, Yves Beauchemin ou Anne Hébert. Éloignés de l'outrance aussi bien que des stéréotypes, ces écrivains majeurs ont trouvé un incontestable équilibre...

III. Anne Hébert, une poésie triomphante

Issue d'une famille canadienne française influente et cultivée, cousine très proche de Saint-Denys Garneau, le poète «martyr» dont la névrose fut ressentie comme l'illustration paroxystique d'une propension collective, Anne Hébert[2] vint à la littérature par la poésie (*Les Songes en équilibre*, 1942; *Le Tombeau des rois*, 1953); les chatoiements de celle-ci rejaillissent sur une œuvre romanesque d'une remarquable originalité, alliant à une langue très pure, très «internationale», une thématique typiquement québécoise. Toutefois, soucieuse d'éviter les pièges d'une littérature engagée mise au service d'un ressassement collectif, Anne Hébert ne dénonce que par le biais de l'allégorie. Ainsi, dans le titre de son premier roman, *Les Chambres de bois* (1958), s'inscrit la frilosité du Québec duplessiste. L'obsession de l'enfermement, la peur et les regrets se lisent en filigrane dans le récit débarrassé de toute fioriture romanesque : Michel, jeune seigneur chassé du manoir paternel, épouse Catherine, une fille du peuple qu'il cloître dans les «chambres de bois». Impuissant, inutile, crispé sur le passé et le domaine perdu, le jeune homme entraînerait son épouse dans sa dérive névrotique si cette dernière ne retrouvait le courage d'un sursaut libérateur. Mais c'est surtout dans son œuvre maîtresse *Les Fous de Bassan* (Prix Fémina 1982) qu'Anne Hébert use de toutes les ressources de la symbolique. Dans la petite communauté de loyalistes américains, installée entre «Cap Sec et Cap Sauvagine», vivant en vase clos à la lisière du monde américain, anémiée par l'endogamie, asséchée par l'isolement, comment ne pas reconnaître le reflet à peine déformé du Québec ? D'autres attraits contribuent à la séduction du roman, ne serait-ce que sa structure faulknérienne : présenté comme la relation par différents scripteurs, d'événements dramatiques – l'assassinat de deux adolescentes Nora et Olivia –, le récit juxtapose deux temporalités. Certains témoignages datent de l'époque du drame (été 1936), d'autres sont contemporains de la rédaction (1982). La confrontation de ces deux temporalités permet de mettre à nu la déchéance d'un village désormais en sursis, d'un village qui n'en finit pas de payer le prix de la faute. En effet, le forfait perpétré par un seul de ses enfants, Stevens, l'étranger revenu au pays

2. Voir Notice *infra*, p. 297.

natal pour y semer le trouble, devient le crime de la communauté tout entière : honteux de leur silence, de leur complicité ou de leurs désirs inavouables, tous les habitants de « Griffin Creek » ressentent une culpabilité dont l'illustration la plus flagrante se trouve dans la forme autobiographique qu'affecte le roman. Mû par le besoin de se raconter ou de se mettre en scène, chaque narrateur emprunte à la littérature autoréférentielle la forme qui lui convient le mieux : journal intime, confession, récit épistolaire. De tous ces messages tributaires du passé émerge, avec un relief saisissant, le journal d'« Olivia de la Haute Mer ». Journal posthume, envoyé du fond de l'océan par un fantôme devenu « pur esprit d'eau », il pare le fantastique des séductions d'une écriture inspirée, à la grâce incomparable. Le roman tout entier est traversé d'un grand souffle poétique transmis par l'haleine âcre du vent, les embruns d'une mer régénératrice et omniprésente, et les cris des fous de Bassan, dont les tournoiements incessants sont comme la métaphore d'une conscience collective tourmentée et prisonnière.

TEXTE N°68

Olivia de la Haute Mer

Il y a certainement quelqu'un qui m'a tuée. Puis s'en est allé. Sur la pointe des pieds.

Les haies d'églantines n'ont plus de parfum. Le jardin de Maureen est envahi par les mauvaises herbes, des roses blanches persistent contre la clôture, dégénérées et sans odeur. Les pommiers noirs et tordus sont tout à fait morts maintenant. Le jardin du pasteur sent l'ail et le poireau. La forêt se rapproche de plus en plus des maisons de bois, éparpillées, au milieu des champs en friche où foisonnent les épilobes. Ma senteur forte de fruit de mer pénètre partout. Je hante à loisir le village, quasi désert, aux fenêtres fermées. Transparente et fluide comme un souffle d'eau, sans chair ni âme, réduite au seul désir, je visite Griffin Creek, jour après jour, nuit après nuit. Dans des rafales de vent, des embruns légers, je passe entre les planches mal jointes des murs, les interstices des fenêtres vermoulues, je traverse l'air immobile des chambres comme un vent contraire et provoque des tourbillons imperceptibles dans les pièces fermées, les corridors glacés, les escaliers branlants, les galeries à moitié pourries, les jardins dévastés. J'ai beau siffler dans le trou des serrures, me glisser sous les lits sans couvertures ni matelas, souffler les poussières fines, faire bouffer le volant de cretonne fanée du cosy-corner dans le petit salon de ma cousine Maureen, me faufiler toute mouillée dans les songes de mon oncle Nicolas, emmêler les tresses blondes des petites servantes de mon oncle Nicolas : celui que je cherche n'est plus ici.

Ah ça ! l'horloge de la vie s'est arrêtée tout à l'heure, je ne suis plus au monde. Il est arrivé quelque chose à Griffin Creek. Le temps s'est définitivement arrêté le soir du 31 août 1936.

Dans le petit salon fermé qui sent la cave, l'heure immobile est affichée sur le cadran doré de l'horloge de ma cousine Maureen. Parmi l'abondance des napperons au crochet et les bibelots minuscules, l'écho de la demie de neuf heures persiste comme un songe dans l'air raréfié. Neuf heures trente. Je puis remonter le temps jusque-là, jusque-là seulement. À peine plus loin. Jusqu'à ce que... Mes os sont dissous dans la mer pareils au sel. Il est neuf heures trente du soir, le 31 août 1936.

Anne Hébert, *Les Fous de Bassan*,
Paris, Éd. du Seuil, 1982, pp. 199-200.

IV. Jacques Poulin, chantre de l'Amérique

Peintre de l'enfance dont la douceur se reflète dans la simplicité d'une écriture faussement naïve, Jacques Poulin[3] s'est fait connaître à l'aube des années 1970 (*Mon cheval pour un royaume,* 1967 ; *Jimmy,* 1969), mais c'est avec *Volkswagen blues* (1984) qu'il semble avoir atteint la pleine maîtrise de son art. Le titre étrange cache un roman chargé de symboles qui en font tout le prix et supplantent largement l'intérêt d'une anecdote réduite à l'extrême : l'écrivain québécois, Jack Waterman, à la recherche de son frère Théo, parcourt l'Amérique à bord d'un minibus Volkswagen, en compagnie de Pitsémine, une jeune métisse rencontrée par hasard. Le récit de leur odyssée rappelle à l'évidence le fameux roman de Jack Kerouac *On the road* * mais il n'en a pas moins une originalité incontestable qui témoigne d'une nouvelle approche, plus mûre et plus mesurée, du problème québécois. *Volkswagen blues* s'affirme, en effet, comme le roman de la réconciliation et de la réunion, puisque le passé et le présent, les racines européennes et le mode de vie américain y fusionnent en toute harmonie. Il est symptomatique que ce périple s'achève à San Francisco, cité mythique du cosmopolitisme et du multiculturalisme, alors qu'il avait débuté à Gaspé hanté par le souvenir de Jacques Cartier. Par ailleurs, si les autoroutes, les terrains de camping et les stations-service jalonnant la route des héros n'envahissent pas totalement l'espace romanesque, c'est que leur agressive présence est, fort heureusement, atténuée et corrigée par la présence tout aussi massive des musées (14), des bibliothèques ou des librairies (15) fréquentés par Jack et Pitsemine. De ce fait, la dimension spatiale se double d'une dimension temporelle, et la quête d'un Théo se dérobant sans cesse apparaît comme le simple épiphénomène d'une quête autrement plus ardue : la quête de racines personnelles, familiales et nationales. C'est dans cette optique qu'il faut replacer les multiples références qui émaillent le texte : les allusions à la conquête de l'Amérique ou à la découverte du Canada, les livres anglais ou français, les chansons anciennes ou contemporaines, tous ces substrats culturels qui sous-tendent le tissu romanesque ne sont pas de simples ornements ou d'ostentatoires brevets de culture. Ils participent à l'élaboration des personnalités et, à ce titre, expliquent le voyage plus encore qu'ils ne l'agrémentent.

On the road (1957) : roman de Jack Kerouac racontant la traversée des États-Unis. Ce récit a donné ses lettres de noblesse au mouvement beatnik.

V. Michel Tremblay ou la création d'une mythologie

Après s'être consacré pendant dix ans à l'écriture dramaturgique, Michel Tremblay[4] entreprend en 1978 une fresque populaire répondant à une double finalité : retracer la genèse et la jeunesse des personnages dont son théâtre avait décrit la maturité et, d'un même élan, faire revivre la « grande noirceur » plongée dans son marasme culturel et ses pesanteurs de tous ordres, mais riche déjà, de ses potentialités créatrices et de sa volonté de libération... *Les Chroniques du Plateau Mont-Royal* sont la relation d'une

3. Voir Notice *infra,* p. 301.
4. Voir Notice *infra,* p. 305.

latence prometteuse, la description d'un long hiver parcouru des signes avant-coureurs d'un printemps annoncé. Composées de cinq volumes s'échelonnant de 1978 à 1989 (*La grosse femme d'à côté est enceinte*, 1978 ; *Thérèse et Pierrette à l'école des Saints-Anges*, 1980 ; *La Duchesse et le Roturier*, 1982 ; *Des nouvelles d'Édouard*, 1984 ; *Le Premier Quartier de la lune*, 1989), *Les Chroniques* racontent la vie du petit peuple de Montréal de 1942 à 1952 et s'articulent autour de trois axes principaux. Nourrie des souvenirs d'enfance et de la mythologie familiale de l'auteur, la saga fourmille de notations suggestives : mœurs et caractères sont croqués sur le vif ; école, spectacles, loisirs, habitudes alimentaires sont retracés fidèlement et justifient ainsi le titre générique (le Plateau Mont-Royal est un quartier populaire de Montréal) et les dialogues savoureux écrits en « québécois » achèvent de donner à l'œuvre une indubitable authenticité.

Mais le réalisme est contrebalancé par le merveilleux émanant d'un monde parallèle qui n'est visible que des chats, des « fous » et du narrateur omniscient. À travers une trinité de tricoteuses – Rose, Violette et Mauve – dominées par leur mère Florence, dépositaire de la mémoire du passé, Michel Tremblay ne se contente pas de renouveler le mythe des Parques : il relie, par l'intermédiaire de ces témoins d'exception, le Québec urbain et moderne au vieux Québec rural et poétique, dont les tricoteuses semblent les dernières représentantes.

Enfin, *Les Chroniques* présentent sous une forme métaphorique une véritable herméneutique de la création incarnée par trois personnages, Marcel, Édouard et l'« enfant de la grosse femme », c'est-à-dire le narrateur lui-même. Marcel, l'être « différent » qui n'a que cinq ans au début de l'œuvre connaît une enfance comblée : la « maison d'à côté » remplie de merveilles qu'il est le seul à contempler, les « belles dames » qui l'habitent, ses initiatrices patientes et dévouées, son chat Duplessis, sorte de précepteur clownesque mettant à sa portée le savoir un peu hautain des « Parques », tout l'enchante et lui permet de supporter son inadaptation à la vie réelle. Mais, avec la fin de l'enfance, la magie se brise : le tome V révèle le désespoir de Marcel adolescent, alors que ses bienfaitrices l'abandonnent et que son chat lui-même ne communique plus avec lui… L'enfant visionnaire est devenu un schizophrène qui finira dans la violence.

Édouard, en revanche, est un véritable héros. Pauvre, inculte, obèse, homosexuel, il a su transcender toutes ses tares et se créer une vie conforme à ses aspirations. Par la seule vertu de son imaginaire, il a choisi son existence – nocturne et ludique –, son sexe – il vit en travesti –, son nom – aristocratique et littéraire – pour devenir aux yeux de tous « la duchesse de Langeais » qui régna sur la « Main » une bonne trentaine d'années. Toutefois, contrairement à Marcel, il reste maître de ses fantasmes, et, au moment de sa mort présentée dans le prologue proleptique du tome IV, il découvre que « dans sa tête quelqu'un qui s'appelait Édouard était toujours resté présent et que la duchesse n'avait été qu'un rôle de composition qu'il avait eu un fun noir à tenir pendant toutes ces années » *(Des nouvelles d'Édouard)*.

La désertion

Mais jamais, même dans ses fantasmes les plus fous, la flamme n'avait été dirigée vers la maison de Rose, Violette, Mauve et leur mère Florence. Parce qu'elle avait été son premier havre avant l'invention de la forêt enchantée. C'est là, dans ce premier refuge, qu'il avait puisé la force de créer le deuxième.

Il contempla cette demeure pour la dernière fois, le nez toujours enfoui dans ses mains et en se dandinant comme il aimait à le faire. C'était là qu'il avait été le plus heureux, son bonheur achevait, c'était là qu'il allait mettre le feu.

Il savait qu'elles ne lui feraient plus l'affront de barrer la porte. Il la poussa donc d'une main, laissant sur la vitre sa première trace de soufre.

Des valises, des caisses, des boîtes de cartons étaient empilées dans le corridor. Les meubles du salon étaient couverts de housses. Le piano avait été déplacé et, pour la première fois, le couvercle du clavier était fermé. La clef en avait même été retirée pour bien signifier que tout ça, la musique autant que le reste, était bien terminé. Plus de cadres aux murs, que des rectangles pâles qui dévoilaient les vraies couleurs du papier peint. Ça sentait la poussière remuée, les vieilles choses dérangées dans des coins oubliés, la moisissure des tissus restés trop longtemps pliés au fond des armoires, la boule à mites qui avait peut-être sauvé quelque capot de chat hérité d'un autre âge.

Michel Tremblay, *Le Premier Quartier de la lune,* Montréal, Leméac, 1989, p. 265.

L'imposture salutaire d'Édouard trouve un écho troublant dans la démarche de celui qui n'est désigné que d'une périphrase «l'enfant de la grosse femme». Ce dernier encore à l'état fœtal dans les deux premiers livres ne se révèle véritablement que dans *Le Premier Quartier de la lune.* Jaloux de son cousin, exclu d'un univers fantasmatique dont il se sent indigne, il va pallier ses carences en pillant l'imaginaire de Marcel et se résout à édifier sa future œuvre littéraire sur le mensonge: «Cette histoire aurait pour héros un petit garçon et un chat dans une forêt enchantée et on croirait parce que désormais il savait bien mentir, que ce petit garçon était lui-même» *(Le Premier Quartier de la lune).* Ainsi, soucieuse de démythifier la création en rappelant que l'écrivain est avant tout un artisan dont les outils et le savoir-faire conditionnent la réussite, Michel Tremblay dénonce l'illusion qui aurait pu aveugler un lecteur naïf, et revendique comme fondements de l'œuvre littéraire l'artifice et le faux-semblant.

VI. Yves Beauchemin, romancier populaire de la modernité

C'est en 1981, qu'Yves Beauchemin* publie *Le Matou* et accède ainsi à une véritable renommée internationale. Descendant en droite ligne des romans populaires du XIXe siècle, l'œuvre foisonne de personnages, d'intrigues et d'anecdotes propres à démontrer que l'imaginaire de Montréal à la fin du XXe siècle – l'action romanesque débute en 1974 et dure environ deux ans – ne le cède en rien aux sortilèges enfantés par Paris un siècle plus tôt. Cette geste des ruelles où le manichéisme est de rigueur, la typologie sommaire et le stéréotype fréquent, ne saurait pourtant se réduire à ces caractéristiques. *Le Matou* se révèle, en effet, un roman d'apprentissage. Son héros Florent, décrit dès la première page comme «un jeune homme

Yves Beauchemin (né en 1941)

Né à Noranda (Québec) il commence une carrière d'enseignant avant d'être journaliste. Son premier roman *L'Enfirouapé* (1974) est suivi de deux «bestsellers» mondiaux: *Le Matou* (1981) et *Juliette Pomerleau* (1989). En 1996, il publie *Le Second Violon.*

de 26 ans », devra au prix de maintes épreuves – dont la plus cruelle est sans conteste la mort d'un enfant adoptif, le petit Émile – conquérir, avec son statut d'adulte, le droit à la paternité... La naissance de Florence signera sa victoire, une victoire d'autant plus méritoire qu'il a pour adversaire-tortionnaire un inquiétant vieillard au nom bien étrange de Ratablavasky... Celui-ci ne semble-t-il pas posséder, outre l'omniscience et l'omnipotence qu'on ne saurait lui dénier, le don d'ubiquité et d'immortalité ? C'est ce que tendrait à prouver l'épilogue du roman.

Avatar du diable, Ratablavasky imprime au récit des allures fantastiques, mais l'odeur nauséabonde qui émane de ses pieds – aurait-il des pieds fourchus ? – trahit à son tour en tant que détail grotesque, les intentions ludiques et parodiques du narrateur. À force de jouer avec l'imaginaire collectif, de subvertir à des fins malicieuses, les images et les fantasmes les plus éculés, *Le Matou* donne ses lettres de noblesse au cliché et capte la complicité du lecteur, séduit par tant d'espièglerie.

Avec *Juliette Pomerleau* publié en 1989, Yves Beauchemin reprend avec bonheur les mêmes procédés : un réalisme minutieux allié à un fantastique si discret qu'il s'avoue à peine comme tel – en l'occurrence le pouvoir thérapeutique de la musique qui sauve l'héroïne éponyme d'une cirrhose irréversible – et, surtout, une volonté ludique sensible dans les nombreuses parodies qui jalonnent le texte. Par ailleurs, en dépit des fausses pistes, intrigues secondaires et autres facéties d'un récit en trompe-l'œil, l'intrigue principale relève, elle aussi, du genre initiatique pris dans sa plus large acception. En effet, malgré son âge respectable – elle a plus de cinquante ans – l'héroïne, Juliette, accède à une véritable renaissance au prix d'une « passion » dont les étapes se succèdent sans merci et à la faveur d'une double quête : elle doit retrouver en même temps

---

TEXTE N°70

Épilogue : un bonheur apparent

L'hiver est revenu. Il est une heure du matin. Dans l'immeuble où demeurent Élise et Florent règne une pénombre solennelle, pleine de craquements et de zones noires où l'on avance que les mains tendues. Seul le vieux hall rococo, vide et silencieux, jette dans la rue une vague lueur qui donne à la neige une couleur cireuse. Le vent soulève des nuages de neige qui font grimacer un passant morfondu, égaré dans le quartier. Un camion-remorque lourdement chargé peine dans une côte quelque part. Le bruit du moteur poussé à bout ressemble à un hurlement, comme si ses entrailles brûlantes étaient sur le point d'éclater. Couchée au pied du lit de la petite Florence, Vertu ouvre l'œil, tourne la tête d'un air inquiet, puis repose son museau entre ses pattes avec un bref soupir. La nuit est devenue pour elle une chose pénible, compliquée, qu'elle ne réussit à traverser qu'à force de patience.

Dans la chambre d'Élise et de Florent, profondément endormis, Déjeuner veille sur le rebord de la fenêtre, le regard perdu au loin. À voir son œil vert finement strié d'or, où luit une pupille d'un noir insondable, on croirait que sa mémoire continue de le faire souffrir.

Yves Beauchemin, *Le Matou*, Montréal, Éd. Québec/Amérique, 1981, pp. 582-583.

qu'Adèle sa nièce «perdue» (dans les deux sens du terme) la belle demeure de son enfance dont elle a été spoliée. Son triomphe sera complet. Elle obtiendra tout ce que la vie lui avait refusé : l'amour, la maternité (Denis, le neveu qu'elle élevait, la choisit pour mère aux dépens d'Adèle, la mère naturelle) ; en bref, le bonheur.

Le dénouement classique ne doit point cacher la modernité de ce roman populaire : certes, il est tributaire des stéréotypes ; certes, il propose une vision du monde simpliste. Mais il rachète ces faiblesses parce qu'il en est conscient. Et qui plus est, il les dénonce avec une insolente désinvolture. Comme *Le Matou*, *Juliette Pomerleau* se plaît à jouer avec le lecteur devenu un confident et un partenaire à part entière.

En restaurant le plaisir de la lecture, les romanciers actuels se libèrent progressivement des contraintes subies par leurs aînés. La thématique, il est vrai, reste globalement identique : la prégnance du passé, la quête identitaire, la mise en scène de la création rappellent avec insistance les motifs récurrents des décennies précédentes. Mais à défaut de révolution, une véritable évolution se dessine, sensible dans une structure plus rigoureuse, la réhabilitation de l'histoire «bien ficelée» et la volonté de conférer aux personnages une stature de héros. Même le cliché ne s'avoue plus pour tel : il acquiert une légitimité en instaurant entre narrateur et lecteur un lien de connivence fondée sur le clin d'œil, la parodie ou l'allusion qui deviennent des éléments fondamentaux de la dynamique romanesque. Enfin, la juxtaposition d'un réalisme pointilleux et d'un «étrange» qui décline toutes les nuances de l'irrationnel – de l'insolite au merveilleux – favorise la réconciliation des deux facettes antithétiques d'un genre qui est à la fois miroir du monde et ouverture sur un autre monde.

Quelques références

Jacques ALLARD, *Traverses. De la critique littéraire au Québec*, Montréal, Boréal, 1991.

André BELLEAU, *La Romancier fictif. Essai sur la représentation de l'écrivain dans le roman québécois*, Sillery, Les Presses de l'Université du Québec, 1980.

Maurice ÉMOND (sous la dir. de), *Les Voies du fantastique québécois*, Québec, Nuit blanche éditeur, 1990.

Pierre NEPVEU, *L'Écologie du réel. Mort et naissance de la littérature québécoise contemporaine. Essais*, Montréal, Boréal, 1988.

Lucille ROY, *Entre la lumière et l'ombre. L'univers poétique d'Anne Hébert*, Sherbrooke, Naaman, 1984.

Agnès WHITFIELD, *Le Je(u) illocutoire. Forme et contestation dans le nouveau roman québécois*, Québec, Les Presses de l'université Laval, 1987.

Chapitre 6

La poésie

Et nous nous demeurons pareils à nous-mêmes
rauques comme la rengaine de nos misères.

Jacques Brault, « Suite fraternelle », *Mémoire*, 1965.

De tous les genres littéraires, le genre poétique fut sans conteste le plus cultivé au Québec, comme s'il était inhérent au génie d'un peuple qui a fait de la parole son attribut le plus spécifique. La langue souple et merveilleusement imagée suscite les variations dont se nourrit la poésie. Et ce n'est sans doute pas un hasard si Félix Leclerc, Gilles Vigneault ou Robert Charlebois furent les hérauts du printemps québécois et célébrèrent dans leurs chansons la renaissance d'un pays que l'on croyait perdu dans les limbes du passé... À lire une anthologie (comme *La Poésie québécoise* de Laurent Mailhot et Pierre Nepveu, 1980), l'on se dit qu'au Québec tout le monde est poète. Historiens, romanciers, dramaturges, critiques ou essayistes, chacun se crut un jour ou l'autre un enfant d'Euterpe. Curieusement, cette pluralité de voix s'assortit d'une grande unité thématique, illustrant dans une commune élégie, la tristesse ontologique et la dénonciation historique. Toutefois, au gré du temps et des modes, la tonalité changea. Aussi peut-on – avec toutes les réserves qu'une classification suppose – donner une synthèse de l'évolution du genre en le réduisant à trois grands mouvements qui permettront de distinguer une poésie de l'exil, une poésie de pays, une poésie de la parole.

I. Poètes en exil

Les grands aînés, qui, après Crémazie, signèrent les textes fondateurs de la poésie canadienne-française furent doublement exilés : exilés d'un espace dysphorique dont ils se détournent pour chercher dans un « ailleurs » modèles et raisons de vivre ; exilés d'eux-mêmes surtout, quand leur vie, leur être, leur raison parfois leur échappent.

1. Émile Nelligan, le poète assassiné

Nul mieux que Nelligan[1] ne pouvait dire l'exil. Cet adolescent de génie dont le visage rimbaldien est le plus célèbre de toute la littérature québécoise (voir encadré page suivante) connut une vie

1. Voir Notice *infra*, p. 300.

tragique et romanesque ; cela explique la charge affective que son nom porte aujourd'hui encore. Après des débuts fulgurants – il compose avant sa vingtième année la totalité de son œuvre – il sombre dans la folie, errant d'institut en institut pendant une quarantaine d'années. Au-delà du mythe personnel, l'œuvre d'Émile Nelligan s'impose par ses qualités propres. On ne saurait nier les influences : certains poèmes d'inspiration parnassienne se nourrissent de mots sonores et d'images glacées, tel «Châteaux en Espagne» tandis que «Devant le feu», sonnet baudelairien, pleure l'enfance perdue et que «Rêve d'artiste» rappelle d'une manière troublante «Mon rêve familier» de Verlaine.

Toutefois, Nelligan sait trouver des accents personnels, et les sanglots de «Soir d'hiver» englobent dans une même désolation le paysage fantomatique et l'aridité intérieure du poète (voir texte n°71). L'imagerie qui juxtapose des visions paradisiaques, d'anges des cieux et d'innocence, avec des notions macabres (cercueil-deuil-larmes) a moins d'importance aujourd'hui que la musicalité d'une œuvre qui semble emprunter à Chopin ses sonorités les plus fluides, comme en témoigne «Sérénade Triste» (voir texte n°72). L'enfant qui n'a pas su vieillir reste un des rares écrivains «intouchables» au Québec ; même l'insolent Réjean Ducharme se fait tendre pour lui : «J'éprouve pour Émile Nelligan une grande affection fraternelle», disait-il en août 1967 (*Études françaises*) alors que Michel Tremblay lui consacre en 1990 un opéra, *Nelligan*.

2. Saint-Denys Garneau « *dépossédé du monde* »

La célèbre formule sur laquelle s'ouvre *Le Torrent* (1950) d'Anne Hébert, «J'étais un enfant dépossédé du monde», semble répercuter, comme un écho tardif, le sentiment global de dépossession qui traverse l'œuvre de son cousin :

Je marche à côté d'une joie
D'une joie qui n'est pas à moi
«Accompagnement».

Un jeune dieu

Une vraie physionnomie d'esthète, une tête d'Apollon au ciseau dans le marbre. Des yeux très noirs, très intelligents, où rutilait l'enthousiasme : et des cheveux, oh ! des cheveux à faire rêver, dressant superbement leur broussaille d'ébène, capricieuse et massive avec des airs de crinière et d'auréole. Et pour le dire en passant, c'était déjà une singularité que cette chevelure, à notre époque où la génération des poètes chauves remplace partout la race éteinte des poètes chevelus. Nelligan, lui, se rattachait nettement, par ce côté du moins, aux romantiques de vieille souche et sur le seul visa de sa tête, on l'eût admis d'emblée, en 1830, parmi les cla- *queurs d'Hernani. Dans l'attitude, une fierté d'où la pose n'était pas absente, cambrait droit le torse élégant, solennisait le mouvement et le geste, donnait au front des rehaussements inspirés et à l'œil des éclats apocalyptiques, à moins que se retrouvant simplement lui-même, le jeune dieu ne redevînt le bon enfant, un peu timide, un peu négligé dans sa tenue, un peu gauche et embarrassé de ses quatre membres.*

Portrait d'Émile Nelligan par son ami Louis Dantin, cité par Paul Wyczynski in *Dictionnaire des œuvres littéraires du Québec II* (sous la dir. de Maurice Lemire), Montréal, Fides, 1980, pp. 408-409.

SOIR D'HIVER

Ah ! comme la neige a neigé !
Ma vitre est un jardin de givre.
Ah ! comme la neige a neigé !
Qu'est-ce que le spasme de vivre
À la douleur que j'ai, que j'ai !

Tous les étangs gisent gelés,
Mon âme est noire : Où vis-je ? où vais-je ?
Tous ses espoirs gisent gelés :
Je suis la nouvelle Norvège
D'où les blonds ciels s'en sont allés.

Pleurez, oiseaux de février,
Au sinistre frisson des choses,
Pleurez, oiseaux de février,
Pleurez mes pleurs, pleurez mes roses,
Aux branches du genévrier.

Ah ! comme la neige a neigé !
Ma vitre est un jardin de givre.
Ah ! comme la neige a neigé !
Qu'est-ce que le spasme de vivre
À tout l'ennui que j'ai, que j'ai !…

Émile Nelligan, « Soir d'hiver », cité dans *La Poésie
québécoise des origines à nos jours* de L. Mailhot et
P. Nepveu, Montréal, PUQ/L'Hexagone, 1980, p. 165.

SÉRÉNADE TRISTE

Comme des larmes d'or qui de mon cœur s'égouttent,
Feuilles de mes bonheurs, vous tombez toutes, toutes.

Vous tombez au jardin de rêve où je m'en vais,
Où je vais, les cheveux au vent des jours mauvais.

Vous tombez de l'intime arbre blanc, abattues,
Ça et là, n'importe où, dans l'allée aux statues.

Couleur des jours anciens, de mes robes d'enfant,
Quand les grands vents d'automne ont sonné l'olifant.

Et vous tombez toujours, mêlant vos agonies,
Vous tombez, mariant, pâles, vos harmonies.

Vous avez chu dans l'aube au sillon des chemins ;
Vous pleurez de mes yeux, vous tombez de mes mains.

Comme des larmes d'or qui de mon cœur s'égouttent,
Dans mes vingt ans déserts vous tombez toutes, toutes.

Émile Nelligan, « Sérénade triste », *ibid.*, p. 169.

Hector de Saint-Denys Garneau fut lui aussi un poète maudit. On fit de lui le martyr de la « grande noirceur », l'emblème d'un pays menacé par le silence. En effet, après avoir publié un court recueil d'une grande originalité *Regards et jeux dans l'espace* (1937), il ne confirma pas les espérances qu'il avait suscitées : sa retraite, sa névrose et sa mort subite en pleine jeunesse (1943) furent ressenties comme autant de signes d'impuissance à vivre et à créer. La publication à titre posthume de ses *Poésies complètes* (1949) et surtout de son *Journal* (1954 – voir texte n°73) infirma, certes, le mythe du poète silencieux. Mais les difficultés existentielles et les troubles névrotiques n'en apparurent qu'avec plus d'intensité :

> Mes regards malades [...] partout confrontés avec mon vide, mon mensonge, mon impuissance, ma bassesse, mon néant, ma complète pauvreté.

Moins tragique, son premier recueil est cependant marqué par une vision dualiste du monde qui fait de l'âme et du corps deux entités irréconciliables :

> Je suis une cage d'oiseau
> Une cage d'os
> Avec un oiseau
> > «Cage d'oiseau».

Alain Grandbois
(1900-1975)

Né dans une famille aisée, il fit des études de droit avant d'entreprendre de longs voyages à travers le monde de 1918 à 1938. Revenu avec la guerre au Québec, il se fixe à Montréal où il travaille comme bibliographe à la Bibliothèque Saint-Sulpice. Mais surtout, il continue une œuvre poétique importante commencée dès 1934 à Hankéou (Chine). Lauréat de nombreux prix littéraires, il connut la gloire avant de s'éteindre en 1975. Auteur de récits (*Né à Québec*, 1933 ; *Les Voyages de Marco Polo*, 1941), il composa un recueil de nouvelles (*Avant le chaos*, 1945) et surtout d'importants recueils poétiques : *Les Îles de la nuit* (1944) ; *Rivages de l'homme* (1948) ; *L'Étoile pourpre* (1957).

La poésie de Saint-Denys Garneau s'accorde de furtives haltes, sous les ormes tranquilles (voir texte n°74), mais le plus souvent elle s'égare, fiévreuse, elliptique, étrange... L'harmonie même lui semble suspecte, et le recours au vers libre est comme un défi lancé à la tradition et à la musicalité (voir texte n°75).

3. Alain Grandbois chantre de la mer, chantre de la mort

Trop curieux du monde pour connaître l'exil existentiel d'un Nelligan ou d'un Saint-Denys Garneau, Alain Grandbois* connut l'exil spatial et fit du voyage et de ses images la source même de sa création poétique. Il célèbre les «navires de hauts-bords», «le mur obscur de la mer» ou encore le «pur dur diamant de la source» en usant d'un verbe altier qui joue en virtuose des ressources de la rhétorique. Sa poésie volontiers incantatoire :

> Ô toi, pareille à un rêve déjà perdu, ô toi pareille à une fiancée déjà morte.
> > *Les Îles de la nuit.*

se plaît à l'anaphore mais surtout à l'oxymore qui révèle l'envers des choses, la relativité de toute notion humaine, des «dieux noyés» à «l'argile du marbre» ou à «la poussière du bronze». En effet, en

---

TEXTE N°73

VENDREDI, 26 AOÛT 1932

Écris. Ne permets pas qu'un moment de toi retourne au néant dont il semble venir. Quand une pensée ou un sentiment ou une impression traverse ton âme et que cela semble une partie de toi-même, une parcelle de ta vie, retiens-la, exprime-la autant que tu peux, donne-lui la forme la plus belle, si tu peux très belle. Et qu'au moins, de toi qui passe il demeure ces mots, cette beauté formelle, ou toutefois ce désir de créer de la beauté. Pourquoi ? Je ne sais. Car tout est perdu, et il ne restera que ce papier qui sera détruit et que nul ne verra. Et moi-même qui le reverrai peut-être, je ne m'y reconnaîtrai qu'à peine et il ne me sera plus guère d'intérêt, n'étant plus que du passé dépassé ou écarté en route ! Pourquoi donc ? Pour la satisfaction d'avoir tiré de la mort, mais encore voué à une autre mort, car la mort prend tout, cette parcelle de ma vie ? Pour avoir la fierté d'avoir toujours tâché, et de chaque chose de mon âme, à faire du plus beau qu'il n'est, de quelque chose de flottant et qui coule, un instant fini et stable, de l'art ? De la beauté ?

Hector de Saint-Denys Garneau, *Journal*,
édité par J. Brault et B. Lacroix,
Les Presses Universitaires de Montréal, 1971.

dépit des jeux de sonorités et des visions somptueuses, la poésie d'Alain Grandbois a pour vocation principale de chanter le perdu, le dilapidé, l'oublié, comme si elle n'avait d'autre aboutissement que la mort (voir texte n°76).

TEXTE N°74

LES ORMES

Dans les champs
Calmes parasols
Sveltes, dans une tranquille élégance
Les ormes sont seuls ou par petites familles.
Les ormes calmes font de l'ombre
Pour les vaches et les chevaux
Qui les entourent à midi.

Ils ne parlent pas
Je ne les ai pas entendus chanter
Ils sont simples
Ils font de l'ombre légère
Bonnement
Pour les bêtes.

Hector de Saint-Denys Garneau, Regards et jeux dans l'espace,
Montréal, Éd. du Boréal, 1993, p. 252.

TEXTE N°75

FACTION

On a décidé de faire la nuit
Pour une petite étoile problématique
A-t-on le droit de faire la nuit
Nuit sur le monde et sur notre cœur

Pour une étincelle
Luira-t-elle
Dans le ciel immense désert

On a décidé de faire la nuit
pour sa part
De lâcher la nuit sur la terre
Quand on sait ce que c'est
Quelle bête c'est
Quand on a connu quel désert
Elle fait à nos yeux sur son passage

On a décidé de lâcher la nuit sur la terre
Quand on sait ce que c'est
Et de prendre sa faction solitaire
Pour une étoile
            encore qui n'est pas sûre
Qui sera peut-être une étoile filante
Ou bien le faux éclair d'une illusion
Dans la caverne que creusent en nous
Nos avides prunelles.

Ibid., pp. 252-253.

FERMONS L'ARMOIRE...

Fermons l'armoire aux sortilèges
Il est trop tard pour tous les jeux
Mes mains ne sont plus libres
Et ne peuvent plus viser droit au cœur
Le monde que j'avais créé
Possédait sa propre clarté
Mais de ce soleil
Mes yeux sont aveuglés
Mon univers sera englouti avec moi
Je m'enfoncerai dans les cavernes profondes
La nuit m'habitera et ses pièges tragiques
Les voix d'à côté ne me parviendront plus
Je posséderai la surdité du minéral
Tout sera glacé
Et même mon doute

Je sais qu'il est trop tard
Déjà la colline engloutit le jour
Déjà je marque l'heure de mon fantôme
Mais ces crépuscules dorés je les vois encore se penchant
 sur des douceurs de lilas
Je vois ces adorables voiles nocturnes trouées d'étoiles
Je vois ces rivages aux rives inviolées
J'ai trop aimé le regard extraordinairement fixe de l'amour
 pour ne pas regretter l'amour
J'ai trop paré mes femmes d'auréoles sans rivales
J'ai trop cultivé de trop miraculeux jardins

Alain Grandbois, *Les Îles de la nuit* [1944], Montréal, Fides, 1972.

4. Rina Lasnier, une poésie « étrangère »

Rina Lasnier (née en 1915)
Elle est l'auteur
d'une œuvre poétique
abondante qu'elle édifia
à l'écart des groupes et
des modes. Après *Le Chant
de la Montée* (1947)
d'inspiration biblique,
elle publie des recueils plus
originaux : *Escales* (1950),
Présence de l'absence
(1956), *Mémoire sans jour*
(1960), *Les Gisants* (1963),
L'Arbre blanc (1966),
La Salle des rêves (1971),
Matin d'oiseaux (1978).

Intemporelle, déracinée, la poésie de Rina Lasnier* se plaît aux associations insolites (*Présence de l'absence,* 1956), aux mots rares, aux images déconcertantes. Élitiste, voire hautaine, et qu'un certain hermétisme préserve des lecteurs inattentifs, elle s'attache à l'évocation de civilisations archaïques (« Le vase étrusque ») ou de paysages exotiques (« Le palmier », « Le figuier maudit »). Pourquoi traitant des thèmes essentiels – quête de l'amour, mystère de la création poétique –, cette œuvre nous laisse-t-elle, aujourd'hui, une telle impression de gratuité ? Sans doute parce que dans son désir d'étonner et d'innover, elle a oublié que le poète dit aussi les choses de la vie et que la séduction passe souvent par la simplicité.

5. Anne Hébert, une parole « rare »

Cousine de Saint-Denys Garneau, initiée très tôt à la littérature par son père, Anne Hébert se fit connaître comme poète avant d'être une grande romancière. Après un premier recueil écrit à vingt-six ans (*Les Songes en équilibre*, 1942), elle donne la pleine mesure de son talent avec *Le Tombeau des rois* (1953) et *Mystère de la parole* (1960). De son enfance à Sainte-Catherine de Fossambault, elle a gardé des références évocatrices du bonheur : la source, le jardin, l'oiseau. Elle subvertit cependant ces images riantes qui deviennent, sous sa plume sèche et précise, mortifères et sinistres. La fontaine se transforme en «eau inconnue» («Éveil au seuil d'une fontaine») et le jardin reçoit en guise de graines, des doigts coupés :

Nous avons eu cette idée
De planter nos mains au jardin

La pureté d'un verbe réduit à l'essentiel, et le rythme saccadé propre à traduire l'errance sont particulièrement aptes à dire la nudité, la sécheresse, la non-vie ; l'os et la glace figent le texte dans un attente infinie :

Je suis une fille maigre
Et j'ai de beaux os.

Dans le poème qui donne son nom au recueil *Le Tombeau des rois,* la descente aux enfers précipite le poète dans un labyrinthe, à la rencontre de «l'immobile désir des gisants», avec pour seul viatique un cœur-oiseau aux «prunelles crevées» :

J'ai mon cœur au poing
Comme un faucon aveugle.

Toutefois le dernier recueil d'Anne Hébert qui coïncida avec la Révolution tranquille, se révèle plus ample, plus charnel au point de sceller sa réconciliation avec un univers dont elle célèbre dans ses versets les noces et les «âges brouillés» (voir texte n°77).

TEXTE N°77

JE SUIS LA TERRE ET L'EAU

Je suis la terre et l'eau, tu ne me passeras pas à gué, mon ami, mon ami

Je suis le puits et la soif, tu ne me traverseras pas sans péril, mon ami, mon ami

Midi est fait pour crever sur la mer, soleil étale, parole fondue, tu étais si clair, mon ami, mon ami

Tu ne me quitteras pas essuyant l'ombre sur ta face comme un vent fugace, mon ami, mon ami

Le malheur et l'espérance sous mon toit brûlent, durement noués, apprends ces vieilles noces étranges, mon ami, mon ami

Tu fuis les présages et presses le chiffre pur à même tes mains ouvertes, mon ami, mon ami

Tu parles à haute et intelligible voix, je ne sais quel écho sourd traîne derrière toi, entends, entends mes veines noires qui chantent dans la nuit, mon ami, mon ami

Je suis sans nom ni visage certain ; lieu d'accueil et chambre d'ombre, piste de songe et lieu d'origine, mon ami, mon ami

Ah quelle saison d'âcres feuilles rousses m'a donnée Dieu pour t'y coucher, mon ami, mon ami

Un grand cheval noir court sur les grèves, j'entends son pas sous la terre, son sabot frappe la source de mon sang à la fine jointure de la mort

Ah quel automne ! Qui donc m'a prise parmi des cheminements de fougères souterraines, confondue à l'odeur du bois mouillé, mon ami, mon ami

Parmi les âges brouillés, naissances et morts, toutes mémoires, couleurs rompues, reçois le cœur obscur de la terre, toute la nuit entre tes mains livrée et donnée, mon ami, mon ami

Il a suffi d'un seul matin pour que mon visage fleurisse, reconnais ta propre grande ténèbre visitée, tout le mystère lié entre tes mains claires, mon amour.

Anne Hébert, *Mystère de la parole,*
in *Poèmes,* Paris, Éd. du Seuil, 1960.

II. Entre la révolte et l'espoir, les poètes du pays

Un jeu d'adverbes pourrait rendre compte de la métamorphose que connut la poésie à partir des années cinquante : les grands devanciers s'étaient résolus à rester « à côté », leurs héritiers qui s'affirmèrent d'abord par le « contre » acceptèrent enfin d'investir un pays dont ils cernaient « hic et nunc » les contours. Ainsi, le poème mûrit, comme mûrissent les hommes. Au « non » brutal de l'adolescence en révolte succéda bientôt une attitude plus nuancée, faite de refus et d'acquiescements, de fierté et de honte.

1. Claude Gauvreau, un « refus global »

Engagé très jeune dans le mouvement surréaliste, Claude Gauvreau* fit partie du groupe des automatistes qui signèrent en 1948 *Refus global**. Influencée par Tzara et Michaux, sa poésie violente, agressive, utilise l'absurde comme un défi lancé au bon sens et au bon goût. Ce débordement verbal tourne parfois à la glossolalie : « garagognialullululululullululululu » (« Jappements à la lune »).

Mais, malgré ses outrances l'œuvre de Gauvreau, historiquement très pertinente, signifie la rupture. L'ordre ancien, violenté dans ses valeurs les plus sacrées, ne sortira pas indemne de son combat contre l'ange déchu qui proclamait :

> Je veux vivre, je veux détruire le coliséum
>> « Le vampire et la nymphomane », in *Œuvres créatrices complètes*,
>> Montréal, Parti pris, 1977.

2. Gilles Hénault, le paladin

Âpre dans la dénonciation, corrosive dans la formulation, la poésie de Gilles Hénault* s'indigne, véhémente, de l'aliénation dont le peuple québécois fut l'objet tout en fustigeant le cléricalisme et l'obscurantisme subséquent :

> Peuple de la semaine des trois jeudis maigres
> Et des vendredis-saints
> Peuple moutonnant
> Peuple adorateur de chasubles
>> *Signaux pour les voyants*, « Bordeaux-sur-Bagne ».

Cet ancien militant syndical a pour tous les opprimés un regard fraternel et sa poésie humaine et généreuse se fait l'interprète de sa colère. Ainsi, il salue les Indiens, peu souvent évoqués au Québec :

> Peaux-Rouges
> Peuplades disparues
> Dans la conflagration de l'eau de feu et des tuberculoses
> Je te salue.   *Totems*

Mais il reste, avant tout, poète et épanche dans *Sémaphores* un lyrisme s'épanouissant en de vastes strophes dont les allitérations et les assonances intensifient la densité et le caractère suggestif :

> Le silence darde sa lance au cœur du paysage soudain
> Cinglé de souffles véhéments et la tempête monte comme
> Une écume de légende pour ternir les bagues de la nuit

Claude Gauvreau (1925-1971)

Né à Montréal, pourfendeur de l'art classique, il appartint au groupe des automatistes et signa le manifeste de *Refus global* en 1948. Le suicide de sa compagne, la comédienne Muriel Guilbeault, fut une tragédie dont il ne se remit jamais. Après de nombreux séjours en hôpital psychiatrique il se suicida en 1971. Son œuvre excessive, violente comprend des poèmes *Sur fil métamorphose* (1956) et *Brochuges* (1957) et des textes dramatiques *La Charge de l'orignal épormyable* (1970) et surtout *Les oranges sont vertes* (1971) qui lui valut un triomphe posthume. Ses *Œuvres créatrices complètes* paraissent en 1977.

Refus global : le peintre Paul-Émile Borduas, né en 1905 fit paraître le 9 août 1948 le manifeste *Refus global* signé par dix-huit autres signataires, essentiellement des peintres. Ce manifeste lui coûta son poste de professeur à l'École du Meuble et il s'exila à New York puis à Paris où il mourut en 1960.

Gilles Hénault (né en 1920)

Né dans un milieu ouvrier, autodidacte, il occupa diverses fonctions importantes. Son œuvre où se mêle la révolte et l'amour du pays apparaît comme une des œuvres fondatrices de la poésie moderne. Après *Totems* (1953), *Sémaphores* et *Voyage au pays de la mémoire* (1962), l'ensemble de son œuvre est regroupé dans *Signaux pour les voyants* (1972).

3. Roland Giguère : après le silence, « l'âge de la parole »

Amour délice et orgue
Pieds nus dans un jardin d'hélices
Forêt vierge folle

Héritier des surréalistes dont il a gardé le goût des jeux verbaux, Roland Giguère* projette dans ses poèmes un imaginaire dont la richesse séduit le lecteur sans le déconcerter. Il chante les choses de la vie, « le chemin le plus tortueux », « un long ruban de velours déchiré », mais il sait aussi dire l'envers des choses et transfigurer le réel par la seule magie de sa voyance :

Et l'épée au centre de la table d'émeraude partagera le sang de la terre
L'Âge de la parole

Tout en criant sa révolte contre une histoire mutilante (« ceux qui nous regardent ne sont pas d'ici »), Roland Giguère ne s'enlise pas dans un désespoir stérile. S'il dénonce, c'est pour mieux décliner toutes les nuances d'un futur espéré (« Au futur »), quand le Québécois aura enfin accès à « l'âge de la parole ». Ces lendemains qui chantent, il les offre en stances fraternelles, fort de la certitude que « la main du bourreau finit toujours par pourrir ».

**Roland Giguère
(né en 1929)**

Né à Montréal, il fit des études à l'Institut des Arts graphiques. Peintre, éditeur, poète, héritier du surréalisme (il fit de longs séjours en France), il publia très tôt mais avec peu d'audience jusqu'à ce que ses poèmes soient édités sous le titre emblématique de *L'Âge de la parole* (1965). *La Main au feu*, recueil édité en 1973 et *Forêt vierge folle* (1978) confirment l'originalité de sa voix.

TEXTE N°78

LA MAIN DU BOURREAU FINIT TOUJOURS PAR POURRIR

Grande main qui pèse sur nous
grande main qui nous aplatit contre terre
grande main qui nous brise les ailes
grande main de plomb chaud
grande main de fer rouge

grands ongles qui nous scient les os
grands ongles qui nous ouvrent les yeux
    comme des huîtres
grands ongles qui nous cousent les lèvres
grands ongles d'étain rouillé
grands ongles d'émail brûlé

mais viendront les panaris
panaris
panaris

la grande main qui nous cloue au sol
finira par pourrir
les jointures éclateront comme des verres de cristal
les ongles tomberont

la grande main pourrira
et nous pourrons nous lever pour aller ailleurs.

Roland Giguère, *L'Âge de la parole* [1965],
Montréal, Éditions TYPO, 1991, p. 25.

Paul Chamberland
(né en 1939)

Né à Longueil, il fit des
études de philosophie et
participa à la revue
Parti-Pris. Très actif dans
l'édition, le journalisme,
l'enseignement, il est de
tous les combats et de toutes
les innovations. Son œuvre
poétique eut un grand
retentissement : après
Genèses (1962), *Terre-
Québec* (1964) le révèle
au public. Avec *L'afficheur
hurle* (1964), il poursuit
dans la même voie ; ses
derniers recueils sont plus
déconcertants : *Éclats de
la pierre noire d'où rejaillit
ma vie* (1971), *Demain
les dieux naîtront* (1974),
Le Prince de Sexamour
(1976).

Jacques Brault (né en 1933)

Né à Montréal, il devint
professeur à l'Université
de Montréal. Son recueil
Mémoire (1965) le place
d'emblée comme un poète
de premier plan et sera suivi
d'autres recueils : *La poésie
ce matin* (1971), *L'En
dessous, l'admirable* (1975),
Poèmes des quatre côtés
(1975). Il a publié aussi des
essais (*Chemin faisant*, 1975),
des textes dramatiques (*Trois
partitions*, 1972 et *Nouvelles*,
1963 – en collaboration avec
A. Major et A. Brochu).

4. Paul Chamberland, chantre de l'aliénation

Co-fondateur du groupe *Parti pris*, Paul Chamberland* a fait de
ses poèmes un prolongement des débats idéologiques qui passionnaient le groupe : *Terre-Québec* et *L'afficheur hurle* (1964) disent les
pesanteurs historiques, religieuses (« tout un pays livré aux inquisi-
teurs »), et clament leur refus de l'aliénation (« les hommes d'ici
devisent posément de choses étrangères »). Si les thèmes traités sont
dans l'air du temps, Paul Chamberland est original par la ferveur de
ses mises en garde et la hardiesse d'images qui s'imposent au fil
d'une syntaxe très souple. Parfois en effet, les noms s'accumulent et
dressent un barrage significatif du blocage ambiant (« oh le sang
chantant plus clair de la caresse des couteaux fusant tournoi dans la
clairière de ton corps ») ; d'autres fois au contraire, la strophe se
déroule ample, éloquente, efficace à la mesure d'une vision prophé-
tique qui conjugue lucidité et indignation.

5. Jacques Brault, dépositaire de la mémoire

Désireux de reconstruire un pays éclaté, Jacques Brault* fonde
sa réappropriation moins sur l'espace que sur le temps. Conscient
après tant d'autres de la fuite des jours :

Le temps ramène la nuit au giron du jour
Et les mots sans cesse au bras du souvenir renaissent

le poète cherche à travers son principal recueil, *Mémoire* (1965), à
ressusciter un passé au double visage, qui peut allier à des vertus
conciliatrices (« Terre au mille sourires des morts réconciliés ») des
haines nées de blessures inguérissables. « Suite fraternelle », une des
œuvres-phares de la poésie québécoise, fait revivre, dans l'indignation et les larmes, Gilles, le frère mort au loin :

Je me souviens de toi Gilles mon frère oublié dans la terre de Sicile.

À ce frère perdu, le poète offre, en guise d'épitaphe, une description
grinçante d'un pays « bourré d'ouate et de silence » (« Suite fraternelle », in *Mémoire* – voir texte n°80).

TEXTE N°79

Un pays blanc

nous n'aurons même pas l'épitaphe des
décapités des morts de faim des massacrés nous
n'aurons été qu'une page blanche de l'histoire
    même chanter notre malheur est faux d'où
lui tirer un nom une musique
    qui entendra nos pas étouffés dans l'ornière
américaine où nous précède et déjà nous efface
la mort terrible et bariolée des peaux-rouges
    en la ruelle Saint-Christophe s'achève un
peuple jamais né une histoire à dormir debout
un conte qui finit par le début

il était une fois… et nous n'aurons su dire
que le balbutiement gêné d'un malheureux qui
ne sait nommer son mal
    et qui s'en va comme un mauvais plaisant
honteux de sa souffrance comme d'un mensonge

        dans la ruelle Saint-Christophe
        dans la ruelle vérité
        est-ce la mort qui fait claquer
        son grand pas d'ombre et de démente

Paul Chamberland, *L'afficheur hurle*,
Montréal, Parti pris, 1964.

6. Paul-Marie Lapointe, de la provocation à l'appropriation

L'itinéraire de Paul-Marie Lapointe* est très révélateur d'un glissement de la thématique poétique peu avant la Révolution tranquille. À cette époque, les poètes mettent l'accent sur l'appartenance et comptabilisent les richesses d'un pays dont auparavant on recensait surtout les lacunes. En effet, après *La Vierge incendiée* (1948), qui dit le stérile et le désespéré («le jour qui va paraître et qui est plus vide que le reste du monde»), Paul-Marie Lapointe ressource et revivifie son inspiration. Il puise alors dans le concret matière à de véritables envolées lyriques et célèbre son pays à travers l'inventaire de ses fastes. Ainsi, le long poème *Arbres* (1960) est une véritable incantation qui peu à peu va faire naître par le seul fait de les nommer toutes les composantes du Québec; le poète ébloui en détaille les arbres et les saisons, la faune et le climat, l'en-dessus et l'au-dessous...

Paul-Marie Lapointe (né en 1929)

Né à Saint-Félicien (Lac Saint-Jean), il entra aux Beaux-Arts de Montréal avant de se lancer dans le journalisme. Après des œuvres de jeunesse *La Vierge incendiée* (1948), *Nuit du 15 au 26 novembre 1948* (écrit à cette date mais publié en 1971) d'inspiration surréaliste, il propose des textes plus personnels qui s'approprient le pays en le nommant (*Choix de poèmes*, 1960). Il a écrit aussi *Pour les âmes* (1964), *Tableaux de l'amoureuse* (1974) et *Écritures* (1980).

―――TEXTE N°80―――

Le cri silencieux

Nous
      les croisés criards du Nord
nous qui râlons de fièvre blanche sous la tente de la
      Transfiguration
nos amours ombreuses ne font jamais que des orphelins
nous sommes dans notre corps comme dans un hôtel
nous murmurons une laurentie pleine de cormorans châtrés
nous léchons le silence d'une papille rêche
et les bottes du remords

Nous
les seuls nègres aux belles certitudes blanches [...]

Pays de pâleur suspecte pays de rage rentrée pays bourré d'ouate et de silence pays de faces tordues et tendues sur des mains osseuses comme une peau d'éventail délicate et morte, pays hérissé d'arêtes et de lois coupantes pays bourrelé de ventres coupables pays d'attente lisse et froide comme le verglas sur le dos de la plaine pays de mort anonyme pays d'horreur grassouillette pays de cigales de cristaux de briques d'épinettes de grêle de fourrure de fièvre de torpeur pays qui s'ennuie du peau-rouge illimité

Jacques Brault, «Suite fraternelle», in *Mémoire*,
Ottawa, Éd. de l'Université d'Ottawa, 1969.

―――TEXTE N°81―――

Arbres en litanie

J'écris arbre
arbre pour l'arbre

bouleau merisier jaune et ondé bouleau flexible acajou sucré bouleau merisier odorant rouge
    bouleau rameau de couleuvre feuille-engrenage vidé bouleau cambrioleur à feuilles de peu-
    plier passe les bras dans les cages du temps captant l'oiseau captant le vent

bouleau à l'écorce fendant l'eau des fleuves
bouleau fontinal fontaine d'hiver jet figé bouleau des parquets cheminée du soir galbe des tours et
    des bals
albatros dormeur

Paul-Marie Lapointe, *Arbres*, Montréal, L'Hexagone, 1960.

7. Gaston Miron, « prince des poètes »

Linguistique, sociale ou politique, fondée sur les aléas du passé ou les empêchements du présent, la révolte québécoise a trouvé en Gaston Miron[2] son interprète le plus inspiré. De même, le pays désiré a pris grâce à la voix du poète une consistance qu'aucune loi n'aurait pu lui donner.

Fervent nationaliste, Miron fut un militant qui mit son talent et sa volonté au service de la cause qu'il défendait. À cet égard il joua un rôle d'animateur de la vie culturelle. Ainsi en créant *L'Hexagone** en 1953, il contribua largement au renouveau de la poésie. Mais la postérité retiendra surtout que Miron est un grand créateur : trop habile pour tomber dans le piège d'un poésie engagée, empêtrée dans sa rhétorique et ses bons sentiments, il violente le langage, en fait une mélopée déchirante, brisée, résolument nouvelle. L'absence de ponctuation, la syntaxe bafouée, le recours aux expressions argotiques, l'insertion de vocables anglais (« damned Canuck »), les images hardies (« le Québécanthrope », « la grimace souffrante du Cro-Magnon »), les assonances (« le pot au noir du désespoir » ; les « chats-huants qui huent dans la lune »), les allitérations (« sonnez sonnailles de vos entrailles ») tout concourt à la créativité d'un verbe qui façonne sa propre légitimité.

Or, cette parole inouïe met en valeur des thèmes dont le classicisme, pour ne pas dire la banalité, peut déconcerter. Ce serait oublier que l'œuvre principale du poète, *L'Homme rapaillé*, éditée en 1970, fut essentiellement écrite dans les années cinquante à une époque où la problématique du pays s'amorçait à peine.

Miron parle en effet de « l'aliénation délirante » :

Moi je gis muré dans la boîte crânienne
Dépoétisé dans ma langue et mon appartenance,

et de l'impossibilité de créer pour un « unilingue, sous bi-lingue » :

le non-poème
C'est ma langue que je ne sais plus reconnaître.

Son chant trouve des accents épiques pour prophétiser la révolte qui gronde (voir texte n°82). Mais il sait aussi dire l'espoir et s'exalter pour la « Terre de Québec, Mère Courage » dans un hymne éclatant qui scelle l'alliance d'un homme et d'un pays réunis dans le même espoir d'un « avenir dégagé », d'un « avenir engagé » (voir texte n°83).

L'Hexagone : en 1953, Gaston Miron fonde les Éditions de l'Hexagone (ce nom vient des six fondateurs) qui va s'identifier avec la poésie du pays et publier aussi bien les grands aînés (Grandbois, Rina Lasnier) que les poètes de la Révolution tranquille dont on peut citer, outre ceux qui ont fait l'objet d'une étude spécifique, Gatien Lapointe (*Variations sur la pierre,* 1964), Yves Préfontaine (*Pays sans parole,* 1967) et surtout Jean-Guy Pilon (*Recours au pays,* 1961 ; *Comme eau retenue,* 1968).

2. Voir Notice *infra* p. 299.

─── TEXTE N°82 ───

RECOURS DIDACTIQUE

Mes camarades au long cours de ma jeunesse
si je fus le haut-lieu de mon poème, maintenant

je suis sur la place publique avec les miens
et mon poème a pris le mors obscur de nos combats

Longtemps je fus ce poète au visage conforme
qui frissonnait dans les parallèles de ses pensées
qui s'étiolait en rage dans la soie des désespoirs
et son cœur raillait la crue des injustices

Or je vois nos êtres en détresse dans le siècle
je vois notre infériorité et j'ai mal en chacun de nous

Aujourd'hui sur la place publique qui murmure
j'entends la bête tourner dans nos pas
j'entends surgir dans le grand inconscient résineux
les tourbillons des abattis de nos colères

Toi mon amour tu te tiens droite dans ces jours
nous nous aimons d'une force égale à ce qui nous sépare
la rance odeur de métal et d'intérêts croulants
Tu sais que je peux revenir et rester près de toi
ce n'est pas le sang, ni l'anarchie ou la guerre
et pourtant je lutte, je te le jure, je lutte
parce que je suis en danger de moi-même à toi
et tous deux le sommes de nous-mêmes aux autres
Les poètes de ce temps montent la garde du monde

Car le péril est dans nos poutres, la confusion
une brunante*a* dans nos profondeurs et nos surfaces
nos consciences sont éparpillées dans les débris
de nos miroirs, nos gestes des simulacres de libertés
je ne chante plus je pousse la pierre de mon corps

Je suis sur la place publique avec les miens
la poésie n'a pas à rougir de moi
J'ai su qu'une espérance soulevait le monde jusqu'ici.

Gaston Miron, L'Homme rapaillé, Montréal, Presses de l'Université
de Montréal, 1970. Rééd. Paris, La Découverte, 1981.

---

a. Tombée de la nuit.

———— TEXTE N°83 ————

L'OCTOBRE

L'homme de ce temps porte le visage de la flagellation
et toi, Terre de Québec, Mère Courage
dans ta longue marche, tu es grosse

de nos rêves charbonneux douloureux
de l'innombrable épuisement des corps et des âmes

je suis né ton fils par en-haut là-bas
dans les vieilles montagnes râpées du nord
j'ai mal et peine ô morsure de naissance
cependant qu'en mes bras ma jeunesse rougeoie

voici mes genoux que les hommes nous pardonnent
nous avons laissé humilier l'intelligence des pères
nous avons laissé la lumière du verbe s'avilir
jusqu'à la honte et au mépris de soi dans nos frères
nous n'avons pas su lier nos racines de souffrance
à la douleur universelle dans chaque homme ravalé

je vais rejoindre les brûlants compagnons
dont la lutte partage et rompt le pain du sort commun
dans les sables mouvants des détresses grégaires

> nous te ferons, Terre de Québec
> lit des résurrections
> et des mille fulgurances de nos métamorphoses
> de nos levains où lève le futur
> de nos volontés sans concessions
> les hommes entendront battre ton pouls dans l'histoire
> c'est nous ondulant dans l'automne d'octobre
> c'est le bruit roux de chevreuils dans la lumière
> l'avenir dégagé
>   l'avenir engagé
>
>   *Ibid.*

La plénitude qui s'exhale de ce texte montre que le poème québécois est sorti vainqueur de sa confrontation avec le réel. En dépit de lacunes dont ils ont une conscience aiguë, les poètes de cette période pourraient adhérer à cette formule d'Hubert Aquin : «Je veux rester ici. J'habite mon pays.» (*Profession : écrivain*)

III. Une poésie de la parole : les formalistes

Une fois épuisé le thème du pays, la poésie québécoise se vit contrainte au renouvellement. Or, par un jeu de balancier dont l'histoire littéraire reproduit maints exemples, les nouveaux poètes prirent le contre-pied de leurs aînés en optant pour une poésie universelle, plus axée sur le signifiant que sur le signifié, au point de faire du langage et de son fonctionnement leur unique centre d'intérêt. Cette poésie formaliste se réclamant de la revue « Tel Quel » s'exprima chez de très jeunes écrivains, souvent encore étudiants qui se donnèrent les moyens de leurs ambitions en fondant des revues (*La Barre du Jour,* 1965) ou des maisons d'éditions (Éditions de l'Estérel, 1964).

1. Michel Beaulieu : un espace mental à découvrir

Écrivain prolifique, auteur de nombreux recueils dont *Érosions* (1967), *Variables* (1973), *Anecdotes* (1977), Michel Beaulieu* ne cesse d'explorer le labyrinthe d'une «psyché», de mettre à jour les pulsions et les refoulements de celle-ci :

> Ne demande pas au silence
> De découvrir ce que cachent les mots.

Sa poésie kaléidoscopique où se bousculent des images hétéroclites, reliées entre elles par des associations qui n'ont rien de rationnel, s'épanouit parfois en fulgurantes formules :

> L'éternité n'est qu'un moment
> Qui se courbe dans les reins

Elle renouvelle par la hardiesse des images, les plus convenus des lieux communs, telle cette fuite du temps déplorée dans *Oratorio pour un prophète* (voir texte n°84).

Michel Beaulieu
(né en 1941)

Né à Montréal,
il fit des études de lettres
avant de se consacrer
à la poésie et à l'édition.
En fondant en 1964,
les Éditions Esterel,
il contribua à l'essor de
la jeune poésie québécoise.
Son œuvre quantitativement
importante comprend
des recueils de poèmes
(*Trois,* 1965 – en
collaboration avec Nicole
Brossard et Micheline
de Jordy ; *Pour chanter
dans les chaînes,* 1964 ;
Érosions, 1967 ; *Charmes
de la fureur,* 1970 ; *Paysage,*
1971 ; *Pulsions,* 1973 ;
Variables, 1973 ; *Anecdotes,*
1977 ; *Kaléidoscope,* 1984),
des romans (*Je tourne
en rond mais c'est autour
de toi,* 1969 ;
La Représentation, 1972 ;
Sylvie Stone, 1974).

ORATORIO POUR UN PROPHÈTE

Pour Gaston Miron

corps émasculé de son corps
et dénigrant ses lendemains
les draps sont froids
dans chaque chambre

il veille quand la nuit l'oppresse
en sifflant dans la plèvre

l'œil ne fixe plus que ses fantômes
d'autrefois reconnus par les failles

nul ne reconnaît que l'heure vient
quand l'eau s'évapore des clepsydres
et nul moins que soi

(n'avoir été qu'une herbe
qu'un insecte stridulent
dans le matin

ô gloire honnie
gloire consentie
jusque dans l'ambiguïté)

face aux métronomes
où s'érodent les enclumes
tout vient à point nommé
dans l'éphémère éternité

Michel Beaulieu, *Oratorio pour un prophète*,
Montréal, Estérel, 1978.

2. Textuelle et féministe, la poésie de Nicole Brossard

Personnalité très influente au Québec, Nicole Brossard[3] est une des voix les plus écoutées de l'intelligentsia si bien que ses choix et ses avis font «jurisprudence». Après s'être consacrée pendant une dizaine d'années aux jeux formels (*L'écho bouge beau,* 1968) elle s'oriente à partir de 1975 vers un féminisme pur et dur. Elle célèbre, alors, les amours saphiques dans des textes qui redonnent au corps et aux sensations leur primauté, sans pour autant se départir de coquetteries de langage. Les phrases systématiquement nominales, les métaphores inattendues concourent à déconcerter.

3. Claude Beausoleil, poète du corps et de la ville

En 1992, Claude Beausoleil* publiait une anthologie thématique de poèmes sur Montréal : *Montréal est une ville de poèmes vous savez.* Ce n'est certainement pas un hasard. Il est d'une génération pour laquelle la ville est naturelle, aussi naturelle qu'un corps dont on ne méconnaît plus désormais les exigences. Cette conjonction du corps et de la ville est au cœur même de son principal recueil (*Au milieu du corps l'attraction s'insinue,* 1980) et elle aboutit à un échange où la corporalité de la ville et l'urbanité du corps donnent lieu à d'habiles variations.

4. François Charron, violence et sensibilité

Comme les autres adeptes de la nouvelle poésie québécoise, François Charron* se plaît aux jeux langagiers, aux images insolites. Toutefois, il se distingue en utilisant des niveaux de langue très divers, du plus soutenu au plus cru. Surtout, malgré la violence qu'exacerbe l'érotisme *(Langue[s])* on trouve parfois chez lui quelques vers suggestifs dont le charme impondérable surprend avec bonheur :

Il n'y a donc rien au bout de la terre
Il n'y a donc rien pour effrayer l'enfer.

**Claude Beausoleil
(né en 1948)**

Né à Montréal, il fit des études de lettres et devint professeur de français tout en collaborant à diverses revues : *Hobo / Québec, Cul Q, La Barre du Jour* et *Les Herbes rouges.* Son premier recueil, *Intrusion ralentie,* publié en 1972, est suivi de bien d'autres dont le principal est *Au milieu du corps l'attraction s'insinue* (1989). Il a aussi publié des anthologies, en particulier une anthologie thématique de poèmes sur Montréal : *Montréal est une ville de poèmes vous savez* (1992).

**François Charron
(né en 1952)**

Né à Longueuil (banlieue de Montréal), il est un des chefs de file de la nouvelle poésie québécoise. Virulente attaque contre la culture bourgeoise, sa poésie connaît aussi la ferveur et le lyrisme. Ses principaux recueils sont : *Persister et se maintenir* (1974), *Du commencement à la fin* (1977), *Blessures* (1978).

3. Voir Notice *infra,* p. 290.

Peut-être a-t-il retrouvé, au-delà du formalisme, la vraie poésie.

La poésie québécoise a représenté et amplifié les tendances, les modes et les manies. Plus que le roman indissociable d'une «histoire», plus que le théâtre soumis aux attentes du public, la poésie a pu donner corps, en toute liberté, à l'essence même d'une époque. Au retrait/secret de la période duplessiste, elle répond par une parole étrangère qui construit sa propre absence:

> Pourquoi maintenant demeurer? Pourquoi résister à cet appel puissant de tout l'espace de l'autre côté?
>
> Saint-Denys Garneau, *Journal*, 1937.

Du désarroi de la période moderne elle hérite une volonté de déconstruction brisant tous les repères. Sans thèmes privilégiés, sans grâce particulière la poésie n'est plus qu'une mécanique si habilement agencée qu'elle tourne seule... à vide. On gardera donc surtout en mémoire ces merveilleux cantiques d'amour, ces litanies païennes dont les jeunes poètes de la Révolution tranquille honoraient un pays né de leur seule ferveur, tributaire pourtant du réel et de ses plus flagrants sortilèges:

> Un lac gelé dans la buée du couchant
> rose de Pâques venue de l'au-delà
>
> Paul-Marie Lapointe, *Carte Postale*, 1976.

TEXTE N°85

L'ACTE DE L'ŒIL AU MAUVE

« Des amantes ont vu leur œil devenir l'œil de leur amante au loin. »
Monique Wittig, Sande Zeig

Comme pour entamer le vertige, la version lisse des épaules de corps amantes ou s'y retrouver au risque vivant de la lucidité enlancées fameuses et proches comme une musique. Ce soir, je repasse dans ma tête l'écume et ma bouche pour que toutes deux partagées à nourrir le sens nous y retrouvions plus fort que le vent la sensation des abeilles, nous exhortant dans un jardin. Lentement cela passait par l'œil, un sérum, vitale de l'une à l'autre. Perturbées, nouvelle conjoncture, dans un cycle ou franchir importe seulement quand il s'agit de nous dilater atome ou flûte de verre. Chute libre vers le pré.

Nicole Brossard, *L'Amer*,
Montréal, Les Quinze, 1977.

TEXTE N°86

Fièvres

goûter dans Montréal comparer les secousses et les prises on replace l'endos prêt de s'effriter des regards adonnent bien d'autres fuient s'exténuent la ville circule en nous voisine du vin des cheveux collés des atmosphères le corps alors se déplace il transpose ses lignes vers d'autres courbes on échange les pulsions dans une certaine hâte on a tous peur de perdre pourtant une certaine douceur un geste bien refait et la glissade reprend s'éparpille à nouveau incertaine mais renforcit parallèle aux draps.

Le temps d'inscrire le titre le temps de lire son visage et la tournure des événements servis sur une autoroute sens et signes tournés dans le corps par le corps et ce serait insinué comme une perte déraisonnable plus de temps encore ces yeux dans le sofa une musique Judy Garland s'étiole refait surface dans l'alcool le soir et la fin d'une promenade dans des appartements des trottoirs et des images je n'explique plus rien c'est tout

Claude Beausoleil, *Au milieu du corps l'attraction s'insinue*, Saint-Lambert, Le Noroît, 1980.

Quelques références

Gérard BESSETTE, *Les Images en poésie canadienne-française,* Montréal, Beauchemin, 1960.

André-G. BOURASSA, *Surréalisme et littérature québécoise,* Montréal, L'Étincelle, 1977.

Laurent MAILHOT et Pierre NEPVEU, *La Poésie québécoise des origines à nos jours,* Sillery, Presses de l'Université du Québec / Montréal, L'Hexagone, 1980.

Gilles MARCOTTE, *Le Temps des poètes,* Montréal, Hurtubise HMH, 1969.

Axel MAUGEY, *Poésie et société au Québec (1937-1970),* Québec, PUL, 1972.

Pierre NEPVEU, *Les Mots à l'écoute. Poésie et silence chez Fernand Ouellette, Gaston Miron et Paul-Marie Lapointe,* Québec, PUL, 1979.

Chapitre 7

Le théâtre

Moi, j'suis juste un p'tit Canayen-Français ben
cheap… qui commence à en avoir plein son capot…

Jean Barbeau, *Ben-Ur*, 1971.

Placée sous le signe de l'équivoque, l'histoire du théâtre québécois soulève bien des interrogations : qu'entendre, au juste, par
théâtre québécois ? À quand faire remonter sa création ?

On peut évoquer les origines et considérer comme québécois
avant la lettre *Le Théâtre de Neptune en la Nouvelle-France* (1609)
de Marc Lescarbot[1]. On peut, aussi, qualifier de québécois un théâtre
de langue française joué au Québec par des troupes locales et mentionner, alors, l'aventure du Père Émile Legault* et des Compagnons
du Saint-Laurent. Toutefois, si l'on s'en tient à une acception plus
étroite et sans doute plus juste, on ne peut faire remonter l'origine de
ce théâtre qu'à une trentaine d'années, au moment où furent fondées
les institutions susceptibles de favoriser son essor : Conseil des Arts
du Canada (1957), École Nationale de théâtre (1960) et, surtout,
Centre d'Essai des Auteurs Dramatiques (CEAD, 1965), véritable
banc d'essai pour les jeunes auteurs. En août 1968, enfin, la représentation des *Belles-Sœurs* marquait la naissance officielle du théâtre
québécois. Mais l'œuvre de Michel Tremblay n'est pas née, par un
phénomène de génération spontanée, au milieu d'un désert culturel :
avant lui, certains dramaturges s'étaient approprié l'espace scénique
en proposant à leurs compatriotes des héros auxquels s'identifier.

I. Un bâtard familier : *Tit-Coq* de Gratien Gélinas

Quand *Tit-Coq* fut créé le 22 mai 1948 sur la scène du Monument
National, la pièce de Gratien Gélinas* fut unanimement saluée
comme une œuvre fondatrice : le théâtre avait enfin trouvé la spécificité qui lui faisait défaut et, dans le rôle-titre, le personnage du
bâtard, cabochard et malchanceux s'imposait comme la figure emblématique du drame national. Ce coup de théâtre était, en fait, œuvre de
longue haleine et le héros mythique s'était peu à peu façonné à travers son double populaire, Fridolin, que Gratien Gélinas présentait
sur la scène, dès 1938, dans des revues de plus en plus élaborées.

**Émile Legault
(né en 1909)**

Ordonné prêtre en 1930,
il fonda, après un voyage
en Europe, une troupe
théâtrale, Les Compagnons
du Saint-Laurent, qui
connut quinze ans de succès
et fut dissoute en 1952.

**Gratien Gélinas
(né en 1909)**

Né à Saint-Tite, il fut
comédien amateur avant
de débuter à la radio où il
créa en 1937 le personnage
de Fridolin. La création de
Tit-Coq le consacra comme
dramaturge. Le succès de
Bousille et les justes (1959)
fut tout aussi important.
Enfin il écrivit une pièce
d'inspiration politique, très
caractéristique de l'époque
Hier, les enfants dansaient,
créée en 1966.

1. Voir *supra*, p. 194.

Éternelle victime, dérisoire et pitoyable, que sa « petite vie » et ses petits malheurs destinaient à jouer les anti-héros, Fridolin était déjà perçu comme l'archétype du Canadien-français « porteur d'eau », trop médiocre pour être tragique: il était voué à faire rire et condamné de ce fait à un genre mineur... Tit-Coq, lui, a de l'envergure et sa grandeur se mesure à l'acharnement du destin car sa naissance illégitime est une tare dont il ne se remettra jamais. L'amour, la guerre, tout ce qui aurait pu lui donner une légitimité, accentuent son exclusion: abandonné par sa fiancée Marie-Ange alors qu'il est au front, Tit-Coq, à l'instar de François, héros d'une nouvelle d'Anne Hébert, *Le Torrent* (1950), n'en finit pas de payer pour le péché des autres (voir texte n°87)...

II. Adolescents, citadins, américains, les héros de *Zone* de Marcel Dubé

Marcel Dubé* n'a que vingt-trois ans en 1953 quand *Zone* – en fait sa troisième pièce – s'impose par une thématique résolument nouvelle. En mettant en scène des jeunes habitants de la « zone » qui se livrent à la contrebande de cigarettes américaines, Marcel Dubé

— TEXTE N°87 —

TIT-COQ

TIT-COQ
(*Désespéré.*) Il resterait l'enfant... l'enfant que tu peux encore me donner !

MARIE-ANGE
(*Se cachant la figure.*) Non ! Pas ça, pas ça ! (*Instinctivement, elle s'est éloignée de lui.*) Tu n'en voudrais pas, de cet enfant-là... parce qu'il serait, comme toi, un...

TIT-COQ
(*L'arrête d'un cri sourd.*) Non !

MARIE-ANGE
... par ma faute. (*Elle pleure.*)

(TIT-COQ, *brisé, s'est écroulé sur une chaise et sanglote.*)

MARIE-ANGE
(*Après un temps.*) J'ai dit que je te suivrais aussi longtemps que tu voudrais de moi. Et rien ni personne n'aurait pu me retenir. Mais tu ne veux plus de moi, à présent, tu le vois bien... Tu ne veux plus de moi.

(TIT-COQ, *prostré, ne répond pas.*)

MARIE-ANGE
Maintenant, pars, pendant qu'on voit clair. Va-t'en, sans regarder en arrière, jamais... et oublie-moi.

TIT-COQ
(*Repousse l'idée, la tête dans ses mains.*) Non.

MARIE-ANGE
C'est pas facile, pour moi non plus, de te demander ça, tu peux me croire, mais j'aurais eu au moins ce courage-là, dans ma vie. (*Soumise à l'inévitable.*) Oui, tu vas m'oublier: ce que je t'ai volé, il faut qu'une autre le rende. Autrement, le sacrifice qu'on fait serait perdu. (*Tournée vers le mur.*) Va, Tit-Coq... va !

TIT-COQ
(*S'est levé, péniblement. À travers ses larmes, sans jeter les yeux sur elle et presque tout bas.*) Adieu.

MARIE-ANGE
(*Dans un souffle.*) Adieu, oui.

(*Il sort, tel un homme harassé qui commence un long voyage.*)

Rideau.

Gratien Gélinas, *Tit-Coq* [1948],
Laval, Éd. Beauchemin, 1950.

fait entrer la dramaturgie canadienne-française dans une modernité dont il orchestre en virtuose les grandes composantes : fascination de l'Amérique, révolte de la jeunesse, combat individu/société. Le nom du chef de bande, Tarzan, fait à l'évidence l'éloge de la marginalité : comme son prestigieux homonyme, le Tarzan de *Zone* règne sur un microcosme qu'il voudrait préserver de toute contrainte sociale. Mais sa liberté est une illusion ; l'imposture se révèle dans le titre des trois parties qui scandent la défaite du héros : le Jeu, le Procès, la Mort. Abattu en pleine jeunesse, pleuré par sa fiancée Ciboulette qui, jusqu'au bout, a cru en ses mirages, Tarzan a bien la stature d'un héros, mais d'un héros à la mesure du faubourg qui l'a engendré, avide d'argent plus que de gloire, fabriqué pour la délinquance comme d'autres pour les exploits guerriers.

Après la violence de l'extrême jeunesse, Marcel Dubé exprime la tragédie d'un quotidien qu'il dépeint d'une plume légère, habile à suggérer, sur le mode mineur, une atmosphère rappelant Tchekhov. Réalistes et poétiques, ses meilleures pièces auront sur la dramaturgie canadienne-française une influence déterminante que Michel Tremblay se plaît à reconnaître : dans son recueil autobiographique évoquant les douze pièces qui ont marqué sa jeunesse et décidé de sa vocation (*Douze coups de théâtre*, 1992), il consacre deux nouvelles à Marcel Dubé ; *Un simple soldat* (représenté à la télévision de Radio-Canada en décembre 1957) et *Le Temps des lilas* (créé en février 1958 au Théâtre du Nouveau Monde) lui révélèrent que la magie théâtrale pouvait naître de la plus extrême simplicité (voir encadré ci-dessous).

À côté de ce théâtre-miroir enraciné dans un contexte bien précis, un théâtre plus universel se frayait une voie parallèle : c'est ainsi que Jacques Languirand* devait introduire, avec *Les Insolites* (1956), le théâtre d'avant-garde au Québec.

Un an plus tard, *Les Grands Départs* (1957) créé à la télévision de Radio-Canada montrait sans ambiguïté une filiation européenne. Dans *En attendant Godot*, Beckett mettait en scène deux clochards espérant vainement la venue d'un Godot mythique ; les personnages des *Grands Départs*, membres d'une même famille, attendent tout aussi

Jacques Languirand (né en 1931)

Né à Montréal, Jacques Languirand est essentiellement un dramaturge, dont les meilleures pièces sont *Les Insolites* (1956), *Les Grands Départs* (1958), *Les Violons de l'automne* (1960), *Klondyke* (1965).

La vocation de « décrire les autres »

Le mardi 10 décembre 1957 fut un très grand soir pour la télévision québécoise ; un des chefs-d'œuvre de notre littérature, Un simple soldat *de Marcel Dubé, fut créé dans une fabuleuse réalisation de Jean-Paul Fugère et une interprétation, en particulier de Gilles Pelletier, d'Ovila Légaré et de Juliette Huot, qui restera dans les annales de notre théâtre. Cette fois-là, nous étions tous réunis devant l'appareil, mon père y compris, et malgré le son épouvantable, les voix déformées de comédiens, la musique rendue étourdissante,* nous fûmes émus, bouleversés, transportés. Ma mère finit la soirée sous un amoncellement de mouchoirs mouillés ; mon frère Jacques ravalait son émotion ; moi, j'étais muet d'admiration et de jalousie parce que c'est ça que je voulais faire dans la vie décrire les autres, tout ce qui m'entourait, en faire du théâtre ou des romans, je ne savais pas encore très bien.*

Michel Tremblay, *Douze coups de théâtre*, Montréal, Leméac, 1992, p. 113.

vainement l'arrivée des déménageurs qui pourraient changer leur vie. Cette déception, sans cesse renouvelée, les plonge dans un immobilisme total, dont seul se dégage, par un dernier pied-de-nez à la vraisemblance, le grand-père paralytique. Exaspéré par les atermoiements des siens, il se lève et s'en va vers on ne sait quel « grand départ »…

III. Michel Tremblay

1. Un début fracassant : Les Belles-Sœurs

C'est en 1965 que Michel Tremblay écrit en quelques jours *Les Belles-Sœurs*. Il n'a d'autre ambition, au départ, que de « faire vrai » en s'opposant au faux langage alors en vigueur (voir encadré ci-dessous). Mais sa réussite même (il fait trop vrai !) se retourne contre lui : pendant trois ans, il propose vainement son texte à tous les directeurs de théâtre. Chacun se récuse, peu soucieux d'effaroucher un public d'abonnés en lui renvoyant sa propre image, celle d'un Québécois inculte et bigot. Enfin, en février 1968, le Centre d'Essai organise une lecture publique et au mois d'août de la même année, la pièce jouée au théâtre du Rideau Vert – subventionné – suscite une controverse passionnée. Tenants de la tradition et adeptes du renouveau débattent longuement, par journaux interposés, de l'unique question qui préoccupe alors la critique : les Québécois ressemblent-ils vraiment à leur piteux modèle ? Parlent-ils la même langue abâtardie ? Ce débat réducteur rend mal compte des multiples facettes des *Belles-Sœurs*.

L'argument de la pièce est si cocasse qu'il semble tout droit sorti du théâtre de l'absurde : une ménagère montréalaise, la grosse Germain Lauzon, favorisée pour une fois par la chance a gagné un million de timbres-primes qu'elle doit coller sur des catalogues, afin d'avoir droit aux merveilles de mauvais goût qu'ils proposent. Pour l'assister dans cette tâche titanesque, elle invite sœurs et voisines à un « collage-party » où les langues s'activent doublement, à grand renfort de propos insipides ou fielleux ! La drôlerie de la situation ne saurait pourtant occulter la portée politique de la pièce ; en mettant en scène quinze femmes qui, toutes générations confondues, apparaissent comme de purs produits de la « grande noirceur », en les enfermant dans une cuisine, dont elles sont à la fois reines et esclaves, le

---

Naissance d'une vocation

En 1965, j'ai rencontré André Brassard. Nous allions au cinéma pratiquement tous les jours et nous n'aimions guère les films québécois de l'époque sans pouvoir dire pourquoi exactement. Et puis un jour j'ai compris [...] En suivant le dialogue je me suis aperçu que les personnages ne parlaient pas ma langue ni la langue de personne [...]. Donc, sortant du cinéma, *j'ai dit à Brassard que j'allais essayer d'écrire un dialogue entre deux femmes dans le langage populaire québécois. Quelques jours après les deux femmes étaient devenues quinze et mon exercice de style* Les Belles-Sœurs.

Propos cités par Marc Kraven,
in *Le Magazine littéraire*, n° 134, Mars 1978.

dramaturge présente, incarnées, les plaies sociales et culturelles du régime duplessiste : ignorance, étroitesse d'esprit, bigoterie, racisme. L'utilisation du joual n'est pas seulement réaliste, elle est l'arme de la satire ; son âme aussi, car cette sous-langue, fruste et hybride, se révèle la voix même de l'aliénation. Mais la théâtralité n'en est pas oubliée pour autant. La résurrection parodique des chœurs antiques, alors que les femmes se lamentent sur leur «maudite vie plate» ou entonnent une ode triomphante à la gloire du bingo, contribue au plaisir du spectacle, tout comme la provocation du final qui malmène en le galvaudant, l'hymne national canadien. Toutefois, la plus grande force des *Belles-Sœurs* tient à un procédé que Tremblay reprendra volontiers : le décalage entre le dialogue, frivole, et les monologues intérieurs, souvent pathétiques, traduit l'incommunicabilité inhérente aux personnages (voir texte n°88).

Comédie burlesque édifiée à partir d'éléments dramatiques, la pièce de Michel Tremblay fonde le théâtre québécois sur un immense éclat de rire... Mais aurait-elle été aussi drôle sans la mise en scène loufoque d'André Brassard ? Inauguré à l'occasion des *Belles-Sœurs,* la collaboration Brassard/Tremblay devait s'avérer particulièrement fructueuse.

TEXTE N°88

Monologue de Rose Ouimet, le boute-en-train du groupe

ROSE OUIMET. – oui, la vie, c'est la vie, pis y'a pas une crisse de vue française qui va arriver à décrire ça ! Ah ! c'est facile pour une actrice de faire pitié dans les vues ! J'cré ben ! Quand à l'a fini de travailler, le soir, à rentre dans sa grosse maison de cent mille piasses, pis à se couche dans son lit deux fois gros comme ma chambre à coucher ! Mais quand on se réveille, nous autres, le matin... (*Silence.*) Quand moé j'me réveille, le matin, y'est toujours là qui me r'garde... Y m'attend. Tous les matins que le bonyeu emmène, y se réveille avant moé, pis y m'attend ! Pis tous les soirs que le bonyeu emmène, y se couche avant moé, pis y m'attend ! Y'est toujours là, y'est toujours après moé, collé après moé comme une sang-sue ! Maudit cul ! Ah ! ça, y le disent pas dans les vues, par exemple ! Ah ! non, c'est des choses qui se disent pas, ça ! Qu'une femme soye obligée d'endurer un cochon toute sa vie parce qu'à l'a eu le malheur d'y dire «oui» une fois, c'est pas assez intéressant, ça ! Ben bonyeu, c'est ben plus triste que ben des vues ! Parce que ça dure toute une vie, ça ! (*Silence.*) J'l'ai-tu assez r'gretté, mais j'l'ai-tu assez r'gretté. J'arais jamais dû me marier ! J'arais dû crier «non» à pleins poumons, pis rester vieille fille ! Au moins, j'arais eu la paix ! C'est vrai que j'étais ignorante dans ce temps-là pis que je savais pas c'qui m'attendait ! Moé, l'épaisse, j'pensais rien qu'à « la Sainte Union du Marriage » ! Faut-tu être bête pour élever ses enfants dans l'ignorance de même, mais faut-tu être bête ! Ben, moé, ma Carmen, à s'f'ra pas poigner de même, ok ? Parce que moé, ma Carmen, ça fait longemps que j'y ai dit c'qu'y valent, les hommes ! Ça, a pourra pas dire que j'l'ai pas avartie ! (*Au bord des larmes.*) Pis a finira pas comme moé, à quarante-quatre ans, avec une p'tit gars de quatre ans sur les bras pis un écœurant de mari qui veut rien comprendre, pis qui demande son dû deux fois par jour, trois cent soixante-cinq jours par année ! Quand t'arrive à quarante ans pis que tu t'aparçois que t'as rien en arrière de toé, pis que t'as rien en avant de toé, ça te donne envie de toute crisser là, pis de toute recommencer en neuf ! Mais les femmes, y peuvent pas faire ça... Les femmes, sont poignées, à'gorge, pis y vont rester de même jusqu'au boute ! (*Éclairage général.*)

Michel Tremblay, *Les Belles-Sœurs*, Montréal, Leméac, 1972, pp. 101-102.

2. Pièces de la cuisine, pièces de la Main (1968-1977)

De fait, de 1968 à 1977, André Brassard mit en scène dix des onze pièces écrites par Michel Tremblay (sans compter les adaptations, comme *Lysistrata* d'après Aristophane, en 1969). Dans cette production de forme très variée, où se côtoient comédies musicales (*Demain matin, Montréal m'attend,* 1972 ; *Les Héros de mon enfance,* 1976) et drame familial (*À toi, pour toujours, ta Marie-Lou,* 1971), monologue (*La Duchesse de Langeais,* 1969) et tragédie à grand spectacle (*Sainte Carmen de la Main,* 1976), des constantes s'imposent, qui expriment les hantises propres à l'univers de Tremblay.

Deux pôles d'attraction se disputent l'espace scénique : la « cuisine », lieu clos où s'enferme la femme, tributaire de ses frustrations et de ses rancœurs, et la « Main », quartier « chaud », miroitante aire de liberté offrant à ceux – et surtout à celles – qui l'ont choisie tout ce dont les privait la cuisine : des sensations fortes, une vie vouée au plaisir, une fraternité fondée sur une commune exclusion. Mais les séductions de la « Main » ne sont que des leurres dénoncés par le dramaturge : Berthe, la caissière enfermée dans sa cage de verre, Jonnhy et Carlotta, les dresseurs de chiens, (*Trois petits tours,* 1971) ont pris trop tard conscience de la monotonie de leur vie professionnelle. Thérèse la serveuse qui aimait tant la nuit et la « boisson » sombre très jeune dans l'alcoolisme (*En pièces détachées,* 1970). Plus qu'un autre sans doute, le destin tragique de Carmen souligne la duplicité de la Main. Présentée dans *À toi, pour toujours, ta Marie-Lou* comme l'incarnation du Nouveau-Québec, laïque et athée, Carmen, chanteuse de chansons « western », libre dans sa tête et dans ses mœurs, jette son bonheur à la face de sa sœur, la triste Manon, dévote et casanière. Or, cinq ans plus tard, le dramaturge choisit de faire mourir son héroïne ! Dans *Sainte Carmen de la Main,* en effet, la chanteuse parvenue au faîte de la célébrité, décide de promouvoir une chanson engagée susceptible de redonner à son public la dignité et l'espérance. Aux alcooliques, aux drogués, aux prostituées, aux travestis, à tous les « paumés » qui s'agglutinent dans les clubs, elle tente de communiquer la ferveur de sa conviction : chaque être humain a droit au bonheur s'il s'accepte tel qu'il est, tout en se révoltant contre le monde. Mais son enthousiasme jugé subversif et contraire aux intérêts des maîtres de la Main la condamne à mort. Elle est donc « exécutée » et n'accède au statut de personnage mythique qu'en se retirant de l'Histoire (voir texte n°89).

Pris entre l'enfermement et la fausse évasion, le personnage de Tremblay n'a aucune issue. La certitude de sa défaite reflète bien le monolithisme de ce théâtre « première manière » conçu pour illustrer avec agressivité ou humour les tares de la société québécoise. Mais cette thématique de la dénonciation a ses limites dont le dramaturge prendra bientôt conscience.

Aussi, dans la dernière pièce de ce que l'on appelle désormais « le cycle des Belles-Sœurs » (*Damnée Manon, Sacrée Sandra,* 1977) renvoie-t-il ses personnages à un néant d'où sa volonté créatrice les avait un moment tirés (« Moé non plus j'existe pas ! Moé aussi j'ai été inventée »). En dénonçant le pacte fondateur de l'illusion dramatique, Michel Tremblay croyait faire ses adieux au théâtre et même à l'écriture.

3. Diversification et renouvellement

Romancier à succès depuis 1978, Michel Tremblay n'a jamais abandonné l'écriture théâtrale et il fait régulièrement représenter des pièces caractérisées par leur grande diversité. L'est montréalais où s'engluaient ses premiers personnages n'est plus omniprésent : le quartier chic d'Outremont (*L'Impromptu d'Outremont*, 1980 ; *Les Anciennes Odeurs,* 1981), la campagne (*La Maison suspendue,* 1990) offrent de plus larges horizons. Cette ouverture de l'espace s'assortit d'un éclatement du temps qui se dilate jusqu'à englober la fin du XIXe siècle (*Nelligan*, 1990), ou encore se morcelle : *Albertine en cinq temps* (1985) présente le même personnage à cinq époques de sa vie ; *La Maison suspendue* se passe en 1910, 1940 et 1990. Par ailleurs, fort d'un rapport quasi passionnel avec son public, le dramaturge utilise de plus en plus la scène à des fins personnelles et autobiographiques. Il en fait une tribune d'où il interpelle ses détracteurs (*L'Impromptu d'Outremont*), un journal intime témoin de ses désarrois amoureux (*Les Anciennes Odeurs*), voire un « confessionnal » où chuchoter ses doutes et ses remords. Ainsi, dans *Le Vrai Monde ?* (1987), Claude est à l'évidence un double dont les choix sont révélateurs : ce jeune écrivain qui vient d'écrire sa première pièce (en 1965), tout imprégnée de la vie de son entourage, décide de la détruire et de renoncer à l'écriture :

> Chus pus sûr d'avoir le droit de devenir écrivain [...]. Déchire-la, ma
> pièce, si tu veux, papa, mets le feu dedans, c'est plein de... mensonges.

Cet aveu implicite ne corrobore-t-il pas le grief souvent formulé à l'encontre de Tremblay : il aurait mis en scène les siens pour servir moins leur cause que sa propre ambition ?

Le renouvellement, toutefois, n'est pas rupture. S'il crée d'autres héros, s'il explore d'autres milieux, Michel Tremblay ne se sépare pas pour autant des personnages fétiches qui éclairaient de leur trouble lumière son premier théâtre et ses romans. Thérèse et Marcel

---

TEXTE N°89

CHŒURS I ET II

Au coin de la Main pis de la Catherine, j'ai déjà commencé à conter c'qui s'est passé à ceux qui étaient pas là. J'essaye de leur expliquer que le soleil va revenir, demain, que le soleil est icitte pour de bon, mais les mots me manquent... ma voix se bloque dans ma gorge... J'ai envie de brailler. Pour une fois que c'est le bonheur ! Tout d'un coup, Greta-la-Vieille, qui est si bonne dans les imitations pis qui a une mémoire incroyable, se met à chanter la dernière chanson de Carmen, au beau milieu de la rue. Les chars s'arrêtent. Le monde s'accotent dans les vitrines. La voix de Carmen monte pardessus les maisons. Ha ! On dirait... que quelqu'un... est après... me laver à grande eau !

Michel Tremblay, *Sainte Carmen de la Main*,
Montréal, Leméac, 1976, p. 67.

Une eschatologie burlesque

«Victor Hugo, y'est toute à l'index! Toute au complet! On a pas le droit de lire ça, vous le savez ben! Commettre des préchés mortels de même dans votre condition, faut avoir du front!» «Mais c'est tellement beau, Bartine, si tu savais!» «Que c'est qu'y'a de si beau là-dedans?» «Ça se passe loin.» Albertine frottait énergiquement le cuir chevelu de la grosse femme et la mousse tombait en longues coulisses sur la nappe blanche. «Hé, que ça fait du bien. Continue!» Albertine laissa exploser allégrement toute l'agressivité qu'elle retenait depuis le matin: la chair ferme de ses bras et son double menton ballottaient en tous sens pendant que sa belle-sœur gémissait doucement de plaisir. «Vous pis mon frére, j'trouve que vous jouez pas mal avec le feu, des fois, avec vos lectures! C'est pas bon, trop lire, on nous l'a assez dit!» «Bartine, s'il vous plaît, tais-toé donc! Si tu lirais un peu plus, tu comprendrais peut-être un peu plus la vie…»

Albertine la coupa avec une telle énergie que la grosse femme faillit en échapper la bassine. «J'aime mieux être ignorante pis en état de grâce qu'être au courant de toute pis damnée!» Édouard, qui lisait un journal dans la salle à manger toute proche, éclata de rire. «Ça va être répété, ça, ma p'tite sœur, ça va être répété!» Rouge de colère, Albertine plongea les bras dans la bassine et arrosa généreusement sa belle-sœur qui se mit à rire à son tour. «Tu peux le répéter à tout le monde, si tu veux, Édouard, j'ai pas honte! Quand vous serez après bouillir comme un stew dans le gros chaudron, en bas, pis que moé j'm'éventerai avec des plumes d'autruches, au ciel, en écoutant le concert, vous regretterez ben des affaires!» «Albertine, noye-moé pas, chus pas en état de grâce!».

Michel Tremblay, La grosse femme d'à côté est enceinte, Montréal, Leméac, 1978.

Albertine à 40 ans

Voyons donc! Vous avez toutes décidé ça depuis longtemps, vous autres, que j'étais pas intelligente! C'est pas parce que j'comprends pas les affaires de la même façon que vous autres que ça veut dire que chus pas intelligente! Y'a pas rien qu'une sorte d'intelligence! Vous autres… vous autres, vous êtes intelligents avec votre tête pis vous voulez pas comprendre qu'on peut l'être… J'sais pas comment te dire ça, Madeleine… C'est pas ma tête qui marche, moi, c'est mes instincts, on dirait… Des fois j'fais des affaires avant d'y penser, c'est vrai, mais c'est pas toujours mauvais, ça c'pas vrai! Depuis que chus p'tite que j'vois le

monde me regarder d'un drôle d'air quand j'parle parce que j'dis tout c'que j'pense comme j'le pense… Vous portez des jugements sur tout c'que j'dis mais vous vous entendez pas, des fois! Y'a des fois où vous devriez avoir un peu moins de tête pis un peu plus de cœur! Pis vous m'écoutez jamais, à part de ça! Quand j'ouvre la bouche vous prenez tu-suite un air méprisant qui m'insulte assez! Vous êtes tellement habitués à penser que j'ai pas d'allure que vous m'écoutez même pus!

Michel Tremblay, Albertine en cinq temps, Montréal, Leméac, 1984.

(*En pièces détachées, Chroniques du Plateau Mont-Royal*) retrouvent dans *Marcel poursuivi par les chiens* (1992) leurs souvenirs fraternels, impuissants pourtant à exorciser leurs angoisses. Albertine, caricaturale incarnation du Québec duplessiste dont se gaussait le narrateur des *Chroniques* (voir texte n°90), acquiert dans la pièce qui lui est consacrée une véritable stature d'héroïne (voir texte n°91).

Cette thématique complexe trouve son illustration la plus adéquate dans une langue souple, modulée au gré des situations ou des personnages. Il est bien loin le temps où le joual pur et dur des *Belles-Sœurs* était, à lui seul, une finalité et un spectacle. Désormais le français académique et un peu désuet de la haute bourgeoisie (*L'Impromptu d'Outremont*) côtoie le joual des rescapés des *Chroniques* ou le québécois parlé par l'élite intellectuelle à laquelle appartiennent Jean-Marc, l'enseignant, et Luc, le comédien (*Les Anciennes Odeurs*). À l'écart de toutes les outrances, ce langage du bon sens fait du français standard moins une norme qu'une base susceptible d'être rehaussée de québécismes (tournures idiomatiques propres au Québec).

On ne saurait exagérer l'influence de Michel Tremblay sur le théâtre québécois. En donnant droit de cité à la langue vernaculaire, en associant réalisme et absurde, humour et tragédie, il a tracé une voie que bien d'autres dramaturges devaient emprunter ; il pourrait dire, à l'instar d'un de ses héros, Édouard, dans *La Duchesse et le Roturier* : « V'nez voir ! V'nez voir la marque qu'on laisse en arrière de nous autres ».

IV. Le théâtre de la dérision

La dramaturgie des années soixante-dix met au service de la contestation religieuse, sociale et politique une dérision aux multiples facettes, inscrite dans les titres mêmes : longueur inusitée (*Un bateau que Dieu sait qui avait monté et qui flottait comme il pouvait, c'est-à-dire mal* d'Alain Pontaut*, 1970), jeux de mots (*Ines Pérée et Inat Tendu* de Réjean Ducharme, 1972), onomatopées (*Diguidi, diguidi, ha ! ha ! ha !* de Jean-Claude Germain*, 1971), sonorités allitératives et grotesques (*Si les Sansoucis s'en soucient, ces sansoucis-ci s'en soucient-ils ? Bien parler, c'est se respecter* de Jean-Claude Germain, 1972), formule provocatrice (*Un pays dont la devise est je m'oublie* de Jean-Claude Germain, 1976), tous les procédés sont bons pour étonner lecteurs et spectateurs potentiels et mieux les séduire.

Quelques années après les romanciers de la Révolution Tranquille, les auteurs dramatiques découvrent à leur tour les vertus de l'insolence et célèbrent à l'envi les lacunes de leur pays et leurs propres tares. Leur théâtre, narcissique et gouailleur, n'a d'autre centre d'intérêt que le sort du Québec, d'autre héros que l'anti-héros québécois, d'autre langue que le joual… Ainsi, l'histoire revue et corrigée par l'impertinent Jean-Claude Germain devient un prétexte à mortification. Dans *Un pays dont la devise est je m'oublie*, flagrant démenti à la profession de foi de la belle Province (« Je me souviens ») le passé n'est plus le passé officiel, vénérable et sacré, mais une succession d'épisodes burlesques joués par deux comédiens ambulants : de la présentation du coureur de bois à celle du célèbre joueur de hockey Maurice Richard, chaque tableau renforce l'image dévalorisante d'un pays aliéné. La même verve satirique anime *La Guerre, yes sir* (1970). À partir d'un sujet grave – la veillée funèbre d'un soldat mort au cours de la Seconde Guerre mondiale – Roch Carrier* brosse une fresque paillarde et truculente qui met à mal tous les poncifs de la littérature édifiante. Les hommes y apparaissent lâches et égoïstes, et le mort plus que tout autre, lui qui n'a pas péri en combattant mais en allant aux toilettes !

Alain Pontaut (né en 1925)

Journaliste et homme de lettres d'origine française, né à Bordeaux, il s'installe au Québec en 1960. On lui doit entre autres un *Dictionnaire critique du théâtre québécois* et une comédie dramatique : *Un bateau que Dieu sait qui avait monté et qui flottait comme il pouvait, c'est-à-dire mal* (1970).

Jean-Claude Germain (né en 1939)

Il est avant tout un homme de théâtre qui fonde en 1969 le TMN (Théâtre du Même Nom) qui par dérision se réfère au théâtre subventionné TNM (Théâtre du Nouveau Monde). En 1975, il fonde la grande Confrérie des Enfants Sans-Soucis. Il écrit en outre la plupart des canevas de la création collective des Enfants de Chénier. Ses œuvres parodiques sont très caractéristiques des années soixante-dix : *Diguidi, diguidi, ha ! ha ! ha !* (1969), *Le Roi des mises à bas prix* (1971), *Si les sansoucis s'en soucient, ces sansoucis-ci s'en soucient-ils ? Bien parler, c'est se respecter* (1971), *Les Hauts et les Bas de la vie d'une diva : Sarah Ménard par eux-mêmes* (1974), *Un pays dont la devise est : « je m'oublie »* (1976).

Roch Carrier (né en 1937)

Il est né à Sainte-Justine. Après des études de lettres à Montréal et à Paris, il enseigne dans divers établissements. Conteur, il écrit *Jolis deuils* (1964), *Les Enfants du bonhomme dans la lune* (1979), *Les Voyageurs de l'arc-en-ciel* (1980). Son œuvre est essentiellement romanesque : *La Guerre, yes Sir* (1968, adapté au théâtre en 1970), *Floralie, où es-tu ?* (1969, adapté au théâtre sous le titre de *Floralie* en 1973), …/…

Il est par là le soleil (1970), *Le Deux-millième Étage* (1973), *Il n'y a pas de pays sans grand-père* (1977), *Les fleurs vivent-elles ailleurs que sur la terre ?* (1980), *La Dame qui avait des chaînes aux chevilles* (1981). Il a écrit également deux pièces-monologues: *La Céleste Bicyclette* (1980) et *Le Cirque noir* (1982).

Jean Barbeau (né en 1945)

Né à Saint-Romuald, ce dramaturge est l'auteur de pièces engagées dans la querelle linguistique, donc très caractéristiques des années soixante-dix. Outre *Ben-Ur* (1971) sa meilleure pièce, il a écrit *Le Chemin de Lacroix* (1970), *Goglu* (1970), *Joualez-moi d'amour* (1970), *Manon Lastcall* (1970), *Solange* (1970), *La Coupe Stainless* (1973), *Une brosse* (1975).

La même volonté d'auto-dénigrement émane de la pièce de Jean Barbeau*, *Ben-Ur* (1971). Ce clin d'œil au film hollywoodien est, en fait, le diminutif de Benoît-Urbain Théberge «une p'tit Canayen-Français ben cheap», figure emblématique du Québécois, tel qu'en lui-même il s'est reconnu. Chacun est à sa place pour assurer la représentativité de *Ben-Ur*: la mère geignarde, le père absent, le curé omniprésent, l'Anglophone cupide et malin, tous les comparses sont dépeints à grand renfort de stéréotypes. La trajectoire du héros est tout aussi convenue: des fonds baptismaux à l'âge adulte, Ben-Ur fait de sa vie un continuel ratage; les épisodes se suivent, sans surprise, jusqu'à la réplique finale qui l'intronise héritier de son père: «Occupe-toi-z-en… Moi, j'suis fatigué… J'vas me coucher… *(Il va s'étendre sur le divan où dormait son père)*». Mais la banalité de la thématique est heureusement corrigée par une dramaturgie novatrice qui joue de l'insignifiance comme d'un atout. Ainsi, la réification des personnages présentés comme des robots porteurs d'une fiche signalétique insiste avec humour sur leur caractère conventionnel (voir texte n°92). L'utilisation du chœur est un procédé à peu près identique: censé glorifier le héros, il accentue comme à plaisir sa bassesse:

Va t'cacher, Ben-Ur
Les vidanges passent […]
Va t'cacher, Ben-Ur
Enlève ta crasse.

--- TEXTE N°92 ---

Des personnages robotisés

CHŒUR. – Qu'on apporte la mère de Ben-Ur… *(Du placard, on sort une chaise berçante, dont les berceaux sont garnis de lampions… Dans la chaise, la mère de Ben-Ur est attachée avec un immense chapelet… Entre les dents, elle a une carte perforée… On la route jusqu'à l'endroit qu'elle doit occuper dans la mise en scène. Pendant que deux membres du chœur la délient et lui placent dans les mains le chapelet, les deux autres prennent la carte perforée et viennent la lire aux spectateurs…)*
UNE VOIX. – Personnage numéro 1 ; fiche anthropologique…
UNE VOIX. – Nom, prénom…
VOIX 1. – Madame Hubert Théberge…
VOIX 2. – Signes distinctifs…
VOIX 1. – Épouse de Hubert Théberge, mère de Ben-Ur, ménagère…
VOIX 2. – Couleur des cheveux ?
VOIX 1. – Gris…
VOIX 2. – Couleur des yeux ?
VOIX 1. – Fermés…
VOIX 2. – Grandeur ?
VOIX 1. – Résignation…
VOIX 2. – Poids ?
VOIX 1. – Religion…
VOIX 2. – Emploi ?
VOIX 1. – Esclave de la vaisselle et du chapelet…
VOIX 2. – Revenus ?
VOIX 1. – Canadien-Français…
VOIX 2. – Langue ?
VOIX 1. – Catholique, romaine…
VOIX 2. – Religion ?
VOIX 1. – Vingt-quatre heures sur vingt-quatre.
VOIX 2. – Signe particulier ?
VOIX 1. – Fatigue…
VOIX 2. – Remarques ?
VOIX 1. – Vieux prototype de mère dévouée, d'une abnégation exemplaire; se retrouve encore de nos jours, mais a tendance à disparaître; d'utilité restreinte, ne peut plus servir efficacement; difficulté de trouver des pièces de rechange. C'est bien connu, on ne peut remplacer le cœur d'une maman, l'affection d'une maman, la tendresse d'une maman.

Jean Barbeau, *Ben-Ur*,
Montréal, Leméac, 1971, pp. 15-16.

Enfin la mise en scène de l'imaginaire apparaît comme un savoureux contrepoint. Tenté par l'onirisme de ses «comics» (bandes dessinées), Ben-Ur va, dans la deuxième partie de la pièce incarner les héros qui l'ont fait rêver. Il se métamorphose en justicier pour devenir tour à tour The lone Ranger, Tarzan ou Zorro dans une parodie, plus drôle que sobre, du style ampoulé de cette para-littérature : «Dans les collines arides et sèches de l'Arizona, sous un soleil de plomb très implacable et presque sans merci…». Mais les rêves eux-mêmes restent subordonnés à la réalité et, là encore, l'impérialisme américain s'étale sans vergogne : «C'est de valeur («dommage») que tous ces héros-là soient américains».

Ainsi, le théâtre s'affirme comme indubitablement lié à la situation ambiguë du Québec dont il souligne les dangers mais les visées politiques ne s'énoncent jamais au détriment de la fiction.

D'autres en revanche, sont allés plus loin dans le militantisme : ils ont fait de la scène un forum et transformé le théâtre en «appareil de sédition masqué par les feux des projecteurs» (Jacques Ferron[2]) : c'est le cas de Françoise Loranger.

V. Un théâtre militant : *Médium saignant* (1970) de Françoise Loranger*

Jouée en 1970, en pleine crise nationaliste, après le vote de la loi 63*, cette pièce est purement conjoncturelle et se présente comme la réaction immédiate et quasi-primaire à une situation jugée intolérable : en laissant à l'immigrant le libre choix de sa langue cette loi anéantissait toutes les chances du français au Québec (10 % seulement des Néo-Québécois le choisissent). D'emblée, la dramaturge affiche donc, sa volonté partisane, au mépris de toute ambition littéraire :

> *Médium saignant* est un titre grossier pour une pièce grossière dont le seul but est de témoigner d'une situation qui n'en finit pas de se détériorer […]. On pourrait sans doute en parler autrement et mieux - mais l'Esprit souffle où il veut et de toute façon ce n'est pas une raison pour se taire. Bien ou mal, en vers ou en prose, en français ou en joual, il y a des moments où il faut parler. Si vous ne pouvez pas parler, criez.
>
> Présentation de la pièce.

Le titre illustre bien cette esthétique de choc. Les mots énigmatiques relèvent, en effet, d'une métaphore culinaire qu'à la représentation, le décor explicitait : la province de Québec y figurait en énorme steak. Qu'il fût destiné à être mangé ne faisait aucun doute ; la seule alternative résidait donc dans son degré de cuisson : médium (à point) ou saignant ! La pièce elle-même se présente comme un happening où tenants du bilinguisme (ou mieux encore de l'unilinguisme anglais) et défenseurs de la langue française se battent à coup de statistiques et d'arguments avant de se rejoindre dans une commune imprécation animée de la haine de l'autre, de tous les autres : les Français et leur domination culturelle : «Je les haïs *(sic)* parce qu'ils parlent comme des dictionnaires» ; les Anglo-Saxons ennemis historiques : «Je les haïs parce qu'ils ne nous respectent pas» ; les Néo-Canadiens qui dans

Françoise Loranger (née en 1913)
Née à Saint-Hilaire, elle est journaliste avant de travailler pour Radio-Canada. Elle a écrit un roman *Mathieu* (1949) et des pièces de théâtre traditionnelles (*Encore cinq minutes,* 1966 ; *Une maison… un jour,* 1965), avant d'en venir au psychodrame, voire au happening mettant sur scène les grands problèmes agitant la société québécoise : *Le Chemin du Roy* (1968 – en collaboration avec Claude Levac), *Double jeu* (1969), *Médium saignant* (1970).

La loi 63 : elle garantissait à tous – y compris aux immigrants – la liberté de choisir l'école anglaise ou française. Le 31 octobre 1969, une manifestation du Front du Québec français (FQF) devant le Parlement de Québec protestait contre cette loi.

2. Voir Notice *infra,* p. 296.

leur égoïsme font le jeu des plus forts : « Je les haïs parce qu'ils sont en train de nous étouffer avec leur immigration ».

Cette haine s'affirmera bien vite comme l'envers d'une peur que les personnages devront extirper de leur âme à la faveur d'un exorcisme collectif redonnant à la parole sa pleine vertu thérapeutique :

> Démon de la peur de mourir
> ou de la peur d'être déjà mort
> Démon, démon, hors de moi

Œuvrant pour une certaine idée du pays, Françoise Loranger a rédigé un véritable manifeste dont la ferveur trouva dans le public un écho fraternel. Mais destinée à combattre une loi, cette pièce de circonstance ne peut avoir de durée qu'éphémère. La dramaturge a assumé ce risque en pleine conscience, plus soucieuse d'efficacité que d'immortalité.

VI. Une voix pour un pays : Antonine Maillet

Antonine Maillet* a élaboré une stratégie plus subtile mais tout aussi efficace, en ressuscitant un pays défunt par la seule vertu des mots. Originaire du Nouveau-Brunswick, l'ancienne Acadie rayée de la carte à la suite du « grand dérangement » (voir encadré ci-dessous), cet écrivain comblé d'honneurs n'a cessé de défier le cours de l'histoire. Dépositaire de traditions, de mythes et de récits que leur transmission orale vouait à la disparition, elle les a fixés dans la mémoire collective et, d'un même élan, les a imposés au monde : ses romans (*Mariaagélas,* 1974 ; *Pélagie-la-Charrette,* prix Goncourt 1979), tout comme ses pièces de théâtre (*Évangéline Deusse,* 1976 ; *Gapi* 1972) restituent avec bonheur parler, coutumes et climat acadiens. Mais c'est incontestablement *La Sagouine* (1971) qui constitua la clé de voûte de

**Antonine Maillet
(née en 1929)**

Née à Bouctouche (Nouveau-Brunswick), elle fit des études de lettres et entra en religion. Elle enseigna dans diverses institutions mais revint à la vie laïque après le succès de son premier roman *Pointe-aux-coques* en 1958. Elle se consacre désormais à une œuvre dramaturgique et romanesque très importante. Ses principaux romans sont : *On a mangé la dune* (1962), *Par derrière chez mon père* (contes, 1972), *Don l'orignal* (1972), *Mariaagélas* (1973), *Les Cordes-de-bois* (1979), *Pélagie-la-Charrette* (1979). Parmi ses meilleures pièces, on peut citer *Les Crasseux* (créée en 1971), *Évangéline Deusse* (1976) mais surtout *La Sagouine* (créée en 1971).

Le « grand dérangement »

– *Tout vient, disait maman, de ce vol de nos terres là-bas, dans notre premier pays, quand nous en avions un, que les Anglais nous ont pris lorsqu'ils l'ont découvert si avantageux. Au pays d'Évangéline. Pour avoir ces terres riches, ils nous ont rassemblés, trompés, embarqués sur de mauvais navires et débarqués au loin sur des rivages étrangers.*

– *Nous étions des Acadiens ?*

Peut-être maman me l'avait-elle déjà dit et je n'en avais pas gardé la mémoire. Ou bien je n'avais pas eu avant ce jour le cœur prêt à accueillir cette tragédie, et n'en avais pas fait grand cas.

– *Ainsi a commencé notre infortune, il y a bien longtemps, dit maman. Je ne sais pas tout de l'histoire. Des bouts seulement, transmis de génération en génération.*

– *Où ont-ils été laissés, maman ?*

– *Oh, un peu partout en Amérique, à se débrouiller comme ils pouvaient, ne connaissant même pas la langue du pays où ils avaient échoué. Une partie d'entre eux, de peine et de misère, réussirent à se rassembler au Connecticut. Ils travaillaient aux usines, aux chantiers forestiers, au chemin de fer, là où il y avait de rudes besognes à accomplir à vil prix. Ils voisinaient beaucoup entre eux, se réconfortaient dans leur ennui de la patrie.*

C'est à cet endroit du récit de maman que j'ai commencé à me tracasser au sujet de la notion de patrie, de ce qu'elle signifiait au juste.

Gabrielle Roy, *La Détresse et l'Enchantement*,
Montréal, Boréal express, 1984.
© Fonds Gabrielle Roy.

cette renaissance. L'héroïne éponyme dont le pseudonyme méprisant rappelle la jeunesse tumultueuse (sagouine = «putain») est devenue, à 72 ans, femme de ménage. Penchée sur son seau d'eau sale, elle confie au spectateur ses souvenirs et sa philosophie de la vie. Le long monologue de la vieille femme qui semble bavarder à bâtons rompus de tout ce qui lui passe par la tête (son passé, les saisons, les riches qu'elle sert, son mari Gapi, etc.) pose, en fait, les questions cruciales susceptibles de mettre à jour les iniquités historiques, politiques et sociales dont sont victimes les Acadiens. Mais la naïveté de sa formulation encore accentuée par son parler archaïque, le «chiac», la préserve de toute dérive militantiste ou misérabiliste. Séduit par ce texte insolite qu'interpréta admirablement à sa création Viola Léger, le spectateur ne peut que sourire des interrogations insolubles que lui pose au quotidien son identité d'Acadienne : que répondre par exemple lors d'un recensement, à la rubrique «nationalité»? (voir texte n°93)

VII. Théâtre de femmes

À partir de 1975*, l'inspiration nationaliste s'essouffle : contraint de ressasser la même argumentation, le théâtre politiquement engagé semble, de plus, perdre en 1976 jusqu'à sa raison d'être. L'accession au pouvoir du Parti Québécois n'allait-elle pas réaliser, enfin, cette indépendance dont il avait fait son thème favori ? Les féministes prennent alors la relève et transforment la scène en plate-forme de revendications. D'abord militant et manichéen, le féminisme va s'infléchir dans les années quatre-vingt et redonner sa place à la psychologie et à l'observation du quotidien.

C'est à cette époque que se créent des **théâtres et des éditions féministes** aux noms dérisoirement évocateurs : Théâtre de la Marmaille, Théâtre de la Cuisine, Éditions du Remue-Ménage, Éditions de la Pleine Lune qui «se veulent un instrument au service de la parole des femmes».

───── TEXTE N°93 ─────

Chancelante identité

...Je vivons en Amarique, ben je sons pas des Amaricains. Non les Amaricains, ils travaillont dans des shops aux États, pis ils s'en venont se promener par icitte sus nos côtes, l'été, en culottes blanches pis en parlant anglais. Pis ils sont riches, les Amaricains, j'en sons point. Nous autres je vivons au Canada ; ça fait que je devons putôt être des Canadjens, ça me r'semble.

...Ben ça se peut pas non plus, parce que les Dysart, pis les Caroll, pis les MacFadden, c'est pas des genses de notre race, ça, pis ça vit au Canada itou. Si i'sont des Canadjens, je pouvons pas en être, nous autres. Par rapport qu'il sont des Anglais, pis nous autres, je sons des Français.

...Non, je sons pas tout à fait des Français, je pouvons pas dire ça : les Français, c'est les Français de France. Ah ! pour ça, je sons encore moins des Français de France que des Amaricains. Je sons putôt des Canadjens français, c'est du monde qui vit à Québec. Ils les appelont des Canayens, ou ben des Québécois. Ben coument c'est que je pouvons être des Québecois si je vivons point à Québec ?... Pour l'amour de Djeu, où c'est que je vivons, nous autres ?

... En Acadie, qu'ils nous avons dit, et je sons des Acadjens. Ça fait que j'avons entrepris de répondre à leu question de nationalité coume ça : des Acadjens, que je leur avons dit. Ça, je sons sûrs d'une chouse, c'est que je sons les seuls à porter ce nom-là.

Antonine Maillet, *La Sagouine*, Montréal, Leméac, 1971.

1. Le théâtre «féministe»: La Nef des sorcières *et* Les fées ont soif

Écrite par un collectif de femmes comédiennes ou écrivains, où figurent la romancière Marie-Claire Blais et la théoricienne du féminisme québécois, Nicole Brossard, *La Nef des sorcières* (1976) donne la parole à celles qui ne l'ont jamais, qu'elles soient exclues ou noyées dans l'anonymat: la femme de 50 ans appelée «la ménopausée», l'ouvrière, la prostituée, la lesbienne, l'actrice et l'«écrivaine». Plus discursive que théâtrale, engoncée dans le carcan de six monologues consécutifs qui jamais ne s'entrecroisent ni ne se rejoignent en dialogue, cette pièce n'est pas exempte de dogmatisme; elle déverse son lot de griefs, souvent justifiés, sur un spectateur qui ne peut qu'approuver tout en se demandant s'il est au meeting ou au spectacle!

Plus complexe et plus inventive, la pièce de Denise Boucher* *Les fées ont soif* (1978) eut un tout autre retentissement, dû moins à ses qualités intrinsèques qu'au scandale qui entoura sa création. En effet, objet d'une censure indirecte – le Théâtre du Nouveau Monde où elle était montée vit ses subventions sensiblement diminuer – elle ralluma les vieilles querelles idéologiques et scinda en deux camps irréductibles partisans de la liberté de pensée et apologistes de la religion chrétienne.

Le texte, pourtant n'a rien de licencieux; la confrontation des destins de Marie l'épouse et de Madeleine la «putain» semble, au contraire, assez banale: l'une et l'autre ne sont-elles pas semblables, asservies à l'homme dont la dramaturge trace un portrait sans nuance? Cet homme absent de la scène – les rôles masculins sont joués par les comédiennes – l'écrase pourtant de sa brutalité et de son iniquité: violence conjugale, viol, procès qui conclut à la culpabilité de la victime, tous les poncifs dont se nourrit la mythologie féministe sont là... La véritable audace tient à la présence d'une statue de la Vierge qui peu à peu va s'animer pour se libérer enfin de la gangue qui l'emprisonnait. Elle pourra, alors, Ève Nouvelle, se joindre à la danse de «ses sœurs», Marie et Madeleine, et célébrer à l'unisson l'avènement d'un ordre nouveau. En perdant son caractère de sainteté et son prestige de modèle inimitable, la Vierge devient une simple femme dont les aspirations coïncident avec celles de nos contemporaines. On comprend mieux, dès lors, les passions que la pièce suscita et le rôle de porte-drapeau qui lui fut souvent attribué: en 1984, le théâtre des Cuisines en donnait une lecture-spectacle particulièrement provocatrice puisqu'elle coïncidait avec la visite de Jean-Paul II au Canada!

2. Le théâtre littéraire de Jovette Marchessault

Littéraire, le théâtre de Jovette Marchessault* l'est à double titre. Sa langue, exempte de tout régionalisme, ne cherche nullement à reproduire le parler québécois. Par ailleurs, alors que la plupart des dramaturges mettent en scène des «types», Jovette Marchessault ne s'intéresse qu'aux personnages exceptionnels et singulièrement aux écrivains. Ainsi, dans *La Saga des poules mouillées* (1981) elle réunit arbitrairement quatre romancières québécoises d'époques dif-

Denise Boucher
(née en 1935)

Dramaturge et poète, auteur de nombreuses chansons, elle acquiert une grande notoriété avec sa pièce controversée, *Les fées ont soif* (1978). On peut signaler également *Retailles* (1977) et *Lettres d'Italie* (1987).

Jovette Marchessault
(née en 1939)

Née Montréal, elle exerça divers métiers avant de se consacrer en 1974 à l'écriture. Féministe convaincue, elle écrit un roman *Comme un enfant de la terre* (1975) mais se fait connaître surtout comme dramaturge: *La Saga des poules mouillées* (1981), *La terre est trop courte, Violette Leduc* (1982), *Alice et Gertrude, Nathalie et Renée et ce cher Ernest* (1984).

férentes : Laure Conan, Germaine Guèvremont, Gabrielle Roy[3], Anne Hébert. *La terre est trop courte, Violette Leduc* (1982) peint en onze tableaux la vie de l'écrivain français Violette Leduc, en s'inspirant de *La Bâtarde,* dont la pièce cite de larges extraits.

La célébrité de ces héroïnes ne doit point cacher la charge protestataire dont elles sont affectées : écrivains « officiels » comblés d'honneur (comme le furent les quatre « poules mouillées »), ou artistes maudites, toutes les femmes présentées par Jovette Marchessault ont conquis leur droit à l'écriture de haute lutte, en s'emparant dans la douleur et les larmes de ce bastion masculin dont Jean Genet, l'ami de Violette revendique l'exclusivité :

> Chacun son métier, la littérature nous appartient, méchante Viollet-Le-Duc ! De droit divin. Un lignage ancien, glorieux [...]. C'est ça, la littérature ! Notre signe de supériorité sur les femmes.
>
> *La terre est trop courte, Violette Leduc*

L'itinéraire de Violette est particulièrement révélateur : aux prises dans le premier tableau avec le « vampire » monstre né de ses angoisses, symbole de tous les empêchements qui l'écartent de l'écriture, Violette triomphe de lui à la fin de la pièce. Elle sait désormais ignorer les mises en garde défaitistes de ses proches, au point de trouver le courage de tracer les premières lignes de son chef d'œuvre, *La Bâtarde* (voir textes n°94 et 95).

3. Voir Notice *infra* p. 303.

─────────── TEXTE N°94 ───────────

Un coup d'État

Violette, dans sa cuisine, à sa table, devant son cahier ouvert. Elle écrit quelques mots. Renifle, se mouche, écrit encore, renifle.

GABRIEL. – Attention ! Attention bonhomme ! *C'est presqu'un chuchotement.*

LA MÈRE, *plus fort.* – Attention, ma fille.
GABRIEL, *plus fort.* – Conseil amical : attention à tes mots bonhomme. Tu divagues dans ton nombril.

LA MÈRE. – Tu perds ton temps. C'est pas sérieux, ma fille. Écrire une lettre sans faire de fautes d'orthographe, n'est-ce pas suffisant ?

Jovette Marchessault, *La terre est trop courte, Violette Leduc*, Lachine (Québec), Éd. de la Pleine Lune, 1982, p. 21.

─────────── TEXTE N°95 ───────────

La victoire

GABRIEL. – Attention ! Attention bonhomme !

LA MERE. – Attention, ma fille !

GABRIEL. – Conseil amical : attention à tes mots, bonhomme. Tu divagues dans ton nombril.

VIOLETTE, *pour elle-même.* – Foutez-moi la paix !

LA MÈRE. – Tu perds ton temps, ma fille. C'est pas sérieux. [...]

VIOLETTE, *qui persiste à écrire.* – Vampires des plafonds je ne vous écoute plus. Je ne suis pas folle, je ne suis pas triste. Ma main invente ma propre vie, je la surprends en train de me construire, de me gémir. *Elle regarde le papier où elle vient d'écrire, se met à lire : Je suis née le 7 avril 1907 à 5 heures du matin.*

Ibid., pp. 150-151.

---

3. Un théâtre du quotidien

Loin d'être une simple version adoucie du féminisme «dur» des théoriciennes, le féminisme «au quotidien» relève d'une philosophie radicalement différente. Ni didactique, ni outrancier, il ne prône pas la guerre des sexes entre un monstre lubrique et une sainte martyre ; il ne juge pas, il observe. Il ne prend pas à partie mais à témoin... Et il témoigne de ce que chacun peut observer : la difficulté du couple, l'impossible gageure de la femme moderne écartelée entre son foyer et sa profession... Mais la banalité de sa thématique est telle que pour échapper à la platitude il n'a que deux voies de recours : l'humour ou la dramatisation.

Un humour décapant parcourt *Moman* (1979) de Louisette Dussault. Cette comédienne qui joua dans *La Nef des sorcières* et créa le rôle de la statue dans *Les fées ont soif,* a visiblement cherché à mettre en valeur son talent d'interprète. Seule sur scène pendant une heure et demie, elle incarne dix-sept personnages – hommes, femmes, enfants – qu'elle campe instantanément d'un geste ou d'une intonation de voix.

À travers un argument très simple – dans un autobus entre Montréal et Québec, une «moman» essaie vainement de concilier la turbulence de ses jumelles âgées de trois ans et la tranquillité des autres voyageurs – Louisette Dussault remet en cause les rapports sociaux et familiaux. Lasse de jouer la «mère police», elle décide de laisser ses filles libres de leurs faits et gestes. La gaieté et la spontanéité des enfants triompheront de toutes les réticences et le voyage se terminera dans l'harmonie retrouvée ! En dépit de ce dénouement quelque peu utopique, la comédie s'impose par le réalisme de portraits finement esquissés et le constat lucide qui s'en dégage : prisonnière de schémas préétablis qu'elle se croit obligée de reproduire, la femme doit apprendre à s'en affranchir, en ne gardant que le meilleur de l'héritage.

Tout aussi pragmatiques, les pièces d'Élisabeth Bourget* ne cessent d'explorer les destins si diversement semblables des femmes d'aujourd'hui. Véritables tranches de vie, ses comédies de mœurs, illustrent la difficile naissance de la femme libérée. Bernadette et Juliette (*Bernadette et Juliette ou La vie c'est comme la vaisselle, c'est toujours à recommencer*, 1978), déchirées entre la tradition maternelle et leurs aspirations personnelles, leur vie amoureuse et leurs ambitions professionnelles, ne se maintiennent dans un précaire équilibre qu'au prix d'efforts constants :

> Mon problème de c'temps-ci, c'est que j'ai l'impression d'être trois personnes différentes [...] Pis j'arrive pas à faire le lien. C'est ça qui est fatigant,

confie Bernadette à son amie. Estelle, héroïne de *Bonne fête Maman* (1982) exprime le changement des mœurs d'une manière plus significative encore, car cette quinquagénaire s'est longtemps contentée de son rôle d'épouse et de mère. Mais forte de l'autonomie que lui confère désormais son emploi et encouragée par l'exemple de ses filles, elle ose enfin être elle-même et commence à vivre à un âge où les femmes acceptent souvent leur déclin :

Élisabeth Bourget

Diplômée en écriture dramatique de l'École nationale de théâtre (1978), elle a écrit *Fais-moi mal juste un peu* (1977), *Bernadette et Juliette ou La vie c'est comme la vaisselle, c'est toujours à recommencer* (1978), *Le Bonheur d'Henri* (1978), *Bonne fête Moman* (1980), *Songe pour un soir de printemps* (1980), *En ville* (1982).

J'ai vécu… toute ma vie, en essayant d'faire c'que les autres voulaient que j'fasse. J'voulais leur faire plaisir! J'étais donc fine (gentille)! Mais moi, moi dans tout ça? Ben moi j'existe! Maint'nant je l'sais qu'j'existe.

Certes son discours ne frappe pas par son originalité et l'on pourrait arguer que la représentativité des personnages d'Élisabeth Bourget ne s'affirme qu'au détriment de leur intérêt: à force de nous être semblables ne nous sont-ils pas indifférents? Sans doute ne s'ancreront-ils jamais dans la mémoire collective, n'ayant vécu que le temps d'incarner un bouleversement sociologique…

Le théâtre de Marie Laberge* est d'une autre épaisseur. Pourtant, elle puise elle aussi ses sujets dans le monde québécois contemporain en en soulignant les faiblesses, et son langage familier et joualisant est bien le parler quotidien. Toutefois, au lieu de mettre en scène la vie de tous les jours, la dramaturge place ses héros dans des situations de crise qui ne peuvent qu'engendrer des réactions paroxystiques. Ainsi, le couple d'*Avec l'hiver qui s'en vient* (1981) s'est maintenu, vaille que vaille, dans le confort et les apparences jusqu'au seuil de la vieillesse. Mais la retraite de Maurice a déclenché le drame: il vit depuis dans un état de muette prostration qui exacerbe la rancœur de Cécile. Décidée à faire réagir à tout prix son mari, elle le supplie, le raisonne, l'apostrophe, lui crie son amour et sa solitude. En vain… Réfugié dans son coin, retranché dans un discours intérieur dont seul le spectateur a connaissance, Maurice est bien loin de sa vie conjugale: victime d'un traumatisme enfantin – il s'est cru responsable de la mort d'une tante adorée – il se laisse submerger par le passé et entraîner dans la folie, cet «épanchement du rêve dans la réalité» (voir texte n°96).

Marie Laberge (née en 1950)

Comédienne et auteur dramatique, elle a écrit de nombreuses pièces: *Ils étaient venus pour…* (1976), *Profession: Je l'aime* (1977), *Avec l'hiver qui s'en vient* (1979), *C'était avant la guerre à l'Anse à Gilles* (1980), *Jocelyne Trudelle, trouvée morte dans ses larmes* (1980), *L'Homme gris* (1982), *Deux tangos pour une vie* (1982).

— TEXTE N°96 —

La folie

C'tait pas beau, han Fécilicie, de m'être caché en arrière des arbres? Mais j'avais tellement peur que parsonne m'aime… *(Silence. Cécile est terrifiée, elle lâche ses mains. Maurice se lève, perdu.)* Y faudrait r'venir me charcher… *(Il reculte et regarde Cécile sans voir Cécile.)* S'il vous plaît, traversez la rivière, à gauche, prenez l'sentier, cel-là, oùsqu'y a des framboises, là, tout l'long, chus caché en haut du p'tit button, jusse en haut, v'nez m'charcher, Félicie… *(Il se met à quatre pattes et voit les cartes.)* Ah! j'ai toute renversé mes beulluets! *(Il ramasse une par une les cartes, bleuets imaginaires.)* Ôte-toi d'là, toi, la fourmi, envoye, débarque… *(Il se cache en dessous de la table.)* Ça t'prend du temps, ma tante… y fait noir icitte… v'nez m'charcher, je l'ferai pus, je l'jure… *(Il gémit.)*

Cécile est stupéfaite. Elle se lève doucement et, terrifiée, elle essaie d'aller au téléphone. En passant près de la table, Maurice voit ses jambes et se met à crier.

MAURICE

Y a des loups, Félicie, v'nez vite!… J'peux pas parler, y a trop d'loups, y vont m'manger… Faites attention aux poumons, là… *(Cécile signale. Le bruit du cadran fait peur à Maurice.)* J'les entends qui craquent, vos poumons, montez moins vite, là, Félicie…

Maurice continue d'appeler doucement Félicie pendant qu'on entend Cécile au téléphone.

Marie Laberge, *Avec l'hiver qui s'en vient*, Montréal, VLB éditeur, 1981, p. 103.

Dans *Jocelyne Trudelle trouvée morte dans ses larmes* (1983) l'irréparable a déjà eu lieu : la jeune fille qui s'est blessée par balle gît entre la vie et la mort dans le service de réanimation d'un hôpital montréalais. Le défilé de ses proches affichant sans retenue leur médiocrité explique son suicide : face à un père indigne, une mère-ectoplasme, un ami égoïste et une société indifférente, Jocelyne a vu dans la mort mieux qu'une issue, un véritable principe de renaissance.

L'univers très sombre de Marie Laberge où se côtoient folie, suicide et meurtre (*L'Homme gris,* 1984) est peuplé de femmes particulièrement pitoyables : victimes moins des pesanteurs sociales que d'une détresse psychique fondée sur la solitude et l'incommunicabilité, elles ne prétendent point réformer le monde, elles se contentent de subir et de dénoncer.

4. Un théâtre ethnique : le cas de Marco Micone

Source d'inépuisables variations, la condition de minoritaire-exploité-aliéné-colonisé du Québécois et, plus encore, de la Québécoise, relègue dans l'ombre les minorités ethniques qui composent la mosaïque canadienne. Ainsi, les Italiens omniprésents dans la cité sont quasiment absents de la scène, ou présents caricaturalement, prétextes à clichés relevant d'une xénophobie caractérisée :

> En Urope, le monde se lavent pas ! [...] Prenez l'Italienne à côté de chez nous, a pue c'te femme-là, c'est pas croyable.
>
> *Les Belles-Sœurs.*

Il est donc particulièrement intéressant que certains immigrants accèdent à leur tour à la parole et fassent du théâtre le miroir de leur différence. Marco Micone est de ceux-là... Né en Italie, venu au Québec avec sa famille en 1958 à l'âge de treize ans, il étudie dans sa première pièce, *Gens du silence* (1979), les rapports conflictuels entre les immigrés et leur pays d'adoption. S'il dénonce l'exploitation de ses compatriotes, il se garde toutefois de tout manichéisme en soulignant le passéisme nostalgique dont les exilés nourrissent leur refus d'adaptation. Avec *Addolorata* (1983) il plaide plus particulièrement la cause de la femme italienne doublement asservie :

> Traits tirés, dos voûté et yeux cernés
> Doigts gercés, souffle court, j'les ai mérités.
> Car en plus d'être femme, je suis immigrée.

Le double nom et le double visage de l'héroïne, incarnée par deux comédiennes et présentée simultanément à dix ans d'intervalle, traduisent d'une manière saisissante les ravages de la vie conjugale. La jeune Lolita de dix-neuf ans croyait au Prince Charmant et voyait dans le mariage la clé de sa libération. Addolorata, la douloureuse, consciente de n'avoir échappé à la tutelle de son père que pour tomber sous la coupe de son mari, a perdu toutes ses illusion et n'aspire plus qu'au divorce. Un jeu linguistique présente, par ailleurs, comme inévitable la résurgence d'habitudes machistes chez l'homme italien. Jeune, le fiancé de Lolita se faisait appeler Johnny et émaillait son discours d'expressions américaines. Une fois marié, il redevient Giovanni dont la toute-puissance éclate dans les jurons italiens qu'il profère comme à plaisir !

VIII. Un théâtre de l'universalité

On s'accorde à reconnaître que le théâtre québécois n'exista vraiment que dans la mesure où il osa être lui-même en empruntant les éléments d'une réalité qu'il lui incombait de transposer et de styliser. Le courant «régionaliste et naturaliste» très largement représenté laisse cependant subsister d'autres formes de théâtre qui par leur thématique, leur langage ou leur absence de référent spatial s'inscrivent dans l'universel. Déjà en 1967, Robert Gurik*, d'origine européenne, faisait de son drame *Le Pendu* le véhicule de sa pensée politique et philosophique. Réflexion désabusée sur l'ingratitude des peuples, cette allégorie est une mise en garde soulignant les dangers du messianisme. Misérable habitant d'un pays de misère aux contours indéfinis, Yovel a décidé de se pendre (chacun sait que la corde de pendu porte chance !) afin de répandre autour de lui le bonheur et de corriger les injustices sociales. Debout sur une table, attaché par une immense corde, il en distribue sans compter des fragments, gratuits pour les pauvres, payés à prix d'or par les riches. Il rétablit ainsi l'équilibre social et se voit déjà apôtre d'un ordre nouveau, à la tête d'une armée de pendus occupant le monde. C'était compter sans ses compagnons qui le tuent à seule fin de conserver les vertus bénéfiques de leur porte-bonheur !

Un autre Européen allait laisser une empreinte indélébile. Jean-Pierre Ronfard*, né et élevé en France, mit sa culture et son expérience acquise dans différents pays au service du Théâtre Expérimental qu'il fonda en 1975 et qu'il transforma en 1979 en Nouveau Théâtre expérimental. C'est là qu'il fit représenter en plusieurs fois, à partir de 1981, une œuvre colossale : *Vie et mort du Roi Boiteux*. Cette épopée sanglante et grotesque se signale par un gigantisme dont les chiffres témoignent : elle met en scène deux cent dix personnages et la durée globale de la représentation est de quinze heures ! À travers la lutte de deux familles rivales, les Roberge et les Ragone, le dramaturge nous fait revivre les plus grands moments du théâtre : les cycles shakespeariens, les tragiques grecs, Eschyle, Sophocle et Euripide donnent à l'ensemble une dimension mythique tempérée par des apports loufoques et parodiques.

Ambitieuse, cette œuvre est une tentative extrême au-delà de laquelle il semble impossible d'aller : plus exigeant, le théâtre y perdrait jusqu'à sa raison d'être. En regard de cet enchevêtrement et de cette démesure la pièce de Roch Carrier, *Le Cirque noir* (1982) paraît plus dépouillée encore. Ce monologue écrit pour la grande comédienne Monique Miller, est selon son créateur «une image ralentie de ce grand bond dans l'autre vie» (*Notes parallèles* prises pendant l'écriture du *Cirque noir*). Victime d'un grave accident de voiture, une jeune femme, Magnolia, sur le point de mourir, est confrontée à son existence qu'elle saisit, selon la croyance

Robert Gurik (né en 1932)

D'origine française, né à Paris, il achève ses études d'ingénieur à Montréal. Il commence sa carrière de dramaturge en 1963 et obtient de nombreux succès. Ses principales pièces témoignent de son engagement politique : *Api 2967* (1966), *Le Pendu* (1967), *Hamlet, prince du Québec* (1968), *À cœur ouvert* (1969), *Les Louis d'or* (1969), *Les Tas de sièges* (1971), *Le Tabernacle à trois étages* (1972), *Le Procès de Jean-Baptiste M.* (1972), *Lénine* (1975).

Jean-Pierre Ronfard (né en 1919)

Né dans un village du Nord de la France, agrégé de grammaire, il fut comédien et metteur en scène, et fonda en 1975 le Théâtre expérimental (qui deviendra en 1979 le Nouveau Théâtre expérimental). Outre *Vie et mort du Roi Boiteux* (1981), il a écrit diverses pièces en collaboration : *L'Inceste* (1979), *Passage* (1979) et des pièces inspirées de chefs-d'œuvres mondiaux : *La Mandragore* (1982 d'après Machiavel), *Les Mille et une nuits* (1984), *Don Quichotte* (1984).

populaire, en une fulgurante vision. La pièce retranscrit les souvenirs, les fantasmes, les sensations qui se bousculent dans la durée infiniment dilatée de cet instant crucial. Mais là où la situation aurait justifié un langage embryonnaire fait de cris, de soupirs ou d'onomatopées, le dramaturge, en rupture de réalisme, opte pour une esthétique élaborée : la pureté de la langue, la complexité d'une phrase aux contours harmonieux, la richesse d'un style souvent métaphorique qui exploite habilement les ressources de la rhétorique – par exemple l'anaphore – tout justifie les ambitions dont les *Notes parallèles* se faisaient l'écho :

> J'écris là un théâtre de la parole [...]. L'actrice et le spectateur vont se rencontrer dans les mots sur la scène ; le décor véritable, le lieu véritable est le point d'angoisse devant l'inconnu en chacun de nous.

En dépit de cette portée métaphysique et eschatologique, le texte reste très simple : parcouru par une émotion pudique qui affleure sans cesse, le monologue de Magnolia est un hymne à la vie dont elle savoure par le souvenir les bonheurs les plus anodins (voir texte n°97).

TEXTE N°97

Hymne à la vie

Je veux vivre encore. Je veux... (*Hésitation. Elle doit choisir ce qu'elle veut.*) entendre les voitures pressées dans les rues. Je veux vivre encore et sentir sur mon corps la caresse d'une robe enfilée pour la première fois. Je veux vivre encore et tremper mes lèvres dans le vin blanc et remplir mon verre une autre fois et encore et encore ! Je veux vivre encore et m'asseoir près du téléphone et attendre, attendre un appel qui ne viendra pas. Je veux vivre encore et le matin, sur mon pain grillé, étendre du beurre qui fondra et porter le pain grillé à mes lèvres, et sentir le chaud parfum du pain grillé et du beurre fondu, et penser que j'ai oublié la confiture de fraises, puis étendre la confiture et encore une petite fraise et glisser entre mes dents le pain grillé, et l'entendre craquer et le mâcher, puis sentir le goût du beurre qui coule sur ma langue, et déguster les fraises sucrées comme la lumière de l'été. Je veux vivre encore et un soir, devant mon poste de télévision fermé, ne penser à rien, ne rêver de rien. Je veux vivre et chaque jour offrir l'eau à une plante et avant de verser l'eau, la regarder, lui demander comment elle va, et m'apercevoir dans le sourire des feuilles qu'elle me reconnaît, et passer délicatement mes doigts dans ses feuilles comme dans la fourrure d'un chat, et verser l'eau lentement et écouter la plante ronronner du plaisir de boire. Je veux vivre encore et, souvent, me précipiter à ma fenêtre comme si quelque chose d'extraordinaire devant arriver, et observer, ne rien apercevoir, et revenir rassurée.

Roch Carrier, *Le Cirque noir*,
Montréal, Stanké, 1982, pp. 68-69.

La richesse même du théâtre québécois interdit tout bilan, fût-il provisoire : la multiplication des troupes professionnelles (on en comptait plus de deux cents en 1978), la prolifération des espaces scéniques – du café-théâtre aux grandes salles subventionnées – et surtout l'extraordinaire essor de talents dramatiques bien servis par le CEAD, tout contribue à faire du théâtre québécois un théâtre avant tout vivant qui n'en finit pas de se métamorphoser, de s'enrichir, de se chercher... Toutefois, quelques thèmes récurrents, quelques constantes s'imposent, qui pourraient inviter un observateur étranger à parler de narcissisme et de ressassement. Ce serait méconnaître la mission sociale et politique dont le théâtre est investi : à un peuple en quête d'identité, il renvoie une image ressemblante, donc rassurante ; à un pays exclu de l'Histoire il raconte une autre histoire dont les plus humbles citoyens sont les héros. De ce point de vue, on pourrait sans craindre le ridicule, rapprocher le théâtre québécois du théâtre antique : nés l'un et l'autre dans la cité et de la cité, ils sont moins des divertissements que des rituels où chacun s'empresse pour voir se dérouler les étapes annoncées d'une agonie inévitable. Les Grecs avaient leurs Atrides, leurs Labdacides et leur impitoyable destin. Les Québécois n'ont à leur opposer que leur Défaite et les figures emblématiques du Mythe National : un Père inexistant, une Mère castratrice, un Héros toujours floué, «du monde ben cheap» !

Quelques références

Gilbert DAVID et Pierre LAVOIE (sous la dir. de), *Le Monde de Michel Tremblay*, Montréal, Cahiers de théâtre jeu / Carnières, Éd. Lansman, 1993.

Hélène DUMAS, *Théâtre québécois : ses auteurs, ses pièces. Répertoire du Centre d'essai des auteurs dramatiques.* Montréal, VLB éditeur, 1990.

Étienne-F. DUVAL, *Aspects du théâtre québécois,* Trois-Rivières, Université du Québec à Trois-Rivières, 1978.

Jean-Cléo GODIN et Laurent MAILHOT, *Théâtre québécois II. Nouveaux auteurs, autres spectacles,* Montréal, Hurtubise HMH, 1980.

Claude LAPOINTE et André BRASSARD, *Stratégies de mise en scène. Essai,* Outremont, VLB éditeur, 1990.

Bibliographie succincte

I. Dictionnaires

***, *Dictionnaire des œuvres littéraires du Québec* (sous la direction de Maurice Lemire), 6 vol., Montréal, Fides :
- tome I, *Des origines à 1900*, 2ᵉ édition revue, corrigée et mise à jour, 1980 ;
- tome II, *1900-1939*, 1980 ;
- tome III, *1940-1959*, 1982 ;
- tome IV, *1960-1969*, 1984 ;
- tome V, *1970-1975*, 1987 ;
- tome VI, *1976-1980*, 1994 (sous la direction de Gilles Dorion).

Réginald HAMEL, John HARE et Paul WYCZYNSKI, *Dictionnaire pratique des auteurs québécois*, Montréal, Fides, 1976.

II. Bibliographies

Réginald HAMEL, *Cahiers bibliographiques des lettres québécoises*, 4 vol., Montréal, Centre de documentation des lettres canadiennes-françaises, Université de Montréal, 1966-1969.

Ghislaine HOULE et Jacques LAFONTAINE, *Écrivains québécois de nouvelles cultures*, Montréal, Centre bibliographique de la Bibliothèque nationale du Québec, 1975.

III. Histoires littéraires

Laurent MAILHOT, *La Littérature québécoise*, Paris, PUF, 2ᵉ éd. revue, 1975.

Gérard TOUGAS, *La Littérature canadienne-française*, Paris, PUF, 5ᵉ éd., 1974.

Auguste VIATTE, *Histoire comparée des littératures francophones*, Paris, Nathan, 1980.

IV. Anthologies

***, *Anthologie de la littérature québécoise* (sous la direction de Gilles Marcotte), 4 vol., Montréal, La Presse :
- tome I, Léopold LEBLANC, *Écrits de la Nouvelle-France, 1534-1760*, 1978 ;
- tome II, René DIONNE, *La Patrie littéraire, 1760-1895*, 1978 ;
- tome III, Gilles MARCOTTE et François HUBERT, *Vaisseau d'or et croix du chemin, 1895-1935*, 1979 ;
- tome IV, René DIONNE et Gabrielle POULIN, *L'Âge de l'interrogation, 1937-1952*, 1980.

V. Revues savantes

La date qui suit le titre est celle de la première parution du périodique.

Canadian Literature / Littérature canadienne (été 1959), Université de Colombie Britannique, parution trimestrielle.

Cultures du Canada français (1984), succède au *Bulletin du Centre de recherche en civilisation canadienne-française* (1970), Ottawa, Centre de recherche en civilisation canadienne-française de l'Université d'Ottawa, parution annuelle.

Études françaises (février 1965), Montréal, Département d'études françaises de l'Université de Montréal, parution trois fois par an.

Études littéraires (avril 1968), Québec, Faculté des Lettres de l'Université Laval, parution trois fois par an.

Littératures (1988), Département de langue et littérature françaises de l'Université Mc Gill, parution irrégulière.

Présence francophone (automne 1970), Département d'études françaises de l'Université de Sherbrooke, parution semestrielle.

Revue de l'Université d'Ottawa / University of Ottawa Quaterly (1931), Ottawa, Université d'Ottawa, parution trimestrielle.

Voix et images (septembre 1975), succède à *Voix et images du pays* (1967), Montréal, Département d'études littéraires de l'Université du Québec à Montréal, parution trois fois par an.

VI. Sur la langue

Sylvia CLAPIN, *Dictionnaire canadien-français,* reproduction de l'édition originale de 1894, Québec, Presses de l'Université Laval, 1974.

N. E. DIONNE, *Le Parler populaire des Canadiens-français*, Québec, Presses de l'Université Laval, 1974.

Gaston DULONG et Gaston BERGERON, *Le Parler populaire du Québec et de ses régions voisines. Atlas linguistique de l'Est du Canada*, 10 vol., Québec, Ministère des Communications, 1980.

VII. Études historiques

Yvan LAMONDE, *Guide d'histoire du Québec*, Montréal, Boréal express, 1976.

Paul-André LINTEAU, René DUROCHER et Jean-Claude ROBERT, *Histoire du Québec contemporain*, 2 vol., Montréal, Boréal express :
– tome I, *De la confédération à la crise (1867-1929)*, 1979 ;
– tome II (avec la collaboration de François Ricard), *Le Québec depuis 1930*, 1986.

Chronologie

	ÉVÉNEMENTS HISTORIQUES	ÉVÉNEMENTS LITTÉRAIRES
1534	Le 24 juillet : Jacques Cartier débarque sur la côte est du Canada et plante une croix à Gaspé au nom du roi François Ier.	
1545		Publication du *Brief Récit* de Jacques Cartier.
1603		Publication par Samuel de Champlain de son œuvre *Des Sauvages*.
1608	Samuel de Champlain fonde la ville de Québec.	
1609		Marc Lescarbot publie *Histoire de la Nouvelle-France*, *Les Muses de la Nouvelle-France*, *Le Théâtre de Neptune en la Nouvelle-France*.
1613		*Les Voyages du Sieur de Champlain, Xaintongeois* (autres éditions en 1619 et en 1632).
1756-1763	Guerre de Sept ans où s'opposent la France et l'Angleterre.	
1759	Défaite et mort de Montcalm sur les Plaines d'Abraham (près de Québec).	
1763	Traité de Paris abandonnant le Canada et la Louisiane aux Anglais.	
1837-1838	Révolte des Patriotes dirigés par Louis-Joseph Papineau. Après l'échec de cette révolte, Papineau doit s'exiler.	Premier roman publié au Canada français *L'Influence d'un livre* de Philippe Aubert de Gaspé fils.
1839	Rapport de Lord Durham prônant l'assimilation des Canadiens français.	
de 1845 à 1852		Publication en quatre volumes de l'œuvre monumentale de François-Xavier Garneau : Histoire du Canada depuis sa découverte jusqu'à nos jours.
1858		Octave Crémazie publie son poème *Le Drapeau de Carillon*.

1863		*Les Anciens Canadiens*, roman historique de Philippe Aubert de Gaspé (père).
1867	Entrée en vigueur de la constitution canadienne dite Acte de l'Amérique du Nord britannique.	
1884		*Angéline de Montbrun*, roman de Laure Conan (pseudonyme de Félicité Angers).
1885	Exécution de Louis Riel.	
1899		Dernière apparition publique du poète Émile Nelligan.
1916		*Maria Chapdelaine. Récit du Canada français* de Louis Hémon.
1933		*Un homme et son péché* de Pierre-Henri Grignon.
1936	Maurice Duplessis prend le pouvoir à la tête de l'Union Nationale.	
1937		*Menaud, maître-draveur* de Félix-Antoine Savard. *Regards et jeux dans l'espace* de Saint-Denys Garneau.
1938		*Trente arpents* de Ringuet (pseudonyme de Philippe Panneton).
1939	Adélard Godbout remplace Maurice Duplessis.	
1942	Référendum de Mackenzie King sur la conscription.	
1944	Maurice Duplessis gagne les élections et redevient premier ministre (il le restera jusqu'à sa mort).	*Au pied de la pente douce* de Roger Lémelin.
1945		*Le Survenant* de Germaine Guèvremont. *Bonheur d'occasion* de Gabrielle Roy (prix Fémina 1947). *Avant le chaos*, recueil de nouvelles d'Alain Grandbois.
1948		*Manifeste du Refus global.* Création de *Tit-Coq* de Gratien Gélinas sur la scène du Monument National.
1953		*Le Tombeau des Rois* d'Anne Hébert (poèmes). *Poussière sur la ville*, roman d'André Langevin.

1955		*Rue Deschambault*, premier recueil de nouvelles à tendance autobiographique de Gabrielle Roy.
1958		*Agaguk* d'Yves Thériault. Anne Hébert publie aux Éditions du Seuil son premier roman *Les Chambres de bois*.
1959	Mort de Maurice Duplessis.	
1960	Le 22 juin : Le parti libéral est porté au pouvoir. Jean Lesage devient premier ministre de la province de Québec.	*Les Insolences du Frère Untel* (Jean-Paul Desbiens). Cet essai-pamphlet connaît un succès sans précédent. *Le Libraire*, court roman de Gérard Bessette, est salué comme une œuvre novatrice.
1961	La commission Parent est chargée de la rénovation de l'enseignement. C'est le début de la «Révolution tranquille».	
1964		*Le Cassé* de Jacques Renaud, premier roman écrit en joual. *L'afficheur hurle*, recueil de poèmes de Paul Chamberland.
1965		*Prochain épisode*, d'Hubert Aquin. *Une saison dans la vie d'Emmanuel*, de Marie-Claire Blais (prix Médicis 1966).
1966		*L'Avalée des avalés*, roman de Réjean Ducharme.
1967	Suite aux travaux de la commission Parent, les douze premiers CEGEP ouvrent leurs portes. Visite au Québec du Général de Gaulle qui lance son fameux : «Vive le Québec libre !»	*Salut Galarneau !* de Jacques Godbout.
1968		Première représentation de la pièce de Michel Tremblay *Les Belles-Sœurs* au théâtre du Rideau Vert.
1970	Crise d'octobre. Enlèvement du ministre Pierre Laporte et du diplomate James Cross. Mort de Pierre Laporte. Loi des mesures de guerre.	*L'Homme repaillé*, recueil de poésies et d'essais de Gaston Miron. *Jos Connaissant*, roman de Victor-Lévy Beaulieu.
1971		Première représentation de *La Sagouine* d'Antonine Maillet. *Ben-Ur*, pièce de Jean Barbeau.
1972		Sotie de Jean-Claude Germain : *Si les Sansoucis s'en soucient, ces Sansoucis-ci s'en soucient-ils ? Bien parler, c'est se respecter !*

1976	Le parti québécois gagne largement les élections. René Lévesque devient premier ministre.	*Serge d'entre les morts*, roman de Gilbert La Rocque.
1978		*Le Centre blanc*, rétrospective de poésies de Nicole Brossard. *La grosse femme d'à côté est enceinte* de Michel Tremblay, premier volume des *Chroniques du Plateau Mont-Royal*. *Les fées ont soif* de Denise Boucher.
1980	Échec sévère de René Lévesque au référendum posant la question de la souveraineté-association.	
1981		*Le Matou* d'Yves Beauchemin, succès international.
1982		*Les Fous de Bassan* d'Anne Hébert (Prix Fémina). *La terre est trop courte, Violette Leduc*, pièce de Jovette Marchessault.
1984		Autobiographie posthume de Gabrielle Roy *La Détresse et l'Enchantement*. *Volkswagen blues*, roman de Jacques Poulin.
1990		*Les Vues animées*, premier volet du triptyque autobiographique de Michel Tremblay.
1995	Échec – moins sévère que le premier – du deuxième référendum posant la question nationale. Suite à cet échec, Lucien Bouchard devient premier ministre, en remplacement de Jacques Parizeau démissionnaire.	
1996		*Le Second Violon* d'Yves Beauchemin. Biographie de Gabrielle Roy par François Ricard.

Notices bio-bibliographiques
des principaux auteurs

■ Jacques-Stéphen ALEXIS (1922-1961, Haïti)

Après des études secondaires à Paris, au Collège Stanislas, et à Port-au-Prince, à Saint-Louis de Gonzague, Jacques-Stéphen Alexis commença ses études de médecine en Haïti. Comme R. Depestre, il écrivit dans *La Ruche* (sous le pseudonyme de «Jacques la Colère»), participa activement en 1946 à la grève des étudiants qui contribua à amener Dumarsais Estimé au pouvoir, puis reçut une bourse pour l'étranger de la part d'un gouvernement que ses idées progressistes inquiétaient. Il termina sa médecine à Paris et revint en Haïti en 1954. Deux ans plus tard, il assista à Paris au premier Congrès mondial des artistes et écrivains noirs.

Recherché par la police de Duvalier, il dut quitter Haïti clandestinement en 1960; il se rendit à Moscou et à La Havane. L'année suivante, il débarqua dans le nord d'Haïti avec quatre camarades pour préparer un soulèvement. Dénoncé aux tontons macoutes par les paysans de la région, Alexis disparut dans les geôles de Papa Doc.

Principaux ouvrages
Romans
Compère Général Soleil, Paris, Gallimard, 1955.
Les Arbres musiciens, Paris, Gallimard, 1957.
L'Espace d'un cillement, Paris, Gallimard, 1959.
Contes
Romancero aux étoiles, Paris, Gallimard, 1960.

À consulter
Aura M. BOADAS, *Lo barroco en la obra de J.-S. Alexis,* Caracas, CELARG, 1990.
J. Michael DASH, *Jacques-Stéphen Alexis,* Toronto, Black Images, monograph n° 2, 1975.
Marie-Josée GLÉMAUD, «Littérature et domination», in *Collectif paroles* (Montréal, P.Q.), sept.-oct. 1982.
Maximilien LAROCHE, *Le «Romancero aux étoiles» et l'œuvre romanesque de Jacques-Stéphen Alexis,* Paris, Nathan, 1978.

M. Élisabeth MUDIMBE-BOYI, *L'Œuvre romanesque de Jacques-Stéphen Alexis,* Montréal, Humanitas-Nouvelle Optique, 1992.

■ Hubert AQUIN (1929-1977, Québec)

Né à Montréal, Hubert Aquin parle peu de son enfance. Après le «cursus» normal des humanités classiques, il prépare une licence de philosophie à l'Université de Montréal, puis étudie à l'Institut d'études politiques de Paris (1951-1954). À son retour au Québec, il se livre à des activités variées mais milite pour l'indépendance, et dès 1960, il s'inscrit au RIN (Rassemblement pour l'indépendance nationale) dont il devient en 1963 le vice-président.

En 1964, l'événement qui bouleverse momentanément sa vie lui permet d'écrire son premier roman: soupçonné d'appartenance au FLQ (Front de libération du Québec), il est arrêté en juillet 1964 pour port d'arme, puis interné dans un institut psychiatrique. Libéré sous caution en 1964, il a mis à profit sa réclusion pour écrire son premier roman: *Prochain épisode*. Acquitté en octobre 1965, il se consacre alors à son nouveau métier d'écrivain. Il se suicide en 1977.

Personnalité très influente de l'intelligentsia québécoise, lié au groupe *Parti pris,* membre jusqu'en 1971 du comité de direction de *Liberté,* Hubert Aquin fut un théoricien dont certains articles retentissants firent date – «Profession: Écrivain», in *Parti pris* (1964), «La fatigue culturelle du Canada français» (1962), «L'art de la défaite», in *Liberté* (1965). La plupart de ses articles furent repris dans *Point de fuite* (1971), et *Blocs erratiques* (1977). Il a écrit quatre romans: *Prochain épisode* (1965), *Trou de mémoire* (1968), *L'Antiphonaire* (1969), *Neige noire* (1974) et plusieurs télé-théâtres: *Passé antérieur* (1955), *Dernier été* (1960), *On ne meurt qu'une fois* (1960), *Oraison funèbre* (1962), *Faux bond* (1967), *Table tournante* (1968), *Vingt-quatre heures de trop* (1969),

Double sens (1972). Il participa également à la réalisation de plusieurs films produits pour l'ONF dont *À l'heure de la décolonisation*.

■ Gérard BESSETTE (né en 1920, Québec)

Il est né à Sabrevois (Iberville) et vient habiter Montréal alors qu'il est âgé d'une dizaine d'années. Après des études dans un collège classique et à l'École normale, il entreprend des études de lettres à l'Université de Montréal où il obtient son doctorat en 1950. Brillant universitaire dont la carrière s'est déroulée essentiellement à l'Université Queen de Kingston (Ontario), il devient un critique très écouté et contribue à la popularité de la psychocritique: *Une littérature en ébullition* (1968) et *Trois romanciers québécois* (1973) présentent des études désormais classiques sur Gabrielle Roy, Yves Thériault ou André Langevin. Il se montre moins inspiré lorsqu'il tente une psychocritique de ses propres œuvres dans *Mes romans et moi* (1979).

En tant que romancier, Gérard Bessette connaît deux périodes distinctes. Il écrit d'abord des romans de facture classique présentant une vision très critique du Québec à la veille de la Révolution tranquille (*La Bagarre*, 1958; *Le Libraire*, 1960; *Les Pédagogues*, 1961). Par la suite, il donne sa préférence à une esthétique plus moderne, faisant la part belle au subconscient (*L'Incubation*, 1965; *Le Cycle*, 1971; *La Commensale*, 1975).

Le Semestre (1979), une de ses œuvres les plus importantes, est à la fois un roman et une étude critique. Il s'y livre à une vaste psychocritique de *Serge d'entre les morts* (1976) de Gilbert La Rocque.

■ Marie-Claire BLAIS (née en 1939, Québec)

Née à Québec dans une famille modeste, Marie-Claire Blais dut interrompre très tôt ses études pour gagner sa vie. Mais elle s'adonne très jeune à l'écriture et obtient dès son premier roman (*La Belle Bête*, 1959) un vif succès. Boursière par deux fois de la fondation Guggenheim (1963 et 1964), lauréate par deux fois également du prix du Gouverneur général (1968-1979), elle vit assez retirée et se consacre exclusivement à une œuvre déjà très abondante.

Bien qu'elle ait publié des poèmes (*Pays voilés* et *Existences*, 1963) et qu'elle se soit révélée, à l'occasion, dramaturge: *L'Exécution* (1968), *Fièvres* et autres textes dramatiques: textes radiophoniques diffusés de 1971 à 1974, *La Nef des sorcières* (monologue), Marie-Claire Blais est essentiellement une romancière qui se plaît dans un univers très sombre qui n'est éclairé que par la grâce de l'enfance et racheté par la poésie. *La Belle Bête* (1959), *Tête blanche* (1960), *Le Jour est noir* (1962), *Une saison dans la vie d'Emmanuel* (prix Médicis, 1965), *L'Insoumise* (1966), *David Sterne* (1967), *Manuscrits de Pauline Archange* (1968), *Vivre! Vivre!* (1969), *Les Apparences* (1970), *Les Voyageurs sacrés* (récit, 1969), *Le Loup* (1972), *Un joualonais, sa joualonie* (1973), *Une liaison parisienne* (1975), *Les Nuits de l'Underground* (1978), *Le Sourd dans la ville* (1979), *Visions d'Anna* (1982).

■ Nicole BROSSARD (née en 1943, Québec)

Animatrice depuis une dizaine d'années de la vie québécoise, grande prêtresse du féminisme, Nicole Brossard occupe une place importante dans la littérature.

Née en 1943 à Montréal, elle entreprend des études littéraires et n'attend pas leur achèvement pour fonder en 1965 *La Barre du Jour* qui jouera un rôle essentiel dans l'essor de la nouvelle poésie. Mais elle associe bientôt la lutte féministe au formalisme de ses débuts en fondant le journal *Les Têtes de pioche* et en participant à l'écriture d'une pièce collective, *La Nef des sorcières* (1976)

Ses premiers recueils poétiques *Aube à la saison* (1965), *Mordre en sa chair* (1966), *L'Écho bouge beau* (1968) sont rassemblés dans *Le Centre blanc* (1978).

Nicole Brossard a aussi écrit des romans d'un accès difficile *Un livre* (1970), *French Kiss* (1974), *L'Amer* (1977).

■ Aimé CÉSAIRE (né en 1913, Martinique)

Né au Lorrain (Martinique) d'un père instituteur, lui-même fils d'un professeur du lycée de Saint-Pierre, ancien élève de l'École normale supérieure de Saint-Cloud, A. Césaire fit ses études à Fort-de-France. Il y fit la connaissance de Léon-Gontran Damas, avant de partir pour Paris suivre les cours de l'École normale supérieure de la rue d'Ulm. Il contribua à la naissance en 1935 de *L'Étudiant noir* et amorça avec Damas et L. S. Senghor la réflexion qui devait conduire à l'affirmation de la négritude. C'est dans son *Cahier d'un retour au pays natal* que le mot apparut pour la première fois en 1939.

Rentré en Martinique avant la déclaration de guerre, Césaire enseigna au lycée Schœlcher de

Fort-de-France et fit paraître, durant les années sombres de la «Révolution nationale», avec l'aide de René Ménil, la revue *Tropiques*. À la Libération, bénéficiant de l'aura de l'intellectuel nègre, il est élu maire de Fort-de-France et député communiste de la Martinique. À ce titre, il rapporte la loi sur la départementalisation des quatre vieilles colonies (Guadeloupe, Guyane, Martinique, Réunion).

Se disant déçu par la départementalisation, il adopte par la suite des positions autonomistes voire indépendantistes, avant de décider un moratoire pour l'indépendance en 1981, lors de l'arrivée de la gauche au pouvoir en France. Dans l'intervalle, en 1956 il avait démissionné de façon retentissante du Parti communiste et fondé son propre parti, le Parti progressiste martiniquais. Il est toujours à la tête de la mairie de Fort-de-France.

Son œuvre, conjointement inspirée de la négritude et de la lutte anticolonialiste, est essentiellement poétique, mais on connaît davantage son œuvre pour le théâtre, théâtre auquel il est venu par souci de pédagogie, comme en témoigne la réécriture de *la Tempête* de Shakespeare, adaptation «pour un théâtre nègre». Une de ses pièces les plus célèbres, *La Tragédie du Roi Christophe*, a été récemment inscrite au répertoire de la Comédie-Française.

Considéré par les Africains comme le premier de leurs auteurs, Césaire est sans doute plus apprécié dans le Tiers-Monde comme idéologue de l'anticolonialisme (*Discours sur le colonialisme*) que comme écrivain proprement dit. Peu connue des Antillais qui en parlent plus qu'ils ne la lisent, son œuvre littéraire a déjà suscité une abondante critique universitaire.

Principaux ouvrages
Poésie
Cahier d'un retour au pays natal, in revue *Volontés*, Paris, 1939 ; édition définitive : Paris, Présence africaine, 1956.
Les Armes miraculeuses, Paris, Gallimard, 1946.
Soleil Cou Coupé, Paris, Éditions «K», 1948.
Corps perdu, Paris, Éditions Fragrance, 1950.
Ferrements, Paris, Éditions du Seuil, 1960.
Cadastre, Paris, Éditions du Seuil, 1961.
Moi, laminaire, Paris, Éditions du Seuil, 1982.
Théâtre
Et les chiens se taisaient, Paris, Présence africaine, 1956.
La Tragédie du Roi Christophe, Paris, Présence africaine, 1963.
Une saison au Congo, Paris, Éditions du Seuil, 1966.
Une tempête, Paris, Éditions du Seuil, 1969.

Essais
Discours sur le colonialisme, Paris, Réclame, 1950.
Lettre à Maurice Thorez, Paris, Présence africaine, 1956.
Étude historique
Toussaint-Louverture : la Révolution Française et le problème colonial, Paris, Club français du livre, 1960.

À consulter
***, *Césaire 70*, sous la dir. de M. a M. NGAL et Martin STEINS, Paris, Silex, 1984.
***, *Soleil éclaté. Mélanges,* sous la dir. de Jacqueline LEINER, Tübingen, Günter Narr Verlag, 1984.
***, *Aimé Césaire ou l'athanor d'un alchimiste*, Paris, Éditions caribéennes, 1987.
Daniel DELAS, *Aimé Césaire, portrait littéraire*, Paris, Hachette, 1991.
Hubert JUIN, *Aimé Césaire, poète noir*, Paris, Présence africaine, 1956.
L. W. KEITH, *La Cohésion poétique de l'œuvre césairienne*, Paris, J.-M. Place, 1979.
Lilyan KESTELOOT, *Aimé Césaire*, Paris, Seghers, 1966.
Lilyan KESTELOOT et Barthélémy KOTCHY, *Aimé Césaire, l'homme et l'œuvre*, Paris, Présence africaine, 1973.

▪ Gilbert DE CHAMBERTRAND (1890-1984, Guadeloupe)

Issu d'une vieille famille de Blancs créoles de souche vendéenne, G. de Chambertrand, photographe de profession et dilettante par vocation, se fit connaître en 1917-1918 par trois comédies satiriques en français et créole alternés, qui lui valurent le surnom de «Sacha Guitry de la Guadeloupe».

Un temps bibliothécaire à Pointe-à-Pitre, puis professeur de dessin au lycée Carnot, il partit pour la France au lendemain du cyclone de 1928 qui avait détruit sa maison et emporté ses documents les plus chers. Il reprit d'abord son métier de photographe, puis entra au Musée de la France d'Outre-Mer. Esprit curieux de tout, il devait multiplier les conférences, les articles dans diverses revues, sur des sujets extrêmement divers, allant de la littérature à l'astrologie, en passant par l'histoire, la religion et la philosophie. On retiendra surtout, en dehors de son œuvre de création proprement dite, sa participation active au mouvement régionaliste guadeloupéen, et ses prises de position contre l'idéologie de la négritude, accusée de racialiser abusivement les problèmes socio-économiques et culturels antillais. S'il s'est essayé au roman sérieux *(Cœurs créoles)* et à la poésie parnassienne, il a surtout excellé dans la satire humoristique, comme dessinateur d'abord *(Mi io! les voici!...)* et comme conteur ensuite *(Titine Grosbonda)*.

Principaux ouvrages
Poésie

D'azur et de sable, Paris, La Reproductrice, 1961.
L'Album de famille, Paris, La Reproductrice, 1969.
Cantiques pour la déesse, Basse-Terre, Guadeloupe, Jeunes Antilles (sous le pseudonyme de Guy Clair), 1979.

Théâtre

L'Honneur des Montvoisin; Les Méfaits d'Athénaïse; Le Prix du sacrifice (1917-18), in *Théâtre,* Basse-Terre, Guadeloupe, Éditions Jeunes Antilles, 1976.

Nouvelle et roman

Titine Grosbonda, Paris, Fasquelle, 1947.
Cœurs créoles, Paris, Imprimerie Saint-Sauveur, 1958.

Essai

Reflets sur l'eau du puits, Paris, La Reproductrice, 1965.

Autres œuvres

Mi io! Les voici! Here they are! Aqui estan!, dessins et textes satiriques, Pointe-à-Pitre, A. Lautric, 1926.
Images guadeloupéennes, Paris, Ceux d'Outre-Mer, 1939.

■ Patrick CHAMOISEAU (né en 1952, Martinique)

Né à Fort-de-France, juriste et spécialiste de l'éducation surveillée, P. Chamoiseau s'est très tôt lancé dans le journalisme d'opinion et la littérature. Ardent polémiste, talentueux caricaturiste, il a été le concepteur, avec Jean Bernabé et Raphaël Confiant, de l'idéologie de la «créolité», censée remplacer, dans la quête d'une identité antillaise, les idéologies à ses yeux perverses de l'assimilation et de la négritude. Son œuvre littéraire, très appréciée des critiques européens *(Texaco* a obtenu en 1992 le prix Goncourt), fait l'objet aux Antilles de controverses passionnées, les considérations politiques prenant souvent le pas, avec la complicité active de l'auteur, sur les appréciations esthétiques. Elle présente de toute façon une grande originalité, par la mise en application des théories de la créolité (inscription dans l'écriture de l'oralité,

utilisation du français «des îles», valorisation des traits culturels populaires) et surtout par une très grande inventivité stylistique et métaphorique.

Principaux ouvrages
Romans

Chronique des sept misères, Paris, Gallimard, 1986.
Solibo Magnifique, Paris, Gallimard, 1988.
Antan d'enfance, Paris, Hatier, 1990.
Texaco, Paris, Gallimard, 1992 (prix Goncourt).
Chemin d'école, Paris, Gallimard, 1994.

Théâtre conté

Manman Dlo contre la fée Carabosse, Paris, Éditions Caribéennes, 1982.

Contes

Au temps de l'antan, Paris, Hatier, 1988.

Essais

En collaboration avec J. Bernabé et R. Confiant: *Éloge de la créolité*, Paris, Gallimard, 1989.
En collaboration avec R. Confiant: *Lettres créoles, tracées antillaises et continentales de la littérature, Martinique, Guadeloupe, Guyane, Haïti, 1635-1975*, Paris, Hatier, 1991.

■ Maryse CONDÉ (née en 1937, Guadeloupe)

Née à Pointe-à-Pitre, M. Condé effectua ses études secondaires en Guadeloupe avant de partir pour Paris où elle commença à la Sorbonne des études de lettres. En 1960, elle épousait un comédien guinéen, Mamadou Condé, et partait pour Conakry. Durant douze ans, elle devait enseigner en Afrique, en Guinée, au Ghana, au Nigeria et au Sénégal, accumulant des expériences passionnantes et éprouvantes à la fois.

Elle ne commença à écrire qu'à son retour à Paris, après son divorce. D'abord deux pièces de théâtre d'inspiration politique, puis des romans qui, au fil du temps, devaient témoigner d'une maîtrise en constante progression, avec notamment la consécration d'un «best-seller», *Ségou*, saga à la fois critique et épique, inspirée de l'histoire ancienne de l'actuel Mali. Entre-temps, M. Condé avait soutenu à la Sorbonne, sous la direction d'Étiemble, une thèse de troisième cycle consacrée aux *Stéréotypes du Noir dans la littérature antillaise*.

Repartie en 1986 dans son pays, qu'elle a depuis de nouveau quitté pour enseigner la littérature négro-africaine en Californie, à l'université de Berkeley, elle s'attache depuis quelques années à rendre compte du destin des Noirs de la diaspora dans quelques ouvrages centrés sur les Antilles et les États-Unis.

Principaux ouvrages
Théâtre
Dieu nous l'a donné, Paris, P.-J. Oswald, 1972.
Mort d'Oléwumi d'Ajumako, Paris, P.-J. Oswald, 1973.
Romans et nouvelles
Hérémakhonon, Paris, U.G.E., 1976 ; réédité sous le titre *En attendant le bonheur : Hérémakhonon*, Paris, Seghers, 1988.
Une saison à Rihata, Paris, Robert Laffont, 1981.
Ségou, les murailles de terre, Paris, Robert Laffont, 1984.
Ségou, la terre en miettes, Paris, Robert Laffont, 1985.
Pays mêlé, suivi de Nannaya, Paris, Hatier, 1985.
Moi, Tituba, sorcière noire de Salem, Paris, Mercure de France, 1986.
La Traversée de la mangrove, Paris, Mercure de France, 1989.
Haïti chérie, Paris, Bayard Éditions, 1991.
Les Derniers Rois mages, Paris, Mercure de France, 1992.
La Colonie du Nouveau Monde, Paris, Robert Laffont, 1993.
La Migration des cœurs, Paris, Robert Laffont, 1995.

Le Gouverneur des dés (traduction en français de *Kôd Yanm*, roman en créole), Paris, Stock, 1995.
La Vierge du Grand Retour, Paris, Grasset, 1996.
Chimères d'En-Ville (traduction en français par J.-P. Arsaye de *Bitako-A*, roman paru en créole en 1985), Paris, Ramsay, 1997.
Essais
En collaboration avec Jean Bernabé et Patrick Chamoiseau : *Éloge de la créolité*, Paris, Gallimard, 1989.
En collaboration avec Patrick Chamoiseau : *Lettres créoles, tracées antillaises et continentales de la littérature, Martinique, Guadeloupe, Guyane, Haïti, 1635-1975*, Paris, Hatier, 1991.
Aimé Césaire, une traversée paradoxale du siècle, Paris, Stock, 1993.
Bassin des ouragans, Paris, Mille et une nuits, 1994.
Les Maîtres de la parole, Paris, Gallimard, 1996.

■ Raphaël CONFIANT (né en 1951, Martinique)

Né au Lorrain (Martinique), R. Confiant a fait des études de sciences politiques et d'anglais à l'université d'Aix-en-Provence puis des études de linguistique créole à l'université des Antilles et de la Guyane. Grand défenseur du créole, il a commencé à écrire dans cette langue avant de composer ses romans en « français des îles », conformément aux principes avancés dans *L'Éloge de la créolité* dont il a été le co-rédacteur. Journaliste volontiers pamphlétaire, ardent nationaliste, il s'est taillé un certain succès de scandale en instruisant le procès de la négritude et d'Aimé Césaire dans un essai politique : *Aimé Césaire, une traversée paradoxale du siècle*. Particulièrement prolixe, il a multiplié ces dernières années les publications, sans parvenir à réellement renouveler son inspiration.

Principales ouvrages
Romans
Le Nègre et l'Amiral, Paris, Grasset, 1988.
Eau-de-Café, Paris, Grasset, 1991.
Ravines du devant-jour, Paris, Gallimard, 1993.
Commandeur du sucre, Paris, Écriture, 1994.
L'Allée des Soupirs, Paris, Grasset, 1994.
Mamzelle Libellule (traduction en français de *Marisosé*, roman en créole), Paris, Le Serpent à Plumes, 1994.

■ Léon-Gontran DAMAS (1912-1978, Guyane)

Métis de trois races (de Blanc, de Nègre et d'Indien), fils d'un compositeur de musique classique, L.-G. Damas fut élevé dans un milieu petit-bourgeois contre lequel, rebelle aux « bonnes manières » (celles des « Blancs »), il se révolta dès sa prime jeunesse. Il devait lui opposer plus tard les souvenirs heureux de ses vacances sur les bords de la Mana, lorsqu'il écoutait les contes de la vieille Tétèche dont il devait se souvenir dans ses *Veillées noires*...

À Fort-de-France, où il suivit les cours du lycée Schœlcher, il rencontra Aimé Césaire. Puis il partit pour la métropole, au lycée de Meaux d'abord, puis à Paris où il amorça des études de droit et d'ethnologie. Là, il fut directement mêlé au débat d'idées qui agitait alors les milieux nègres et opta sans réserve contre l'assimilation. Indignée de ses positions négristes, sa famille lui coupa les vivres et il dut tâter de tous les emplois de fortune avant d'obtenir, à la suite d'une pétition en sa faveur, une bourse.

En 1937, il publiait *Pigments*, recueil d'un éréthisme peu commun, où apparaissaient déjà (sans le mot) tous les thèmes de la future « négritude ». L'année suivante, il ramena d'une mission en Guyane pour le compte du Musée de l'Homme un essai à la limite du pamphlet, fustigeant l'incurie de l'administration française dans cette colonie, dénonçant l'absurdité de la politique d'assimilation et proposant en modèle les « Bosch

Negroes », ces Noirs marrons originaires du Surinam, réfugiés sur le fleuve Maroni qui, vivant en semi-autarcie, ont conservé, contrairement aux Nègres créoles, la plupart de leurs mœurs et pratiques ancestrales.

Revenu ultérieurement dans son pays, il y milita contre Gaston Monnerville au sein du Mouvement de la Renaissance guyanaise et fut élu député de 1948 à 1951. Par la suite, affecté à l'Unesco, il donna dans maints pays des conférences sur la culture négro-africaine avant d'être nommé « visiting professor » à l'Université Howard de Washington, ville où il mourut en 1978.

Principaux ouvrages
Poésie
Pigments, Paris, Guy Lévi Mano, 1937 ; rééd. Paris, Présence africaine, 1962.
Poèmes nègres sur des airs africains, Paris, Guy Lévi Mano, 1948.
Graffiti, Paris, Seghers, 1952.
Black-Label, Paris, Gallimard, 1956.
Névralgies, Paris, Présence africaine, 1966.
Anthologie
Poètes d'expression française, Paris, Éditions du Seuil, 1947.
Contes
Veillées noires, Paris, Delamain et Boutelleau, 1943 ; rééd. Ottawa, Léméac, 1972.
Essai
Retour de Guyane, Paris, José Corti, 1938.

À consulter
***, *Hommage posthume à Léon-Gontran Damas*, Paris, Présence africaine, 1979.
Daniel RACINE, *Léon-Gontran Damas, l'homme et l'œuvre*, Paris, Présence africaine, 1983.

▪ René DEPESTRE (né en 1926, Haïti)

Né à Jacmel, René Depestre était encore élève au Lycée Pétion de Port-au-Prince en 1945 lorsqu'il fit paraître *Étincelles*, recueil de poèmes violemment engagés, qui fit sensation. Il prit la direction de *La Ruche,* organe de la Jeunesse Révolutionnaire, et participa activement avec J.-S. Alexis à la révolution de 1946 qui porta Dumarsais Estimé à la présidence. Leurs sympathies communistes et populistes inquiétaient cependant le pouvoir ; pour les éloigner, on leur accorda des bourses pour poursuivre leurs études à l'étranger. Depestre étudia à Paris à la Sorbonne et à l'Institut d'études politiques.

En 1959, il s'établit à La Havane où il occupe successivement les postes de conseiller littéraire aux Éditions nationales, de directeur de programmes à Radio Havane, et de professeur à l'université de La Havane. Il quitte Cuba pour Paris et un poste à l'Unesco en 1979. Il s'est retiré dans un village du Midi de la France, et bien que la présence d'Haïti soit constante dans ses œuvres, Depestre n'est jamais retourné au pays natal.

Principaux ouvrages
Poésie
Étincelles, Port-au-Prince, Impr. de l'État, 1945.
Gerbe de sang, Port-au-Prince, Impr. de l'État, 1946.
Minerai noir, Paris, Présence africaine, 1957.
Un arc-en-ciel pour l'occident chrétien, Paris, Présence africaine, 1966.
Essais
Pour la révolution, pour la poésie (traduit de l'espagnol), Montréal, Leméac, 1974.
Romans et nouvelles
Le Mât de cocagne, Paris, Gallimard, 1979.
Alléluia pour une femme-jardin, Montréal, Leméac, 1973 ; rééd. Paris, Gallimard, 1981.
Hadriana dans tous mes rêves, Paris, Gallimard, 1988.
Éros dans un train chinois, Paris, Gallimard, 1990.

Depestre a collaboré à de nombreuses publications, telles *Les Temps modernes, Présence africaine, Les Lettres françaises* et *Esprit*. Il a reçu de nombreuses distinctions, entre autres le Grand prix du roman de la Société des gens de lettres et le prix Renaudot pour *Hadriana dans tous mes rêves* en 1988.

À consulter
Joan DAYAN, *René Depestre, «A Rainbow for the Christian West »*, Amherst, University of Massachusetts Press, 1977 (trad. d'*Un arc-en-ciel pour l'occident chrétien* précédée d'un essai sur Depestre et d'une étude du texte).
Jean-Claude MICHEL, «René Depestre, poète de la révolte et merveilleux vaudou», in *Les Écrivains noirs et le surréalisme*, Sherbrooke (P.Q.), Naaman, 1982.
Hal WYLIE, «La réception de René Depestre», in *Œuvres et critiques* (Paris), aut. 1979, pp. 133-141.

▪ Réjean DUCHARME (né en 1941, Québec)

Né à Saint-Félix-de-Malois, Réjean Ducharme est un écrivain atypique qui suscite l'intérêt et la curiosité. Autodidacte, il exerça de nombreux métiers avant d'occuper les devants de la scène littéraire en 1966. En effet, à cette date, parfaitement inconnu au Québec, il est révélé par la maison Gallimard qui publie *L'Avalée des avalés*. Ce roman obtient une grande audience tant en France qu'au Québec. Par la suite, il devait publier chez le même éditeur toute son œuvre romanesque. Imprévisible, il ne va pas chercher les prix qui lui sont attribués (prix du Gouverneur général en 1967 et 1982), refuse les entrevues et a une carrière en dents de scie, revenant au roman en 1990 alors qu'on le croyait perdu pour l'écriture.

Son œuvre, variée dans sa forme, va de la chanson (il est, à l'occasion, le parolier de Robert Charlebois), au cinéma *(Les Bons Débarras)*, sans oublier le théâtre : *Le Cid maghané* (1968), parodie en «joual» et *Ines Pérée et Inat Tendu (1976)*. Mais, il est essentiellement romancier et reprend à travers des anecdotes variées la même thématique du refus, mise en valeur par des jeux langagiers, mettant en œuvre tous les procédés de la dérision. *L'Avalée des avalés* (1966), *Le Nez qui voque* (1967), *L'Océantume* (1968), *La Fille de Christophe Colomb* (1969), *L'Hiver de force* (1973), *Les Enfantômes* (1976), *Dévadé* (1990).

■ Oswald DURAND (1840-1906, Haïti)

Il naquit au Cap-Haïtien. Autodidacte, il exerça longtemps le métier de ferblantier. Les compositions poétiques qu'il publia dans les journaux le rendirent célèbre. Il fut un temps député, puis rédacteur du *Moniteur*, journal officiel de la République. Les Chambres lui votèrent une rente viagère en récompense des services rendus aux lettres haïtiennes. Il fut patronné par François Coppée à la Société des gens de lettres, et ses poèmes furent appréciés en France. La plupart d'entre eux ont été réunis en deux volumes sous le titre de *Rires et Pleurs* (Crété, Impr. Corbeil, 1896).

En français comme en créole Durand a aussi célébré l'amour avec une sensualité joyeuse qui frise souvent la paillardise. Cet épicurien a également consacré des poèmes aux cérémonies du vaudou. Contrairement à ceux qui avaient osé traiter avant lui un sujet que la plupart des lecteurs haïtiens trouvaient déplaisant, il en célèbre les dimensions esthétiques et ludiques plutôt que l'aspect mystérieux et terrifiant.

À consulter
Martha K. COBB, « French Romanticism in a Haitian Setting : The Poetry of Oswald Durand », in *College Language Association Journal* (Baltimore, Md), vol. 16, mars 1983, pp. 302-311.
Jean-Claude FIGNOLÉ, *Oswald Durand*, Port-au-Prince, Impr. Les Presses port-au-princiennes, 1968.
Félix VIARD, *La Dernière Étape : Oswald Durand et ses admirateurs*, Montpellier, Éd. des Nouvelles Annales, 1906.

■ Frantz FANON (1925-1961, Martinique)

Après s'être engagé à dix-huit ans dans la lutte contre le nazisme et avoir combattu sous les ordres du général De Lattre de Tassigny, F. Fanon, à la Libération, entreprit des études de médecine à la faculté de Lyon et se spécialisa en psychiatrie. Sa thèse soutenue, il publia en 1952 son célèbre *Peau noire, masques blancs,* consacré à l'aliénation antillaise et à ses conséquences. En 1953, il était nommé directeur du service psychiatrique à l'hôpital de Blida-Joinville, en Algérie. Lorsqu'éclatèrent les premiers troubles, il décida d'aider les combattants du FLN et démissionna de son poste à l'hôpital. Il s'engagea sans réserve, frôla la mort à maintes reprises. En 1960, il fut ambassadeur du Gouvernement Provisoire de la République Algérienne au Ghâna, avant d'être un temps conseiller de Patrice Lumumba. Mais bientôt, atteint de leucémie, il devra aller se faire soigner en URSS, puis aux États-Unis, où il décédera. Son corps sera rapatrié en Algérie, un an avant la proclamation de l'indépendance. Son œuvre, essentiellement politique, d'abord marquée par la négritude *(Peau noire, masques blancs),* a évolué vers un plaidoyer sans nuances pour la lutte anticolonialiste et l'indépendance nationale, condition nécessaire à tout épanouissement culturel. Elle paraît oublier la Martinique au profit de l'Algérie, l'auteur comptant sans doute sur la contagion des indépendances. Elle a inspiré bien des écrivains antillais, même si de nos jours encore elle suscite par son radicalisme bien des défiances en Martinique même où l'auteur, en dépit des célébrations officielles, n'est toujours pas vraiment reconnu par la population comme une gloire locale.

Principaux ouvrages
Essais
Peau noire, masques blancs, Paris, Éditions du Seuil, 1952.
L'An V de la Révolution algérienne, Paris, Maspero, 1959.
Les Damnés de la terre, 1961 ; rééd. Paris, Maspero, 1968.
Pour la révolution africaine, Paris, Maspero, 1964.

À consulter

***, *Mémorial Frantz Fanon*, Paris, Présence africaine, 1984.

Pierre BOUVIER, *Fanon*, Paris, Éditions Universitaires, 1971.

David CAUTE, *Frantz Fanon*, Paris, Seghers, 1970.

Irène GENDZIER, *Frantz Fanon*, Paris, Éditions du Seuil, 1976.

▪ Jacques FERRON (1921-1985, Québec)

Né à Louiseville, Jacques Ferron devient médecin en 1945 et exerce sa profession essentiellement dans une banlieue ouvrière de Montréal : Ville Jacques Cartier. Fervent nationaliste, il cumule, comme beaucoup d'intellectuels de cette période, action politique et écriture ; il fonde en 1963, par dérision le parti Rhinocéros et en 1966 il est le candidat malheureux du Parti pour l'indépendance. Lauréat de plusieurs prix, Jacques Ferron a à son actif une œuvre très importante, qu'il met souvent au service de son idéal politique.

Il est d'abord dramaturge et écrit des pièces qui ne sont pas toujours montées : *L'Ogre* (1949), *Le Cheval de Don Juan* (1957 ; remanié en 1968 sous le titre de *Don Juan chrétien*), *Les Grands Soleils* (1958, sa meilleure pièce qui fait revivre la rébellion des Patriotes de 1837-1838), *Cazou ou le prix de la virginité* (1963), *La Tête du roi* (1963), *La Mort de Monsieur Borduas* (1968), *Le Cœur d'une mère* (1969). Il écrit aussi des essais : *Du fond de mon arrière-cuisine* (1973), et des chroniques : *Escarmouches* (1975). Mais il est essentiellement conteur, nouvelliste. La densité de son écriture souvent elliptique se retrouve même dans ses romans dont la technique très particulière s'apparente à celle de la nouvelle : *Cotnoir* (1962), *La Nuit* (1965), *Papa boss* (1966), *La Charrette* (1968), *Contes* (comprenant *Contes anglais, Contes du pays incertain, Contes inédits,* 1968 ; *Le Ciel de Québec,* 1969 ; *Historiettes,* 1969 ; *Le salut de l'Irlande,* 1970 ; *Les Roses sauvages,* 1971 ; *La Chaise du maréchal-ferrant,* 1972 ; *Les Confitures de coings,* 1972 ; *Le Saint-Elias,* 1972).

▪ Édouard GLISSANT (né en 1928, Martinique)

Né à Sainte-Marie, É. Glissant fit ses études secondaires au lycée Schœlcher de Fort-de-France, puis partit à la Sorbonne où il obtint une licence de philosophie parallèlement à des études d'ethnologie au Musée de l'Homme.

Mêlé aux activités de la Société africaine de culture, il opte assez rapidement pour des positions anticolonialistes radicales, inspirées du message de Frantz Fanon, dont son premier roman, *La Lézarde* (prix Renaudot, 1958), se fait l'écho. Militant contre la guerre d'Algérie (il signera le «Manifeste des 121»), il participe à la fondation de l'éphémère Front des Antilles-Guyane pour l'Indépendance, vite dissous comme ligue armée par décret gouvernemental.

Revenu en Martinique, É. Glissant fonde l'Institut martiniquais d'études, dont l'enseignement se veut plus adapté que l'enseignement officiel aux réalités antillaises. Parallèlement, il poursuit son œuvre littéraire, poétique et surtout romanesque, en lui assignant pour rôle l'élucidation du passé et des traumatismes individuels et collectifs qu'il a pu engendrer, le tout dans l'espoir de parvenir à susciter une conscience nationale martiniquaise, première étape sur la voie de l'antillanité, à savoir la concrétisation politique et culturelle d'une solidarité caribéenne. Parti enseigner quelques années aux États-Unis, É. Glissant poursuit depuis lors une carrière internationale, notamment à l'Unesco et dans diverses universités américaines comme professeur associé.

Principaux ouvrages

Poésie

Le Sel noir, Paris, Éditions du Seuil, 1960.

Le Sang rivé, Paris, Présence africaine, 1961.

Poèmes, Paris, Éditions du Seuil, 1965.

Boises, Fort-de-France, Acoma, 1977.

Le Sel noir (édition revue et corrigée, augmentée du *Sang rivé* et de *Boises*), Paris, Gallimard, 1983.

Pays rêvé, pays réel, Paris, Éditions du Seuil, 1985.

Fastes, Toronto, Canada, Éditions du GREF, 1992.

Romans

La Lézarde, Paris, Éditions du Seuil, 1958.

Le Quatrième Siècle, Paris, Éditions du Seuil, 1964.

La Case du commandeur, Paris, Éditions du Seuil, 1981.

Malemort, Paris, Éditions du Seuil, 1975.

Mahagony, Paris, Éditions du Seuil, 1987.

Théâtre

Monsieur Toussaint (poème dramatique), Paris, Éditions du Seuil, 1961.

Monsieur Toussaint (version scénique), Paris, Éditions du Seuil, 1986.

Essais

Soleil de la conscience, Paris, Éditions du Seuil, 1956.

L'Intention poétique, Paris, Éditions du Seuil, 1969.
Le Discours antillais, Paris, Éditions du Seuil, 1981.

À consulter

Jacques ANDRÉ, *Caraïbales,* Paris, Éditions caribéennes, 1981.
Bernadette CAILLER, *Conquérants de la nuit nue: Édouard Glissant et l'histoire antillaise,* Tübingen, Günter Narr Verlag, 1988.
Daniel RADFORD, *Édouard Glissant,* Paris, Seghers, «Poètes d'aujourd'hui», 1982.

■ Jacques GODBOUT (né en 1933, Québec)

Jacques Godbout est une des personnalités les plus influentes du monde littéraire québécois. Écrivain engagé, il est de tous les combats, sans jamais se départir d'un humour qui semble sa caractéristique même.

Né à Montréal, il fait de solides études de lettres et part enseigner en Afrique. De retour au Québec en 1957, il se montre très actif: entré à l'Office national du film comme réalisateur, il est un des co-fondateurs de *Liberté* en 1959, crée en 1962 le Mouvement laïque de langue française et fonde en 1977 l'Union des écrivain québécois.

Son œuvre comprend, outre des œuvres poétiques de jeunesse, un texte radiophonique, *L'Interview* (1973), et un scénario inspiré par les événements politiques: *There is a bomb in the mailbose* (1973).

En 1975, le réformiste recueil de ses principaux essais et articles, offre un excellent aperçu des essais et articles qui passionnaient l'intelligentsia québécoise.

Mais il est avant tout un romancier dont l'œuvre (publiée aux Éditions du Seuil) surprend par un renouvellement constant de la thématique et de la «manière»: *L'Aquarium* (1962), *Le Couteau sur la table* (1965), *Salut Galarneau!* (1967), *D'Amour P. Q.* (1972), *L'Isle au dragon* (1976), *Les Têtes à Papineau* (1981), *Une histoire américaine* (1986).

■ Gilbert GRATIANT (1895-1985, Martinique)

Né à Saint-Pierre peu avant la «Catastrophe», G. Gratiant, après des études couronnées par l'agrégation d'anglais, enseigna d'abord à Fort-de-France, au lycée Schœlcher, puis à Montpellier et Paris.

Dès 1923-1925, il se faisait remarquer dans son île natale par son anticonformisme et son progressisme, évidemment mal vus des autorités coloniales de l'époque. Militant ensuite avec les communistes, il choqua son milieu d'origine en exprimant très tôt, en 1931, dans un poème au titre provocant, «Barbare», la fierté qu'il éprouvait, lui, métis clair de la bonne société martiniquaise, à revendiquer ses origines africaines. Mais lorsque s'affirma l'idéologie de la négritude, il en dénonça sans ambiguïté le racialisme et le sectarisme. Dès 1935, dans *L'Étudiant noir,* il entreprit de réfuter les arguments d'Aimé Césaire. Et par la suite, tout comme René Maran, il ne cessa de prendre ses distances vis-à-vis de ce mouvement.

Chantre du métissage racial et culturel, de la créolité (il fut le premier poète des Antilles françaises à composer une œuvre conséquente en créole), il devait adopter vis-à-vis du problème colonial une position originale et préconiser une autonomie qui préserverait les liens séculaires avec la France tout en donnant aux Antillais les moyens d'assumer leur propre destin. Il revenait, selon lui, à la «France essentielle», la France progressiste, de préserver l'avenir en supprimant les séquelles du colonialisme, en considérant enfin la Martinique comme une «fille majeure».

Principaux ouvrages
Essais
Cris d'un jeune, Fort-de-France, Kromwel, 1926.
Une fille majeure. Credo des Sang-Mêlé ou Je veux chanter la France. Martinique à vol d'abeille, Paris, Soulanges, 1961.
Poésie
Poèmes en vers faux, Paris, Éditions de la Caravelle, 1931.
Sel et sargasses (en créole et en français), Paris, Soulanges, s. d.
Fables
Fab' Compè Zicaque (fables et poèmes en créole), Fort-de-France, Imprimerie du Courrier des Antilles, s. d.; rééd. Fort-de-France, Désormeaux, 1976.
Fables créoles et autres écrits (posthume), Paris, Stock, 1996.

■ Anne HÉBERT (née en 1916, Québec)

Née à Sainte-Catherine de Fossambault, d'une famille canadienne-française influente et cultivée, Anne Hébert connut une enfance heureuse entre des parents attentifs et un cousin très admiré, Hector de Saint-Denys Garneau, son aîné de quatre ans. Elle manifeste très tôt des dons littéraires et publie dès 1942 son premier recueil poétique *Les Songes en équilibre*. Mais dès 1950 elle se tourne vers la prose et publie des nouvelles dont la plus longue, « Le Torrent », donna son titre au recueil. Elle ne devait revenir à la poésie que par deux fois avec *Le Tombeau des rois* (1953) et *Mystère de la parole* (1960). En revanche sa carrière de romancière sera brillante. Elle publie régulièrement aux Éditions du Seuil à Paris (où elle réside la plupart du temps) des romans d'une grande qualité, variés dans leur thématique, dont l'élément unificateur est sans conteste une écriture brillante, parfois flamboyante, où les images se télescopent dans des formules d'une grande densité. *Les Chambres de bois* (1958), *Kamouraska* (1970, Prix du Gouverneur Général), *Les Enfants du sabbat* (1975), *Héloïse* (1980), *Les Fous de Bassan* (1982, Prix Fémina), *Le Premier Jardin* (1988), *L'Enfant chargé de songes* (1992). Anne Hébert fut à l'occasion, et avec moins de bonheur, dramaturge. On lui doit *Le Temps sauvage* (créé en 1966) et *La Cage*.

■ Bertène JUMINER (né en 1927, Guyane)

Né à Cayenne, B. Juminer fit ses études à Pointe-à-Pitre en Guadeloupe avant de suivre les cours de la faculté de médecine de Montpellier. Ayant obtenu son doctorat, il fut successivement affecté à Saint-Laurent du Maroni, dans son pays natal, puis à l'Institut Pasteur de Tunis, avant d'être détaché, comme professeur agrégé de médecine, en Iran, puis au Sénégal.

Parallèlement, il amorça une œuvre littéraire marquée certes par la négritude mais surtout par l'engagement anticolonialiste, que devait encourager en 1958 sa rencontre essentielle avec Frantz Fanon. Sans prétendre faire de la littérature le lieu du combat pour la liberté du Tiers-Monde et singulièrement de la Guyane (il distingue le rôle de l'écrivain éveilleur des consciences, de celui de l'homme, du protagoniste de l'histoire), il lui confia le soin d'éclairer le débat d'idées, la chargeant parfois, comme Albert Camus, d'expliciter le dilemme éternel des « mains sales », ce qui confère à certaines de ses œuvres une intense vibration humaine.

Après plusieurs années d'exercice à la faculté de médecine d'Amiens, B. Juminer fut un temps recteur de l'académie des Antilles et de la Guyane, avant d'occuper une chaire au Centre hospitalier régional universitaire des Antilles-Guyane.

Principaux ouvrages
Romans
Les Bâtards, Paris, Présence africaine, 1961.

Au seuil d'un nouveau cri, Paris, Présence africaine, 1963.
La Revanche de Bozambo, Paris, Présence africaine, 1968.
Les Héritiers de la presqu'île, Paris, Présence africaine, 1979.
La Fraction de seconde, Paris, Éditions caribéennes, 1990.

■ René MARAN (1887-1960, Antilles-Guyane)

Né à Fort-de-France, d'un père guyanais et d'une mère européenne, R. Maran vécut ses premières années à la Martinique et au Congo où son père était fonctionnaire colonial. Mis en pension au lycée de Talence, dans la banlieue de Bordeaux, il y fit de brillantes études qu'il poursuivit à la faculté de droit.

En 1909, il partit pour l'Oubangui-Chari (l'actuel Centrafrique) comme administrateur. Élevé à la française, « assimilé » plus que tout autre Antillais, il n'eut pas en Afrique la révélation de la « négritude ». S'il éprouva beaucoup de sympathie pour ses administrés, dont il tenta honnêtement de comprendre la culture et dont il prit nettement la défense en partant en guerre contre les abus de la colonisation, il put mesurer par sa propre expérience l'absurdité du mythe négritudiste : il ne suffisait pas d'être noir pour partager la culture de tous les Noirs, et singulièrement de ceux de l'Afrique profonde…

Sa dénonciation du « colonialisme » (et non de la colonisation) dans sa préface à *Batouala* lui valut immédiatement, vu le retentissement que lui conféra le prix Goncourt en 1921, des ennuis au sein de l'administration coloniale. Il dut démissionner et même, vu les menaces dont il avait fait l'objet, rentrer en France par des chemins détournés.

À Paris il vécut de sa plume, à la fois célèbre et pestiféré, respecté en tout cas pour son intégrité. Les tenants de la négritude tentèrent de le récupérer, mais en vain, car son approche du monde noir était plus réaliste que mythique. Son engagement en faveur de la cause nègre, indubitable et courageux, se limita toujours à la lutte contre toutes les formes de racisme, de discrimination et d'exploitation, le Nègre n'étant à ses yeux, pour reprendre le titre d'un de ses ouvrages, injustement décrié par F. Fanon, qu'« un homme pareil aux autres ».

Son œuvre littéraire, poétique et romanesque, dans laquelle on distinguera tout particulièrement les romans animaliers, est en grande partie lyrique. Elle est aussi de source ouvertement française,

R. Maran n'ayant jamais voulu d'une aliénation *a contrario* qui l'aurait conduit à renier sa culture personnelle pour tenter artificiellement de retrouver cette culture nègre que certains prétendaient offrir en modèle, mais dont il n'avait pas été personnellement nourri.

Principaux ouvrages
Poésie

La Maison du bonheur, Paris, Éditions du Beffroi, 1909.

La Vie intérieure, Paris, Éditions du Beffroi, 1912.

Le Visage calme, Paris, Éditions du monde nouveau, 1922.

Les Belles Images, Bordeaux, Delmas, 1935.

Le Livre du souvenir, Paris, Présence africaine, 1958.

Romans

Batouala, Paris, Albin Michel, 1921.

Le Petit Roi de Chimérie, Paris, Albin Michel, 1924.

Djouma, chien de brousse, Paris, Albin Michel, 1927.

Le Cœur serré, Paris, Albin Michel, 1931.

Le Livre de la brousse, Paris, Albin Michel, 1934.

Bêtes de la brousse, Paris, Albin Michel, 1941.

Mbala l'éléphant, Paris, Arc-en-ciel, 1942.

Un homme pareil aux autres, Paris, Arc-en-ciel, 1947; rééd. Paris, Albin Michel, 1962.

Bacouya le Cinocéphale, Paris, Albin Michel, 1953.

Contes

Peines de cœur, Paris, S.P.L.E., 1944.

Essai

Les Pionniers de l'Empire, Paris, Albin Michel, 1943-46.

À consulter

***, *Hommage à René Maran*, Paris, Présence africaine, 1965.

Fémi OJO-ADE, *René Maran*, Paris, F. Nathan, 1977.

Michel HAUSSER, *Les deux Batouala de René Maran*, Bordeaux, SOBODI, Sherbrooke, Naaman, 1975.

▥ Frédéric MARCELIN (1848-1917, Haïti)

Né dans la petite bourgeoisie port-au-princienne, Marcelin fit toutes ses études dans sa ville natale, d'abord au Lycée national, ensuite à l'école Polymathique. Il fut député et dirigea tour à tour le ministère des Finances et celui du Commerce. Sa gestion fut d'ailleurs controversée, et ce sévère dénonciateur des malversations ministérielles n'eut peut-être pas lui-même une conduite toujours irréprochable. Les aléas de la vie politique haïtienne le forcèrent à plusieurs reprises à s'exiler à Paris, où il se fit des amitiés dans le monde des lettres. Romancier, nouvelliste, biographe, essayiste, mémorialiste, auteur de nombreux croquis de mœurs, il tira de son expérience administrative la matière d'essais sur *Les Finances d'Haïti, La Banque nationale, Nos douanes, Le Président Nord-Alexis*, etc. Il fonda et dirigea entre 1905 et 1908 une excellente revue port-au-princienne, *Haïti littéraire et sociale*. Il mourut à Paris en 1917.

Principaux ouvrages
Romans

Thémistocle-Épaminondas Labasterre, Paris, Ollendorff, 1901.

La Vengeance de Mama, Paris, Ollendorff, 1902.

Marilisse, Paris, Ollendorff, 1903.

Autour de deux romans, Paris, Kugelmann, 1903 (revue des comptes rendus de ses romans dans les presses française et haïtienne, et réponses aux critiques).

À consulter

Yvette GINDINE-TARDIEU-FELDMAN, « Frédéric Marcelin, premier romancier féministe des Caraïbes », in *Conjonction* (Port-au-Prince), sept. 1976, pp. 65-70.

Ghislain GOURAIGE, *Frédéric Marcelin, peintre d'une époque*, thèse de M.A., Université Laval, Québec, 1948.

▥ Gaston MIRON (1928-1996, Québec)

Gaston Miron est sans doute le plus grand poète que le Québec ait connu. Né à Sainte-Agathe, il arrive à Montréal en 1947 et fonde en 1953 les éditions de l'Hexagone, qui eurent sur la poésie québécoise une influence déterminante.

Son influence s'est exercée à un double niveau: il fut à la fois homme d'action et poète. En effet, afin de servir la cause nationaliste dont il était un fervent défenseur, il milita dans divers mouvements, comme le RIN (Rassemblement pour l'indépendance nationale) ou le Front du Québec français.

Son œuvre de créateur le place au tout premier plan, encore qu'elle soit peu abondante. Bien que certains de ses textes les plus importants aient paru dans des revues (comme «La Vie Agonique» dans *Liberté* en 1963), l'ensemble de son œuvre est édité en 1970 sous le titre de *L'Homme rapaillé* («rapaillé» peut-être entendu au sens de «raccommodé») qui eut une énorme influence. Il publie en 1990 avec Lise Gauvin une anthologie des écrivains québécois contemporains. Miron est le plus original poète du Québec: son verbe violent et poétique dit la dépossession, sans rien devoir aux influences françaises. Il a, d'ailleurs, insisté souvent sur cette nécessaire indépendance de la littérature québécoise. Il écrivait en 1957 dans *Recours didactique*: « Nous devrons nous tourner davantage, accuser notre différenciation et notre pouvoir d'identification ».

■ Émile NELLIGAN (1879-1941, Québec)

Premier poète « martyr » du Canada français dont la mémoire est vénérée au même titre que celle d'Hector de Saint-Denys Garneau, Nelligan voit le jour à Montréal le 24 décembre 1879. Enfant prodige, il participe très jeune aux réunions de l'École littéraire de Montréal, grâce à son ami Louis Dantin. Ses poèmes dont on ne peut nier les influences – Baudelaire et Verlaine en particulier – sont écrits dès l'âge de 16 ans. Le 26 mai 1899, après avoir lu en public sa *Romance du vin*, il est porté en triomphe. Mais, dès le 9 août de la même année, il est hospitalisé et sombre dans la folie. Il meurt le 18 novembre 1941. Ses *Œuvres* ont donné lieu à plusieurs éditions: après un premier recueil de poèmes rassemblés par Louis Dantin en 1904, il faut souligner, en particulier, l'édition critique de Luc Lacourcière en 1952.

■ Paul NIGER (1915-1962, Guadeloupe)

Né à Basse-Terre, Albert Béville fit ses études secondaires au lycée Carnot de Pointe-à-Pitre où il se lia d'amitié avec Tirolien avant de partir pour Paris pour y passer comme lui le concours de l'École nationale de la France d'Outre-Mer. Breveté de cette école en 1942, il ne partit pour l'Afrique (au Mali) qu'en 1944. Il publia alors dans la revue *Présence africaine* ses premiers articles sous le pseudonyme éloquent de Paul Niger, une véritable profession de foi négritudiste.

Révolté par le colonialisme en Afrique, mais aussi aux Antilles, il cria son indignation dans *Initiation* et plaça tous ses espoirs dans l'émancipation du continent noir, même si sa position inconfortable d'administrateur, partagé entre sa fonction et son désir de fraternisation, tiraillé entre deux cultures, suscita bien des doutes et des hésitations. Sa formation d'économiste et surtout le contact avec les réalités africaines le conduisirent à corriger le caractère trop abstrait de la négritude littéraire. Et tout naturellement, il en vint à passer de la poésie au roman, plus apte à rendre compte de la situation réelle de l'Afrique. Mais si l'œuvre se charge ainsi de réalisme et par conséquent d'interrogations, P. Niger n'en resta pas moins farouchement hostile à tout impérialisme. En 1946, il s'était déjà opposé à la départementalisation des Antilles. Co-fondateur du Front des Antilles-Guyane pour l'Indépendance, il rédigea en 1961 le rapport politique du Congrès pour l'indépendance des Antilles. Interdit de séjour en Guadeloupe, il parvint à tromper la surveillance policière et prit place le 22 juin 1962 à bord du Boeing Château de Chantilly qui devait s'écraser à l'atterrissage sur les hauteurs de Sainte-Rose en Guadeloupe.

Principaux ouvrages
Poésie
Initiation, Paris, Seghers, 1954.
Romans
Les Puissants, Paris, Éditions du Scorpion, 1958.
Les Grenouilles du Mont Kimbo, Lausanne, Éditions de la Cité, 1964 (posthume).

■ Anthony PHELPS (né en 1928, Haïti)

Né à Port-au-Prince, Anthony Phelps fit ses études secondaires à Saint-Louis de Gonzague, puis obtint un diplôme d'ingénieur chimiste de l'Université Seton Hall, dans le New Jersey. Il étudia également la céramique et la photographie à Montréal.

De retour en Haïti, il fonda le groupe *Haïti littéraire* avec quatre autres jeunes poètes: Serge Legagneur, Roland Morisseau, René Philoctète et Villard Denis (Daverige – voir *supra* p. 71).

Journaliste et chroniqueur radiophonique, il fut expulsé d'Haïti par les autorités duvaliéristes, et s'exila au Québec. Il écrivit une série de sketches et réalisa des interviews pour la radio montréalaise, tout en continuant de publier des recueils de poèmes, trois romans et une pièce de théâtre. Il fonda la société Disques coumbites dont la vocation était d'enregistrer des textes d'auteurs haïtiens.

À la chute de Duvalier, il prit sa retraite et revint s'établir à Port-au-Prince.

Principaux ouvrages
Poésie
Été, Port-au-Prince, Impr. N. A. Théodore, 1960.
Présence, Impr. N. A. Théodore, 1961.
Éclats de silence, Port-au-Prince, Art graphique, 1962.
Points cardinaux, Montréal, Holt, Reinhardt, Winston, 1966.

Mon pays que voici, Honfleur, P.-J. Oswald, 1968.

Motifs pour le temps saisonnier, Honfleur, P.-J. Oswald, 1976.

La Bélière caraïbe, Montréal, Poésie/Nouvelle Optique, 1980.

Même le soleil est nu, Montréal, Poésie/Nouvelle Optique, 1983.

Orchidée nègre, La Havane, Casa de las Américas, 1985.

Les Doubles Quatrains mauves, Port-au-Prince, Éd. Mémoire, 1995.

Théâtre

Le Conditionnel, Montréal, Holt, Reinhardt, Winston, 1968.

Contes

Et moi je suis une île, Montréal, Leméac, 1973.

Romans

Moins l'infini, Paris, Les Éditeurs français réunis, 1973.

Mémoire en colin-maillard, Montréal, Nouvelle Optique, 1976.

À consulter

Claude SOUFFRANT, « Une contre-négritude caraïbe : littérature et pratique migratoire à travers la poésie d'Anthony Phelps », in *Présence africaine* (Paris), n°135, 1985, pp. 71-95.

◼ Jacques POULIN (né en 1937, Québec)

Né à Saint-Gédéon dans la Beauce, Jacques Poulin fit des études universitaires et obtint une licence en orientation professionnelle, et une autre en lettres. Bien qu'il ait exercé différentes activités, il est avant tout producteur et romancier. Les romans qu'il publie très régulièrement témoignent de ses progrès, de son évolution et de son adaptation aux normes et aux modes littéraires.

Après une œuvre marquée par l'idéologie nationaliste, *Mon cheval pour un royaume* (1967), il écrit ensuite *Jimmy* (1969), roman sur l'enfance et sur l'incommunicabilité des êtres. *Le Cœur de la baleine bleue* (1971), où un homme d'âge mûr se fait greffer un cœur de jeune fille, est un roman poétique. *Faites de beaux rêves* (1974) lui vaut le prix de la Presse et *Les Grandes Marées* (1978), utopie d'un monde idéal lui permet d'obtenir le prix du gouverneur général. Mais son œuvre maîtresse semble *Volkswagen Blues* (1984) qui raconte une odyssée insolite, à travers l'Amérique, de deux êtres que tout sépare. Avec *Le Vieux Chagrin,* la figure du double s'impose avec une particulière insistance.

◼ Jean PRICE-MARS (1876-1969, Haïti)

Né d'une famille aisée de la Grande Rivière du Nord, Jean Price-Mars, après avoir été élève du collège Grégoire au Cap-Haïtien puis du lycée Pétion à Port-au-Prince, s'inscrit à la faculté de médecine de Paris, mais il interrompt en 1899 ses études médicales – qu'il terminera plus tard en Haïti – pour suivre des cours d'anthropologie et de sciences sociales et politiques. En même temps, son gouvernement le nomme attaché à la légation de Paris puis secrétaire de la légation de Berlin.

De retour en Haïti en 1903, il est nommé l'année suivante commissaire de la délégation de son pays à l'Exposition universelle de Saint-Louis (Missouri), où il fait l'expérience de la discrimination raciale institutionnalisée. De 1905 à 1908, il représente sa ville natale au Corps législatif et, de 1909 à 1911, il est secrétaire de la légation d'Haïti à Washington. Rappelé à Port-au-Prince pour devenir inspecteur général de l'Instruction publique, il occupe ce poste jusqu'au débarquement des *marines*. Il repart alors pour Paris comme ministre plénipotentiaire. En 1918, il revient en Haïti et, pendant douze ans, il occupe la chaire d'histoire et géographie au lycée Pétion. Candidat malheureux à la présidence en 1930, il est élu sénateur du département du Nord (de 1930 à 1935, puis de 1941 à 1946). C'est en 1941 qu'il fonde l'Institut d'ethnologie, et prend la direction de la prestigieuse *Revue de la société haïtienne d'histoire et de géographie,* dont il était l'un des principaux collaborateurs depuis 1932. Il entre au gouvernement en 1946 et se voit confier les Relations extérieures, les Cultes, et l'Éducation nationale. Il est nommé ambassadeur à Ciudad Trujillo (aujourd'hui Santo Domingo) en 1947, puis ambassadeur à l'ONU. Il devient en 1956 recteur de l'Université d'Haïti, et meurt en 1969. Léopold Sédar Senghor a écrit à son sujet :

> me montrant les trésors de la Négritude qu'il avait découverts sur et dans la terre haïtienne, il m'apprenait à découvrir les mêmes valeurs, mais vierges et plus fortes, sur et dans la terre d'Afrique. (Cité par Maurice A. Lubin in *Caribbean Writers,* éd. citée, p. 481.)

Principaux ouvrages

La Vocation de l'élite, Port-au-Prince, Impr. Edmond Chenêt, 1919.

Ainsi parla l'Oncle. Essais d'ethnologie, Paris, Impr. de Compiègne, 1928 ; 2e éd., New York, Parapsychology Foundation Inc., 1951 ; 3e éd., Montréal, Leméac, 1973.

Une étape de l'évolution haïtienne, Port-au-Prince, Impr. La Presse, 1929.

Formation ethnique, folklore et culture du peuple haïtien, Port-au-Prince, Impr. V. Valcin, 1939; rééd., Port-au-Prince, Impr. Théodore, 1956.

La République d'Haïti et la République Dominicaine. Les aspects divers d'un problème d'histoire, de géographie et d'ethnologie, Port-au-Prince, Impr. Held, 2 vol., 1953.

De Saint-Domingue à Haïti. Essai sur la culture, les arts et la littérature, Paris, Présence africaine, 1959.

Silhouettes de nègres et de négrophiles, Paris, Présence africaine, 1960.

De la préhistoire d'Afrique à l'histoire d'Haïti, Port-au-Prince, Impr. de l'État, 1962.

Lettre ouverte au Dr René Piquion [...] sur son «Manuel de Négritude»: le préjugé de couleur est-il la question sociale?, Port-au-Prince, Éd. des Antilles, 1967.

Jean Price-Mars est également l'auteur de nombreux comptes rendus et articles concernant l'ethnographie, la politique, la littérature et l'histoire haïtiennes; il préfaça plusieurs ouvrages d'imagination et d'érudition.

À consulter

***, *Témoignages sur la vie et l'œuvre du Docteur Jean Price-Mars, 1876-1856,* Port-au-Prince, Impr. de l'État, 1956.

René DEPESTRE, «Jean Price-Mars et le mythe de l'Orphée Noir ou Les aventures de la Négritude», in *Pour la révolution, pour la poésie,* Montréal, Leméac, 1974.

Léon-François HOFFMANN, «Bibliographie des œuvres de Jean Price-Mars», in *Conjonction,* (Port-au-Prince), 1er trim. 1987, pp. 116-135.

Jacques C. ANTOINE, *Jean Price-Mars and Haiti,* Washington (D.C.), Three Continents Press, 1981.

■ Jacques ROUMAIN (1907-1944, Haïti)

Le plus connu des écrivains haïtiens appartenait à une famille de Mulâtres riches et était le petit-fils d'un président de la République. Éduqué à Port-au-Prince par les Frères de Saint-Louis de Gonzague, ensuite en Suisse, il voyagea en Espagne et en France avant de revenir en Haïti en 1927. Il fut un des fondateurs de *La Revue indigène,* dirigea plus tard *La Trouée,* et fut l'un des collaborateurs de Jean Price-Mars. Fondateur du Parti communiste haïtien, il fut condamné en 1934 à trois ans de prison par le gouvernement de Sténio Vincent. Les protestations suscitées à l'étranger, surtout aux États-Unis, par sa condamnation contribuèrent sans doute à sa libération

deux ans plus tard. Il partit pour l'Europe, passa un an en Belgique, puis s'établit à Paris où il devint l'assistant de Paul Rivet au Musée de l'Homme, et collabora à plusieurs publications de gauche. Il quitta la France pour les États-Unis en 1939. Après des voyages à la Martinique et au Mexique, il rentra en Haïti en 1941 pour être nommé directeur du Bureau d'Ethnologie par le président Élie Lescot, qui l'envoya ensuite comme chargé d'affaires à Mexico en 1942. Il revint mourir à Port-au-Prince en 1944.

Principaux ouvrages

Œuvres choisies, Moscou, Éd. du Progrès, 1964 (édition annotée qui comprend *Gouverneurs de la rosée,* une anthologie de poèmes, *Griefs de l'homme noir, La Proie et l'ombre, La Montagne ensorcelée,* ainsi que l'essai de Jacques-Stéphen Alexis *Jacques Roumain vivant,* et une introduction d'Eugénie Galpérina).

Nouvelles

Les Fantoches, Port-au-Prince, Impr. de l'État, 1931.

La Proie et l'ombre, Port-au-Prince, Éd. de «La Presse», 1931.

Romans

La Montagne ensorcelée, Port-au-Prince, Impr. E. Chassaing, 1931.

Gouverneurs de la rosée, Port-au-Prince, Impr. de l'État, 1944 (nombreuses trad. et rééd. haïtiennes et françaises).

Outre de nombreux articles, Roumain écrivit plusieurs études sur l'archéologie pré-colombienne et l'anthropologie du paysan haïtien.

À consulter

Christiane CONTURIE, *Comprendre «Gouverneurs de la rosée», de Jacques Roumain,* Issy-les-Moulineaux, Les Classiques africains, 1980.

Roger DORSINVILLE, *Jacques Roumain,* Paris, Présence africaine, 1981.

Carolyn FOWLER, *A Knot in the Thread: The Life and Works of Jacques Roumain,* Washington (D.C.), Howard University Press, 1980.

Roger GAILLARD, *L'Univers romanesque de Jacques Roumain,* Port-au-Prince, Deschamps, 1965.

Léon-François HOFFMANN, «Complexité linguistique et rhétorique dans *Gouverneurs de la rosée* de Jacques Roumain», in *Présence africaine* (Paris), 2e trim. 1976, pp. 145-161.

Michel SERRES, «Christ noir», in *Critique* (Paris), janv. 1973, pp. 3-25.

Hénock TROUILLOT, *Dimensions et limites de Jacques Roumain,* Port-au-Prince, Fardin, 1975.

▣ Gabrielle ROY (1909-1983, Québec)

Gabrielle Roy naquit à Saint-Boniface, banlieue francophone de Winnipeg. «Petite dernière» d'une famille nombreuse, elle eut une enfance assombrie par les problèmes financiers de sa famille – son père, fonctionnaire, avait été licencié sans indemnité peu de temps avant sa retraite –, mais riche d'expériences qui nourriront plus tard son œuvre. Après s'être consacrée pendant une dizaine d'années à son métier d'institutrice, elle entreprit en 1937 un voyage en Europe qui la mena de Paris à Londres. Ce voyage fut un demi-échec : venue étudier l'art dramatique, elle se rendit compte que son accent imparfait dans les deux langues lui interdisait l'espoir de faire carrière. En revanche, c'est là qu'elle prit réellement conscience de sa volonté d'écrire et qu'elle choisit le français comme langue de création. Rappelée au Canada par les rumeurs de guerre, elle ne revint pas au Manitoba mais s'installa à Montréal où elle commença à travailler comme journaliste à la pige. Elle apprit son métier d'écrivain en collaborant à diverses revues. De fait, son premier roman *Bonheur d'occasion* (1945) remporta un succès immédiat et fut couronné par le prix Fémina (1947). Dès lors, Gabrielle Roy se consacra à l'écriture, vivant retirée à Québec avec son mari le Dr Carbotte.

Dans une œuvre abondante, on peut distinguer les romans : *Bonheur d'occasion* (1945), *La Petite Poule d'eau* (1950), *Alexandre Chenevert* (1954), *La Montagne secrète* (1961), *La Rivière sans repos* (1970), des recueils de nouvelles, plus ou moins fortement liées entre elles : *Rue Deschambault* (1955), *La Route d'Altamont* (1966), *Cet été qui chantait* (1972), *Un jardin au bout du monde* (1975), *Ces enfants de ma vie* (1977), *De quoi t'ennuies-tu, Éveline* (1979).

Il faut ajouter son livre de confessions paru après sa mort, *La Détresse et l'Enchantement* (1984), ainsi qu'un recueil reprenant ses principaux articles, *Fragiles lumières de la terre* (1978).

▣ Hector de SAINT-DENYS GARNEAU (1912-1943, Québec)

Descendant du grand historien François-Xavier Garneau, il passe une partie de son enfance au manoir familial de Sainte-Catherine de Fossambault, non loin de Québec. Après avoir fréquenté différents collèges classiques tenus par les jésuites – dont le collège Sainte-Marie – il doit interrompre ses études pour raisons de santé (il souffre d'une lésion cardiaque). Mais il se montre

très productif dans le domaine de l'art et de la littérature. En 1937, il publie un court recueil de poèmes *Regards et jeux dans l'espace* qu'il retire presque aussitôt. Son journal qu'il tient depuis février 1927 s'interrompt en février 1939. Le 24 octobre 1943, il est retrouvé mort, noyé, sans doute accidentellement.

Son œuvre comprend essentiellement des poèmes et son journal. *Regards et jeux dans l'espace* est repris dans ses poésies complètes, publiées en 1949. Quant à son journal, d'abord publié en 1954, il fit l'objet de plusieurs publications, dont une édition critique en 1995.

▣ SAINT-JOHN PERSE (1887-1975, Guadeloupe)

Né à Pointe-à-Pitre, Alexis Leger appartenait à une famille de Blancs créoles qui, ruinée par divers cataclysmes (dont le tremblement de terre de 1897), inquiète aussi de la montée de certains mouvements négristes à la fin du XIXᵉ siècle, choisit de quitter la Guadeloupe et de s'installer à Pau.

Étudiant en droit (mais aussi accessoirement en lettres, sciences et médecine) à Bordeaux, le jeune Créole eut quelques difficultés à s'adapter à son nouvel univers et se tourna vers la poésie pour magnifier et éterniser l'image de son île natale (*Images à Crusoé, Éloges*). Encouragé par certains poètes parmi les plus marquants de l'époque, Francis Jammes, Paul Claudel, Valery Larbaud, mais aussi par des critiques influents comme Jacques Rivière, il devait parfaire au fil du temps, sous le pseudonyme de Saint-John Perse, une œuvre poétique à la fois mystérieuse et fascinante, mêlant la rigueur formelle du classicisme à une inspiration fondamentalement baroque visant à saisir la vie dans son mouvement profond, à retrouver l'élan épique qui emporte la création. En 1960, il obtenait le prix Nobel de littérature.

Longtemps méconnue (le poète ayant voulu accréditer le mythe d'une création pure), l'antillanité de Saint-John Perse a fait l'objet depuis quelques années de plusieurs études qui ont quelque peu renouvelé l'approche de son œuvre.

Ayant passé dès 1914 le concours des Affaires étrangères, Alexis Leger fut d'abord secrétaire d'ambassade à Pékin, puis secrétaire général du Quai d'Orsay de 1933 à 1940. Très hostile au IIIᵉ Reich, il fut déchu de sa nationalité française par le gouvernement de Vichy et contraint de s'exiler durant la Seconde Guerre mondiale aux États-Unis. Réintégré dans ses droits à la Libération, il fit alors valoir ses droits à la retraite comme ambassadeur, ce qui lui permit de se consacrer entièrement à la littérature. Il mourut en 1975 dans sa propriété de la presqu'île de Giens.

Principaux ouvrages

Éloges (contenant «Images à Crusoé», «Écrit sur la porte» et «Éloges»), Paris, Gallimard, 1911.

Anabase, Paris, Gallimard, 1924.

Exil, Marseille, Cahiers du Sud, 1942.

Pluies, Buenos Aires, Éditions des Lettres françaises, 1944.

Vents, Paris, Gallimard, 1946.

Éloges (contenant, en sus des poèmes de l'édition de 1911, «la Gloire des Rois»), Paris, Gallimard, 1948.

Amers, Paris, Gallimard, 1957.

Œuvres complètes, Paris, Gallimard, «Bibliothèque de le Pléiade», 1972.

À consulter (sur l'antillanité de Saint-John Perse)

***, *Pour Saint-John Perse*, Paris, L'Harmattan, 1988.

***, *Saint-John Perse, antillanité et universalité*, Paris, Éditions caribéennes, 1988.

Jack CORZANI, *La Littérature des Antilles-Guyane françaises,* Fort-de-France, Désormeaux, 1978.

Émile YOYO, *Saint-John Perse ou le Conteur,* Paris, Bordas, 1971.

■ Raphaël TARDON (1911-1966, Martinique)

Né à Fort-de-France d'une famille de riches planteurs mulâtres de la région de l'Anse Couleuvre (au nord de Saint-Pierre), R. Tardon, après des études chez les Pères du Saint-Esprit, partit pour Paris où il obtint une double licence de droit et d'histoire. Des problèmes familiaux le contraignirent à passer le concours des Contributions indirectes. Après la guerre (où il participa à la Résistance dans le midi de la France), il fut affecté aux services de l'information à Madagascar, à Dakar puis, en 1962, à la Guadeloupe. En 1964, il était nommé directeur du cabinet du sous-préfet de Rambouillet. Il s'apprêtait à partir au Gabon lorsque la mort le surprit.

Son œuvre littéraire, importante, essentiellement constituée de romans historiques minutieusement documentés, frappe par son aspect baroque. Elle est intéressante pour l'idéologie qu'elle véhicule. Résolument hostile à tous les racismes, à toutes les formes de ségrégation, elle exprime le point de vue d'un Mulâtre sans complexe et fait

implicitement le procès de la négritude, fruit pervers du racisme blanc.

Bien que s'étant attaché à dénoncer, avec un humour voltairien passablement grinçant, toutes les formes de colonialisme (et plus particulièrement ses séquelles à la Martinique), R. Tardon n'a pas plaidé pour l'indépendance de son pays. S'il jugeait la départementalisation «absurde», il ne l'estimait pas moins préférable à une indépendance non viable à ses yeux et difficilement envisageable compte tenu des liens culturels existant avec la métropole.

Principaux ouvrages
Contes

Bleu des îles, Paris, Fasquelle, 1946.

Romans

Starkenfirst, Paris, Fasquelle, 1947.

La Caldeira, Paris, Fasquelle, 1948 ; rééd. Fort-de-France, Désormeaux, 1977.

Christ au poing, Paris, Fasquelle, 1950.

Essais

Le Combat de Schœlcher, Paris, Fasquelle, 1948.

Toussaint-Louverture, le Napoléon noir, Paris, Bellenand, 1951.

Noirs et Blancs, Paris, Denoël, 1961.

■ Daniel THALY (1879-1950, Martinique)

Né à Roseau (Dominique), d'une très vieille famille blanche créole pierrotine, D. Thaly fit ses études au lycée de Saint-Pierre puis à la faculté de médecine de Toulouse. Là, il se lia avec les poètes de l'École toulousaine (Lafargue, Toulet, etc.) qui l'encouragèrent à se lancer dans la poésie. Son premier recueil, *Lucioles et cantharides*, fut couronné par l'académie des Jeux floraux de Toulouse.

Diplômé en 1905, il exerça à Roseau (où il possédait une propriété familiale) jusqu'en 1937. Parallèlement à son activité médicale, à la culture des citronniers et à l'élevage des abeilles italiennes, il poursuivit son œuvre poétique. En 1938, malade, il dut cesser d'exercer la médecine et fut nommé, grâce à l'intervention notamment de Félix Éboué, bibliothécaire-archiviste à la bibliothèque Schœlcher de Fort-de-France. En 1945, guéri de sa dépression, il retourna en Dominique où il prit sa retraite.

Poète régionaliste par excellence, chantre de ses «deux patries», les Antilles et la France, D. Thaly a mérité pleinement le qualificatif de «Prince des poètes antillais», avec tout ce que l'expression peut suggérer de charme, d'élégance, mais aussi de conformisme.

Principaux ouvrages
Poésie
Lucioles et cantharides, Paris, Ollendorf, 1900.
La Clarté du Sud, Toulouse, Société Provinciale d'Éditions, 1905.
Le Jardin des Tropiques, Paris, Éditions du Beffroi, 1911.
Chansons de mer et d'outre-mer, Paris, Éditions de la Phalange, 1911.
Nostalgies françaises, Paris, Éditions de la Phalange, 1913.
L'Île et le voyage, petite odyssée d'un poète lointain, Paris, Le Divan, 1923.
Chants de l'Atlantique et Sous le ciel des Antilles, Paris, Garnier, 1928.
Héliotrope ou les Amants inconnus, Paris, Le Divan, 1932.

■ Yves THÉRIAULT (1916-1983, Québec)

Né à Québec le 28 novembre 1916, il a été élevé à Montréal. Autodidacte et polygraphe, il apprend son métier d'écrivain « sur le tas » en publiant sous un nom d'emprunt nombre d'écrits alimentaires (sketches radiophoniques, romans populaires, contes). C'est en 1944 que paraît sa première œuvre importante *Contes pour un homme seul*. Par la suite, il se consacre entièrement à l'écriture jusqu'à sa mort en 1983.

D'une production abondante et inégale, on retiendra surtout le cycle esquimau *Agaguk* (1938), *Tayaout, fils d'Agaguk* (1969) et le cycle indien *Ashini* (1960), *Le Ru d'Ikoué* (1963), *N'Tsuk* (1968). Quant au cycle québécois, il présente les différentes facettes de l'homme blanc dégénéré : *Aaron* (1954), *Cul de Sac* (1961), *Amour au goût de mer* (1961).

■ Guy TIROLIEN (1917-1988, Guadeloupe)

Né à Pointe-à-Pitre d'une famille marie-galantaise (son père fut conseiller général, puis député de cette circonscription de l'archipel guadeloupéen), G. Tirolien partit pour la métropole en 1936, où il fut admis au concours des administrateurs de la France d'Outre-Mer. Mobilisé en 1936, il se retrouva prisonnier dans le même camp que Léopold Sédar Senghor. À sa libération (pour raisons de santé) en 1942, il séjourna quelque temps à Paris avant de gagner l'Afrique en 1944, en compagnie d'Albert Béville (Paul Niger en littérature). Affecté en Guinée, il milita en compagnie de Sékou Touré dans le RDA (Rassemblement Démocratique Africain), ce qui lui valut d'être muté au Niger. Il exerça ensuite au Soudan et en Côte d'Ivoire. Après les indépendances africaines, il fut, durant de nombreuses années, représentant des Nations Unies auprès des gouvernements malien et gabonais. Rentré en 1977 à Marie-Galante, il fut candidat aux élections législatives de 1978 mais ses prises de position en faveur de l'autodétermination se soldèrent par un échec. Tombé peu après gravement malade, il ne put poursuivre ses activités au-delà de 1979.

S'étant lié dès son séjour au Quartier Latin avec les Africains et les Noirs de la diaspora, G. Tirolien participa à la bataille de la négritude, bien avant de découvrir l'Afrique-mère. Le contact avec cette dernière semble s'être déroulé sans drame particulier, sans désarroi ni culturel ni politique. Et cette sérénité se retrouve dans son œuvre littéraire, relativement modeste mais d'autant plus appréciée qu'elle a su couler un message humaniste d'une émouvante simplicité dans des poèmes d'une grande qualité formelle. Loin d'opter pour les facilités d'un surréalisme approximatif, Tirolien a su, un peu comme Aragon, concilier l'héritage prosodique de la tradition française et la liberté d'un modernisme de bon aloi.

Principaux ouvrages
Balles d'or, poésie, Paris, Présence africaine, 1961.
Feuilles vivantes au matin, nouvelles et poésie, Paris, Présence africaine, 1977.

À consulter
***, *Bouquet de voix pour Guy Tirolien*, sous la dir. de M. CONDÉ et A. RUTIL, Pointe-à-Pitre, Jasor, 1990.
Willy ALANTE-LIMA, *Guy Tirolien, l'homme et l'œuvre*, Paris, Présence africaine, 1991.

■ Michel TREMBLAY (né en 1942, Québec)

Né rue Fabre, à l'est de Montréal, dans une famille modeste, Michel Tremblay ne cessera de faire revivre son enfance dans des œuvres plus ou moins autobiographiques. Par solidarité envers les siens, il renonça aux études classiques qu'une bourse lui avait rendues accessibles, et il apprit aux Arts Graphiques le métier de typographe qu'il exerça de 1963 à 1966. Il prit très tôt conscience tout à la fois de l'exclusion engendrée par son homosexualité et du pouvoir rédempteur et libérateur de l'écriture. Lauréat d'un concours organisé par Radio-Canada avec sa pièce *Le Train* (1964 mais écrit en 1960), il rencontre en 1965 André Brassard qui deviendra son metteur en scène attitré,

mais il faut attendre 1968 pour que le jeune dramaturge se fasse connaître avec *Les Belles-Sœurs*.

Dès lors, Michel Tremblay se consacre entièrement à l'écriture. Pendant dix ans, sa production
fut presque exclusivement théâtrale, mais à partir
de 1978, il se lance dans l'écriture romanesque
pour laquelle il affiche désormais une prédilection.

Comblé d'honneurs (en particulier, en 1988, le
Prix David pour l'ensemble de son œuvre), traduit
dans le monde entier, véritable star au Québec,
Michel Tremblay reste curieusement méconnu en
France. Publié d'abord chez Grasset puis aux éditions Actes Sud, ses romans n'ont rencontré que
peu d'écho. Il faut attribuer cet insuccès moins,
sans doute, aux difficultés linguistiques que suscite
l'emploi du «québécois», qu'à la méconnaissance
d'une intertextualité essentielle à son œuvre.

Auteur très prolifique, Michel Tremblay a déjà
une œuvre considérable à son actif.

Principaux ouvrages
Théâtre

Les Belles-Sœurs (1968), *La Duchesse de Langeais*
(1969), *En pièces détachées* (1970), *Trois petits
tours* (1971), *À toi, pour toujours, ta Marie-Lou*
(1971), *Demain matin, Montréal m'attend* (1972),
Hosanna (1973), *Bonjour, là, bonjour* (1974),
Sainte Carmen de la Main (1976), *Les Héros de
mon enfance* (1975), *Damnée Manon, Sacrée
Sandra* (1977), *L'Impromptu d'Outremont* (1980),
Les Anciennes Odeurs (1981), *Albertine en cinq
temps* (1984), *Le Vrai Monde ?* (1987), *La Maison
suspendue* (1990), *Nelligan* (1990), *Marcel poursuivi par les chiens* (1992), *Messe solennelle pour
une pleine lune d'été* (1993).

Romans

Contes pour buveurs attardés (1966), *La Cité dans
l'œuf* (1969), *C't'à ton tour Laura Cadieux* (1973),
*Chroniques du Plateau Mont-Royal : La grosse
femme d'à côté est enceinte* (1978), *Thérèse et
Pierrette à l'École des Saints-Anges* (1980), *La
Duchesse et le Roturier* (1982), *Des nouvelles
d'Édouard* (1984), *Le Premier Quartier de la lune*
(1989), *Le Cœur découvert* (1986), *Le Cœur éclaté*
(1993), *La Nuit des princes charmants* (1995),
*Quarante-quatre minutes, quarante-quatre
secondes* (1997).

Récits autobiographiques

Les Vues animées (1990), *Douze coups de théâtre*
(1992), *Un ange cornu avec des ailes de tôle* (1994).

■ Joseph ZOBEL (né en 1915, Martinique)

Né à Rivière-Salée, dans un milieu extrêmement défavorisé, J. Zobel parvint, grâce à son
obstination et à l'abnégation de sa mère et de sa
grand-mère, à poursuivre ses études secondaires
au lycée Schœlcher de Fort-de-France. Répétiteur
puis attaché de presse au cabinet du gouverneur, il
écrivit en 1940 son premier roman, *Diab'-là*, qui
ne put être édité sous l'administration vichyste de
l'amiral Robert.

En 1946, il partit pour Paris où il suivit des
cours d'ethnologie, de littérature et d'art dramatique. Durant ses vacances, il eut l'occasion de
découvrir la campagne française, celle du sud surtout, où il retrouva un mode de vie simple qui lui
rappela son pays natal. Mais il fut surtout sensible
à l'absence de racisme, à la générosité d'un
accueil qui devait lui dicter le message fraternel
de *La Fête à Paris* et du *Soleil partagé*.

En 1957, il fut détaché au Sénégal, chargé de
la création du lycée de Ziguinchor, puis affecté au
lycée Van Vollenhoven de Dakar. En 1961, on lui
confiait la réorganisation de l'école des Arts de
Dakar et diverses responsabilités à la radio.

Bien que passionné par l'Afrique, il avoue ne
jamais avoir pu abolir les barrières culturelles, trop
de choses le séparant de ses cousins africains. En
somme, contrairement à Niger ou Tirolien, il n'a pas
sacrifié au mythe de la négritude. Bien au contraire,
il a reconnu, comme René Maran, l'importance du
fossé culturel creusé par trois siècles d'histoire
divergente entre Antillais et Africains.

Principaux ouvrages
Romans

Diab'-là, Fort-de-France, Imprimerie Officielle,
  1945 ; rééd. Paris, Nouvelles Éditions Latines,
  1946.
Les Jours immobiles, Fort-de-France, Imprimerie
  Officielle, 1946 ; rééd. Nendeln, Liechtenstein,
  1970.
La Rue Cases-Nègres, Paris, J. Froissart, 1950 ;
  rééd. Paris, Présence africaine, 1974.
La Fête à Paris, Paris, Éditions de la Table Ronde,
  1953.
Les Mains pleines d'oiseaux, Paris, Nouvelles
  Éditions Latines, 1978.
Quand la neige aura fondu, Paris, Éditions cari-
  béennes, 1979.

Nouvelles

Laghia de la mort, Fort-de-France, Bezaudin,
  1946 ; rééd. Paris, Présence africaine, 1978.
Le Soleil partagé, Paris, Présence africaine, 1964.
Et si la mer n'était pas bleue, Paris, Éditions caribéennes, 1982.
Mas Badara, Paris, Nouvelles Éditions Latines,
  1983.

À consulter

Jacques ANDRÉ, *Caraïbales*, Paris, Éditions caribéennes, 1981.

Index des œuvres littéraires

N.B. Les pages signalées en italiques renvoient aux extraits d'œuvres.

Index des auteurs

N.B. Les pages signalées en italiques renvoient aux extraits d'œuvres.

Table des textes cités

Table des matières

Imprimé en France par Darantiere - N° d'impression : 98-0075
N° d'édition : 2023-01 - Dépôt légal : février 1998